Linux im Unternehmen

Herausgeber

André von Raison
ist als Redakteur bei der Zeitschrift »iX - Magazin für professionelle Informationstechnik« für den Themenbereich Linux zuständig.

René Schönfeldt
ist Lektor im dpunkt.verlag und betreut dort unter anderem das Programmsegment »Linux & Open Source«.

André von Raison · René Schönfeldt (Hrsg.)

Linux im Unternehmen

2. Business-Kongress auf dem LinuxTag 2001 in Stuttgart

André von Raison
avr@ix.heise.de

René Schönfeldt
schoenfeldt@dpunkt.de

Herstellung: Birgit Dinter
Copy-Editing: Ingrid Erdmann, Düsseldorf
Umschlaggestaltung: Helmut Kraus, Düsseldorf
Druck und Bindung: Koninklijke Wöhrmann B.V., Zutphen, Niederlande

Die Deutsche Bibliothek – CIP-Einheitsaufnahme
Linux im Unternehmen / 2. Business-Kongress auf dem LinuxTag 2001 in Stuttgart. André von Raison ; René Schoenfeldt (Hrsg.). - 1. Aufl.. - Heidelberg : dpunkt-Verl., 2001
    ISBN 3-89864-121-X

1. Auflage 2001
Copyright © 2001 dpunkt.verlag GmbH
Ringstraße 19 b
69115 Heidelberg

Die vorliegende Publikation ist urheberrechtlich geschützt. Alle Rechte vorbehalten. Die Verwendung der Texte und Abbildungen, auch auszugsweise, ist ohne die schriftliche Zustimmung des Verlags urheberrechtswidrig und daher strafbar. Dies gilt insbesondere für die Vervielfältigung, Übersetzung oder die Verwendung in elektronischen Systemen.

Alle Informationen in diesem Buch wurden mit größter Sorgfalt kontrolliert. Weder Autoren noch Verlag können jedoch für Schäden haftbar gemacht werden, die in Zusammenhang mit der Verwendung dieses Buches stehen.

In diesem Buch werden eingetragene Warenzeichen, Handelsnamen und Gebrauchsnamen verwendet. Auch wenn diese nicht als solche gekennzeichnet sind, gelten die entsprechenden Schutzbestimmungen.

Vorwort

Linux im Unternehmen

Als Linus Torvalds vor zehn Jahren die erste Version seines selbstgebauten Betriebssystemkerns zur Bewertung und Weiterentwicklung im Internet freigab, da konnte er nicht vorhersehen, was im Jahr 2001 daraus werden könnte. Aus der Programmierübung entstand ein weltweites Software-Projekt mit hohem Anspruch, das schnell die Herzen zahlreicher Programmierer und Administratoren eroberte. Das Thema Linux breitete sich weiter aus, zunächst in Mailinglisten und Newsgroups, fasste dann langsam Fuß in Fachzeitschriften, schließlich in Tageszeitungen und sogar in Wirtschaftsmagazinen. Nicht mehr nur die Techniker, auch die Manager und Entscheider reden von Linux – spätestens seit der CeBIT 1999, auf der Linux die wohl größte Aufmerksamkeit bisher erlangte.

Eine branchenübergreifende Studie, die Anfang des Jahres 2001 unter kleinen, mittleren und großen Unternehmen in Deutschland durchgeführt wurde, ergab, dass heute 14% der Firmen Linux im Server- bzw. Netzwerkmanagement-Bereich einsetzen. Bis zum Jahr 2003 werde sich dieser Anteil, so die Untersuchung, auf 18% steigern.

Auch hier zeigt sich: Linux ist kein reines Techniker-Thema mehr. Gerne werden zwar noch die Geschichten erzählt, wie Systemadministratoren Linux in den Server-Bereich »einschmuggelten«, ohne dass Unternehmens- oder gar die EDV-Leitung davon Kenntnis nahmen. Heute jedoch ist solch ein Vorgehen kaum mehr nötig, Linux ist als ernstzunehmende Alternative zu kommerziellen Betriebssystemen bekannt und hat in den letzten 12 Monaten sogar den Sprung in die Königsklasse der EDV geschafft – zu den Mainframes. Seine Einführung und Nutzung muss begründet werden, wie bei jedem anderen Betriebssystem. Und wenn Administratoren in ihrem Unternehmen dafür plädieren, Linux einzusetzen, dann tun sie dies nicht nur mit technischen, sondern auch mit wirtschaftlichen Argumenten.

Dies ist auch der Hintergrund des Business-Kongresses, den der Stuttgarter LinuxTag im vergangenen Jahr zum ersten Mal zusätzlich zum freien Vortragsprogramm anbot. Ziel ist es, Technikern, Entscheidern und Beratern darzustellen, wo die Vorteile von Linux – und der darauf eingesetzten Open-Source-Software – liegen, wie man diese

Stärken nutzt und wie man sie seinem Vorgesetzten oder Beratungskunden vermittelt.

Zum Spektrum des Programms gehören aktuelle Themen wie Aspekte der Sicherheit von Linux-Systemen; eine Frage, die zahlreiche Administratoren stellen bzw. beantworten müssen. Eine Keynote sowie Vorträge zu Security und Hochverfügbarkeit sollen hier Möglichkeiten, aber auch Grenzen von Linux zeigen.

Während Linux als Plattform für Websites schon als Klassiker gehandelt wird, laufen mittlerweile bereits E-Commerce-Sites auf Linux, und Unternehmen bieten ihre E-Commerce-Produkte entsprechend an. Auch hier geben Vorträge des Business-Kongresses Überblick sowie Anschauung durch beispielhafte Produkte.

Kern des Vortragsprogramms sind zwei parallel laufende Vortragsreihen, die Hintergründe zu Linux allgemein sowie einen Überblick über aktuelle Anwendungsgebiete liefern sollen. Ergänzt werden sie durch einen dritten Track, in dem sich Vorträge auf konkrete Produkte beziehen und diese beispielhaft für den technischen und kommerziellen Stand des Linux- und Open-Source-Angebots vorstellen.

Dieser Tagungsband enthält den größten Teil der Vorträge, sortiert nach thematischen Schwerpunkten, so dass sich Überblicks- und Produktvorträge abwechseln. Er bietet sowohl Kongressteilnehmern als auch allen anderen IT- und Linux-Profis den Überblick über aktuelle Trends, Möglichkeiten und Grenzen des derzeit populärsten Open-Source-Betriebssystems.

Unser Dank gilt daher den Referenten, ohne deren Engagement und Beiträge weder Kongress noch Tagungsband möglich gewesen wären.

André von Raison, René Schönfeldt
Hannover/Heidelberg, Juni 2001

Inhalt

Open Source im Unternehmen Thomas Wieland	1
Linux im Unternehmen: Schulung und Zertifizierung für Mitarbeiter Ulrich Weis	21
Freie Software kommerziell nutzen – **Lizenz- und haftungsrechtliche Fragen** Jürgen Siepmann	39
Linux-Migration bei Mittelständlern Howard Fuhs	65
Linux im Office-Einsatz Markus Hasenbein	79
Bekannt und bewährt: Samba als Intranet-Server Volker Lendecke	97
Verwaltung vernetzter Unix/Linux-Systeme Christoph Herrmann	111
System-Management für Linux/Unix mit Caldera Volution Eduard Roehrich	121
Management-Maßnahmen für Linux-Sicherheit Howard Fuhs	133
Linux als Plattform für kommerzielle Sicherheitsprodukte Stefan Strobel	147
Hochverfügbarkeit neben Linux Kai Dupke	159
Server-Konsolidierung und E-Business mit Linux for S/390 Thomas Uhl	169
PHP im E-Business Björn Schotte	179
Online-Shops mit Linux und Open Source Torsten Schlabach	193

E-Commerce: Fallbeispiele mit VShop Peter M. Braun	209
Content Management mit Zope Mark Pratt	229
Knowledge Management und das ArsDigita Community System Malte Sussdorff	237
ERP-Systeme unter Linux Jens-Gero Boehm	253
mySAP.com auf Linux Christoph Rohland	269
Linux in Embedded Systems – Produkte und Marktentwicklung Rainer Birkenmaier	279
Linux in Embedded Systems – Technische Rahmenbedingungen und Systementwicklung Christian Hochberger	293
Die Autoren	307

Open Source im Unternehmen

Dr. Thomas Wieland
Siemens AG - Corporate Technology, München
thomas.wieland@mchp.siemens.de

Abstract

Open-Source-Software, also im Quelltext offen gelegte und frei erhältliche Software, bietet sowohl für deren Produzenten als auch für die Konsumenten besondere Chancen, die dieser Beitrag genauer beleuchten will. Hersteller müssen sich bei der Umstellung auf Open Source auf einen Kulturwandel gefasst machen, mit dem andere Geschäftsmodelle und veränderte Rechtsbeziehungen verbunden sind. Anwender bekommen zwar die Programme kostenlos, haben dafür aber unter Umständen andere Folgekosten zu tragen und mit völlig neuen Situationen im Gewährleistungsfall zu rechnen. Da das Internet bereits für den Durchbruch von Open Source gesorgt hat, werden die Unternehmen gewinnen, die sich frühzeitig auf die veränderten Umstände einstellen.

1 Was ist Open-Source-Software?

Heute vergeht kaum eine Besprechung zwischen Managern im IT-Bereich, bei der nicht das Thema »Open Source« zur Sprache käme. Software, die frei verfügbar und deren Quellcode offen gelegt ist, übt eine starke Anziehungskraft aus. Manche sehen darin die Lösung all ihrer Probleme, die meisten Verantwortlichen stehen der Entwicklung jedoch mit gemischten Gefühlen gegenüber, da sie spüren, dass Open Source ihr gesamtes Weltbild verändern wird. Oftmals entspringt dieses Unbehagen auch einer gewissen Unkenntnis der Materie, denn bislang haben sich Open-Source-Entwicklungen stets auf einer Ebene abgespielt, die kaum geschäftsrelevant war und daher das Management nicht sonderlich interessierte. Als Erstes wollen wir daher die Frage klären, was unter »Open-Source-Software« genau zu verstehen ist.

Open Source ist im Grunde nichts Neues. Als ich begann, mich für Computer zu interessieren, gab es für meinen Sinclair Spektrum und Commodore 64 sowie für andere Computer eine Menge Zeitschriften, die Monat für Monat entsprechende Programme in Form von Quellcode abdruckten. Wir Anwender mussten die Programme dann eintippen, hatten aber den gesamten Code zur Verfügung und konnten daran nach Belieben Anpassungen und Erweiterungen vornehmen. Es gab auch damals schon die Möglichkeit, mittels Datenfernübertragung und verschiedener elektronischer schwarzer Bretter Code in digitaler Form auszutauschen, was in Deutschland aber aufgrund des Post-Monopols, das zu einer schlechten Verfügbarkeit von Modems und hohen Kosten führte, kaum Bedeutung erlangte. Die Idee als solche blieb aber bestehen.

1.1 GNU und GPL-Software

Etwa zur gleichen Zeit, im Jahr 1984, rief Richard Stallman am MIT das Projekt »GNU«« (ein rekursives Akronym aus »GNU's not Unix«) ins Leben, das das Ziel hatte, ein Unix-artiges Betriebssystem zu schaffen – ein Ziel übrigens, das durch den Linux-Kernel tatsächlich verwirklicht wurde, weshalb heute Linux korrekterweise als »GNU/Linux« zu bezeichnen ist. Die Ideale von GNU wurden zu den Leitlinien der gesamten heutigen Open-Source-Bewegung: Software sollte »frei« sein, wobei »frei« im Sinne von »freier Rede« und nicht von »Freibier« zu verstehen ist. Bei freier Software hat der Benutzer das Recht, sie zu kopieren, zu verbreiten, zu analysieren und zu verbessern. Die unbedingte Voraussetzung dafür ist, dass der Anwender Zugang zum Quellcode der Software erhält.

Abb. 1
Das Gnu ist das Logo des GNU-Projekts

Um die Ideale zu bewahren und zu fördern, gründete Stallman zusammen mit einigen anderen die Free Software Foundation (FSF, *www.fsf.org*). Die FSF arbeitete unter anderem eine Lizenzregelung aus, mit der sich die Freiheit an der Software erhalten lassen und gleichzeitig das Urheberrecht gesichert bleiben sollte. Diese ist heute in ihrer Version 2 von 1991 sehr weit verbreitet und unter der Bezeichnung »GNU General Public License« (GPL) bekannt [1]. Sie erlaubt es dem Anwender, Software, die darunter lizenziert ist, zu modifizieren, zu kopieren und zu verbreiten – vorausgesetzt, dass die dabei entstehende »abgeleitete Software« ebenfalls wieder unter der GPL veröffentlich wird. Damit ist immer auch eine Freigabe des Quellcodes verbunden. Sie erhalten also kostenlos GPL-lizenzierten Code als Basis für ein eigenes Programm, müssen als Gegenleistung jedoch die eigenen Ergänzungen auch wieder jedermann zur Verfügung stellen und können damit andere nicht daran hindern, den gleichen Nutzen aus Ihrem Code zu ziehen, wie Sie das bei der vorherigen Version getan haben. Diese Vorschrift bezieht sich allerdings nur auf den Umgang mit dem Code in der Öffentlichkeit; was Sie damit intern, also beispielsweise innerhalb Ihrer Firma, machen, steht Ihnen völlig frei. Sie müssen dazu auch niemanden um Erlaubnis fragen. Die Lizenzbestimmungen greifen erst dann, wenn Sie die Software wieder verbreiten, etwa als Produkt oder Teil eines Produktes.

Die GNU General Public License

Bekanntestes Beispiel für GPL-lizenzierte Software ist der Linux-Kernel. Aber auch die gesamte GNU-Software vom Compiler GCC über GNU-make bis zu GNU-Chess, die Benutzeroberflächen KDE und Gnome sowie neuerdings »StarOffice« (von Sun Microsystems, ehemals von StarDivision) sind unter den Bedingungen der GPL veröffentlicht.

Beispiele für GPL-Software

Steht eine Bibliothek unter der GPL, so fallen alle Programme, die diese Bibliothek dazulinken – gleichgültig ob statisch oder dynamisch –, ebenfalls unter die Veröffentlichungspflicht, da sie als »abgeleitetes Werk« anzusehen sind. Aus diesem Grund hat man für Bibliotheken eine Abschwächung der GPL formuliert, die »Library GPL« (LGPL). Auf diese Weise lizenzierte Software (im Allgemeinen sind dies Bibliotheken) darf ohne weiteres zu proprietären Anwendungen dazugelinkt werden, ohne dass diese wiederum automatisch unter die GPL fallen müssten. Bekanntes Beispiel ist die GNU C-Bibliothek Glibc, die die Programmierschnittstelle zwischen dem Linux-Kernel und Anwendungsprogrammen bereitstellt.

Die »Library GPL«

Ein Problem, das viele Leute mit der GPL haben, ist, dass die Grenzen, was unter »abgeleiteter Software« zu verstehen ist, nicht immer

Klärung der GPL für den Linux-Kernel

leicht zu ziehen sind. Linus Torvalds hat zu den Lizenzbestimmungen des Linux-Kernels daher noch den Satz hinzugefügt: »Dieses Copyright umfasst *keine* Anwenderprogramme, die die Kerneldienste durch normale Systemaufrufe verwenden – dies wird lediglich als normale Benutzung des Kernels angesehen und fällt daher *nicht* unter den Begriff der *abgeleiteten Software*«. Daher sind Anwenderprogramme, die nur die normalen Kernel-Systemaufrufe verwenden (was ohnehin bereits über die übliche Programmierung über die Glibc hinausgeht), auch als geschlossene Software ohne lizenzrechtliche Probleme realisierbar.

1.2 Andere Open-Source-Ansätze

Die GPL greift sehr weit in den Entstehungs- und Verbreitungsprozess von Software ein. Andere Gruppen und Institutionen, die ebenfalls die positiven Auswirkungen von offenen Quellen erkannten, wollten nicht immer so weit gehen und entwickelten daher eine Reihe anderer Lizenzmodelle ([2] gibt einen Überblick). Allen gemeinsam ist die Freigabe des Quellcodes der Software, so dass jeder Interessierte sich von der Wirkungsweise der Programme überzeugen kann. Die Unterschiede liegen darin, was mit Änderungen passieren soll und zu welchem Zweck die Software genutzt werden darf. Beispielsweise bestimmt die »Qt Public License« QPL, unter der lange Zeit die Qt-Klassenbibliothek des norwegischen Softwarehauses Trolltech stand, dass Änderungen nur als Patches und nicht als Gesamtpaket verbreitet werden dürfen und dass die Software nur so lange frei genutzt werden kann, solange das darauf aufbauende Produkt ebenfalls frei ist.

Open-Source-Politik von Softwarehäusern

Da der Erstentwickler zunächst mal alle Rechte an seiner Software hat, steht es ihm frei, welche Bedingungen er an die Freigabe seines Codes knüpft. Einige Firmen wie beispielsweise Apple, Sun oder Netscape wollten auf der Open-Source-Welle mitreiten, außer dem Quellcode aber kaum andere Rechte an ihrer Software aufgeben. Erst als die Open-Source-Gemeinde ihre Kritik an der Vorgehensweise der Firmen immer lautstärker verbreitete, lenkten die Unternehmen ein und änderten ihre Bedingungen.

Prinzipiell zweifeln einige Juristen an, dass die GPL einer gerichtlichen Prüfung standhalten würde. Für die Praxis ist dies jedoch unerheblich. Die Möglichkeiten zur Beeinflussung der öffentlichen Meinung über das Internet sind heute so vielfältig, dass Firmen, die offen gegen die GPL verstoßen, schnell mit mehr negativen Schlagzeilen konfrontiert werden können, als ihnen lieb sein kann.

Einige Beispiele für Open-Source-Projekte, die unter anderen Bestimmungen als der GPL veröffentlicht werden, sind ZOPE von Digital Creations, PHP von Zend Technologies, Enhydra von Lutris Technologies oder Mozilla von Netscape/AOL.

Beispiele für Open-Source-Projekte

2 Vorteile von Open Source

Open-Source-Entwicklung bietet im Gegensatz zu geschlossenem Code eine Reihe von nicht zu unterschätzenden Vorteilen, die wir im Folgenden näher untersuchen wollen.

2.1 Höhere Qualität

Eine der renommiertesten Vorreiter der Open-Source-Bewegung ist Eric Raymond, der mit seinen Essays »The Cathedral and the Bazaar« [3] und »The Magic Cauldron« [4] viele wertvolle Argumente zur Diskussion beigetragen hat.

Er sieht einen der wichtigsten Vorteile von Open Source im »Peer review«-Prinzip. Das bedeutet, dass Programme anhand ihres Code von anderen Experten beurteilt werden können. Durch diese kritische Überprüfung können alle Arten von Fehlern relativ rasch aufgedeckt und beseitigt werden. Denn die Wahrscheinlichkeit, dass ein Fehler unbemerkt bleibt, ist bei mehreren Hundert Programmierern um Größenordnungen geringer als bei ein paar wenigen – sofern ein Code-Review bei der geschlossenen Entwicklung überhaupt stattfindet. Aus diesem Grund ist das Open-Source-Modell besonders für Infrastruktur-Komponenten wie Betriebssystem-Kernels, Treiber oder Netzwerkdienste sinnvoll.

Das »Peer review«-Prinzip

2.2 Höhere Sicherheit

Nicht nur für die Qualität ist das »Peer review« vorteilhaft, auch die Sicherheit profitiert davon. Denn eine wirklich ernsthafte Sicherheitsüberprüfung muss sich auch auf den Code beziehen; nur Algorithmen und Implementierungen, die von verschiedenen Seiten als sicher eingestuft werden, kann letztendlich vertraut werden. Mit diesen Argumenten warnen Organisationen wie das deutsche Bundesamt für Sicherheit in der Informationstechnik (BSI), die Europäische Kommission oder der amerikanische Geheimdienst NSA vor Betriebssystemen wie Microsoft Windows 2000, deren Code nicht öffentlich ist.

Sicherheitsüberprüfungen

2.3 Wiederverwendbarkeit für größere Komplexität

Wenn der Code einer Software offen liegt, kann jeder sich die darin verfolgte Problemlösung ansehen und daraus lernen. Eine bereits vorhandene und bewährte Lösung kann dann immer wieder verwendet werden. Der Einzelne muss sich nicht jedes Werkzeug selbst herstellen, sondern kann dieses einsetzen, um darauf eine komplexere Lösung zu erstellen. Dieses allgemeine Innovationsprinzip, das die technische Entwicklung der Menschheit charakterisierte, ist mit geschlossener Software kaum möglich.

2.4 Höhere Reife durch Unabhängigkeit

Markteinführung oft nicht synchron mit Entwicklung

Bei einem Software-Produkt, für das Lizenzgebühren verlangt werden, ist oft der Zeitpunkt der Markteinführung ausschlaggebend für den Erfolg. Leider ist der Entwicklungszyklus oft nicht synchron damit, das heißt, das Produkt ist bei der Markteinführung eigentlich noch gar nicht reif dafür. Das Ergebnis ist die bekannte »Bananen-Software«, die grün ausgeliefert wird und erst beim Anwender reifen soll. Der ökonomische Schaden, der durch die massenhaften Probleme der Benutzer entsteht, ist kaum zu beziffern.

Reife und Qualität bei OS-Releases höher

Da die Open-Source-Entwickler ihre Arbeit nur aus Spaß am Programmieren oder aus Prestige-Gründen verrichten, sehen sie in der Reife und Qualität ihres Produktes einen sehr wichtigen Aspekt. Und da sie keinem Produktmanager und keiner Geschäftsleitung verantwortlich sind, entscheiden sie über die Freigabe einer Version im Allgemeinen nach rein technischen Gesichtspunkten. Ein Beispiel dafür ist der Linux-Kernel, insbesondere die Version 2.4. Seine Freigabe kam über ein Jahr später, als ursprünglich angekündigt, da die Entwickler ihn so lange zurückhielten, bis sie von seiner Stabilität überzeugt waren.

Beispiel Mozilla

Bei Mozilla konnte man die Probleme dieser Argumentation mit einer kommerziellen Betreuer-Firma erleben. Obwohl die Entwickler von einer Freigabe einer neuen Version des Internet-Browsers abrieten, setzte sich die Muttergesellschaft AOL darüber hinweg und brachte »Netscape 6« auf den Markt. Wie erwartet war das Produkt reichlich instabil und an vielen Stellen schlicht »unfertig«. Das Vertrauen zum Netscape-Browser könnte damit nachhaltigen Schaden genommen haben.

3 Open Source aus Sicht des Herstellers

In vielen Unternehmen wird Software entwickelt, auch in solchen, die nicht unmittelbar damit ihr Geld verdienen. Blickt man in die Stellenangebote für Programmierer, so werden immer noch die meisten Leute dafür gesucht, Software zur ausschließlichen Nutzung im Haus zu entwickeln. Ein kleiner Teil der Firmen erwirtschaftet jedoch nach wie vor ihren Ertrag durch den Verkauf von Software-Lizenzen. Aufgrund des Erfolges und der unbestreitbaren Vorteile des Open-Source-Ansatzes stellen sich heute immer mehr Produkt-Verantwortliche die Frage, ob sie ihre Software freigeben sollen. Ich will Ihnen hier ein paar Denkanstöße geben und Ängste nehmen.

3.1 Geschäft mit Lizenzen

Zunächst mal geht die Gegenüberstellung von freier und kommerzieller Software oft von der Irrmeinung aus, dass Software ein industrielles Produkt wie jedes andere auch sei. Bei einem solchen Produkt, etwa einem Telefon oder einem Speicherchip, ist die hergestellte Stückzahl annähernd direkt proportional zu den Kosten, da jeweils Rohstoff- und Fertigungskosten anfallen. Bei Software ist dies nicht der Fall, da ihre Vervielfältigungskosten vernachlässigbar sind. Die Käufer sind nur bereit, so lange für ein Produkt zu bezahlen, wie sie sich eine eigene Zeit- oder Aufwandsersparnis beziehungsweise einen künftigen »Service« davon versprechen. Software eines Herstellers, den es nicht mehr gibt, ist so gut wie nichts mehr wert.

Software als industrielles Produkt?

Brian Behlendorf, einer der Mitbegründer des Web-Servers Apache, beschreibt in dem höchst lesenswerten Artikel »Open Source as a Business Strategy« [5] einen Datenbankhersteller, der etwa 40% seines Umsatzes mit dem Verkauf von Lizenzen erwirtschaftet, den Rest mit Support, Consulting, Entwicklungswerkzeugen und Bibliotheken. Die Rechnung ist nun ganz einfach: Wenn die Datenbank als Open Source freigegeben wird, müssen nur doppelt so viele Kunden wie momentan gefunden werden, die für Consulting und Support bezahlen, um den Umsatz trotz des Wegfalls der Lizenzeinnahmen um 20% steigern zu können. Wenn die Datenbank attraktiv ist und zudem noch frei, werden sich vermutlich sogar sehr viel mehr Kunden dafür interessieren.

Geschäft ohne Lizenzeinnahmen

Dass dieses Modell nicht nur hypothetisch ist, sondern auch in der Praxis funktioniert, zeigt das Beispiel der CAD-Lösung »CAS.CADE« der EADS Matra Datavision [6]. Die Software, die 1999 pro Kernel noch fünfstellige Lizenzeinnahmen brachte, wurde Ende 99 als Open Source freigegeben. Gleichzeitig wurde über entsprechende Web-Sites der Aufbau einer Community begonnen, auch in Zusammenarbeit mit

Beispiel Open CASCADE

den bisherigen Kunden. Bereits im darauffolgenden Jahr konnte Matra seinen Umsatz trotz der entfallenen Einnahmen steigern. Obwohl die hauseigenen Entwicklerkapazitäten reduziert wurden, bietet das nun Open CASCADE genannte Produkt mehr Funktionalität als die Konkurrenz. Die Kunden nutzen das Support-, Consulting- und Trainingsangebot rege, über 200 Downloads pro Woche belegen steigendes Interesse.

3.2 Sicherung des geistigen Eigentums

Auch freie Software hat Urheber. Durch die Veröffentlichung als Open Source geben diese ihre Urheberrechte daran in keiner Weise auf, ebenso wenig wie beispielsweise ein Buch-Autor. Für viele Software-Verantwortliche ist gerade dieser Aspekt besonders heikel. Dabei muss man allerdings meist genau hinsehen, ob die Befürchtungen wirklich zu Ende gedacht sind oder nicht.

Closed Source als Wettbewerbsvorteil

Der häufigste Grund, warum man die Quelle einer Software nicht veröffentlichen möchte, ist, dass man darin einen Wettbewerbsvorteil gegenüber seinen Konkurrenten sieht, den man nicht leichtfertig aufs Spiel setzen möchte. Das kann im Einzelfall tatsächlich ein Argument sein, das den Ausschlag für eine Entscheidung gegen eine Open-Source-Politik gibt. Wie wir am Beispiel von Open CASCADE gesehen haben, ist das allerdings nur in den wenigsten Fällen in letzter Konsequenz richtig. Vielleicht lassen sich durch ein Veröffentlichung als Open Source sogar interne Entwicklungskosten einsparen und gleichzeitig die Funktionalität vergrößern. Außerdem wird die Verbreitung einer guten freien Software immer um ein Vielfaches größer sein als die einer proprietären.

Trend: Software als Service

Die gesamte IT-Industrie scheint sich derzeit darauf zuzubewegen, Software nicht mehr als Produkt, sondern als Dienstleistung zu betrachten. Auch für den Kunden sind ja die Lizenzausgaben nur ein kleiner Faktor der Gesamtkosten einer Software. Es wird künftig verstärkt Aufgabe des Herstellers sein, für sich selbst einen größeren Anteil an den Lebenszeitkosten einer Software zu sichern, als das bisher der Fall war. Damit sinkt natürlich auch die Bedeutung der Lizenzeinnahmen.

3.3 Motivation für Open Source

Welche Gründe sprechen nun aus Sicht eines Software-Herstellers dafür, ein Programm als Open Source zu veröffentlichen und damit alle Welt in seine Karten, sprich: Quellen, sehen zu lassen?

Früher entstanden die meisten Open-Source-Projekte dadurch, dass ein Programmierer eine Idee verwirklichen wollte oder ein bestimmtes Tool benötigte, das er sich selber schreiben musste, dann aber mit anderen teilen wollte. Wenn eine Firma heute ein solches Projekt ins Leben ruft, geschieht dies kaum noch aus technischen, dafür meist aus Marketing-Überlegungen. Auf diese Weise kann sich das Unternehmen nicht nur als offen und innovativ hervorheben, sondern auch bestimmte Benutzergruppen an sich binden oder sich in neuen Märkten positionieren.

Marketing und PR

Außerdem können durch Open-Source-Programme eigene Standards mit viel größerer Breitenwirkung und in kürzeren Zeiträumen auf dem Markt etabliert werden, als dies mit kostenpflichtiger Software möglich wäre. Diese Strategie kann man beispielsweise bei Sun mit Java und bei IBM mit Internet- und XML-Software beobachten. Letztlich versichern zwar alle Hersteller, keine proprietären Standards zu wollen, sondern sich an offene Standards der internationalen Gremien (IETF, W3C etc.) zu halten. Da die Verabschiedung von Standards durch diese indessen meist recht lange dauert, kann der Hersteller seine eigenen Vorstellungen am Markt und bei der Standardisierung am besten durchsetzen, der über die größte Anwenderbasis verfügt.

Setzen von Standards

Damit ist nämlich auch gleich das Feld für die nächste Stufe bereitet: Der Hersteller findet bei genügender Akzeptanz des von ihm favorisierten Standards einen lohnenden Markt für kommerzielle Produkte vor, die darauf aufbauen und die Möglichkeiten der Open-Source-Programme ergänzen beziehungsweise erweitern. Das können größere kostspielige Software-Pakete, etwa für die Entwicklung oder Administration, genauso sein wie Hardware. Auch dafür ist IBM mit der WebSphere-Produktreihe, die auf Java- und Internetstandards setzt, oder der Linux-Portierung auf AS/400 ein gutes Beispiel.

Geschäft mit darauf aufbauenden Produkten

Für die Anwender ist es mit der kostenlosen Software allein oft nicht getan. Je komplexer die Anwendung, desto mehr Bedarf besteht an Unterstützung bei der Anpassung an die Umgebung des Benutzers und an der Erarbeitung maßgeschneiderter Lösungen. Obwohl dies die klassische Einnahmequelle einer Open-Source-Firma ist, ist diese Strategie nach wie vor lohnenswert.

Geschäft mit Services

Die Entwicklungsleistung kann dabei auch teilweise von einzelnen Anwendern kommen. Für manche Kunden kann das Programm so wichtig sein, dass sie eigene Ressourcen für dessen Pflege und Ausbau bereitstellen – Erweiterungen, die sie aufgrund des Lizenzmodells meist wieder an den Hersteller zurückmelden müssen. Auf diese Weise

Anwender erweitern Features

können also Entwicklungskosten vom ursprünglichen Produzenten auf seine Kunden verlagert werden – in vielen Fällen ein nicht unwesentliches Argument.

Hersteller entbindet sich von der laufenden Pflege

Aber nicht nur die Entwicklung kostet Geld; oft ist der laufende Unterhalt für die Pflege einer Software sogar noch teuer. Viele Firmen pflegen Software-Produkte nicht, weil sie mit dem laufenden Lizenzverkauf noch etwas verdienen, sondern nur, um bestehende Kunden zu bedienen. In solchen Fällen bietet sich die Freigabe der Software als Open Source an, da man damit zumindest teilweise die Pflegeaufwände auf andere verteilen kann. Dazu ist allerdings auch der vorbereitende Aufbau einer entsprechenden Community nötig [7]. Ein prominentes Beispiel für diesen Schritt ist AOL/Netscape mit der Freigabe des Mozilla-Browsers – auch wenn dabei in der Folge noch ein paar andere Einflüsse hinzukamen.

Unabhängigkeit von einzelnen Entwicklern

Schließlich ist noch zu bedenken, dass auch in einem Unternehmen hinter einer Software nicht immer riesige Teams stehen, sondern oft nur zwei oder drei Mitarbeiter. Und von diesen hängt die Software dann auch ab. Selbst wenn die Programme ausreichend dokumentiert sind, lassen sie sich im Allgemeinen nicht ohne weiteres durch andere übernehmen. Falls also einer der Mitarbeiter (oder gar alle) die Firma verlassen oder eine neue Aufgabe übernehmen, ist die Gefahr groß, dass die Anwendung nicht gepflegt wird, hinter den sonstigen technischen Entwicklungen hinterherhinkt und langsam unbrauchbar wird. Durch die Veröffentlichung der Software als Open Source kann man dieses Problem vermeiden, denn man übergibt das Programm einer – hoffentlich – größeren Gemeinschaft, die sich um den Fortbestand (und somit um die Sicherung der ursprünglichen Investition in die Entwicklung) kümmern wird. So werden vielleicht nicht unmittelbar Kosten eingespart, dafür aber das Risiko der Unbrauchbarkeit auf eine breite Anwenderbasis außerhalb der eigenen Firma verteilt und die Abhängigkeit von einzelnen Entwicklern reduziert.

3.4 Open Source bei Embedded-Systemen

Software ist nicht immer das, was auf einem PC abläuft und auf einem Monitor angezeigt wird. Wir sind überall von so genannten »Embedded-Systemen« umgeben, von der Waschmaschine über das Handy bis zum Auto, wo die Software in ein Gerät eingebettet und für den Benutzer des Geräts nur sehr vage sichtbar ist (siehe auch [8] für einen Überblick sowie die Beiträge von Birkenmaier und Hochberger in diesem Band). Aufgrund seiner Stabilität, Flexibilität und Offenheit erlangt Linux als Betriebssystem für solche Embedded-Systeme immer größere

Beliebtheit. Hierbei stellt sich die Frage nach der GPL-Konformität und der Zulässigkeit von proprietärer Software in verstärktem Maße, da die Anwendungen auf solchen Geräten im Allgemeinen sehr viel näher an der Hardware arbeiten und daher auf tieferer Ebene mit dem Betriebssystem kommunizieren müssen, als das bei Server- oder Desktop-Anwendungen der Fall ist.

Aus obiger Diskussion um die GPL ist klar, dass Anwendungen, die auf der Glibc aufsetzen, problemlos als Closed Source realisierbar sind. Ebenso klar ist, dass direkte Modifikationen am Linux-Kernel aufgrund seiner GPL-Lizenz veröffentlicht werden müssen. Interessanter sind da die Kernel-Module und Treiber, also Software, die nicht unmittelbar Teil des Kernels ist, jedoch sehr eng mit diesem zusammenarbeitet. Gemäß der oben zitierten Klärung der GPL für den Kernel gilt, dass Module und Treiber, die die normalen Kernel-Schnittstellen verwenden, auch als nicht-öffentliche Software möglich sind. Allerdings stehen viele Kernel-Entwickler dieser Ausnahme nach wie vor skeptisch gegenüber, so dass hier mit Bedacht vorgegangen werden sollte. Bei einem Modul, das nicht die Standard-Schnittstellen verwendet, ist die Situation noch heikler; hier sollte stets auf eine Open-Source-Politik geachtet werden.

Kernel-Module

Generell gilt ohnehin, dass ein Betriebssystem eine gemeinsame Basis für alle Anwendungen zur Verfügung stellen sollte – nicht nur für eine bestimmte. Trennen Sie also Ihre Software durch eine intelligente Architektur möglichst in Hardwarefunktionen auf unterer Ebene (wo höchst selten geschäftssensibler Code enthalten ist) und Anwendungsprogramme auf höherer Ebene, die Sie dann auch unbedenklich als proprietäre Software herausgeben können.

Architekturelle Trennung

Wenn Sie dann noch Ihre Treiber als Open Source veröffentlichen, haben Sie auch deren Weiterbestand gesichert, denn so können diese leicht von anderen angepasst werden, wenn sich die entsprechenden Kernel-Schnittstellen in einer der nächsten Versionen ändern. Linux-Treiber, die nur in binärer Form vorliegen, sind aufgrund der Dynamik der Kernel-Entwicklung – gerade im Embedded-Bereich – reichlich hinderlich.

Treiber stets als Open Source

3.5 Neue Geschäftsmodelle

Wie Sie vielleicht schon erkannt haben, führt Open Source zu anderen Geschäftsmodellen als der reine Lizenzverkauf. Diese wurden von vielen Publikationen zur Genüge beschrieben (etwa in [3], [4], [10], [11] und [12]), so dass ich hier nur die wichtigsten wiedergeben will:

- *Support Sellers*, wobei die Einnahmen vom Medienvertrieb (wie bei RedHat) oder von Training und Consulting herrühren (wie bei VA Linux)
- *Loss Leader*, wo ein kostenloses Open-Source-Produkt den Markt für eine kommerzielle Software bereiten soll (wie bei IBMs XML-Tools)
- *Widget Frosting*, wo Hardware-Hersteller die zusätzliche Software wie Treiber, Konfigurationstools etc. als Open Source freigeben, da sie ja ihr Geschäft mit Hardware machen. Ein jüngstes Beispiel sind die DeskJet-Treiber für HP-Drucker.
- *Accessorizing*, wobei die Firma Umsatz mit Büchern, Konferenzen oder speziell angepassten Hardware-Angeboten macht, z.B. O'Reilly oder Dell
- *Service Enabler*; hier ist der Zugang zu Online-Diensten eine Open-Source-Software, der Inhalt allerdings kostenpflichtig. Dieses Modell wäre für AOL sinnvoll.
- *Brand Licensing*, wo eine Firma zwar die Software bzw. die Software-Technologie als Open Source freigibt, damit aber gleichzeitig ein Markenzeichen etabliert, für dessen Zertifizierung sie Geld verlangt, so wie es etwa Sun Microsystems mit Java machen könnte.
- *Sell It, Free It* ist ein häufiges Modell, wo eine Software zunächst ein kommerzielles Produkt ist, dann aber als Open Source erscheint, wenn es in die Geschäftsplanung des Herstellers passt. Interbase und StarOffice sind Beispiele dafür.

3.6 Grenzen und Gefahren des Open-Source-Modells

Kriterien für Open-Source-Kandidaten

In [4] fasst Eric Raymond die wesentlichen Kriterien, wann eine Software ein Kandidat für eine Freigabe als Open Source ist, wie folgt zusammen:

- Zuverlässigkeit, Stabilität oder Skalierbarkeit sind kritisch.
- Die Korrektheit des Designs oder der Implementierung können nicht zuverlässig ohne »peer review« überprüft werden.
- Die Software ist kritisch für die Kontrolle des Anwenders über sein Geschäft.
- Die Software baut eine gemeinsame Rechen- oder Kommunikationsinfrastruktur auf.
- Die Schlüsselfunktionen sind Teil des allgemeinen Ingenieurswissen.

Wenn Sie sich daran orientieren und zudem noch beurteilen, wie viel Geschäft Sie tatsächlich noch mit einigen Programmen machen, werden Sie sicher eine ganze Reihe von Software-Paketen bei sich finden, die sich als Open Source eignen würden.

Das heißt auf der anderen Seite allerdings nicht, dass Open Source ein Allheilmittel für alle Art von Software ist. Man kann nicht seinen Code auf einen Server legen und erwarten, dass am nächsten Morgen bereits viele tolle neue Features eingebaut sind. Damit eine Software ein erfolgreiches Open-Source-Projekt wird, müssen Sie auf die Motivation der anvisierten freiwilligen Mitarbeiter achten. Da diese kein Geld erhalten, wollen sie einen anderen Nutzen daraus ziehen. Zwei Gründe sind dafür hauptsächlich ausschlaggebend:

Motivation der freiwilligen Mitarbeiter

- *Prestige*: Wenn Programmierer sich in ihrer Freizeit mit Open-Source-Projekten beschäftigen, so tun sie das oftmals, um sich einen Namen zu machen. Das setzt voraus, dass es sich bei dem konkreten Projekt um einen attraktiven, herausfordernden Inhalt handelt. Wenn abzusehen ist, dass für das Produkt nur wenig Interessenten vorhanden sein werden, ist es auch schwer, dafür Programmierer zu motivieren.
- *Anwendernutzen*: Bei Anwendungen im Geschäftsumfeld spielt es oft noch eine Rolle, ob sich eine Mitarbeit für das Anwenderunternehmen lohnt, also beispielsweise eine Anpassung der Applikation an ihre besondere Umgebung einen höheren Nutzen bringen würde. Nur dann lassen sich die Kunden in die Programmierarbeit integrieren.

Wichtig ist es also, für das Projekt frühzeitig eine Community von Interessierten aufzubauen [7]. Das ist bei recht kleinen Projekten unter Umständen schwierig, so dass dafür Open Source nicht immer der richtige Weg ist. Denn wenn Open Source nur bedeutet, dass sich jeder bedienen kann und niemand etwas in Form von Mitarbeit zurückgibt, findet schnell ein Ausverkauf der Interessen des Initiators statt.

Aufbau einer Community

Wichtig ist stets, das Projekt zunächst möglichst bekannt zu machen und eine Infrastruktur für die Mitarbeit von Externen aufzubauen. Ein bekanntes Forum für Open Source ist das von VA Linux betriebene SourceForge [8]. Fast 20.000 Projekte nutzen den Service von SourceForge, etwa projektbezogene Subdomains, Mailing-Listen, CVS- und FTP-Server sowie Projektbeschreibungen und -bewertungen. Um auf ein Projekt aufmerksam zu machen, ist daher der Eintrag bei SourceForge ein wichtiger Schritt.

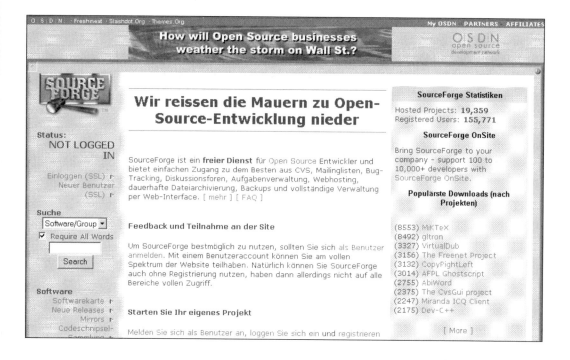

Abb. 2
SourceForge ist das größte Forum für Open-Source-Projekte

Bei großen Projekten mit vielen Tausend Code-Zeilen, die auf einmal veröffentlicht werden (wie bei Mozilla oder StarOffice), besteht die Gefahr, dass sich für diese Unmenge Quelltext zunächst niemand interessiert, da allein schon die Einarbeitung sehr aufwendig ist. Auch hier ist eine intensive Pflege der Community entscheidend.

Generell gilt also, dass Open Source allein den Hersteller oder Initiator nicht von der Mitarbeit entbindet. Langfristig können sich zwar die Entwicklungsaufwendungen verschieben, kurzfristig bedeutet aber auch ein Open-Source-Projekt eine Investition, da Personal für Support-Anfragen, Web-Site-Erstellung, Dokumentation oder Wahrung der Integrität der Software bereitgestellt werden muss.

Projekte schwerer planbar

Eine weitere Gefahr bei Open-Source-Projekten ist, dass sie aufgrund der Heterogenität der Mitarbeiter und deren divergierende Interessen kaum planbar sind. Viele Hersteller gehen daher den Weg, von Zeit zu Zeit den Code des Open-Source-Projektes abzuzweigen und mit eigenen Mitteln daraus ein Release zusammenzustellen.

4 Open Source für Anwender

Wir haben bislang vorwiegend die Sicht eines Software-Herstellers untersucht. In diesem Abschnitt soll es mehr um den Anwender gehen. Denn die meisten Firmen, die mit Computern arbeiten, stellen keine Software her, sondern nutzen sie nur für ihr Geschäft.

4.1 Vorteile der Anwender

Zunächst einmal interessiert es die meisten Anwender selten, ob sie die Software im Quelltext oder als Binärpaket erhalten. Viele Linux-Anwender installieren heute beispielsweise nur ihre Distribution und kompilieren nicht den Kernel. Neben den allgemeinen Vorzügen freier Software, die wir oben diskutiert haben, also höhere Sicherheit, höhere Qualität – wichtig gerade für Infrastrukturdienste – und höhere Reife, gibt es aber noch weitere Aspekte, die für Anwender interessant sind.

Baut ein Benutzer einen wichtigen Teil seines Geschäftes auf der Software eines bestimmten Herstellers auf, so macht er sich von diesem abhängig. Sind etwa in der nächsten Version größere Änderungen enthalten, muss der Anwender die entsprechenden Anpassungen seiner Umgebung nachvollziehen, wenn er nicht seine bisherigen Investitionen verlieren will. Dieses Problem haben derzeit viele Firmen mit der Umstellung vom NT-Domänenkonzept auf Windows 2000/Active Directory.

Unabhängigkeit von einem Hersteller

Besonders kritisch kann es werden, wenn der Hersteller plötzlich nicht mehr am Markt ist – weil er in Konkurs gegangen ist, aufgekauft wurde usw. Hier müssen die Anwender um die Weiterexistenz ihrer Software fürchten, was beim Einsatz in kritischen Bereichen besonders ärgerlich ist.

Verfügbarkeit bei Verschwinden des Herstellers

Beide Aspekte fallen bei Open Source weg. Da es keinen direkten Hersteller gibt (höchstens einen »Projektleiter«), begibt sich der Anwender in keinerlei Abhängigkeiten. Zur Not kann er die Software selbst weiter pflegen, wenn sie für ihn einen besonderen Stellenwert hat.

Außerdem enthält Open-Source-Software automatisch nur offene Standards. Damit ist stets die Interoperabilität zu anderen Anwendungen, die denselben Standard unterstützen, gewährleistet, was im Zeitalter von EAI und B2B besonders wichtig werden kann.

Offene Standards

Und gerade im Internet-Business finden sich auch die meisten professionellen Anwender von Open-Source-Software. Beispielsweise setzt der größte deutsche Internet-Provider 1&1 Internet AG, der jeden Monat über 100.000 neue Domains einrichtet und hostet, komplett

Linux im Internet

Abb. 3
Marktanteil der führenden Web-Server über alle Domains des Internet [13]

auf Linux, sowohl bei der eigenen Web-Site als auch bei den Web-Spaces der Kunden. Eine ähnliche Strategie hat auch der E-Mail-Anbieter GMX. Andere prominente Linux-Server sind Amazon.com sowie die Suchmaschinen Google.com oder AltaVista.

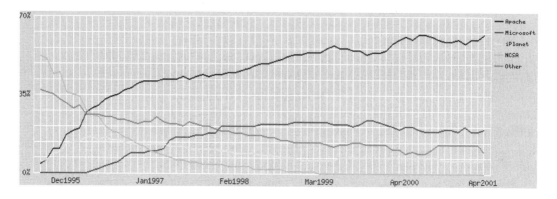

Apache beliebtester Web-Server

Noch überzeugender ist der Web-Server Apache. Wie die jüngsten Zahlen von Netcraft [13] zeigen, laufen 62,5 % aller Sites des Internet mit dieser Open-Source-Software. Auch große Firmen wie Oracle, Apple oder Hewlett-Packard nutzen dieses freie Programm für ihren Web-Auftritt.

4.2 Vom Konsumenten zum »Prosumenten«

Anwender von Open-Source-Software geraten im Verhältnis zu traditioneller Software in eine neue Rolle.

Der resignierte, passive Anwender

Bei kommerziellen Applikationen verhält sich der Benutzer meist passiv: er kauft das Produkt und geht damit um. Tauchen Probleme auf, versuchen die Hersteller zwar mit unterschiedlichem Eifer zu helfen. Oftmals ist diese Hilfe aber wieder kostenpflichtig (bzw. nur über teure 0190-Nummern erreichbar) oder weitgehend unbrauchbar. Viele Anwender warten auch vergeblich auf eine Rückmeldung, wenn sie sich über einen Programmfehler beschwert haben, und leben daher resigniert mit den Unzulänglichkeiten ihrer Software.

Bei Open-Source-Anwendungen ist dies anders. Hierbei hat der Benutzer prinzipiell die Möglichkeit, den Quellcode zu verändern und so die Probleme zu beheben. Sicher wird dies nicht jeder Anwender tun, denn dazu gehört aufgrund der Komplexität vieler Projekte oft einige Programmiererfahrung. Aber für Firmen kann es sich durchaus lohnen, wenn die IT-Abteilungen Kapazitäten dafür bereitstellen oder einen Dienstleiter beauftragen. Denn eine wichtige Anwendung, die immer wieder Probleme bereitet, kann zu erheblichem Produktivitätseinbußen führen.

Der »Prosument«

Langfristig bedeutet das aber auch, dass der Anwender zum Mitentwickler wird. Der Sozialwissenschaftler Alvin Toffler sprach in [14] schon vor fast 20 Jahren davon, dass zukünftig die klassische Trennung zwischen Produzent und Konsument immer weiter verwischen wird, und nannte die entstehende Rolle den »Prosumenten«. Bei Open Source ist diese Vision bereits Wirklichkeit geworden. Jeder Konsument, der das möchte, kann zum Produzenten werden und so seine eigenen Schwerpunkte einbringen. Im Grunde sollte er das sogar.

Mitarbeit als Gegenwert

Die Idee der freien Software ist es nämlich auch, dass der Benutzer für die Leistungen, die er in Form von vielen Programmen erhält, wieder etwas zurückgibt – kein Geld, wie im kommerziellen Fall, sondern eigene Arbeitszeit. Bei einem Unternehmen wäre das Arbeitszeit von Mitarbeitern. Auch wenn es gegenwärtig bereits sehr viele Open-Source-Projekte gibt – auf Dauer kann dieses Modell nur dann funktionieren, wenn es nicht nur immer Selbstbediener gibt, die nichts für den enormen Wert zurückgeben, den sie erhalten.

4.3 Probleme mit Open Source

Da hinter einer Open-Source-Software nur selten eine Firma steht, darf man nicht erwarten, eine solche Anwendung in genau derselben Ausstattung zu bekommen wie eine kommerzielle. Die meisten Entwickler sind eher an Funktionalität als an Ergonomie oder umfassender Dokumentation interessiert. Insofern kann man Open-Source-Applikationen als »Rohprodukte« begreifen, die erst für den täglichen Gebrauch nutzbar gemacht werden müssen.

Support ist nötig

Das kann durch den Anwender selbst geschehen, wenn er über das nötige Know-how verfügt oder sich die Kenntnisse im Internet zusammensuchen möchte, oder über Dienstleister, sowohl firmeninterne als auch -externe. Eine Reihe von Unternehmen haben sich als Service-Anbiete für Open Source einen Namen gemacht, allen voran die Linux-Distributoren RedHat und SuSE. Wer also ernsthaft Open-Source-Anwendungen einsetzen will, sollte einen Support-Vertrag dazu abschließen, um die optimale Verfügbarkeit für alle Geschäftsfälle gewährleisten zu können. Damit ist nur vordergründig eine neue Abhängigkeit zu einem »Hersteller« geschaffen. Denn da die Quellen offen sind, kann sich jeder Dienstleister das nötige Wissen aneignen und der Auftraggeber kann ihn jederzeit austauschen.

Rechtliche Beziehungen bei GPL

Eine der häufigsten Argumente der Verantwortlichen gegen Open Source war: »Wenn ich keinen Hersteller mehr habe, wen kann ich verklagen, wenn die Software fehlerhaft ist und Schäden verursacht?« Die einfache Antwort vieler Open-Source-Befürworter (»Versuchen Sie doch mal, Microsoft bei Fehlern zu verklagen!«) löst das Problem nicht. In der Tat enthält etwa die GPL ausdrücklich den Hinweis, dass keinerlei Gewährleistung übernommen wird. Das ist zwar in den USA so pauschal möglich, in Deutschland ist die Rechtslage dagegen unklarer.

Gewährleistung

Wenn Sie Open-Source-Software von einem Server selbst herunterladen, muss Sie der Betreiber dieses Servers darauf aufmerksam gemacht haben, dass er für die Inhalte keine Haftung übernimmt, und auf mögliche Gefahren bei der Benutzung hingewiesen haben. Damit ist dieser Betreiber für den Inhalt nicht verantwortlich und kann auch nicht belangt werden. Bei Distributionen, die Sie käuflich erwerben, muss der Distributor Ihnen nur für die Teile Haftung gewähren, die er selbst hergestellt hat, nicht für die, die er selbst als Schenkung überlassen bekam. Für solche Software, die unentgeltlich überlassen wird, bestehen auch keine Gewährleistungsansprüche. Der Distributor muss höchstens ähnlich wie der Server-Betreiber angeben, dass er die Software nur aus zuverlässiger Quelle erhält. Er haftet für freie Software zwar prinzipiell nur bei grober Fahrlässigkeit oder Vorsatz; allerdings haftet er auch bei leichter Fahrlässigkeit für die Auswahl, Beschaffung, Installation und Konfiguration der Software. Insgesamt muss er auf alle entgeltlichen Leistungen wie die Beschaffung, das Konfigurieren, Kompilieren und Testen der Programmpakete sowie das Herstellen der Datenträger auch Haftung gewähren. (Darstellung der Rechtslage nach [15])

Lösung in der Praxis

Was heißt diese juristische Situation nun in der Praxis? Wenn es wirklich um geschäftskritische Anwendungen geht, sollte sich die Firma entweder selbst genügend Know-how zulegen, um die benötigte Funktionalität zu gewährleisten, oder damit einen externen Dienstleister betrauen, in dessen Vertrag dann auch Haftungsaspekte aufgenommen werden können. Vergleicht man die Situation mit kommerzieller Software, ist die Lage bei Open Source immer noch deutlich besser, da dort die AGB bzw. die Lizenzbestimmungen die Haftung oft auf den rechtlich geringst möglichen Umfang beschränken. Zudem sind nach einer Auflösung der Herstellerfirma überhaupt keine Ansprüche mehr durchsetzbar.

Letztendlich muss man zu bedenken geben, dass auch bei sonstigen Fehlern (und Fehlentscheidungen) im Geschäftsleben das Unternehmen selbst dafür gerade stehen können muss. An Open-Source-Software ist bislang noch keine Firma Konkurs gegangen, an Missmanagement schon Hunderttausende.

5 Fazit

Die Offenheit, die für Open Source sprichwörtlich ist, stellt für Hersteller wie Anwender eine enorme Chance dar. Hersteller können damit Marketing betreiben und ein positives Image in der Öffentlichkeit erzeugen, den Markt für weitere Produkte bereiten, Standards setzen oder die Pflege laufender Anwendungen an eine Community übergeben. Gerade der Aufbau und die Motivation einer solchen Community sind jedoch die Aspekte, die über Erfolg oder Misserfolg eines Open-Source-Projekts entscheiden. Auch muss man anders mit Produktzyklen und Zeitplanungen umgehen, als das bei proprietären Systemen üblich ist.

Die Anwender erhalten, wenn sie bereit sind, sich darauf einzulassen, mit dem Quellcode die detaillierteste Dokumentation, die man sich wünschen kann. Abläufe lassen sich so bis auf die unterste Ebene debuggen, womit sich alle Arten von Fehlern besser aufspüren lassen. Je intensiver der Anwender mit den Quellen arbeitet, desto mehr verschwindet die Grenze zum Herstellerteam. Er erhält also eine neue Rolle, in der er aktiv auf das Produkt Einfluss nehmen kann. Die Frage der Produkthaftung wird dabei jedoch erheblich schwieriger, da einerseits das Entwicklerteam diese aus guten Gründen nicht gibt (und selbst nach deutscher Rechtslage nicht geben muss), andererseits oft von Endkunden oder Management diese oft gefordert wird. Hier ist es am sinnvollsten, entweder diese Haftung in bestimmten Grenzen selbst zu übernehmen oder einen entsprechenden Vertrag mit einem Dienstleister abzuschließen.

Auch wenn damit eine andere Denk- und Handlungsweise verbunden ist, ist Open Source ein höchst interessantes Modell. Der Erfolg von Linux, Apache, MySQL, PHP usw. haben gezeigt, dass es am Durchbruch keine Zweifel mehr geben kann, ja dass dieser gerade schon vor sich geht. Wie so oft bei Trends dürfte auch hier gelten: Es hat der den meisten Erfolg, der sich frühzeitig darauf einstellt.

Literatur

[1] http://www.fsf.org/copyleft/gpl.html

[2] http://www.fsf.org/philosophy/license-list.html

[3] E. S. Raymond: »The Cathedral and the Bazaar«, http://tuxedo.org/~esr/writings/cathedral-bazaar/

[4] E. S. Raymond: »The Magic Cauldron«, http://tuxedo.org/~esr/writings/magic-cauldron/

[5] B. Behlendorf: »Open Source as a Business Strategy«, http://www.oreilly.com/catalog/opensources/book/brian.html

[6] J. Franz: »3D-Modellierung mit Open CASCADE«, Linux Enterprise, 3/01, S. 28-30

[7] C. Werry, M. Mowbray (Hrsg.): »Online Communities: Commerce, Community Action, and the Virtual University«, Prentice Hall, 2000.

[8] Sourceforge, http://sourceforge.net

[9] R. Birkenmaier, O. Gräbner: »In Bed with Linux«, Linux Enterprise, 4/00, S. 38-43, http://www.entwickler.com/le/ausgaben/2000/4/artikel/1/online.html

[10] Open Source Initiative: »The Open Source Case for Business«, http://www.opensource.org/advocacy/case_for_business.html

[11] F. Hecker: »Setting Up Shop: The Business of Open Source Software«, http://www.hecker.org/writings/setting-up-shop.html

[12] T. Wieland: »Linux als Geschäftsfaktor«, Linux Enterprise, 2/00, S. 30-34, http://www.drwieland.de/articles/Linux_Geschaeftsfaktor.html

[13] Netcraft: »Web Server Survey«, http://www.netcraft.com/survey/

[14] A. Toffler: »The Third Wave«, Morrow, 1980.

[15] J. Siepmann: »Lizenz- und haftungsrechtliche Fragen bei der kommerziellen Nutzung Freier Software«, http://www.kanzlei-siepmann.de/linux-tag/vortrag.html

Linux im Unternehmen: Schulung und Zertifizierung für Mitarbeiter

Ulrich Weis
Pädagogischer Mitarbeiter
Volkshochschule Stadtverband Saarbrücken,
Abt. Berufliche Weiterbildung, FB4 EDV/Informatik
Ulrich.Weis@svsbr.de

Abstract

Thema des Vortrages ist die Notwendigkeit und Möglichkeit der Schulung und Zertifizierung eigener Mitarbeiter im EDV-Bereich mit besonderem Augenmerk auf »Linux«. Für IT-Entscheider ist dieses Thema interessant, weil gerade die Leistungsfähigkeit und Variabilität von Linux-Systemen sowie deren extreme Innovationsraten eine gezielte Weiterbildung besonders notwendig und sinnvoll machen. Die wichtigsten Fragen in diesem Bereich sind: Wie unterscheiden sich Schulung und Zertifizierung im Bereich Linux von anderen Bereichen? Welche Möglichkeiten der Schulung und Zertifizierung im Bereich Linux gibt es derzeit sowie in absehbarer Zukunft? Was bringt dem Unternehmen einerseits Schulung andererseits Zertifizierung? Welche Informationsquellen und Entscheidungshilfen gibt es? Wie stelle ich den Erfolg einer Schulung sicher? Was kostet das alles? Der Beitrag führt zunächst allgemein in die Bereiche Schulung, Zertifizierung und Linux ein und stellt dann den Linux-Bereich mit seinen Besonderheiten vor.

Vorbemerkungen

Die Bereiche Schulung und Zertifizierung sind für die gesamte EDV immer noch einer schnellen Entwicklung unterworfen. Neue Ausbildungsgänge entstehen in kurzer Zeit, neue Kurskonzepte fast täglich. Der Sprachgebrauch ist dabei nur bedingt standardisiert und von vielen Eigenheiten der IT geprägt, als Beispiel mag der Begriff »Webmaster« dienen.

Folgende Begriffe werden in diesem Vortrag synonym gebraucht: Schulung und Training, EDV und IT, Zertifikat, Prüfung und Abschluß, Wissen als Kurzform für Kenntnisse und Fähigkeiten (auch wenn dies nicht ganz korrekt ist). Der Begriff Unternehmen steht stellvertretend für jede EDV-einsetzende Institution.

Der Begriff Linux wird hier ausschließlich für den Betriebssystemkern, GNU/Linux (und als sprachliche Alternative »Linux-System«) hingegen für das komplette Betriebssystem (ein einsetzbares Linux) verwendet.

Statt Systembetreuer oder Systemverantwortlicher oder Rechenzentrumsmitarbeiter o.ä. wird hier ausschließlich der international gebräuchliche Begriff Systemadministrator (kurz Sysadmin oder auch nur Admin) verwendet. Diese Berufsbezeichnung schließt auch den im deutschen unterschiedenen Netzwerkadministrator (den es im internationalen Sprachgebrauch nicht gibt) mit ein.

Zur besseren Lesbarkeit wurde o.B.d.A. die männliche Begriffsform gewählt.

Ein Aufzählung der verfügbaren Literatur (v.a. online) würde den Rahmen dieses Beitrages sprengen und ist daher auf dem Web verfügbar (www.dpunkt.de/linuxtag2001).

1 Motivation: No training – no IT, no IT – no business

Die Leistungsfähigkeit der Open-Source-Software GNU/Linux sowohl auf dem Desktop als auch im Server-Bereich ist mittlerweile gerade in Deutschland hinlänglich bekannt. Neben Unternehmen setzt auch der Öffentliche Dienst dieses System immer mehr ein, was nicht zuletzt auch durch die regelrecht berühmte, versehentliche Veröffentlichung des »KBSt-Briefes« in der breiten Öffentlichkeit bekannt wurde.

Einführung von Linux

Noch vor Jahren wurden viele GNU/Linux-Systeme quasi durch die Hintertür installiert (z.B. Fileserver mit Samba, ohne dass Management oder User dies bemerken), meistens von Systemadministratoren oder auch gewieften Usern, die sich die notwendigen Kenntnisse bereits angeeignet hatten. Heutzutage dagegen ist eine geplante, sozusagen vorsätzliche Nutzung solcher Systeme eher die Regel.

Schulungsbedarf

Entsprechend entsteht, wie bei jedem anderen neu einzuführenden System, ein Schulungsbedarf für die betroffenen Mitarbeiter. GNU/Linux selbst ist bekanntermaßen »kostenlos«, d.h. es fallen sowohl für das eigentliche Betriebssystem als auch für die meisten Komponenten, keine Lizenzgebühren an. Für Schulungen sowie Zertifizierungen gilt dies jedoch mitnichten.

2 Crashkurs Schulung/Zertifzierung: Internet ist hipp – Ratio ist hopp

Irgendwie hat zwar jeder eine Vorstellung von Schulung (»man bekommt was beigebracht«) und vielleicht auch noch Zertifizierung (»man wird in die Mangel genommen und kriegt hinterher einen Wisch«). Der richtige Durchblick fehlt aber häufig selbst altgedienten Personalmanagern. Gerade diese entscheiden aber durch intensive Planung und Vorbereitung jeder Schulungsmaßnahme wesentlich über Erfolg oder Mißerfolg.

2.1 Jedes Kind hat seinen Namen (Begriffe)

Als Basis für weitere Ausführungen zunächst einige Begriffe:

Schulung (oder Training): bezeichnet hier jede geplante oder vorsätzliche Maßnahmen zur Verbesserung der Kenntnisse und Fähigkeiten rund um den Einsatz von EDV-Hard- oder Software. Entscheidend für den dauerhaften Erfolg des DV-Einsatzes ist die Planbarkeit der Schulungsmaßnahmen. Nur dann ist sichergestellt, dass das richtige und ausreichende Wissen zur richtigen Zeit am richtigen Arbeitsplatz verfügbar ist. Diese hinreichende Schulung der Mitarbeiter ist entscheidend für den Erfolg eines jeden Unternehmens und sollte daher auch als unternehmenskritisch eingestuft und behandelt werden.

Schulung / Training

In diesem Vortrag werden ausschließlich geplante Schulungsmaßnahmen betrachtet. Ad hoc-Schulungen (häufig in Form von Kurzunterweisungen durch Kollegen, die sog. »Hey-Joe-Schulung«) sind eben nicht planbar und häufiger oder in größerer Anzahl auftretend ein Beweis für ein mangelhaftes Schulungskonzept des Unternehmens. In aller Regel werden beide Betroffenen, d.h. der Lernende und der Lehrende, aus ihrem jeweiligen Arbeitsablauf gerissen. Reibungsverluste daraus (und aus der nicht vorhandenen Vorbereitung auf die Schulungssituation) sind geradezu vorprogrammiert.

Ausbildung: meint die im Rahmen der Beruflichen Bildung (auch Umschulung) auf Basis meist quasi-amtlich festgelegter Lehr- und Ausbildungspläne durchgeführten Schulungsmaßnahmen. Während die eigentlichen Ausbildungsgänge (einschließlich Studium) von der Weiterbildung klar abzugrenzen sind, ist dies zwischen Umschulungs- und Schulungsmaßnahmen nicht ohne weiteres möglich. Als Anhalt mag dienen, dass die Umschulung für den Betroffenen grundsätzlich zum Ziel hat, einen neuen Job zu erhalten oder eine neue Verwendung im Unternehmen zu besetzen.

Ausbildung

Weiterbildung Weiterbildung: jede Form des Erwerbs von Kenntnissen und Fähigkeiten im Anschluß an eine Ausbildung. Dies schließt Kurs, Training-on-the-job oder Vorträge genauso ein wie das Studium von Fachzeitschriften oder Webseiten.

Berufliche Weiterbildung: gezielte Weiterbildung im Hinblick auf die derzeit ausgeübte Tätigkeit (Verbesserung der Kenntnisse und Fähigkeiten) beziehungsweise auf eine angestrebte Verwendung (Aufwertung/Umwidmung des derzeitigen Arbeitsplatzes oder Arbeitsplatzwechsel). Die berufliche Weiterbildung kann sowohl vom Arbeitgeber als auch vom Arbeitnehmer initiiert sein; teilweise auch vom Arbeitnehmer z.B. bei in Anspruchnahme von Bildungsurlaub

Schulungskonzept Schulungskonzept: erst durch die Einbettung in ein Schulungskonzept kann eine Schulungsmaßnahme ihren maximalen Nutzen für das Unternehmen entwickeln und, viel wichtiger noch, kann dieses sicherstellen, dass der Ausbildungsstand der Mitarbeiter ein konkurrenzfähiges Wirtschaften ermöglicht. Die hohe Komplexität, die enormen Kosten und die extreme Innovationsrate der IT mit einer sehr geringen Halbwertszeit des erworbenen Wissens macht gerade für den Bereich EDV ein besonders sorgfältig erstelltes und fortlaufend gepflegtes Schulungskonzept zwingend notwendig. Schulungskonzepte sollten sowohl für den einzelnen Mitarbeiter (hat er wegen Krankheit z.B. die KDE-2-Schulung verpaßt?), als auch für verschiedene Funktionsträgergruppen (kann die Kommunikation der Unternehmensführung jetzt auf E-Mail umgestellt werden, weil alle Manager entsprechend geschult sind?) sowie Organisationseinheiten erstellt werden. Als Anhaltspunkt mag die Frage dienen: Was muss der Mitarbeiter an Kenntnissen und Fähigkeiten über ein Produkt oder eine Funktionalität zur effektiven Erfüllung ihrer Aufgaben besitzen?

Besondere Schwierigkeiten bei Linux Eine besondere Schwierigkeit bei der Aufstellung eines Schulungskonzeptes im Bereich Linux ist zum eine die, selbst für den IT-Bereich, teilweise extreme Innovationsrate als auch das große, teilweise gar unüberschaubare Angebot an Distributionen und Programmen. Beispiel: praktisch jede Distribution bietet mehr als zehn verschiedene Editoren an.

Computer-Based-Training CBT: das Computer-Based-Training steht für Schulungsprogramme, die im Computer installiert sind und vom Lernenden beliebig gestartet/gestoppt werden können. Der Ablauf des CBT-Programmes ist meist sowohl von den Lernfortschritten des Schülers als auch seiner persönlichen Einflußnahme abhängig. CBT-Programme können sowohl speziell erworben sein als auch von Herstellern mitgeliefert werden. CBT ist in der Regel multimedial, d.h. neben textlichen Informationen werden bildliche (auch als Animation/Filme) und/oder akustische dargeboten. Nicht zum CBT gehören die Online-Hilfen.

Online-Training: bezeichnet sowohl das CBT als auch Telelearning. Entscheidend ist, dass als Unterrichtsmittel der Computer selbst eingesetzt wird (im Gegensatz zum Offline-Training mit Hilfe eines Buches oder eines Skriptes). *Online-Training*

Tutor-based Training: im eigentlichen Sinne der »übliche« Unterricht mittels Dozent. Daneben stehen in CBT-Unterrichtsräumen (d.h. jeder Teilnehmer arbeitet für sich mit seinem CBT-System) menschliche Ansprechpartner für Rückfragen/Trouble shooting zur Verfügung. Ebenso wird ein Tele-teaching zum Tutor-based Training, wenn die Teilnehmer online auch entsprechende Rückfragen stellen können oder gar der Tutor ausschließlich dem jeweiligen Teilnehmer zur Verfügung steht. *Tutor-based Training*

Tele-teaching: salopp kann Tele-teaching als Fernunterricht per DV- und Telekommunikations-Einsatz bezeichnet werden. Vorstufen davon sind z.B. die seit vielen Jahren in Australien praktizierten Unterrichtsstunden am Funkgerät (Schulkinder auf abseits gelegenen Farmen). Diese Unterrichtsform setzt heutzutage einen Internet-Zugang einschließlich audio-visueller Aufnahme- und Abspielgeräte (Webcam, Soundkarte mit Mikrofon) voraus. Unter Verwendung entsprechender Software ist dann ein multimedialer, interaktiver Unterricht möglich (Tutor-based-Training). *Tele-teaching*

Inhouse-Schulung: findet entweder direkt am Arbeitsplatz oder zumindest in den Räumen (und meist auch mit der DV-Ausstattung) des Auftraggebers statt und wird von externem Personal durchgeführt. Es erspart gegenüber der Schulung beim Anbieter zum einen die Reisekosten u.ä., zum anderen findet die Schulung (hoffentlich) am Teilnehmer-eigenen Computer oder zumindest unternehmenseigenen Rechnern statt. Vorteilhaft bei dieser Schulung ist neben den Kostenersparnissen das Lernen in vertrauter Umgebung, meist mit der Möglichkeit, das erlernte direkt am eigenen Arbeitsplatz anwenden zu können. Nachteilig ist, insbesondere in »höheren Rängen« eine mehr oder weniger häufige Störung durch Anfragen an einzelne Teilnehmer von Seiten des Unternehmens während der laufenden Schulung. *Inhouse-Schulung*

Interne Schulung: nicht zu verwechseln mit der Inhouse-Schulung, bezeichnet dies eine vom Unternehmen mit eigenem Personal für das eigene Personal durchgeführte Schulungsmaßnahme. *Interne Schulung*

Externe Schulung: wird vom Schulungsanbieter in dessen Räumen von dessen Personal nach einem festen Schema (Kursprogramm) oder nach einem spezifischen Kundenauftrag (Firmenkurs) gehalten.

Learning-by-doing   Learning-by-doing: auch als Training-on-the-Job, Ausbildung am Arbeitsplatz (Bw) oder Lernen in der Arbeitssituation (IHK) genannt. Meint das Erwerben von Kenntnissen und Fähigkeiten direkt am (eigenen) Arbeitsplatz. Dies kann sowohl autodidaktisch als auch durch Kollegen oder spezielle Mentoren erfolgen.

Zertifizierung   Zertifizierung: ist ein in mehreren unterschiedlichen Bedeutungen verwandter Fachbegriff, z.B. ISO-9001-Zertifizierung eines Unternehmens oder die Linux-Zertifizierung einer Hardware. Zertifizierung bedeutet in diesem Zusammenhang die entweder »solo« oder (vorzugsweise) im Anschluß an eine Schulungsmaßnahme abzulegende Prüfung einer bestimmten Person. Der Begriff Zertifikat wird von verschiedenen Anbietern auch für eine bloße Teilnahmebescheinigung (»war da, hat überlebt«) verwendet, was natürlich nicht unserem Begriff von Zertifizierung entspricht.

Neben dieser Erläuterung stellt sich auch grundsätzlich die Frage, wie Wissen vermittelt werden kann. Eine Reihe von Parametern spielen für die Auswahl der Weiterbildungsform eine Rolle: Kosten, Dringlichkeit, Teilnehmerkreis, Art und Umfang, einzusetzende Medien, Wünsche/Vorstellungen der Mitarbeiter, Vorstellungen (ggf. auch deutlich differierend) der Führungskräfte, Verfügbarkeit der Schulungsmaßnahme (Raum, Personal etc.).

Arten von Lehrveranstaltungen   Wird ein neues Themengebiet behandelt, ist eine Lehrveranstaltung (Kurs) in Ganztagsform meist die geeignet Form. Für die Nachbereitung, insbesondere für das immer stärker geforderte Transferieren des Wissens in den Arbeitsalltag ist eine anschließende Betreuung durch Tutoren am Arbeitsplatz (learning-by-doing) oder auch moderierte Gruppenmeetings mit Erfahrungsaustausch sinnvoll.

Ein selbstgesteuertes Lernen durch Medien (Lern-CDs, Fachliteratur) sollte darauf folgend immer wieder durchgeführt werden.

Werden hingegen nur sehr spezifische Themen behandelt (z.B. Serienbriefe schreiben), so kann dies in einer Präsensveranstaltung, als Tele-teaching und auch in Form von CBT durchgeführt werden. Eine solche Veranstaltung ist meist auf einige Stunden beschränkt und eine interne oder zumindest eine Inhouse-Maßnahme.

Das Lernen in der Arbeitssituation erfolgt ohne weiteres Zutun bei jedem EDV-Nutzer ständig. Anregungen durch gesammelte Erfahrungsberichte, bei vernetzten Systemen mittlerweile meist per E-Mail, Auswertungen von Trouble-Ticket-Systemen und ähnliches helfen, dass nicht jeder Benutzer selbst die gleichen Probleme durchleben muss. Solche Informationen haben eine nicht zu unterschätzenden Einfluß auf die effiziente Nutzung der IT, gerade in einem sich so rasant entwickelnden Bereich wie GNU/Linux.

Für das Unternehmensmanagement sind regelmäßig Informationsveranstaltungen und Unterrichtung durch Medien das geeignete Mittel, ihr Verständnis und ihre Sachkenntnis im Bereich IT zu verbessern und zu aktualisieren.

Im IT-Bereich spielt der Parameter Zeit eine große Rolle. Wer eine Schulung zu einem bestimmten Produkt in das nächste Geschäftsjahr verschiebt, braucht sie u.U. nicht mehr, weil das Produkt nicht mehr am Markt ist. Häufig kann daher nicht die für die Wissensvermittlung optimale Form gewählt werden, sondern es bleibt nur die Auswahl unter den zeitgerecht zur Verfügung stehenden Mitteln.

2.2 Planung der Schulung

Völlig unabhängig davon, wie gut die Ausbildung war, egal wie gut der aktuelle Kenntnisstand ist, nichts ist in der IT so vergänglich wie das Wissen von heute. Während Physikvorlesungen auch nach über 20 Jahren manchmal keinerlei Änderungen zeigen, beträgt die Halbwertszeit des IT-Fachwissens im günstigen Falle zwei Jahre, in der Regel aber viel weniger. Stete Fortbildung ist daher ein absolutes Muss. Wie aber soll das Unternehmen diesen Anforderungen gerecht werden?

Ausgangspunkt für jede Schulungsmaßnahme muss zwingend eine Bedarfsanalyse sein, gegebenenfalls auf Grund einer Bedarfsanmeldung durch Organisationseinheiten. Eine Leitfrage im IT-bezogenen Personalmanagement für diese Analyse könnte z.B. sein:

Bedarfsanalyse

Wer muss wann welches IT-Wissen besitzen, um die ihm dann gestellten Aufgaben effektiv bewähltigen zu können?

Erst danach wird die Frage relevant: *Von wem und wie kann dieses Wissen fristgerecht besonders effektiv und kostengünstig vermittelt werden?*

Auf Grund der stets viel zu knappen finanziellen Ressourcen ist hier – auch im Linux-Bereich – eine Schwerpunktbildung und Prioritätenvergabe notwendig. Beides ist ganz stark vom jeweiligen Unternehmen abhängig. Parameter, die bei der Festlegung eine Rolle spielen, sind:

- Welche IT-Elemente sind besonders geschäftskritisch und welche Weiterbildung benötigen die entsprechenden Mitarbeiter zur effizienten Bedienung?
- Wie sieht die mittelfristige (das können schon Jahre sein) Planung der IT-Ausstattung aus, und welches Wissen wird dafür von den

Mitarbeitern benötigt? (Abstimmung der aktuellen Maßnahmen mit der Planung)
- Wer kann wann geschult werden, ohne den Betriebsablauf (kritisch) zu beeinträchtigen?
- Welche Schulungsangebote stehen zu welchen Zeiten zur Verfügung?

2.3 Durchführung der Schulung

Ein Schulungskonzept ist zwar leicht zu predigen, doch reichlich schwierig umzusetzen. Die vielfältigen, einzuplanenden Parameter machen diese Aufgabe fast schwieriger als die Quadratur des Kreises.

»Tätige Mitarbeit«

Entscheidend für den Erfolg von Weiterbildungsmaßnahmen ist in jedem Falle die »tätige Mitarbeit« der betroffenen Arbeitnehmer. Eine Schulung die Donnerstags mit den Worten angekündigt wird: »Und übrigens, Montag gehen Sie in einen Computer-Kurs, Windows ME, sie haben zwar noch 98, aber da können Sie ja schon für die Zukunft lernen« wird schwerlich einen hochmotivierten Mitarbeiter vorfinden.

Umgekehrt ist es auch nicht sinnvoll, unkritisch jeden Kursvorschlag eines Mitarbeiters zu akzeptieren. Die richtige Mischung macht's.

Als Grundsatz für die Behandlung der betroffenen Mitarbeiter sowie ihrer Organisationseinheit muss gelten: Information so früh und so umfangreich wie möglich. Nur dann kann sichergestellt werden, dass die betroffenen Elemente des Unternehmens sich optimal auf die Weiterbildungsmaßnahme einstellen können.

Für den Teilnehmer heißt dies auch, sich auf den Kurs vorzubereiten: vorausgesetzte Kenntnisse aufzufrischen, Probleme/Frage- und Aufgabenstellung schon im Vorfeld zu erfassen und sich selbst, in Abstimmung mit seiner Organisationseinheit, darüber klar zu werden, »was die Maßnahme« bringen soll.

Notwendig ist dazu auch, dass Informationsmaterial oder vorbereitendes Unterrichtsmaterial die Teilnehmer möglichst frühzeitig erreicht.

3 Crashkurs GNU/Linux

3.1 GNU? Linux?

Die Bezeichnung Linux dürfte mittlerweile wohl jeder mit IT befaßte Manager in Deutschland gelesen oder gehört haben, OSS sicher schon seltener und was GNU/Linux genau ist, wäre schon eine gute Frage für »Das Millionenspiel«.

Unabhängig von den weiteren Vorträgen dieses Kongresses wird der für diesen Vortrag notwendige Kenntnisstand betreffs GNU/Linux nachfolgend in extrem verkürzter Form vermittelt.

GNU ist ein rekursives Akronym für »GNU's not UNIX« und steht für eine Sammlung »freier Software« (frei analog Freiheit, nicht etwa Freibier), die unter der Ägide der Free Software Foundation (FSF) entwickelt beziehungsweise veröffentlicht wird. Die entsprechende Software unterliegt dann der GNU Public License (GPL). Daraus folgt, stark vereinfacht, dass jedes dieser Lizenz unterliegende Programm stets auch mit dem Quellcode weitergegeben werden muss und dass Änderungen am Programm wiederum der GPL unterliegen.

»GNU's not UNIX«

Im Gegensatz zu GNU spricht man bei Programmen wie Microsoft Windows 95 etc. von proprietärer Software, da der Quellcode nicht zur Verfügung steht, Änderungen an der Software nicht gestattet sind und das Programm nicht jedem anderen zur Verfügung gestellt werden darf.

Linux steht im eigentlichen Sinne für den Unix-artigen Betriebssystemkern (Linux-Kernel), der seit 1991 von Linus Torvalds und zahlreichen freiwilligen Helfern im Internet gemeinsam entwickelt wurde und wird. Dennoch wird (noch) in der Presse und im allgemeinen Sprachgebrauch der Begriff Linux verwandt, wenn auf einem Computer eine Linux-Distribution (ein GNU/Linux) installiert wurde. Während aber der Linux-Kernel (komprimiert inkl. Quellen) eine Größe von etwa 20 MB hat, bringt es eine durchschnittlich Distribution auf mindestens 5 GB, also grob 300 Mal soviel. Der Linux-Kern alleine ist im übrigen nicht »betriebsfähig«, dies wird erst durch eine Vielzahl sogenannter Libraries, Treiber und Betriebssystem-naher Programme errreicht.

Linux-Kernel

Mit der Distribution werden, zum größten Teil ebenfalls als GPL- oder zumindest OSS-Programme, eine Vielzahl von Anwendungen mitgeliefert. Eine der wichtigsten und auf praktisch jedem User-PC (im Unterschied zum Server) eingesetzte, ist das X-Window-System sowie die darauf aufbauende Bedienoberfläche (derzeit meist KDE oder GNOME). Daneben wird auch eine Reihe von Produktionssoftware mitgeliefert bis hin zu professionellen Datenbanken wie Adabas D

Anwendungen

3.2 Linux in der Weiterbildung

Ein Vorteil für die Weiterbildung ist, dass GNU/Linux selbst grundsätzlich auf beliebig vielen Rechnern kostenlos installiert werden darf. Das gilt auch für den privaten PC des Mitarbeiters oder das private/dienstliche Notebook. Selbst Software, für die im kommerziellen Einsatz Lizenzgebühren zu zahlen sind, ist für den privaten, aber auch Schulungsgebrauch in der Regel kostenlos. Als berühmtes Beispiel soll der Netscape Navigator genügen.

Allerdings soll auch der Hinweis nicht fehlen, dass gerade im Linux-Bereich die intensive Prüfung der Lizenzbestimmungen von Nicht-GPL-Software vor dem Einsatz durchgeführt werden sollte.

4 Schulung im Linux-Bereich

4.1 Wenn Pinguine lernen müssen

Was also ist so speziell an Schulungen im Linux-Bereich? Auf den ersten Blick eigentlich nichts. Genauso wie für jedes andere System steht auch hier der Schweiß des Lernens vor dem Lohn der effektiven Anwendung. Die Unterrichtsmöglichkeiten und -methoden sind die gleichen, wie bei allen anderen Systemen auch. Einige Besonderheiten bietet GNU/Linux natürlich dennoch.

Ein entscheidender Unterschied offenbart sich bereits, wenn man »Linux kaufen möchte«: GNU/Linux kennt keinen Hersteller im üblichen Sinne. An deren Stelle treten die sogenannten Distributoren. Diese packen Linux zusammen mit weiteren, sowohl obligatorischen als auch fakultativen Komponenten und vielen Anwendungsprogrammen zusammen mit einem Installations- und Administrationsprogramm in ein Komplettpaket.

Dies erscheint komplex und umfangreich, und genau das ist es auch. Als simpler Beleg mag hier ausreichen, dass die marktgängigen Distributionen zur Zeit meist auf mehr als fünf CDs geliefert werden, die ausgepackt und installiert z.B. bei SuSE ohne Probleme eine 10 GB-Festplatte vollständig füllen können. Die Leistungsfähigkeit und Qualität eines Linux-Systems ist entscheidend von der Qualität eben dieser Distribution abhängig.

Online-Tutorials der Distributoren

Die Distributoren beginnen zwar damit, ihren Produkten Online-Tutorials beizulegen. Die Qualität kann sich aber bisher mit denen kommerzieller Hersteller wie Microsoft noch nicht vergleichen. Dabei sollte man jedoch nicht außer Augen lassen, dass für GNU/Linux solche Programme erst seit etwa ein, zwei Jahren angeboten werden und die Leistungssteigerungen in kurzer Zeit gewaltig waren.

Ein weiterer Unterschied von Linux-Systemen zeigt sich im Angebot an Software. Während das Angebot an Kauf-Software gerade im Vergleich zu MS-Windows immer noch verschwindend gering ist (aber die wesentlichen Bereiche eines Unternehmens problemlos abdeckt), ist die Anzahl der mitgelieferten (Anwendungs-) Programme geradezu riesig.

Software-Angebot für Linux

Besonders augenfällig und v.a. für die Arbeit der User relevant ist die Auswahl an Bedienoberflächen. Als Basis ist allen das X-Window-System (meist XFree86) gemeinsam. Darauf aufbauend wird jedoch eine Vielzahl an Oberflächen geboten. Neben den derzeit wohl bekanntesten wie KDE und GNOME sind dies auch noch die diversen Variationen des fvwm, olwm, mwm, twm etc. Abgesehen von der Caldera-Distribution, die sich auf KDE festgelegt hat, bieten alle anderen praktisch alle verfügbaren Oberflächen zur Auswahl.

Bedienoberflächen

Wer die Wahl hat, hat die Qual. Die Festlegung auf eine Oberfläche für das Unternehmen ist sicher eine der wichtigsten Entscheidungen beim Einsatz von Linux.

4.2 Alle Pinguine sind gleich?

Wie bei anderen Betriebssystemen, kennt auch GNU/Linux zwei Standardgruppen an Schulungsteilnehmern

- Systemadministratoren (IT-Betreuer/-Manager)
- User (i.S.v. End-Usern, Endanwender, setzen v.a. Anwendungssoftware ein)

Weitere Gruppen sind die

- Power User (Benutzer mit gesteigerten Anforderungen an die Systeme, wozu neben Programmierern auch CAD-Designer oder besonders befähigte User gehören, die Tutor- und/oder Sysadmin-Aufgaben mit betreuen)
- Führungskräfte (Management)

Eine andere Unterteilung, die nicht ganz mit der o.a. übereinstimmt, unterscheidet zwischen IT-Professionals und IT-Usern.

Wir verwenden hier die Erstere.

Schulungsbedarf im Server-Bereich

Auf Grund der Verbreitung von GNU/Linux im Server-Bereich ist derzeit der Schulungsbedarf auch primär hier angesiedelt. Zur Schulung von Sysadmins werden mittlerweile von fast allen großen Distributoren eigene, auf die Distribution abgestimmte Admin-Kurse angeboten (sieh URLs). Daneben bieten viel etablierte Schulungsunternehmen auch eigene Sysadmin-Kurse an, die die entsprechenden Problemfelder (z.B. Firewall) möglichst Distributions-unabhängig behandeln.

Soweit im Unternehmen eine Entscheidung über die einzusetzende Linux-Distribution gefallen ist, sollte grundsätzlich eher eine Schulung des Distributors ins Auge gefaßt werden.

Für weitere Einzelheiten zu den angebotenen Schulungen muss wieder auf die Web-Seite zu diesem Beitrag verwiesen werden (www.dpunkt.de/linuxtag2001).

Insgesamt muss den Personalverantwortlichen klar sein, dass der Sysadmin auch nach einer absolvierten Schulung eine gewisse Einübungszeit benötigt, um das erworbene Wissen in der konkreten Umgebung einsetzen zu können. Kein Admin kehrt von einer Security-Schulung mit der fertig konfigurierten Firewall zurück!

Gerade Systemadministration ist Learning-by-doing, und dazu müssen dem Admin auch die entsprechenden Freiräume geschaffen werden.

5 Zertifizierung im Linux-Bereich

5.1 Warum denn überhaupt Linux-zertifiziert sein?

Große Bedeutung

Während der Schulungsbereich auch bezüglich GNU/Linux als etabliert betrachtet werden kann, gilt dies noch nicht in gleichem Maße für den Zertifizierungsbereich. Die grundsätzlichen Aussagen zu Schulungsmaßnahmen gelten aber auch hier. Im Linux-Bereich kommt einer Zertifizierung im Vergleich zu MS-Windows eine gar noch größere Bedeutung zu.

Im Bereich Windows wird das Wissen häufig schlicht als gegeben vorausgesetzt (oder kann leicht überprüft werden), während die Prüfmöglichkeiten im Bereich Linux meist beschränkt sind und den »Linuxern« noch der Odem des Hackertums anhaftet. Ein Zertifikat kann dann eine Art Seriosität bewirken.

Distributions-gebunden oder -unabhängig?

Neben den in Abschnitt 2 genannten allgemeinen Punkten zur Zertifizierung bietet GNU/Linux die Besonderheit der Distributions-gebundenen oder Distributions-ungebundenen Prüfung. Während für den Bereich der Anwender aber auch des Unternehmensmanagements diese Unterscheidung im Wesentlichen keine Auswirkungen hat, sind diese im Bereich der Systemverwaltung teilweise erheblich und nicht zu vernachlässigen. Zwar wird von Seiten der Distributoren an gemeinsamen Standards gearbeitet, wie dem File System Standard (FSSTD) oder der Linux Standards Base (LSB). Dennoch ist gerade im Hinblick auf eine effiziente Weiterbildung die eingesetzte Distribution der Maßstab.

5.2 Wer zertifiziert Pinguine und wie?

Die Anzahl an Zertifizierungen im Bereich Linux ist überschaubar:

- RedHat mit dem RedHat Certified Engineer (RHCE) (www.redhat.de/training/)
- SAIR/Wave Technologies mit der Sair Linux and GNU Certification (www.linuxcertification.org)
- Linux Professional Institute (LPI) mit dem LPIC (www.de.lpi.org)

Allen drei gemeinsam ist die derzeit hauptsächliche Ausrichtung auf Systemadministratoren. Dies spiegelt schlicht die Entwicklung in der IT insgesamt wieder. Auch die bekannten Microsoft-Zertifikate (MCP/MCSE) zielen ja praktisch ausschließlich auf Sysadmins ab.

Systemadministration

Red Hat bietet den RHCE v.a. in Zusammenhang mit seinen eigenen Schulungen an, wenn gleich die Prüfungen auch unabhängig davon abgelegt werden können.

Von Seiten der Volkshochschulen ist eine Art »Linux-Führerschein« (und darauf aufbauender Prüfungen) in Arbeit, der die Situation für Anwender wesentlich verändern könnte.

»Linux-Führerschein« für Anwender

Eine Zertifizierung wie etwa »IT-Durchblick für Manager« vermisse ich hingegen noch immer. Gerade hier sind aber immer wieder schwere Mängel feststellbar. Häufig zeigt sich dies im Ersetzen fundierten Wissens duch z.B. Vorurteile oder unkritische Übernahme von Veröffentlichungen. Ein typische Management-Äußerung wäre, salopp ausgedrückt, etwa: »Sie haben ja jetzt Windows 98 und Office 2000, die haben eine grafische Bedienoberfläche und erklären sich ganz von selbst, da brauchen sie gar keine Schulung«. Gerade im Hinblick auf GNU/Linux wäre eine Weiterbildung des Managements aber mehr als wünschenswert, sind doch gerade in diesem Bereich Vorurteile noch an der Tagesordnung.

5.3 Wann sollten Mitarbeiter zertifiziert werden?

Gründe für eine betrieblich bedingte Zertifizierung können liegen in

- Motivation der Mitarbeiter:
  Beleg für Wissen auch dem Unternehmen gegenüber, Konkurrenz/Wettbewerb bei mehreren zu zertifizierenden Mitarbeitern
- Möglichkeit des Bildungs-Controlling:
  Überprüfung der Ergebnisse im Unternehmen, Verhinderung des »Absitzens« von Schulungen, Sicherung von Mindeststandards, Überprüfung der Schulungsqualität, Anhalt für den IT-Ausbildungsstand der Mitarbeiter
- Abheben gegenüber den Mitbewerbern
- Voraussetzung von Seiten eines Auftraggebers:
  z.B. nur SuSE-Linux-Schulung von SuSE-Certified-Linux-Trainern

Neben diesen Gründen bietet sich eine Zertifizierung generell an, wenn neue Bereiche erschlossen werden, insbesonder auch, wenn Mitarbeitern neue Tätigkeitsfelder zugewiesen werden. Ein durchaus typisches Beispiel ist der EDV-technisch engagierte Mitarbeiter, der sich aus eigener Initiative weitergebildet hat und nun z.B. die Systemadministration des neuen Webservers übertragen bekommt.

6 Erfahrungen, Meinungen und Tendenzen

6.1 Einige persönliche Erfahrungen

Frustrationstoleranz

Eine besondere, aus dem unergründlichen Reich der menschlichen Psyche stammende Schwierigkeit entwickelt sich bei Schulungen im Linux-Bereich nach meinen Erfahrungen aus der Ablehnung des Systemes bei Versagen oder nachhaltigen Problemen mit einzelnen Elementen. Während MS-Windows als absolut markt-dominantes System generell akzeptiert ist und Fehler mehr oder weniger einfach zur Kenntnis genommen werden (der »Affengriff« als tägliche Übung gehört zu Windows einfach dazu ...), ist dies bei einem, immer noch als Freak-System verschrieenen Betriebssystem wesentlich weniger der Fall. Anders ausgedrückt: Die Frustrationstoleranz bezüglich GNU/Linux ist signifikant geringer als die gegenüber MS Windows.

Vorbereitung von Schulungen

Eine besonders gründliche Vorbereitung der Schulungsmaßnahmen mit ausgiebigen Tests der Lauffähigkeit der Unterrichtsmittel, v.a. hinsichtlich der Übungen, die die Teilnehmer selbst durchführen sollen, ist hier besonders anzuraten.

GNU/Linux stellt mit seiner Vielfalt an Möglichkeiten, Varianten und Programmen die Disziplin seiner Nutzer auf eine harte Probe. Im Unternehmenseinsatz und im Besonderen auch für Schulungen ist eine stringente Anpassung des Systems an die Notwendigkeiten mehr als sinnvoll. Generell sollte nur installiert werden, was auch wirklich gebraucht wird. Als Nebeneffekt werden die Systeme damit nicht nur schlanker, sondern auch sicherer.

Eine preiswerte und immer noch zu wenig genutzte Möglichkeit der Weiterbildung besteht im regelmäßigen Lesen der relevanten Newsgroups sowie FAQs (Frequently Asked Questions). Dort geben User ihre Praxiserfahrungen oder auch nur Bug-Reports wieder und häufig antworten fachkundige Nutzer oder gar die Entwickler des jeweiligen Programmes selbst. Allerdings ist auch hier Disziplin gefragt, denn die so genannte Signal-to-Noise-Ratio in diesen Gruppen (d.h. was ist wirklich lesenswert) ist in den vergangenen Jahren relativ schlecht geworden.

Newsgruppen und FAQs

In dem Zusammenhang soll auf einen häufig vergessenen Umstand im Hinblick auf Sysadmin-Schulungen hingewiesen werden: Praktisch alle relevanten Informationen, gerade im Linux-Bereich, sind in englischer Sprache. Mangelnde englische Sprachkenntnisssse bereiten vielen nicht-universitären Sysadmins mehr Schwierigkeiten als technische Problemstellungen. Ein Englisch-Sprachkurs sollte daher ggf. in das Schulungskonzept aufgenommen werden!

Englische Sprachkenntnisse

6.2 Einige Praxis-Szenarien

Was ist nun zu tun, wenn ein Unternehmen Linux einsetzen will? Neben Informationsveranstaltungen für das Management und ggf. auch die User, besteht vor dem Einsatz von GNU/Linux die Notwendigkeit, die damit betrauten Sysadmins zu schulen.

Generell bedeutet dies regelmäßig:

- Installation der Distribution
- Konfiguration des Grundsystems
- Konfiguration des Netzwerkbetriebes
- Allgemeine Systemadministration - Sicherheitsmanagement
- Installation, Konfiguration und Betrieb spezifischer Dienste (z.B. Samba, Apache oder Oracle 9i)
- Besondere Themen (z.B. User Help Desk, Trouble Shooting, Optimierung etc.)

Zwei Wochen Sysadmin-Schulung, 5000 DM

Typischerweise beginnt der Linux-Einsatz mit der Inbetriebnahme eines Servers unter GNU/Linux. Dazu ist die Weiterbildung eines Sysadministrators notwendig, der zumindest die Konfiguration und Allgemeine Systemadministration sowie den Netzbetrieb sicherstellen kann. In der Praxis bedeutet dies etwa zwei Wochen Schulung. Die Kosten, einschließlich zusätzlich notwendiger Fachliteratur können mit etwa 5 TDM abgegrenzt werden.

Bei Einsatz mehrerer bzw. vieler Server unter GNU/Linux, werden Sysadmin-Gruppen gebildet, in denen dann eine Spezialisierung auf bestimmte Aufgabenbereiche stattfindet. Dennoch ist auf eine gemeinsame Wissensbasis zu achten sowie auf die Vermeidung der Abhängigkeit von einer einzelnen Person. Kurz: Jede Tätigkeit muss von mindestens zwei Systemadministratoren beherrscht werden.

Externe Schulungen bevorzugen

Inhouse-Schulungen sind gerade für Sysadministratoren meist keine geeignet Lösung, da zum einen nicht alle Admins gleichzeitig geschult werden können, und zum anderen regelmäßig Störungen der Schulung durch Mitarbeiter zu erwarten sind. Zudem bieten externe Schulungen gerade für diesen Personenkreis die Möglichkeit, im Kontakt mit anderen Berufskollegen mal wieder über den eigenen Tellerrand hinaus zu schauen.

Die vollständige Umstellung der IT eines Unternehmens auf GNU/Linux verlangt hingegen ein anderes Konzept. Nach Schulung der Sysadmins sowie des Führungspersonals können die User in zeitlich gestaffelter Form vor Einsatz des Systems vorzugsweise extern (außer eigene interne Schulungsräume sind vorhanden) eine grundlegende Schulung in Bezug auf das neue Betriebssystem sowie die darunter einzusetzende Software erfahren.

Einige Empfehlungen für Linux-Schulungen:

- Einstiegskurse sollten nach Möglichkeit distributions-ungebunden gestaltet werden, um wirklich grundlegende Kenntnisse und Fertigkeiten vermitteln zu können.
- Je spezifischer die Schulungsmaßnahmen werden, desto eher muss auf den Bezug zur selbst eingesetzten Distribution geachtet werden.
- Während alle User mit möglichst identisch gestalteten Linux-Umgebungen arbeiten sollten, gilt dies für Server nicht. Hier heiligt der Zweck die Mittel; u.U. sollten für unterschiedliche Serveraufgaben unterschiedliche Distributionen eingesetzt werden.

6.3 Kosten, Kosten, nichts als Kosten

Linux kostet nix, die Schulung dafür umso mehr? Nun, GNU/Linux ist auch bei den Kosten erwachsen geworden. Professionelle Schulungen im Linux-Bereich bewegen sich in den gleichen Preiskategorien wie Schulungen für MS-Windows und ähnliche Produkte.

Eine einführende, einwöchige Sysadmin-Schulung kostet, als externe Schulung, zwischen etwa 2 bis 3 TDM. In diesen Kosten eingeschlossen sind Goodies wie Verpflegung, Kursunterlagen, ggf. auch die verwendete Distribution etc.

Eine Woche Sysadmin-Einführung

Spezielle Kurse wie Sicherheit (Security) rangieren um 4 TDM pro Woche, und Anwender-Kurse liegen bei z.B. 1 TDM für zwei Tage.

Spezielle Kurse, Anwender-Kurse

Die Kosten der Inhouse-Schulung richten sich insbesondere auch nach dem Dozentenhonorar. Hier muss für »einfache« Sysadmin-Schulungen mit 80 bis 150 DM pro Unterrichtsstunde, für spezifischere zwischen 120 und über 200 DM/UStd gerechnet werden. Der Inhouse-Schulungstag wird vom Anbieter daher grob zwischen etwa 1 bis 3 TDM berechnet werden. Schulungsmaterial und weitere Nebenkosten allerdings nicht eingerechnet. Natürlich schlagen hier auch lokale Gegebenheiten zu Buche, z.B. ist das Saarland in Sachen Schulung geradezu ein Billiglohnland.

Inhouse-Schulungen

Konkrete Preise und weitere Angaben entnehmen Sie bitte den angegebene Webseiten (www.dpunkt.de/linuxtag2001).

7 Fazit

Damit GNU/Linux eine positive Rolle in der Wertschöpfungskette eines Unternehmens spielen kann, ist eine zielgerichtete Schulung der betroffenen Mitarbeiter unumgänglich. Als Instrument der Motivation und auch des Controlling von Mitarbeitern bietet sich insbesondere für Kurse die Ablegung eines Zertifikates an.

GNU/Linux ist aus Sicht der Schulung und Zertifizierung eine ganz normale IT-Umgebung mit einigen wenigen Besonderheiten.

Freie Software kommerziell nutzen – Lizenz- und haftungsrechtliche Fragen

Jürgen Siepmann
Rechtsanwalt
siepmann@kanzlei-siepmann.de
www.kanzlei-siepmann.de

Abtract

Wer Freie bzw. Open-Source-Software im Unternehmen einsetzt oder selber herstellt, hat es mit einem anderen Geschäftsmodell zu tun als bei herkömmlicher, kommerzieller Software. Fehler bei der Gestaltung von Verträgen, der Werbung und des Produktes können durchaus der Anfang vom Ende eines Unternehmens sein. In diesem Beitrag finden IT-Entscheider und IT-Berater, die Freie Software einsetzen oder einsetzen wollen, einen Überblick über die wichtigsten Fragen beim Einsatz von Freier Software:

Gibt es Unterschiede bei der rechtlichen Beurteilung von Freier zu »kommerzieller Software«? Wo liegen die größten rechtlichen Gefahrenpotentiale für ein Unternehmen? Wie gefährlich sind Softwarepatente?

Besprochen werden außerdem die Themenbereiche Vertragsgestaltung und Allgemeine Geschäftsbedingungen, Werbung und Wettbewerbsrecht sowie Produktmängel und Haftung. Nach der Lektüre dieses Beitrags kennt der Leser die wichtigsten EDV-rechtlichen Fragestellungen und die wenigen, aber bedeutsamen Besonderheiten im Zusammenhang mit Freier Software.

1 Einleitung

Der folgende Beitrag behandelt Rechtsfragen Freier Software. Unter Freier Software wird dabei Software verstanden, die entweder kostenfrei erhältlich ist oder frei verteilt werden darf. Welcher Gesichtspunkt jeweils von Bedeutung ist, geht aus dem Kontext hervor. Freie Software wird also in diesem Beitrag weiter verstanden als der Begriff

»Free Software« der Free Software Foundation. Freie Software im hier verwendeten Sinne ist keineswegs das Gegenteil von kommerzieller Software. Denn Freie Software (auch solche im Sinne der Free Software Foundation) wird gelegentlich auch entgeltlich vertrieben.

Gliederung nach Verwendungsarten

Die Gliederung dieses Beitrags ist nicht an rechtlichen Kategorien orientiert, sondern an den in der Praxis auftretenden Nutzungsformen. Sowohl die Software lässt sich in Nutzungsformen unterteilen (Betriebssysteme, Anwendersoftware, Server-Abzug etc.) als auch die Art der Verwendung: Software kann anderen entgeltlich oder unentgeltlich, für unbegrenzte Zeit oder vorübergehend überlassen werden. Software kann bei einem anderen installiert und/oder gepflegt werden. Und auch die reine Herstellung von Freier Software kann rechtliche Fragen aufwerfen, ebenso die Herstellung von kommerzieller Software mit Hilfe von Freier Software. Dementsprechend ist der weitere Beitrag unterteilt in die Abschnitte

- »Überlassung von Freier Software«
- »Installation und Pflege Freier Software«
- »Software-Erstellung mittels Freier Software«.

Ohne den Inhalt dieser Abschnitte vorwegzunehmen, kann man sagen, dass rechtlich betrachtet vieles in »gewohnten« Bahnen verläuft. Es gibt kein eigenes Recht für Freie Software. Insbesondere im Haftungsrecht gibt es geringfügige Abweichungen gegenüber kommerzieller Software. Im Zusammenhang mit Freier Software wird gerne über Haftungsfragen diskutiert; praktische Bedeutung haben diese zur Zeit jedoch kaum. In der Praxis trifft man viel häufiger auf Abmahnungen weder angeblicher oder tatsächlicher Marken- oder (in letzter Zeit auch vermehrt) Patentverletzungen.

Der Leser möge beachten, dass die Ausführungen in diesem Beitrag sich nur auf die Rechtslage in Deutschland beziehen. Auf einige Vorschriften des europäischen und internationalen Rechts wird kurz in dem Buch »Freie Software – Rechtsfreier Raum? Rechtssicherheit im Umgang mit Open Source Software« vom Verfasser dieses Beitrags eingegangen.

2 Überlassung von Freier Software

Der Regelfall: Standard-Software für unbegrenzte Zeit überlassen

Überlassung von Software kann in Gestalt eines Kauf-, Werk-, Schenkungs-, Miet- oder Leihvertrages geschehen, je nachdem, ob die Software Standard- oder Individual-Software ist, ob die Überlassung entgeltlich oder unentgeltlich geschieht und ob für unbegrenzte oder begrenzte Zeit. Der häufigste Fall im Bereich der Freien Software, nämlich die Überlassung von Standard-Software für unbegrenzte Zeit (unentgeltlich oder für geringes Entgelt) ist Gegenstand der Abschnitte 2.1 bis 2.7.

Die folgende Darstellung betrachtet zunächst verschiedene Kategorien von Software, dann die rechtliche Position der beteiligten Personen. Es schließt sich die vertragsrechtliche Einordnung an. Die dabei relevanten urheberrechtlichen Fragen werden im nächsten Abschnitt gesondert behandelt. Im Zusammenhang mit Lizenzen tauchen Fragen zum Recht der Allgemeinen Geschäftsbedingungen auf. Die Ausführungen zum Gewerblichen Rechtsschutz sind zwar nicht spezifisch für Freie Software, aber wegen ihrer großen praktischen Bedeutung unverzichtbar. Haftungsfragen lassen jeden Programmautor oder Distributor von Zeit zu Zeit erschaudern. Ihnen wird ein eigener Abschnitt gewidmet.

2.1 Server-Abzug – Distribution

Auf dem Markt sind unzählige Software-Sammlungen erhältlich, die ausschließlich oder zum Teil Freie Software oder Shareware enthalten. Für die rechtliche Beurteilung muss eine weitere Differenzierung vorgenommen werden. Für die rechtliche Einordnung der Leistung des Anbieters ist nämlich von Bedeutung, ob es sich bei der Software-Sammlung um einen Server-Abzug, um eine Freie Betriebssystem-Distribution (z.B. eine Linux-Distribution) oder eine sonstige Software-Sammlung handelt, die mehr oder weniger willkürlich oder nach den Wünschen des Kunden zusammengestellt wurde.

Was man unter einem Server-Abzug versteht, ist leicht zu definieren: Die auf einem oder mehreren Servern sich befindliche Software wird unter Beibehaltung der Verzeichnisstruktur auf eine oder mehrere CDs gebrannt. Ein Server-Abzug sollte Angaben über den Stichtag des Abzugs und die kopierten oder nicht kopierten Verzeichnisse bzw. Dateien enthalten, damit der Inhalt der angebotenen Leistung klar definiert ist. Die Datumsangaben der Dateien sollten identisch mit denen des Originals sein, um Missverständnisse bezüglich des Alters der Dateien und daraus möglicherweise resultierende Haftungsprobleme zu vermeiden.

Server-Abzug

Eine Freie Betriebssystem-Distribution – im hier verwendeten Sinne – besteht aus einem Betriebssystem (Kernel und betriebssystemnahe Programme), Anwender-Software und einem Installationsprogramm. Das Betriebssystem ist Freie Software, bei der Anwender-Software kann sich neben Freier Software auch kommerzielle Software

Betriebssystem-Distribution

befinden, deren Lizenzbedingungen bei Nutzung der Software einzuhalten sind. Das Installationsprogramm kann Freie Software sein, muss aber nicht. Von einer Freien Betriebssystem-Distribution erwartet man weiterhin, dass die einzelnen Komponenten aufeinander abgestimmt sind und miteinander funktionieren. Dies muss nicht unbedingt für jedes Software-Paket zutreffen, zumindest sollten aber im Installationsprogramm eine oder mehrere Zusammenstellungen von Software-Paketen getroffen werden können, deren Komponenten miteinander harmonieren. Beispiele für Freie Betriebssystem-Distributionen sind jede auf dem Markt erhältliche Linux-Distribution.

Schließlich werden auch bunte Sammlungen von Freier Software oder Shareware angeboten. Möglich ist auch, dass ein Kunde Software auswählt, die dann auf einen Datenträger übertragen wird.

2.2 Rechtliche Beziehungen der beteiligten Personen

Bei allen Erscheinungsformen der kommerziellen Nutzung müssen die rechtlichen Beziehungen (Rechtsverhältnisse) zwischen den beteiligten Personen (»Rechtssubjekte« in der Sprache der Juristen) betrachtet werden. Mit Autor wird im Folgenden der Programmautor bezeichnet, mit Unternehmer derjenige, welcher die Software auf kommerzieller Basis vertreibt, installiert oder pflegt, und mit Endkunde der Vertragspartner des Unternehmers.

Autor – Unternehmer

Häufig besteht keinerlei Kontakt zwischen dem Autor und dem Unternehmer: Der Unternehmer (z.B. der Hersteller einer Linux-Distribution) beschafft sich die Software von irgendeinem Server oder irgendeiner Mailbox und vertreibt sie in eigener Verantwortung. Für diesen Fall wird auch davon ausgegangen, dass keinerlei Vertragsbeziehungen zwischen dem Autor und dem Unternehmer bestehen. Zwar wird gelegentlich die gegenteilige Ansicht vertreten, dass das Verfügbarmachen der Software ein Vertragsangebot an »alle« darstellt, und das Downloaden einer Annahme nach § 151 BGB gleichkommt. Doch diese Konstruktion erscheint ein bisschen künstlich. Immerhin ist es in der Rechtsprechung anerkannt, dass das Auslegen von Ware in einem Schaufenster kein Vertragsangebot, sondern lediglich eine Aufforderung zur Abgabe eines Vertragsangebots (so genanntes »invitatio ad offerendum«) darstellt. Daher liegt es nahe, in dem Verfügbarmachen von Software durch das Internet oder über eine Mailbox ebenso kein Vertragsangebot zu sehen. Die praktische Bedeutung dieses Theorienstreites ist jedoch nicht so groß, weil die Rechtsfolgen im Wesentlichen die gleichen sind, so dass es sich nicht lohnen würde, weitere Ausführungen dazu zu machen.

Nach hier vertretener Auffassung kommt im oben beschriebenen Fall kein Vertrag zustande und die Haftung des Autors richtet sich allein nach den gesetzlichen Bestimmungen. Die Einwilligung des Unternehmers zur Vervielfältigung und Verbreitung der Software richtet sich im Wesentlichen nach dem Willen des Autors. Dieser kann durch README-Dateien im Programmpaket oder durch Hinweise in der Mailbox oder auf dem Server geäußert werden.

Kein Vertragsverhältnis

Anderes gilt, wenn der Unternehmer Absprachen mit dem Autor getroffen hat. In diesem Fall wird man häufig von einem Vertragsverhältnis auszugehen haben.

Unternehmer – Endkunde

Zwischen dem Unternehmer und dem Endkunden (z.B. dem Käufer einer Linux-Distribution) besteht ein Vertragsverhältnis. Art und Inhalt des Vertrages richten sich nach dem Vertragsgegenstand und den getroffenen Vereinbarungen. Unbedeutend für die rechtliche Beurteilung ist die Bezeichnung, welche die Parteien dem Vertrag geben. Insbesondere sagt die Bezeichnung »Lizenzvertrag« noch nichts über das anzuwendende Recht aus.

Vertragsverhältnis besteht

Autor – Endkunde

Bei der Lizenzierung von Shareware kommt zwischen dem Autor und dem Endkunden nach Bezahlung der Sharewaregebühr ein Vertrag zustande. Im Allgemeinen jedoch bestehen zwischen dem Autor und dem Endkunden keinerlei vertragliche Beziehungen.

Vertragsverhältnis nur bei Shareware

2.3 Kauf oder Schenkung?

Bei der Überlassung von Freier Software auf unbegrenzte Zeit stellt sich die Frage, ob Kauf- oder Schenkungsrecht anwendbar ist. Dies ist deshalb von großer Bedeutung, weil Kauf- und Schenkungsrecht ein unterschiedliches Haftungsrecht haben. Im folgenden Abschnitt werden zunächst ein paar rechtliche Grundlagen aus dem Bereich des Kauf- und Schenkungsrechts dargestellt. Im Anschluss wird der Stand der Diskussion skizziert. Die Ergebnisse der vorangehenden Betrachtungen werden im folgenden Unterabschnitt auf Server-Abzüge, Distributionen und sonstige Software-Sammlungen angewendet. Ein paar Beispielfälle runden diesen Abschnitt ab.

Rechtliche Grundlagen

Kaufvertrag Das **Kaufrecht** ist im BGB in den §§ 433ff. geregelt. Durch § 433 BGB wird definiert, was ein Kaufvertrag ist:

§ 433 Abs. 1 BGB
Durch den Kaufvertrag wird der Verkäufer einer Sache verpflichtet, dem Käufer die Sache zu übergeben und das Eigentum an der Sache zu verschaffen. Der Verkäufer eines Rechts ist verpflichtet, dem Käufer das Recht zu verschaffen und, wenn das Recht zum Besitz einer Sache berechtigt, die Sache zu übergeben.

Schon an dieser zentralen Vorschrift scheiden sich die Geister. Es ist streitig, ob Software eine Sache ist. Für Standard-Software hat der BGH im Jahre 1987 entschieden (Urteil vom 04.11.1987, Az VIII ZR 314/86-Compiler), dass »bei Mängeln der Software die Vorschriften des Kaufrechts zumindest entsprechend anwendbar sind.«

Standard-Software ist Software, die nicht nach individuellen Vorgaben und Wünschen an die Bedürfnisse der Kunden angepasst wird, sondern für einen größeren Kundenkreis nach allgemeinen Vorgaben entwickelt wurde. Wird jedoch Standard-Software an die Bedürfnisse des Kunden angepasst, so ist Werkvertragsrecht anwendbar.

Bei Sachmängeln an gekaufter Software hat der Käufer ein Recht auf Minderung, Wandelung, eventuell auch auf Ersatzlieferung. Bei der Zusicherung von bestimmten Eigenschaften oder beim arglistigen Verschweigen von Mängeln besteht zudem noch ein Schadensersatzanspruch, der auch weitergehende Schäden, wie z.B. entgangenen Gewinn, umfasst. Einzelheiten sind in den §§ 459ff. BGB geregelt. Die gesetzliche Gewährleistungsfrist beträgt beim Kauf 6 Monate. Diese kann durch Vertrag verlängert werden.

Bei Sachmängeln sind, abgesehen von den oben erwähnten Ausnahmen, Schadensersatzansprüche ausgeschlossen. Nach herrschender Meinung verdrängen die §§ 459ff. BGB die sonstigen Anspruchsgrundlagen. Anderes gilt für Rechtsmängel. Ein Rechtsmangel liegt beispielsweise vor, wenn die verkaufte Software wegen Verletzung eines Urheber-, Marken- oder Patentrechts nicht benutzt oder weiterveräußert werden darf. Liegt ein solcher Rechtsmangel, wie meistens, schon beim Abschluss des Kaufvertrages vor, so haftet der Verkäufer unabhängig vom Verschulden auf Schadensersatz. Für ein Unternehmen liegt hierin ein sehr großes Risiko. Selbst wenn die verkaufte Software einwandfrei funktioniert, kann der Unternehmer wegen Verletzungen von Rechten Dritter, von deren Existenz er bis dahin keine

Ahnung hatte, sowohl von dem »Dritten« als auch von seinem Kunden auf Schadensersatz in Anspruch genommen werden.

Die **Schenkung** definiert § 516 BGB:

Schenkung

> **§ 516 BGB**
> *Eine Zuwendung, durch die jemand aus seinem Vermögen einen anderen bereichert, ist Schenkung, wenn beide Teile darüber einig sind, dass die Zuwendung unentgeltlich erfolgt.*

Kennzeichnendes Merkmal ist also die »Unentgeltlichkeit«. Eine Haftung des Schenkers besteht nur für Vorsatz und grobe Fahrlässigkeit (§ 521 BGB). Die Haftung für Sach- und Rechtsmängel sind in den §§ 523 und 524 BGB geregelt, sie besteht im Allgemeinen nur bei arglistigem Verschweigen der Mängel.

Auch wenn Schenkungen im Wirtschaftsleben im Allgemeinen keine besonders große Rolle spielen, so sind sie doch im Zusammenhang mit Freier Software von großer Bedeutung. Die Überlassung von Freier Software wird in der Literatur teilweise als Schenkung angesehen (siehe im nächsten Unterabschnitt).

Die oben genannten Vertragstypen können auch bei einer Vereinbarung kumulativ vorliegen. Man spricht dann von »gemischten Verträgen« oder »zusammengesetzten Verträgen«. Die Rechtsprechung wendet dann entweder die Rechtsfolgen beider Vertragstypen oder die Rechtsfolgen des überwiegenden Vertragstyps an.

Stand der Diskussion

Es ist in der Rechtsliteratur umstritten, welches Recht bei der Überlassung von (kosten-) freier Software anwendbar ist. Hoeren (Hoeren, Thomas: Der Public-Domain-Vertrag, Computer und Recht, 1989, S. 887-893) hält Kaufvertragsrecht ohne Einschränkungen für anwendbar. Ebenso Gehring (Gehring, Robert: Freeware, Shareware und Public Domain, 1996). Anders dagegen Marly (Marly, Jochen: Software-Überlassungsverträge, München 1997), der Dienstvertragsrecht für anwendbar hält und ein Element der Schenkung annimmt.

Unterschiedliche Meinungen

Nach der hier vertretenen Auffassung handelt es sich bei der entgeltlichen Überlassung von Freier Software auf Dauer um einen gemischten Vertrag, der Elemente des Kaufes und der Schenkung beinhaltet. Bei teilbaren Leistungen wird Kaufrecht auf den entgeltlichen Teil und Schenkungsrecht auf den unentgeltlichen Teil angewandt. Beim »Verkauf« von Freier Software ist nach hier vertretener Auffassung eine Trennung zwischen entgeltlichem und unentgeltlichem Teil sehr leicht möglich: Alle Programmpakete, die nicht vom

Gemischter Vertrag aus Schenkung und Kauf

Händler hergestellt, sondern von Dritten unentgeltlich überlassen wurden, werden auch an den Endkunden unentgeltlich, also schenkungsweise, überlassen.

Keine Gewährleistung bei unentgeltlich überlassener Software

Dies sollte schon in der Werbung, in den AGB und bei Verkaufsgesprächen klargestellt werden. In diesem Zusammenhang kann ein Hinweis auf den ungefähren Wert vergleichbarer kommerzieller Software nicht schaden. Denn Voraussetzung für eine Schenkung ist auch, dass sich die Parteien über die Unentgeltlichkeit einig sind. Kaufrechtliche Gewährleistungsansprüche bestehen somit nicht für die unentgeltlich überlassene Software.

Haftung bei selbst hergestellter Software

Dies gilt jedoch nicht für die vom Händler selbst hergestellte Software und dies bedeutet nicht, dass keine Haftung besteht. Die Verkehrssicherungspflichten des Händlers bleiben im vollen Umfang bestehen. Für eine genauere Betrachtung müssen jedoch die oben vorgenommenen Unterscheidungen zwischen Server-Abzug, Freier Betriebssystem-Distribution und sonstiger Software-Sammlung berücksichtigt werden.

Anwendung der Diskussionsergebnisse

Bei einem Server-Abzug ist der Händler primär dafür verantwortlich, dass der Abzug identisch mit der Software des Servers zu einem bestimmten Zeitpunkt ist. Für den Inhalt ist der Händler ebenso wenig verantwortlich wie beispielsweise bei der Veröffentlichung sämtlicher Bundestagsreden der letzten 10 Jahre. Der Händler ist jedoch dafür verantwortlich, dass die Kunden keinen falschen Eindruck von der Verwendbarkeit und der Qualität der Software haben. Er sollte sich daher einen Eindruck von der Software verschaffen und möglichst präzise Angaben schon in den Prospekten oder in der Werbung machen. Denn der Inhalt eines Vertrages wird nicht nur durch konkrete Vereinbarungen, sondern auch durch Verkehrsanschauungen und Erwartungen geprägt. Auch sollte vor Gefahren gewarnt werden, die bei der Benutzung der Software auftreten können. Insbesondere sollte unübersehbar auf die Gefahren hingewiesen werden, die dadurch entstehen, wenn auf einen Server jedermann Software uploaden kann. Häufig wird auch gefordert, der Händler habe sich als Ausdruck der Verkehrssicherungspflicht von der Virenfreiheit selbst zu überzeugen. Dem kann nur zugestimmt werden.

Bei einer Freien Betriebssystem-Distribution hat der Kunde weitergehende Erwartungen, welche die Verkehrsanschauung prägen und damit auch für die Auslegung des Vertrages von Bedeutung sind. Der Kunde erwartet zu Recht ein funktionierendes System. Daher ist es in der Praxis üblich, dass die Konfiguration vieler Programmpakete durch Installations-Software des Distributors vorgenommen wird. Da eine Freie Betriebssystem-Distribution von jedem Laien ohne besondere Sachkenntnis installiert werden kann, also für einen viel größeren Kundenkreis gedacht ist, hat der Distributor auch weitergehende Verkehrssicherungspflichten. Grundlage der rechtlichen Beurteilung ist die Unterscheidung zwischen entgeltlich und unentgeltlich erbrachter Leistung.

Unentgeltlich ist die Überlassung der Freien Software. Entgeltlich sind alle Leistungen, für die der Distributor bei seiner eigenen Kalkulation auch Kosten ansetzen muss. Dazu gehören die Entwicklung des Installationsprogramms (auch wenn dieses anschließend unter die GPL gestellt wird), die Beschaffung, das Konfigurieren, Kompilieren und Testen der Programmpakete und das Herstellen der Datenträger.

Daher haftet der Distributor für Mängel der Freien Software nur bei grober Fahrlässigkeit und Vorsatz nach schenkungsrechtlichen Grundsätzen. Sehr wohl haftet er aber nach kaufrechtlichen Grundsätzen für die Auswahl, Beschaffung, Installation und Konfiguration der Software. Zur Beschaffung gehört auch die Auswahl der Quelle. Der Distributor ist dafür verantwortlich, dass ein Programmpaket auch wirklich vom Autor stammt und nicht von irgendeinem Dritten.

Der Distributor möchte einerseits im Interesse der Kunden möglichst viele Programmpakete anbieten und muss andererseits die Pakete möglichst gründlich testen und konfigurieren und befindet sich daher in einem Spannungsfeld zwischen diesen beiden Anforderungen. Es bietet sich daher an, die Programmpakete in zwei oder mehrere Kategorien einzuteilen, je nach Zuverlässigkeit der Software und Gründlichkeit der Installation und Konfiguration, also dementsprechend verschiedene Zusammenstellungen von verlässlicher Software anzufertigen.

Bei sonstigen Software-Sammlungen hat der Händler weniger Pflichten. Er ist nicht verantwortlich für ein funktionierendes Gesamtsystem, hat aber ansonsten die gleichen Pflichten wie ein Distributor einer Freien Betriebssystem-Distribution.

Beispielfälle

Der erste Beispielfall behandelt den so genannten »gutgläubigen Erwerb« von Rechten.

Beispielfall
Der Distributor D vertreibt das Shareware-Programm »Kalender«, ein Programm zur Terminverwaltung, versehentlich als Freeware. Nachdem dieser Irrtum erkannt und behoben wurde,

befindet sich das Programm in den Händen vieler Endnutzer, die inzwischen Kalender für ihre Terminverwaltung verwenden und auf das Programm dringend angewiesen sind. Die Endnutzer möchten keine Lizenzgebühr bezahlen und berufen sich darauf, dass sie das Programm in dem guten Glauben erworben haben, es sei Freeware. Die Endnutzer möchten wissen, ob sie Kalender weiter nutzen dürfen und wenn nicht, ob sie von D Schadensersatz verlangen dürfen.

Nach dem BGB können Sachen unter bestimmten Umständen gutgläubig erworben werden. Das heißt, jemand kann Eigentümer einer Sache durch Veräußerung der Sache durch einen Nichteigentümer werden, wenn er beim Erhalt der Sache davon ausgeht, dass der Nichteigentümer Eigentümer ist (§ 932 BGB). Im Urheberrecht gibt es dagegen keinen gutgläubigen Erwerb. Die Endnutzer dürfen »Kalender« nicht nutzen ohne Lizenz des Autors. Ob die Endnutzer einen Schadensersatzanspruch gegen D haben, hängt davon ab, ob man Kaufvertragsrecht für anwendbar hält oder Schenkungsrecht. Nach hier vertretener Auffassung (siehe oben) ist Schenkungsrecht anwendbar, mit der Folge, dass ein Schadensersatzanspruch nicht besteht. Hält man Kaufrecht für anwendbar, haftet D auf Schadensersatz wegen Nichterfüllung: Er muss die Lizenzgebühren für alle Endnutzer für das Programm »Kalender« bezahlen. Dies zeigt auch, wie wichtig es ist, dass sich der Distributor Gewissheit über seine Quellen und über die Seriosität der Programmautoren verschafft.

Nebenpflichten des Distributors

Der nächste Beispielfall behandelt die Verletzung einer kaufvertraglichen Nebenpflicht.

Beispielfall
Die Bank B kauft eine Linux-Distribution vom Distributor D. Bestandteil der Distribution ist das Paket NETKIT, eine Sammlung von diversen Netzwerkprogrammen des Programmierers P. Die in der Distribution befindliche Version des Paketes NETKIT stammt jedoch nicht von P, sondern vom Hacker H, der NETKIT modifiziert und im Verzeichnis »/pub/Incoming« eines Servers upgeloadet hat. In NETKIT befindet sich ein so genanntes »Trojanisches Pferd«, welches geheime Daten ausspäht und per E-Mail an H sendet. H tätigt mit den erhaltenen Informationen einige Banküberweisungen auf sein Konto und setzt sich danach nach Südamerika ab. Der Bank entsteht Millionenschaden. Die Bank verklagt D. D weist darauf hin, dass es sich bei NETKIT um Freie Software handelt und dass jegliche Haftung ausgeschlossen ist.

Nach hier vertretener Auffassung gehört es zu den Nebenpflichten des Distributors, dass er seine Quellen überprüft und nichts dem Zufall überlässt. D haftet voll und ganz für den entstandenen Schaden. Es liegt hier eben kein Sachmangel vor, für den der Distributor höchstens auf Wandelung oder Minderung haftet (siehe Abschnitt 2.3, Rechtliche Grundlagen), sondern eine Lieferung eines falschen Programmpakets wegen einer Verletzung einer vertraglichen Sorgfaltspflicht. Es empfiehlt sich, als Distributor nur signierte Software entgegenzunehmen. Dem Distributor sollte die Identität des Programmautors bekannt sein, der Public Key des Programmautors sollte ihm auf sicherem Wege übergeben werden.

Folgender Beispielfall behandelt Mängel des Installationsprogramms:

Mängel des Installationsprogramms

Beispielfall
Der Verleger V verwendet die Linux-Distribution des Distributors D. Bestandteil der Distribution ist ein SGML-System, welches der Verleger installiert und für seine Produktion verwendet. Kurz vor den letzten Korrekturen an dem Bestseller »Wie werde ich Milliardär?« installiert V noch mit dem Setup-Tool von D ein anderes Programmpaket des Programmierers S namens »software.tgz«, welches thematisch nichts mit dem SGML-System zu tun hat. Nachdem 150.000 Exemplare des Bestsellers gedruckt sind, stellt sich heraus, dass bestimmte Umlaute falsch wiedergegeben werden. Alle gedruckten Exemplare müssen eingestampft werden. Ursache für den Fehler war eine Datei »umlaut.sty« von »software.tgz«, mit der eine gleichnamige Datei des SGML-Systems überschrieben wurde. D wusste, dass sein Setup-Tool Dateien ohne Vorwarnung überschreibt. Der Verleger möchte nun S oder D auf Schadensersatz in Anspruch nehmen und außerdem Strafanzeige wegen Datenveränderung (§ 303a StGB) und Computersabotage (§ 303b StGB) erstatten.

Es ist bekannt, dass durch Überschreiben oder Veränderung von Dateien Probleme bezüglich der Funktionsfähigkeit von Software auftreten können. Installationsprogramme, die dies ignorieren, entsprechen nicht dem »Stand der Technik«. Ein Installationsprogramm hat dafür Sorge zu tragen, dass eine Datei auf dem Rechner nur überschrieben wird, wenn der Anwender ausführlich auf die zu überschreibende Datei, das dazugehörige Programmpaket und dessen Funktion hingewiesen wird und die Möglichkeit hat, den Installationsvorgang abzubrechen. Es spielt dabei keine Rolle, in welchem Format die Programmpakete installiert werden. D haftet für den Schaden, da er den Mangel seines Setup-Tools kannte und den Kunden nicht auf die möglichen Konsequenzen hingewiesen hat. In diesem Zusammenhang muss erwähnt werden, dass die Rechtsprechung an das Vorliegen von Arglist im Sinne von § 463 BGB keine hohen Anforderungen stellt. Wer einen Mangel verschweigt, der ihm bekannt ist, handelt arglistig.

Dogmatisch betrachtet sind auch die Tatbestände der §§ 303a (Datenveränderung) und b (Computersabotage) StGB erfüllt. In der Praxis wird man bei solchen Installationsmängeln Vorsatz verneinen mit der Folge, dass D nicht strafbar ist. Auch dies kann sich ändern, wenn größere Schäden durch mangelhafte Installationsprogramme auftreten.

S kann weder in zivilrechtlicher noch in strafrechtlicher Hinsicht ein Vorwurf gemacht werden.

Haftung bei GPL-Software

Im nächsten Beispiel wird deutlich, dass Software, die unter die GPL gestellt wird, dennoch der kaufvertraglichen Haftung unterliegen kann.

> *Beispielfall*
>
> *Das Installationsprogramm des Distributors D hat einen Mangel: Bei einem Update werden versehentlich wichtige Daten zerstört. Ursache ist ein Memory-Leak, welches D bekannt war. Man ging jedoch davon aus, dass der Mangel keine große praktische Bedeutung hat, und verschwieg ihn deshalb. Die Firma F hat dadurch einen Schaden und möchte D verklagen. D beruft sich darauf, dass das Installationprogramm der GNU General Public License unterliegt und als Freie Software keiner Haftung unterliegt.*

D irrt. Frei im urheberrechtlichen Sinne hat nichts damit zu tun, ob eine zivilrechtliche Haftung besteht. Wenn sich D auf den Standpunkt stellt, er habe das Installationsprogramm »verschenkt« und hafte daher nur bei grober Fahrlässigkeit, so muss dem entgegnet werden, dass D die Kosten für die Entwicklung und Pflege des Installationsprogramms in seine Kalkulation aufgenommen hat. Es werden Mitarbeiter dafür beschäftigt und bezahlt. Man wird daher in der Rechtspraxis davon ausgehen, dass eine mögliche Bezeichnung als »Schenkung« nur den Sinn und Zweck hat, Haftungserleichterungen herbeizuführen. Es werden daher die gleichen Regeln wie für die entgeltliche Überlassung von Standard-Software angewendet: Es gilt Kaufrecht. Da D den Mangel seines Installationsprogramms arglistig verschwiegen hat, hat F wegen § 463 BGB einen Anspruch auf Ersatz seines Schadens. Außerdem besteht ein Anspruch auf Wandelung des Kaufs bzw. Minderung des Kaufpreises.

Folgender Fall behandelt einen Fehler in der Freien Software:

Fehler in Freier Software

Beispielfall
D vertreibt eine Linux-Distribution. Darin befindet sich das Programmpaket P des Autors A. Durch einen Fehler im Programm, der weder D noch A trotz jahrelanger Erfahrungen mit dem Programm bekannt war, kommt es zu einer Vernichtung von Daten auf der Festplatte des Endnutzers.

Nach hier vertretener Ansicht haften weder D noch A. Der Endnutzer sollte regelmäßig Backups machen. Entsprechende Hinweise des D sollten allerdings gegeben werden.

2.4 Lizenzen (GPL, LGPL...)

Unter einer Lizenz versteht man die Einräumung von Nutzungsrechten an Schutzrechten. Dementsprechend ist ein Lizenzvertrag eine Vereinbarung, mittels derer solche Nutzungsrechte übertragen werden. Zum besseren Verständnis folgt eine kurze Einführung in das Urheberrecht.

Einführung in das Urheberrecht

Bis 1993 genossen Computerprogramme keinen wirkungsvollen gesetzlichen Urheberrechtsschutz. Mit der Computerrechtsnovelle von 1993 ist eine Richtlinie des Europäischen Rates umgesetzt und die §§ 69a bis 69g UrhG in das Urheberrechtsgesetz eingefügt worden. Zum Schutz von Datenbankherstellern sind 1998 die §§ 87a bis 87e UrhG eingefügt worden.

Bei den Rechten des Urhebers unterscheidet man zwischen dem Urheberpersönlichkeitsrecht und den Verwertungsrechten. Letztere haben eine größere wirtschaftliche Bedeutung. Zu den Verwertungsrechten gehören u.a. das Vervielfältigungsrecht (§ 16 UrhG) und das Verbreitungsrecht (§ 17 UrhG). Diese Rechte können nach § 31 UrhG auch anderen Personen eingeräumt werden. Zu beachten ist, dass Nutzungsrechte und -beschränkungen nach der Rechtsprechung nur dann »dingliche« Wirkung gegenüber jedermann haben, wenn die nach Anwendung der Nutzungsbeschränkungen verbleibenden Nutzungsrechte »nach der Verkehrsauffassung als solche hinreichend klar abgrenzbare, wirtschaftlich-technisch als einheitlich und selbständig sich abzeichnende Nutzungsarten« gewähren. Anderenfalls haben Nutzungsrechte und -beschränkungen nur »schuldrechtliche« Wirkung: Sie wirken nur zwischen den Vertragsparteien, welche die ent-

Verwertungsrechte

sprechenden Vereinbarungen getroffen haben. Dritte sind an allein schuldrechtlich wirkende Nutzungsbeschränkungen nicht gebunden.

Der in § 69 c Nr. 3 Satz 2 verankerte »Erschöpfungsgrundsatz« soll verhindern, dass der Urheber eines Programms nach der Veräußerung einer Kopie dieses Programms noch einen (den freien Warenverkehr hemmenden) Einfluss auf die Weiterveräußerung der Kopie innerhalb der Europäischen Union oder des Europäischen Wirtschaftsraums hat. Ist eine Kopie mit Zustimmung des Urhebers erstmals innerhalb der EU oder des EWR veräußert worden, darf jeder die Kopie in diesem Gebiet weiterverbreiten (nicht jedoch vervielfältigen).

Folgen der Rechtsverzerletzung

Der Rechtsinhaber hat bei Verletzungen seiner Rechte die Möglichkeit den Verletzer auf Unterlassung, Vernichtung von Vervielfältigungsstücken und auf Schadensersatz zu verklagen. Im Zusammenhang mit Computerprogrammen ist auf § 69f UrhG hinzuweisen, wonach der Rechtsinhaber bei Verletzungen seiner Rechte die Vernichtung von Vervielfältigungsstücken von jedem Besitzer oder Eigentümer solcher rechtswidrig hergestellten Vervielfältigungsstücke verlangen darf.

GPL, LGPL und andere Lizenzen

Wie schon erwähnt, versteht man unter einer »Lizenz« die Einräumung von Nutzungsrechten an Schutzrechten. Die §§ 31ff. UrhG regeln die Einräumung von solchen Nutzungsrechten. In der Praxis enthalten die den Programmpaketen beigelegten »Lizenzen« eine Mischung aus einer Lizenz und Erklärungen zur Frage der Haftung bei Fehlern der Software. Rechtlich gesehen könnten solche Erklärungen vertragliche Haftungsausschlüsse sein. Es muss jedoch im Einzelfall geklärt werden, ob überhaupt ein Vertrag zustande gekommen ist. Außerdem haben einseitige Erklärungen, dass man für nichts hafte, rechtlich gesehen keine Bedeutung. Die gesetzliche Haftung nach den §§ 823ff. BGB kann nicht durch Erklärungen geändert werden.

GNU General Public License und GNU Lesser General Public License

In der Welt der Freien Software haben vor allem die GNU General Public License und die GNU Lesser General Public License eine große Bedeutung. Ein großer Mangel der GPL und der LGPL ist, dass die einzelnen Abschnitte keine Überschriften enthalten, so dass diese Lizenzen sehr unübersichtlich wirken.

Meistens werden Lizenzen wie die GPL oder LGPL nur in englischer Sprache der Software beigefügt. Bei Software, die in Deutschland vertrieben wird, sollten jedoch auch deutsche Übersetzungen dabei sein, da die Vertragssprache im Allgemeinen »Deutsch« ist.

Mit Ausnahme des Haftungsausschlusses sind die meisten Bestimmungen in der GPL und der LGPL mit dem deutschen Recht vereinbar.

Eine genauere Betrachtung finden Sie in dem Buch »Freie Software – Rechtsfreier Raum?« vom Verfasser dieses Beitrags.

Zahlreiche Organisationen haben eigene Lizenzen herausgegeben. So z.B. die Debian License (http://www.debian.org/license.html), die BSD Style License (http://www.debian.org/misc/ bsd.license), die OpenBSD Copyright Policy (http://www. openbsd.org/policy.html), um nur eine kleine Auswahl zu nennen. Daneben gibt es unzählige private Kreationen. Alle diese Lizenzen haben im Rahmen der §§ 31ff. UrhG Gültigkeit und müssen beachtet werden.

Weitere Lizenzen

Beispielfälle

Folgender Beispielfall behandelt eine typische Urheberrechtsverletzung:

Urheberrechtsverletzung

Beispielfall
Der Distributor D vertreibt eine Linux-Distribution. In der Distribution befindet sich ein Programm, das nach dem Inhalt einer README-Datei vom Autor A stammt. A ist mit einer Verbreitung des Programms durch D einverstanden. Tatsächlich ist jedoch B Urheber des Programms. B ist nicht mit einer Verbreitung des Programms durch D einverstanden und möchte per einstweiliger Verfügung erreichen, dass die Auslieferung der Distribution verhindert wird und sämtliche Vervielfältigungstücke eingestampft werden.

§ 69f UrhG knüpft an § 98 UrhG an, wonach der Verletzte verlangen kann, dass alle rechtswidrig hergestellten, verbreiteten und zur rechtswidrigen Verbreitung bestimmten Vervielfältigungsstücke, die im Besitz oder Eigentum des Verletzers stehen, vernichtet werden können. § 69f UrhG weitet dieses Recht auf alle Eigentümer oder Besitzer aus. Somit kann B auch von D die Vernichtung oder die Herausgabe gegen eine angemessene Vergütung (§ 98 II UrhG) verlangen. Wenn die Wahrnehmung dieser Rechte im Einzelfall unverhältnismäßig ist und die Rechtsverletzung auf andere Weise beseitigt werden kann, hat der Verletzte nur Anspruch auf die hierfür erforderlichen Maßnahmen (§ 98 III UrhG). Unverhältnismäßigkeit wird bei der Vernichtung einer Festplatte angenommen, bei CDs, deren Herstellungskosten relativ gering sind, ist jedoch davon auszugehen, dass eine Vernichtung im Allgemeinen nicht unverhältnismäßig ist. D muss daher wahrscheinlich die CDs seiner Distribution vernichten.

Darf man Distributionen kopieren?

Der folgende Beispielfall behandelt die Frage, ob Linux-Distributionen frei kopiert werden können:

Beispielfall
Der Distributor D vertreibt eine Linux-Distribution. Innerhalb dieser Distribution befindet sich auch kommerzielle Software des Anbieters K, die bunt unter die Freie Software gemischt ist. A kauft die Distribution und installiert sie auf mehreren Rechnern. B kopiert sich die CDs, weil das ständige Ausleihen ihm zu mühsam ist. D erfährt davon und möchte gegen A und B vorgehen. Ebenso K, der aber außerdem gegen D vorgehen möchte, weil dieser durch das bunte Gemisch an Software die Urheberrechtsverletzungen begünstigt.

Die aufgeworfenen Rechtsfragen können in der Allgemeinheit nicht beantwortet werden. Zunächst muss geklärt werden, ob die Distribution eine Datenbank im Sinne der § 87a ff. UrhG ist, was für die meisten Distributionen wohl zutreffen wird. Dann hätte D Urheberrechte an der Distribution als Ganzes und könnte die Nutzungsrechte so beschränken, dass eine Mehrfachinstallation oder Kopie der Distribution unzulässig ist. Dies wirft die Frage auf, ob eine derartige Einschränkung mit der GNU General Public License vereinbar ist. Abschnitt 6 der GPL fordert, dass »keine weiteren Einschränkungen der Durchsetzung der [...] zugestandenen Rechte des Empfängers« vorgenommen werden dürfen. Wahrscheinlich liegt keine Verletzung der GPL vor, wenn die auf der Distribution enthaltene Freie Software nicht als Ganzes kopiert werden darf. Was die Ansprüche des K gegen D anbetrifft, muss § 97 UrhG herangezogen werden. Die Frage ist, ob D durch eine bunte Mischung von Freier und kommerzieller Software Urheberrechtsverletzungen provoziert. K könnte dann Unterlassung verlangen, bei Vorsatz oder Fahrlässigkeit sogar Schadensersatz.

Forderungen an den Distributor

Man wird daher fordern müssen, dass D Freie und kommerzielle Software ganz klar trennt und entweder in getrennte Verzeichnisse oder auf verschiedenen CDs unterbringt. Ferner muss der Nutzer schon vor der Installation darauf hingewiesen werden, welche Software Freie Software ist und welche Lizenz hierfür gilt. Befindet sich kommerzielle Software, die nicht kopiert werden darf, auf einer CD, so müssen sich die Hinweise schon außerhalb der Programmpakete befinden. CDs, die ausschließlich kommerzielle Software enthalten, sollten als solche beschriftet sein. Es darf nicht passieren, dass ein Nutzer erst nach Kopieren und Entpacken kommerzieller Pakete feststellen kann, dass er soeben eine Urheberrechtsverletzung begangen hat.

Die Konsequenzen einer Nichtbeachtung einer privaten Lizenz verdeutlicht folgender Beispielfall:

Nichtbeachtung einer privaten Lizenz

Beispielfall
Der Hobbyprogrammierer P hat ein wunderschönes Malprogramm entwickelt. Weil er der Ansicht ist, dass Software möglichst kostengünstig sein soll, verfügt er in der dem Programm beiliegenden Lizenz, dass sein Malprogramm nur in Software-Sammlungen weitervertrieben werden darf, die nicht mehr als 100 DM kosten. Der Distributor D nimmt das Programm in seine Sammlung auf, die er für 99 DM vertreibt. Der Kaufhauskonzern K kauft 5000 der Distributionen auf und vertreibt diese für 199 DM. D und P möchten wissen, was sie dagegen unternehmen können.

Nach der Rechtsprechung sind weitgehende Nutzungseinschränkungen nach § 32 UrhG möglich: Zum Beispiel darf der Vertrieb eines Programms zusammen mit anderen Programmen verboten werden (siehe Urteil des OLG Köln vom 12.07.1996, Az 6 U 136/95). Die gewerbliche Nutzung darf ganz untersagt werden (siehe Urteil des OLG Düsseldorf vom 26.07.1995, Az 20 U 65/95). Anders aber Marly (aaO, S. 130), der in manchen Einschränkungen eine Einschränkung des so genannten »Erschöpfungsgrundsatzes« sieht. Marly nimmt an, dass manche Nutzungsbeschränkungen schuldrechtliche Verpflichtungen sind (Schenkung mit Auflage), deren Wirksamkeit bei einer Weiterverbreitung der Software unterbrochen wird. Sollte sich diese Rechtsauffassung durchsetzen, so hätte dies weitreichende Konsequenzen für kommerzielle Software, die an Privatanwender kostenlos verteilt wird (z.B. StarOffice). Voraussetzung ist stets, dass die Einschränkungen dem Nutzer zugänglich gemacht werden, z.B. in Form einer README-Datei. Es ist davon auszugehen, dass der Programmautor auch Bestimmungen über den Kaufpreis treffen darf, dem Kaufhauskonzern also die Vermarktung untersagen kann.

Anders sieht die Situation für den Distributor aus. Er darf keine Vereinbarungen über die Preisgestaltung treffen (§ 14 GWB). Er kann somit keinen Einfluss auf den Kaufpreis nehmen, den der Kaufhauskonzern K verlangt. Möglicherweise ist schon die Aufnahme des Malprogramms in die Distribution ein Verstoß gegen das Verbot der Preisbindung.

2.5 Allgemeine Geschäftsbedingungen

Bei nahezu allen der oben genannten Vertragstypen spielen allgemeine Geschäftsbedingungen (AGB) eine große Rolle. Meist versuchen Verwender von AGB, die Rechtslage zu ihren Gunsten zu verbessern, insbesondere die Haftung zu verringern oder auszuschließen.

Hinweis auf AGB und Kenntnisnahme

Nach § 2 AGBG werden AGB nur dann Bestandteil des Vertrages, wenn der Verwender bei Vertragsschluss auf die AGB hinweist, die andere Vertragspartei in zumutbarer Weise von ihrem Inhalt Kenntnis nehmen kann und mit den AGB einverstanden ist.

Ist die andere Vertragspartei Unternehmer, so genügt für die Einbeziehung, dass die AGB stillschweigend oder durch schlüssiges Verhalten einbezogen werden. Auch gelten einige Klauselverbote (§§ 10, 11 AGBG) nicht, wenn die andere Vertragspartei Unternehmer ist.

Bei Geschäftsabschlüssen über Bildschirmtext verlangt die Rechtsprechung, dass diese unentgeltlich abgerufen werden können und dass der Umfang ein paar Seiten nicht überschreitet (Palandt, Otto: Bürgerliches Gesetzbuch, 60. Aufl., München 2001, AGBG § 2 Rn 12).

Geschäftsabschlüsse über das Internet

Bei Geschäftsabschlüssen über das Internet wird in der Literatur die Ansicht vertreten, dass auch umfangreiche AGB einbezogen werden können, wenn diese downgeloadet werden können.

»Shrink-Wrap-Agreements«

AGB auf Schutzhüllen von Datenträgern (so genannte »Shrink-Wrap-Agreements«) haben aus vertragsrechtlicher Sicht im Allgemeinen keine Gültigkeit, da diese erst nach Vertragsschluss zur Kenntnis genommen werden können. Sie können jedoch urheberrechtlich von Bedeutung sein.

Haftungsausschlüsse

Haftungsausschlüsse in AGB sind weitgehend unzulässig. Den Ausschluss der Haftung für vorsätzliches Handeln der Vertragsparteien verbietet schon § 276 II BGB. § 11 Nr. 7 AGBG verbietet Haftungsausschlüsse bei grober Fahrlässigkeit des Verwenders von AGB und bei grober Fahrlässigkeit und Vorsatz der Erfüllungsgehilfen des Verwenders. Somit bleibt nur noch Raum für Haftungsausschlüsse bei einfacher Fahrlässigkeit. Aber auch diese verstoßen häufig gegen § 9 AGBG, wenn es z.B. um wesentliche Vertragspflichten geht, der Verwender der AGB eine qualifizierte Vertrauensstellung einnimmt oder wenn es um Verletzung von Gesundheit oder Leben geht (Palandt, aaO, AGBG § 9 Rn 41ff.).

Salvatorische Klauseln

Salvatorische Klauseln wie z.B. »Schadensersatzansprüche sind ausgeschlossen, soweit dies gesetzlich zulässig ist« sind unwirksam (Palandt, aaO, AGBG vor § 8 Rn 14], weil sie gegen das »Transparenzgebot« des § 2 AGBG verstoßen.

2.6 Gewerblicher Rechtsschutz

Die im Zusammenhang mit Freier Software wichtigsten Gebiete des gewerblichen Rechtsschutzes sind das Patent- und Markenrecht und das Wettbewerbsrecht. Auf diese Gebiete soll im Folgenden kurz eingegangen werden.

Patent- und Markenrecht

Computerprogramme können prinzipiell auch patentiert werden, wenn sie eine technische Lehre beinhalten; die Anforderungen hieran sind in der Praxis so weit gesunken, dass heutzutage nahezu jedes Computerprogramm, welches eine halbwegs originelle Idee enthält, patentiert werden kann. Immer häufiger werden daher auch Open-Source-Entwickler Opfer von **Abmahnungen wegen angeblicher oder tatsächlicher Patentrechtsverletzungen.**

Abmahnungen an Open-Source-Entwickler

Wenn die Bestrebungen, Patente auf Software auszuweiten, nicht gestoppt werden können, wird dies nicht absehbare Folgen für Software-Entwickler haben. 75.000 europäische Unternehmen und Software-Entwickler haben sich schon in einer Petition gegen die diesbezüglichen Bestrebungen der EU-Kommission gewehrt (siehe http://petition.eurolinux.org/). Sehr informativ sind auch die Internetseiten http://swpat.ffii.org/ und http://www.freepatents.org/).

Größere Bedeutung hat zur Zeit noch das Markenrecht. **Abmahnungen wegen angeblicher oder tatsächlicher Markenrechtsverletzungen** sind eine der häufigsten Ursachen, weshalb Open-Source-Entwickler anwaltlichen Rat in Anspruch nehmen. Eine Markenrechtsverletzung kann beispielsweise durch eine Firmenbezeichnung, einen Domain-Namen oder eine Produktbezeichnung gegeben sein.

Zunächst sollen ein paar grundlegende Normen des Markenrechts vorgestellt werden:

Grundlagen des Markenrechts

Nach dem Markengesetz werden Marken, geschäftliche Bezeichnungen und geographische Herkunftsangaben geschützt (§ 1 Markengesetz). Als Marke können alle Zeichen, insbesondere Wörter einschließlich Personennamen, Abbildungen, Buchstaben, Zahlen, Hörzeichen, dreidimensionale Gestaltungen einschließlich der Form einer Ware oder ihrer Verpackung sowie sonstige Aufmachungen einschließlich Farben und Farbzusammenstellungen geschützt werden, die geeignet sind, Waren oder Dienstleistungen eines Unternehmens von denjenigen anderer Unternehmen zu unterscheiden, so § 3 Markengesetz.

Der Markenschutz entsteht durch Eintragung in das Markenregister, durch Benutzung eines Zeichens im geschäftlichen Verkehr oder durch »notorische Bekanntheit« einer Marke im Sinne der Pariser Verbandsübereinkunft (§ 4 Markengesetz). § 8 Markengesetz nennt eine Reihe von Hindernissen, die einer Eintragung entgegenstehen. Beispielsweise können Marken nicht eingetragen werden, die geeignet sind, das Publikum über die Beschaffenheit der Ware zu täuschen (z.B. Perlonseide für synthetische Fasern).

Der Inhaber einer Marke kann sich gegen Rechtsverletzungen durch Unterlassungs- und Schadensersatzansprüche zur Wehr setzen (§ 14 MarkenG). Beispielsweise kann der Inhaber einer Marke im Falle einer Markenrechtsverletzung die Auslieferung eines Produkts per einstweiliger Verfügung verhindern.

Wettbewerbsrecht

Als wichtigste Rechtsvorschriften sind hier das Gesetz gegen den unlauteren Wettbewerb (UWG) und das Gesetz gegen Wettbewerbsbeschränkungen (GWB). Letzteres wird auch als Kartellgesetz bezeichnet.

Das UWG beschäftigt sich zum großen Teil mit unlauterer Werbung. Auf Einzelheiten einzugehen würde den Rahmen dieses Artikels sprengen. Im Falle eines Verstoßes gegen das UWG können ein Mitbewerber, aber auch Verbraucherverbände oder Industrie- und Handelskammern, auf Beseitigung bzw. Unterlassung klagen.

Wettbewerbsrechtsverletzungen sind kein spezifisches Problem Freier Software, spielen aber auch bei Freier Software eine Rolle. Im Bereich der Shareware wurde beispielsweise die Bezeichnung einer Shareware-Sammlung als »Die besten aktuellen deutschen Shareware-Programme« durch das Landgericht Hamburg (Urteil des LG Hamburg vom 08.01.1998, Az 3 U 56/96) verboten.

Beispielfälle

Markenrechtsverletzung Der folgende Beispielfall behandelt eine Markenrechtsverletzung:

Beispielfall
Der Software-Händler S betreibt ein kleines Software-Unternehmen. S vertreibt Software fast ausschließlich über das Internet. Die Angebote kann man unter »http://www.software-shop.de« einsehen. S versucht seine Firmenbezeichnung »Software-Shop« als Marke schützen zu lassen. Sein Antrag beim Deutschen Patentamt wird aber zurückgewiesen, das Zeichen »Software-Shop« sei »beschreibend und nicht unterscheidungs-

kräftig«. Einige Zeit später stellt S fest, dass ein anderes größeres Unternehmen T, das Zeichen »Software-Shop« als Wortmarke eingetragen hat. S weiß nicht, weshalb T mit seiner Eintragung Erfolg hatte. Kurze Zeit später erhält S ein anwaltliches Schreiben, dass er seine Internet-Adresse und die Geschäftsbezeichnung »Software-Shop« nicht mehr benutzen dürfe. S ist am Ende.

Grund für die Eintragung der Marke könnte sein, dass T im Rahmen des Rechtsmittelverfahrens gegen eine Zurückweisung der Anmeldung erreicht hat, dass das Zeichen doch eingetragen werden muss, weil beispielsweise »Unterscheidungskraft« doch gegeben ist oder das Zeichen sich »in den beteiligten Verkehrskreisen durchgesetzt hat«. Sofern »Unterscheidungskraft« gegeben ist, könnte sich S darauf berufen, dass er mit dem Zeichen schon Verkehrsgeltung im Sinne von § 4 Nr. 2 MarkenG erworben hat und nach den §§ 12, 51, 55 MarkenG auf Löschung der Marke des T klagen. Anderenfalls käme ein Antrag auf Löschung nach den §§ 50, 54 MarkenG in Frage.

Der folgende Beispielfall behandelt eine Patentrechtsverletzung: *Patentrechtsverletzung*

Beispielfall
Der Programmierer P entwickelt PGP-Software (Pretty Good Privacy encryption system). Dabei verwendet er einen patentierten Algorithmus, weil dieser ihm besonders gut erscheint. Die PGP-Software versieht er mit einer GNU General Public License und stellt sie ins Netz. P meint, dass er das dürfe, weil er die Software nicht kommerziell vertreibt. Der Distributor D ist begeistert von der PGP-Software und nimmt sie in seine Distribution auf. Der Patentinhaber I erfährt davon und möchte gegen P und D vorgehen.

Nach § 11 Patentgesetz erstreckt sich die Wirkung eines Patents nicht auf »Handlungen, die im privaten Bereich zu nicht gewerblichen Zwecken vorgenommen werden«. Dies mag noch für die Entwicklung der PGP-Software gelten, bei einer Verbreitung im Netz kann von einem privaten Bereich schon nicht mehr die Rede sein und bei der Aufnahme in eine Distribution liegt auf jeden Fall ein gewerblicher Zweck vor. I kann gegen P und D vorgehen und Unterlassung, Schadensersatz oder Vernichtung der Datenträger verlangen.

2.7 Haftung nach § 823 BGB, Produkthaftung

Die gesetzliche Haftung tritt (auch) dann ein, wenn keinerlei Vertragsbeziehungen zwischen Schädiger und Geschädigtem bestehen. Im Bereich der gesetzlichen Haftung für fehlerhafte Software ist § 823 BGB die wichtigste Anspruchsgrundlage. Bezüglich des Produkthaftungsgesetzes ist ungeklärt, ob Software überhaupt unter dieses Gesetz fällt.

§ 823 BGB

Schuldhaften Verletzung

Bei schuldhaften Verletzungen von Verkehrssicherungspflichten haftet der Verletzer nach § 823 I BGB. Zu den Verkehrssicherungspflichten gehören die Konstruktions-, die Produktions-, die Instruktions-, die Organisations- und die Produktbeobachtungspflicht. Bei der Erfüllung dieser Pflichten ist der jeweilige »Stand der Technik« zu beachten. Sind Fehler, Schaden und die Ursächlichkeit des Fehlers für den Schaden nachgewiesen, so trifft den Unternehmer die Beweislast dafür, dass kein Verschulden seinerseits vorliegt.

Weitere Voraussetzung für Schadensersatz ist, dass der Schädiger bestimmte Rechtsgüter (z.B. Gesundheit, Freiheit, Eigentum) verletzt. Eine Schädigung von Datenbeständen wird jedoch von manchen Gerichten als Eigentumsbeschädigung angesehen (siehe LG Karlsruhe NJW 96, 200).

Produkthaftung

Ein »heißes Eisen«

Die Produkthaftung ist ein »heißes Eisen« in der Computerrechtsdiskussion. Teilweise wird mit Hinweise auf § 2 ProdHaftG, wonach Produkte im Sinne des Produkthaftungsgesetzes nur körperliche Gegenstände sind, die Anwendbarkeit des Produkthaftungsgesetzes verneint, teilweise mit verschiedenen mehr oder weniger überzeugenden Begründungen bejaht.

Der entscheidende Unterschied zur vertraglichen Haftung und zur Haftung nach den § 823 BGB ist, dass nach dem Produkthaftungsgesetz eine Haftung unabhängig vom Verschulden besteht.

Eine Haftung ist ausgeschlossen, wenn »der Fehler nach dem Stand der Wissenschaft und Technik [...] nicht erkannt werden konnte« (§ 1 II Nr. 5 ProdHaftG).

3 Installation und Pflege Freier Software

Im Bereich der Software-Dienstleistungen werden sowohl freie Betriebssysteme als auch freie Anwender-Software installiert und gepflegt. Es bestehen keine Unterschiede zur Installation und Pflege kommerzieller Software. Die Installation und Pflege von Freier Software bekommt durch den Siegeszug des freien Betriebssystems »Linux« eine immer größere wirtschaftliche Bedeutung. Im Folgenden wird ein Überblick über die relevanten Rechtsnormen gegeben.

Keine Unterschiede zu kommerzieller Software

3.1 Dienst- oder Werkvertrag

Wegen der Bezeichnung »Dienstleistung« ist man zunächst in Versuchung anzunehmen, dass »Dienstvertragsrecht« anwendbar sein könnte. Daher wird im Folgenden hierauf kurz eingegangen.

Über das Wesen des Dienstvertrages gibt § 611 BGB Auskunft:

> *§ 611 BGB*
> *(1) Durch den Dienstvertrag wird derjenige, welcher Dienste zusagt, zur Leistung der versprochenen Dienste, der andere Teil zur Gewährung der vereinbarten Vergütung verpflichtet.*
> *(2) Gegenstand des Dienstvertrags können Dienste jeder Art sein.*

Dienstvertragsrecht findet vor allem bei der Beratung und Schulung Anwendung. Im Gegensatz zum Werkvertragsrecht ist kein bestimmtes Ergebnis oder ein bestimmter Erfolg geschuldet. Dementsprechend haftet der Dienstleister auch nicht, wenn ein bestimmter Erfolg nicht erreicht wird.

Beratung und Schulung

Anders verhält es sich bei Installation und Pflege von Freier Software. Hier ist, ebenso wie bei der Erstellung von Individual-Software (siehe [BGH1971]), Werkvertragsrecht anwendbar.

Installation und Pflege

Zentrale Vorschrift ist § 631 BGB:

> *§ 631 BGB*
> *(1) Durch den Werkvertrag wird der Unternehmer zur Herstellung des versprochenen Werkes, der Besteller zur Entrichtung der vereinbarten Vergütung verpflichtet.*
> *(2) Gegenstand des Werkvertrages kann sowohl die Herstellung oder Veränderung einer Sache als [auch] ein anderer durch Arbeit oder Dienstleistung herbeizuführender Erfolg sein.*

Hergestellte Software — Bei Mängeln an hergestellter Software hat der Besteller ein Recht auf Nachbesserung, Wandelung, Minderung und »Schadensersatz wegen Nichterfüllung«. Einzelheiten sind in den §§ 633ff. BGB geregelt. Wichtig zu erwähnen ist, dass beim Werkvertrag eine Abnahmepflicht des Bestellers besteht, das heißt, eine Pflicht, das Werk entgegenzunehmen und als im Wesentlichen vertragsgemäß anzuerkennen. Zur Vermeidung von Rechtsnachteilen müssen Mängel bei der Abnahme sofort gerügt werden. Mit der Abnahme beginnt der Lauf der Verjährungsfristen.

3.2 Zusammenfassung

Unternehmer haftet nach Werkvertragsrecht — Es bestehen bei der Installation und Pflege von Freier Software keine Unterschiede zu kommerzieller Software. Der Unternehmer, der Freie Software installiert oder pflegt, haftet nach Werkvertragsrecht für von ihm fahrlässig oder vorsätzlich verursachte Schäden.

Wer stellt die Software? — Von Vorteil ist es stets, wenn bei der Installation die Software nicht vom Unternehmer, sondern vom Kunden gestellt wird, da im Falle eines Fehlers im Source Code Haftungsfragen von den Gerichten für den Unternehmer günstiger beurteilt werden könnten. Beschafft der Unternehmer die Software, so sollte er den Kunden ausführlich über die möglichen kommerziellen Alternativen und deren Vor- und Nachteile beraten, damit er beim Auftreten von Software-Fehlern nicht beschuldigt wird, er habe leichtfertig die »billigste« Lösung gewählt. Vor allem bei sicherheitsrelevanter Software oder solcher, die in der Produktion eingesetzt wird, sollte der Unternehmer aufmerksam alle die Software betreffenden Veröffentlichungen (Mailing-Listen, Zeitschriften etc.) verfolgen, um den Kunden beim Bekanntwerden einer Sicherheitslücke bzw. eines sonstigen Software-Fehlers sofort informieren zu können.

Der Software-Dienstleister sollte sich darüber im Klaren sein, dass er keinen rechtlichen Vorteil daraus ziehen kann, dass die von ihm installierte oder gepflegte Software unter die GPL fällt.

4 Software-Herstellung mittels Freier Software

Bei der Software-Herstellung werden freie Compiler oder sonstige Tools zur Software-Entwicklung verwendet. Weiterhin wird Freie Software ganz oder teilweise in kommerzielle Software integriert.

4.1 Compiler

Prominentestes Beispiel ist die GNU Compiler Collection »GCC« (früher »GNU C Compiler«). Da die GCC in zahlreichen Tests sehr gut abgeschnitten hat, ist es nicht verwunderlich, dass sie auch zur Herstellung von kommerzieller Software verwendet wird.

4.2 Tools zur Software-Entwicklung

Zur Software-Entwicklung werden sehr häufig Casetools eingesetzt. Da die Entwicklung von Casetools sehr aufwendig ist, sind die meisten Pakete kommerzieller Natur. Es gibt aber auch freie Casetools, z.B. FreeCASE (http://www.freecase.seul.org/) oder Argo/UML (http://argouml.tigris.org/). Mit Hilfe dieser Casetools wird Source Code hergestellt, der dann auch für kommerzielle Software verwendet wird.

4.3 Freie Software in kommerzieller Software

Freie Softwarelibraries können in kommerzielle Software eingebunden werden, Freie Software kann kommerzieller Software beigelegt werden oder als Hilfsfunktion von kommerzieller Software verwendet werden.

4.4 Rechtliche Beurteilung

Stets sind bei den oben erwähnten Nutzungsarten die Lizenzbedingungen der Freien Software zu beachten. Vertragsrechtlich betrachtet ist bei der Herstellung von kommerzieller Individual-Software Werkvertragsrecht anwendbar. Welcher Hilfsmittel sich der Unternehmer bedient, spielt keine Rolle. Sofern ein CASE-Tool oder ein Compiler etc. Freie Software ist und als Alternative zu einem teureren kommerziellen Produkt eingesetzt werden kann, ist eine Vertragsgestaltung derart denkbar, dass im Vertrag beide Alternativen erwähnt werden und Haftungserleichterungen für bestimmte Fälle als Gegenleistung für einen geringeren Preis vereinbart werden. Die Vertragsverhandlungen sollten jedoch protokolliert und in den Vertrag aufgenommen werden.

Lizenzbedingungen der Freien Software beachten

5 Zusammenfassung

Kein »rechtsfreier Raum«

Viele Anhänger, Nutzer oder Entwickler von Freier Software leben in der Vorstellung, dass sie in Zusammenhang mit Freier Software keine rechtlichen Schwierigkeiten bekommen können, weil sie sich in einer »kommerzfreien Zone« bewegen. Doch dieser Schein trügt: Der Leser hat sicher spätestens nach Lektüre dieses Beitrags gemerkt, dass er sich nicht deswegen in einem »rechtsfreien Raum« bewegt, weil er Freie Software verwendet oder vertreibt.

Erstaunlicherweise wecken gerade Haftungfragen bei Programmierfehlern bei Entwicklern von Freier Software große Befürchtungen, obwohl die praktische Bedeutung vernachlässigbar ist. Viel häufiger sind Abmahnungen wegen angeblicher oder tatsächlicher Verletzungen gewerblicher Schutzrechte.

Auf der anderen Seite ist auch das gerne verbreitete Vorurteil falsch, dass man sich mit Freier Software in große rechtliche Unsicherheit begibt, weil es im Schadensfalle keinen Hersteller gibt, der haftet. Ein Hersteller entgeltlich vertriebener Standard-Software haftet nach deutschem Recht nicht für durch seine fehlerhafte Software verursachte Schäden. Es sei denn, er hat Mängel arglistig verschwiegen oder bestimmte Eigenschaften zugesichert. Ersteres dürfte – selbst wenn es zuträfe – schwer zu beweisen sein und Letzteres dürfte selten vorliegen.

Zusammenfassend kann man sagen: Freie Software befreit den Unternehmer nicht von seinen Sorgfaltspflichten und ist auf der anderen Seite für den Nutzer auch mit keinem rechtlichen Risko behaftet, das es bei sonstiger Software nicht auch gibt.

Linux-Migration bei Mittelständlern

Howard Fuhs
Geschäftsführer
Fuhs Security Consultants, Wiesbaden
info@fuhs.de
www.fuhs.de

Abstract

Gerade in kleinen und mittelständischen Unternehmen ist der optimale Einsatz von IT-Ressourcen ein Garant für die erfolgreiche Teilnahme am weltweiten Wirtschaftsgeschehen, denn sowohl von den Personal- als auch von den Finanzressourcen ist dieser Unternehmenstyp auf Effizienz angewiesen. Durch eine Migration weg von proprietären Betriebssystemen hin zu Linux und Open-Source-Software-Lösungen können mittelständische Unternehmen ihre Wettbewerbsfähigkeit erhöhen und gleichzeitig Kosten senken. Anhand der praktischen Erfahrungen bei der Linux-Migration dreier mittelständischer Unternehmen aus den Bereichen EDV-Dienstleistung, Maschinenbau und Elektronikdienstleistung zeigt dieser Beitrag die notwendigen Vorbereitungen, die einzelnen Phasen der Durchführung sowie die aufgetretenen Schwierigkeiten.

1 Linux gegen den Rest der Welt

Analysiert man die IT-Probleme von kleinen und mittleren Unternehmen, so stellt man schnell fest, dass die Kosten für Anschaffung und Unterhaltung sowie das Know-how in Form von qualifizierten Mitarbeitern die Spitzenplätze der Problemliste belegen. Das technische Know-how in Form von Administratoren ist nicht oder nur gering vorhanden, was bei der derzeitigen Arbeitsmarktsituation für qualifizierte Computerfachkräfte kein Wunder darstellt, und die Anschaffungs- wie auch die Unterhaltungskosten für vernünftige IT-Lösungen werden als zu hoch empfunden. Hinzu kommen die üblichen technischen Probleme mit Inkompatibilitäten, zu niedriger Performance sowie mangelhafter Zuverlässigkeit verschiedener Systeme.

Total Cost of Ownership

Welche Kriterien aber sind für mittelständische Unternehmen ausschlaggebend im Bereich der IT-Lösungen? Was in einigen Kreisen als die Total Cost of Ownership bezeichnet und damit ganz einfach als Anschaffungspreis zuzüglich der Kosten für die laufende Unterhaltung des Systems definiert wird, ist nicht alles, was eine gute IT-Lösung ausmacht. Denn die Total Cost of Ownership wird ebenfalls durch Kriterien beinflusst wie Funktionalität, Zuverlässigkeit, Performance, Langlebigkeit und System Management.

Bevor ein Unternehmen sich für ein Betriebssystem entscheidet, sollten zuerst einige Abwägungen bezüglich der Vor- und Nachteile spezieller, am Markt vorhandener Betriebssysteme getroffen werden, die für die Unternehmensbedürfnisse in Frage kommen. Diese Vor- und Nachteile sind in der Praxis für die Höhe der Total Cost of Ownership entscheidend und sollten nicht unterschätzt werden. Ist ein kommerzielles System einmal in einer Organisation implementiert, ist mittelfristig aus Kostengründen nicht damit zu rechnen, dass auf ein anderes System umgestellt wird.

Gründe, die für Linux sprechen

Die wichtigsten Gründe, die für Linux sprechen, dürften die Leistungsfähigkeit, der Anschaffungs- und Lizenzpreis sowie die Betriebsstabilität und die Flexibilität von Linux sein.

- Durch den *niedrigen* Preis und die lizenzrechtlichen Bedingungen ist der Einsatz von Linux aus kaufmännischer und rechtlicher Sicht für Unternehmen konkurrenzlos günstig. Eine handelsübliche Linux-Distribution schlägt heute lediglich mit 80 bis 130 DM zu Buche. Darüber hinaus darf Linux gemäß der GPL-Lizenz für Open Source Software kopiert, weitergegeben oder auf so vielen Rechnern installiert werden, wie man möchte. Durch die Möglichkeit zur uneingeschränkten Weiterverbreitung ist ein Unternehmen in der Lage, lizenzrechtliche Probleme, wie sie bei dem Einsatz von kommerzieller Software entstehen können, zu eliminieren. Dies ist vor allem für Unternehmen interessant, weil dort der Geschäftsführer bei Verstößen gegen die Lizenz- bzw. Urheberrechte persönlich haftbar ist, unabhängig davon, wer den Verstoß begangen hat.
- Die *Flexibilität* von Linux erlaubt es einem Unternehmen vom Datei-Server über die Internet-Anbindung, Firewall und Web-Server bis hin zum Data Warehouse alles über ein Betriebssystem zu realisieren.
- Linux kann auch auf *älteren Computern* mit weniger RAM eingesetzt werden, was die Nutzbarkeit von vorhandenen Computern

deutlich verlängert und die Anschaffungszyklen für neue Hardware erheblich erweitert. Dies ist ein wichtiger Gesichtspunkt, wenn man die aktuellen Abschreibungsfristen für Computer in Relation mit der tatsächlichen Einsetzbarkeit unter kommerziellen Betriebssystemen betrachtet.
- Professionelle *Anwender-Software* ist für Linux kostenlos erhältlich oder zu einem wesentlich geringeren Preis als vergleichbare Windows-Software. So gibt es z.B. die Bildbearbeitungs-Software GIMP oder das deutsche StarOffice-Paket kostenlos.
- Bedingt durch die *Veröffentlichung aller Informationen* über Linux bis hin zum Source Code ist man als Unternehmen beim Support nicht ausschließlich auf den Hersteller angewiesen, der theoretisch über alle nötigen Produktinformationen verfügt. Kompetenter Linux-Support wird von vielen Fachunternehmen und Linux-Distributoren zur Verfügung gestellt. Damit kann sich der Anwender den leistungsfähigsten Serviceanbieter auf dem Markt auswählen.
- Als echtes Multiuser- und Netzwerkbetriebssystem ist Linux mit wirkungsvollen *Sicherheitsmechanismen* ausgestattet, die eine einfache und sichere Administration und Rechtevergabe unter den unterschiedlichsten Bedingungen erlauben.
- Linux läuft nicht nur auf Intel-Prozessoren. In den letzten Jahren wurde Linux auf *verschiedene Rechnerprozessoren* portiert, darunter Motorola-680x0-Prozessoren, Sun SPARC, DEC Alpha, MIPS, ARM sowie PowerPC. Dadurch lassen sich mit Linux auch heterogene Computernetze unter Verwendung unterschiedlicher Plattformen in einem Unternehmen realisieren, ohne dabei unterschiedliche Betriebssysteme verwenden zu müssen.

2 Investitionsschutz

Gerade im Bereich der kommerziellen Software musste bisher festgestellt werden, dass neue Software-Versionen kaum oder nicht kompatibel zur Vorgängerversion sind und die neue Version mitunter neuere, leistungsfähigere Hardware benötigt. Damit konnte davon ausgegangen werden, dass die Investition in ein kommerzielles Betriebssystem und Office-Paket höchstens 3 Jahre halten würde und danach Neuinvestitionen notwendig werden, die nicht durch unternehmensinterne Vorgänge bedingt sind, sondern einfach durch den Update-Zyklus kommerzieller Software einem Unternehmen aufdiktiert werden. Durch die Verlängerung dieser Update-Zyklen und die Veranlassung von Updates durch betriebliche Vorgänge kann durch die Verwendung

Kompatibilität von Software-Versionen

von Linux das IT-Budget entweder reduziert oder die Ausgaben auf wichtigere und sinnvollere Dinge angewandt werden. Auf alle Fälle wird es damit den Unternehmen ermöglicht, die IT-Kosten auf mittel- und langfristiger Basis zu berechnen und damit diese Kosten in den Griff zu bekommen.

Eigene Weiterentwicklung — Ein weiterer langfristiger Inverstitionsschutz stellt die Tatsache dar, dass mit Linux der Source Code zur Verfügung gestellt wird. Selbst wenn man mit allen Linux-Distributionen dieser Welt unzufrieden ist, kann man basierend auf dem Source Code Linux selbst weiterentwickeln oder die benötigten Lösungen selbst erarbeiten.

Das beste Beispiel für suboptimalen Investitionsschutz im Bereich kommerzieller Betriebssysteme stellte in der Vergangenheit z.B. OS/2 dar. Unternehmen, die sich 1993/94 für OS/2 als technisch bessere Alternative gegenüber Windows entschieden, waren bedingt durch eine fast katastrophale Produktpolitik von IBM spätestens 1997 gezwungen in Richtung Windows zu migrieren.

Stabile Lizenzen — Ebenfalls in den Bereich des Investitionsschutzes gehört die Stabilität der Lizenzierungspolitik. Während Microsoft zum Oktober 2001 eine neue Lizenzierungspolitik mit erhöhten Kosten sowie lizenzrechtlichen Nachteilen für ihre Kunden einführen will, kann dies durch die Verwendung der GNU General Public License nicht geschehen. Damit kann mit der Verwendung von Linux im Unternehmen auch langfristig sichergestellt werden, daß keine finanziellen oder rechtlichen Nachteile durch sich plötzlich ändernde Lizenzbedingungen für das Unternehmen erwachsen.

3 Die Unternehmen

Die in diesem Beitrag beschriebenen Erkenntnisse wurden von 1999 bis heute bei der Migration von drei mittelständischen und international operierenden Unternehmen gewonnen. Die Unternehmen sind in den Geschäftsfeldern EDV-Dienstleistung, Maschinenbau/Gerätebau und Elektronikdienstleistung tätig. Für alle drei Unternehmen gilt ein Mitarbeiterstamm von 70 bis 120 Personen, eine eigene IT-Abteilung besetzt mit zwei bis vier Administratoren sowie eine IT-Umgebung, die als über die Jahre gewachsen und stark heterogen bezeichnet werden kann. In allen drei Fällen ging die Initiative zur Linux-Migration zuerst von den Administratoren aus. In einem Fall hatten die Administratoren die gesamte Server-Umgebung mitsamt dem BackOffice-Bereich bereits weitestgehend auf Linux umgestellt.

4 Entscheidungen

Nachdem einige der vielen Vorteile von Linux aufgezeigt wurden, muss im Management des Unternehmens der klare Entschluss gefasst werden, Linux im Unternehmen einzusetzen. Diese Managemententscheidung ist wichtig, damit sowohl der IT-Abteilung als auch dem normalen Anwender im Unternehmen klar wird, dass das Management die Migration hin zu Linux wirklich in vollem Umfang unterstützt.

Viele Unternehmen haben bisher den Fehler gemacht, dass von Seiten der IT-Abteilung zwar Linux zum Einsatz kam, das Management aber bei dem Versuch, gänzlich auf Linux umzustellen, jedem, der damit nicht einverstanden war, erlaubt hat, sein altes, lieb gewonnenes Betriebssystem beizubehalten. Dies führte zu einer unüberschaubaren IT-Landschaft mit wesentlich höheren Support-Kosten, hervorgerufen durch erhöhten Aufwand von Seiten der Administration. Um unnötige Kosten zu vermeiden müssen deshalb vom Management klare Entscheidungen getroffen werden. Diese »Sekt oder Selters«-Einstellung soll verhindern, dass unternehmenspolitisch bedingte Kompromisse getroffen werden, welche in der Praxis sich als funktionell untauglich erweisen. Es mag zwar sein, dass solche Kompromisse Politikern gut zu Gesicht stehen würden; welche fiskalischen Kosten solche Kompromisse mit sich bringen, kann jeder ermessen, der sich die bundesdeutsche Haushaltspolitik der letzten Jahrzehnte betrachtet.

Management-Fehler

5 Migrationspfade

Für kleine und mittelständische Unternehmen gibt es verschiedene Migrationspfade hin zu Linux. Am einfachsten haben es die Unternehmen, die bei der Planung ihrer Informationstechnologie von Anfang an auf Linux setzen. Doch bei den meisten Unternehmen sind bereits andere Betriebssysteme im Einsatz und deshalb muss ein Migrationsplan erarbeitet werden (siehe Abb. 1).

Migrationsplan

Die möglichen Migrationspfade lassen sich grob in zwei Bereiche unterteilen.

- Die erste Möglichkeit ist eine Migration hin zu Linux im Bereich Server-Systeme und BackOffice. Bei dieser Lösung würden die Client-Systeme im Netzwerk unangetastet bleiben. Diese Migrationsmöglichkeit ist relativ einfach und für den Endanwender unbemerkt durchführbar. Das Problem dieser Lösung liegt in den nicht voll ausgeschöpften Einsparungsmöglichkeiten, die Linux als langfristige Investition bietet.

Linux im Bereich Server-Systeme und BackOffice

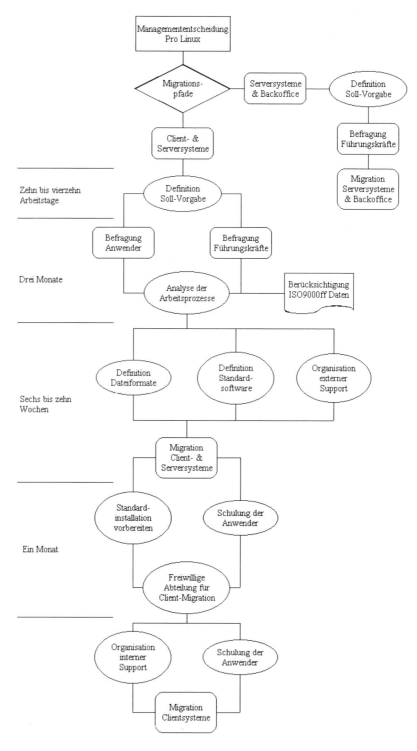

Abb. 1
Migrationsplan

Die zweite Möglichkeit der Migration ist die *Umstellung aller Systeme auf Linux*, also von den Servern bis hin zu den Clients. Dies ist die umfangreichste und wohl auch die schwierigere Migration hin zu Linux, bringt aber nach erfolgreicher Implementierung in allen Bereichen die deutlichste Ersparnis für das Unternehmen und stellt die sicherste Methode zur langfristigen Investitionsabsicherung dar.

Umstellung aller Systeme auf Linux

Im Nachfolgenden soll die komplette Umstellung auf Linux als Migrationspfad vorgestellt werden, da dies die wohl umfangreichste und schwierigste Art der Migration darstellen dürfte.

5.1 Projektplanung

Um eine solch umfangreiche Migration als Projekt vorzubereiten, müssen verschiedene Vorstufen durchlaufen werden, um das Projekt an sich erfolgreich durchführen zu können. Es handelt sich ja nicht nur um eine Erweiterung und Neugruppierung des unternehmenseigenen Netzwerks, sondern darüber hinaus auch um eine Portierung von umfangreichen Arbeitsabläufen auf eine neue Betriebssystemplattform im Client-Bereich unter Verwendung von neuer Anwender-Software.

In der ersten Durchführungsstufe muss eine Soll-Vorgabe ermittelt werden. Dabei können die Verantwortlichen der Firmenleitung und der IT-Abteilung ihre Wünsche äußern, welche Funktionalität sie gerne haben möchten, was es maximal kosten darf und in welchem Zeitraum die Soll-Vorgabe erreicht werden soll.

Soll-Vorgabe

Um diese Informationen zu bekommen muss ein Fragenkatalog erarbeitet und in elektronische Form umgesetzt werden. Dieser Fragenkatalog sollte von jedem Mitarbeiter des Unternehmens (natürlich auf freiwilliger Basis) ausgefüllt und anschließend automatisch ausgewertet werden. Die dabei entstehende Statistik stellt ziemlich genau die wunschmäßigen Schwerpunkte der Anwender dar. Darüber hinaus ist es natürlich notwendig Gespräche mit der Geschäftsleitung sowie mit Abteilungsleitern und sonstigen Führungskräften im Unternehmen zu führen.

Fragenkatalog

Je nach Größe und Strukturierung des Unternehmens war für die Ermittlung der Soll-Vorgabe ein Zeitraum von 10 bis 14 Arbeitstagen anzusetzen.

10 bis 14 Werktage

5.2 Analyse der Arbeitsprozesse

Prozesse, Funktionalitäten und Software

Um eine Portierung der Arbeitsprozesse von Windows auf Linux zu ermöglichen, müssen die einzelnen unternehmensinternen Arbeitsprozesse aus der alltäglichen Praxis heraus fixiert und analysiert werden. Des Weiteren muss ermittelt werden, welche Funktionalitäten für welche Arbeitsprozesse benötigt wurden, welche Software-Pakete diese Funktionalitäten bisher zur Verfügung gestellt haben und mit welcher Software der Arbeitsprozess zukünftig zuverlässig abgewickelt werden kann. Als Abfallprodukt dieser Arbeitsprozessanalyse können die Arbeitsprozesse an sich stark optimiert und reduziert sowie die Anzahl der verwendeten unterschiedlichen Programme und Software-Pakete ebenfalls erheblich reduziert werden. Die Optimierung der Arbeitsprozesse sowie die Einsparung an Lizenzgebühren für unnötig angeschaffte Software erbringen eine maßgebliche Einsparung für das Unternehmen, so dass sich die geplanten Maßnahmen zur Neustrukturierung des Netzwerks mitunter wesentlich schneller rechnen werden als geplant.

Wünsche der Endanwender

Bei der Analyse der Arbeitsprozesse ergibt sich nochmals die Gelegenheit, die Wünsche der Endanwender in Bezug auf die EDV zu erfahren. Wie die Erfahrung aus der Praxis gezeigt hat, sind die Wünsche der Endanwender oftmals nicht deckungsgleich mit den Wünschen der Unternehmensleitung und der IT-Abteilung. Von den Anwendern kommen nicht nur sinnvolle Anregungen zum benötigten Leistungsumfang von Software und der Optimierung von Arbeitsprozessen, sondern auch wertvolle Hinweise zu Datensicherheitsproblemen im bereits bestehenden Netzwerk.

ISO 9000ff

Was den Umfang der Arbeitsprozessanalyse anbelangt, muss an dieser Stelle gesagt werden, je präziser ein Arbeitsprozess im Vorfeld analysiert und auch gegebenenfalls optimiert wird, desto reibungsloser lässt sich dieser Arbeitsprozess später auf Linux umstellen. Unternehmen, die nach ISO 9000ff zertifiziert sind, haben hier den entscheidenden Vorteil, dass sie bereits über Arbeitsplatz- ud Tätigkeitsbeschreibungen verfügen, also einen erheblichen Teil der Arbeitsprozessanalyse in der ISO-9000-Dokumentation schon vorhanden ist bzw. sich aus dieser ableiten lässt.

Wichtig ist, dass aus der Analyse klar folgende Informationen hervorgehen:

- Mit welchen anderen Arbeitsprozessen der analysierte Arbeitsprozess kommuniziert/Daten austauscht und in welchen Datenformaten diese Kommunikation stattfindet

- Mit welchen unternehmensfremden Partnern der Arbeitsprozess kommuniziert (Zulieferer, Kreditinstitut usw.) und in welchen Datenformaten diese Kommunikation stattfindet
- Welche Software/Software-Funktionalität im Rahmen des Arbeitsprozesses eingesetzt wird

Es wäre auch durchaus denkbar, dass die Migration zu Linux in einem Unternehmen genutzt wird um durch die Arbeitsprozessanalyse die ISO-9000-Zertifizierung zu erlangen.

Abhängig von der Größe und Strukturierung des Unternehmens sowie der Anzahl und Komplexität der Arbeitsprozesse musste für deren Analyse ein Zeitraum von mehreren Wochen bis hin zu drei Monaten angesetzt werden.

Mehrere Wochen bis drei Monate

5.3 Definition der Standard-Software

Nachdem die Analyse der Arbeitsprozesse abgeschlossen ist, kann aus den gewonnen Informationen eine Bedarfsanforderung für die zukünftige IT-Umgebung abgeleitet werden. Dabei wird festgelegt, mit welchen Programmen in Zukunft unter Linux welche Arbeiten verrichtet werden und welche Datenformate in Zukunft für den innerbetrieblichen wie auch außerbetrieblichen Datenaustausch Verwendung finden. Es sollten dabei nur offene Datenformate benutzt werden, also keine proprietären Formate wie z.B. Word-für-Windows-Dokumente, sondern RTF-Dateien für formatierte Textdateien. Als unternehmensweites Office-Paket kann Applixware Office oder StarOffice eingeführt werden. Als Server-Lösungen kommen Samba als Fileserver und Apache als Intranet-Server und Web-Server für das Internet zum Einsatz.

Programme und Datenaustauschformate

Durch die Open-Source-Herkunft von Linux und größten Teilen der Anwender-Software ist hier nun auch die Möglichkeit gegeben, die später im Unternehmen als Standard-Software eingesetzte Lösung individuell an die Arbeitsprozesse sowie die Anwenderbedürfnisse anzupassen. Durch diese Anpassung können auch Arbeitsprozesse vereinfacht und/oder automatisiert werden.

5.4 Externer Support

Abhängig davon, wie erfahren das unternehmenseigene Administrationsteam mit dem Einsatz von Linux ist, sollte bei der abschließenden Planung ebenfalls berücksichtigt werden, welche externe Unterstützung man hinzuzieht bzw. einkauft, um die Migration reibungslos in dem gesteckten Zeit- und Kostenrahmen durchzuführen. Sind hier hausinterne Engpässe zu erwarten, empfiehlt es sich dringend, nicht auf externe Hilfe zu verzichten, notfalls sogar das ganze Migrationsprojekt komplett an ein externes Unternehmen zu vergeben.

Muss, bedingt durch mangelnde Erfahrung im eigenen Unternehmen, erst langwierig herumexperimentiert werden, werden damit sowohl der Zeit- als auch der Kostenrahmen binnen kürzester Zeit gesprengt. Dem kann man durch Outsourcing an entsprechende Vertragspartner vorbeugen.

5.5 Erste Migrationsschritte

Zuerst Server und BackOffice

Die ersten Migrationsschritte müssen zuerst im Server- und BackOffice-Bereich erfolgen. Wie bereits anfangs erwähnt, kann hier eine Migration erfolgen, ohne dass diese vom Anwender während seiner alltäglichen Arbeit wahrgenommen wird, da es ihm z.B. nicht auffallen wird, ob er nun auf einen NT Fileserver oder Samba Fileserver zugreift oder sein Druckauftrag an einen NT- oder Linux-Drucker-Server geht. Die Umstellung der einzelnen Server und BackOffice-Lösungen kann sukzessive erfolgen (Fileserver, Datenbank-Server, Intranet, Web-Server, Fax-Server, Groupware etc.). Hier kann der Administrator während der Migration auch entsprechende Linux-Erfahrung sammeln, die ihm später bei der Umstellung der Clients auf Linux hilfreich sein wird.

Sechs bis zehn Wochen

Während dieses Umstellungsprozesses benötigt ein erfahrenes Administrationsteam erfahrungsgemäß nur wenig Hilfe von außerhalb bzw. nur um Zeitvorgaben einhalten zu können. In den drei durchgeführten Fällen konnte der Server- und BackOffice-Bereich in einer Zeitspanne von sechs bis zehn Wochen umgestellt werden.

5.6 Migration der Clients

Etwas anderes ist es, die im Unternehmen vorhandenen Clients auf Linux zu portieren, denn hier gelten andere Regeln, bedingt durch eine umfangreichere Problemstellung und hervorgerufen durch die Anwender und die Berücksichtigung der einzelnen Arbeitsprozesse.

Grafische Benutzeroberfläche

Nachdem man unternehmensweite Standards für Software und Datenformate definiert hat, kann die Portierung der Client-Computer nach Linux in Angriff genommen werden. Bedingt durch die mitunter hohe Anzahl von computerunkundigen Anwendern in einem Unternehmen muss von vornerein klar sein, dass eine Client-Lösung nur mit grafischer Benutzeroberfläche in Frage kommt. Als grafische Benutzeroberflächen stehen unter Linux KDE und GNOME als die weit verbreitetsten zur Verfügung, die auch für den Einsatz als sinnvoll zu erachten sind. In den bisher durchgeführten Migrationen entschied man sich für KDE, da hier die Programmierarbeiten am weitesten fortgeschritten sind im Vergleich zu GNOME und sowohl Stabilität als auch Leistungsumfang sowie die vorhandene Software überzeugten.

Bevor mit dem Roll-Out der Clients im Unternehmen begonnen wird, sollte die entsprechende Linux-Installation wie auch die Anwender-Software standardisiert werden. Dadurch wird bei späteren Support-Fragen sichergestellt, dass auf allen Rechnern die gleichen Tools und Programme vorhanden sind. Diese Standardisierung sollte auch bei den Anwenderrechten wie auch bei datensicherheitsspezifischen Konfigurationen angewendet werden. Nachdem man sich auf einen Standard geeinigt hat, sollte dieser kurz auf Funktionsfähigkeit und Alltagstauglichkeit getestet werden. Dieser Test kann pro Arbeitsprozess drei bis acht Arbeitstage in Anspruch nehmen. Hier machen sich spätestens die Versäumnisse bemerkbar, die man bei der Analyse der Arbeitsprozesse begangen hat. Die getestete Standardinstallation sollte im Unternehmen sowohl auf CD-ROM als auch über Server vorhanden bzw. abrufbar sein.

Standardinstallation zuvor testen

Auch wenn die Unternehmensleitung sich klar zur Migration zu Linux bekennt, sollte Linux im Client-Bereich nicht mit der Brechstange eingeführt werden. Hier gilt es psychologisch geschickt vorzugehen, denn nichts ist schlimmer, als bereits in der Anfangsphase zu scheitern. Das würde die mögliche Akzeptanz der Anwender gegenüber Linux stark vermindern und im Rahmen der Migration zu Problemen führen.

In der Anfangsphase sollte zuerst eine Abteilung als »Beta-Test« auf Linux-Clients umgestellt werden. Um Probleme in der Praxis zu vermeiden, sollte hierfür eine Abteilung ausgewählt werden, die sich für diese Aufgabe freiwillig meldet und vom Personalumfang her überschaubar ist, d.h. maximal 10 bis 20 Personen. Gleiches gilt für die Arbeitsprozesse. Eine Abteilung, in der alle Arbeitsprozesse zusammenlaufen, eignet sich nicht für den ersten Test.

»Beta-Test«-Abteilung

Durch die Freiwilligkeit ist mit weniger innerem Widerstand von unwilligen Anwendern und damit mit einer höheren Erfolgsaussicht zu rechnen. Die während dieses Beta-Projekts gemachten Erfahrungen können dann später bei anderen Abteilungen berücksichtigt werden, was eine reibungslose Portierung der Geschäftsprozesse auf die Linux-Basis zur Folge hat.

Für die Umstellung dieser ersten Abteilung müssen ca. fünf Arbeitstage zur technischen Vorbereitung und anschließend mindestens 10 bis 20 Arbeitstage für das Fine-Tuning innerhalb der Abteilung gerechnet werden.

Mindestens 15 bis 25 Arbeitstage

5.7 Schulung der Anwender

Die größten Probleme beim Endanwender wird die Umstellung auf die im Detail unterschiedliche Bedienungsweise der grafischen Benutzeroberfläche (KDE/GNOME) mit seinen Anwendungsprogrammen bereiten. Hier sei nur an die zusätzliche und unter Windows absolut unübliche Belegung der mittleren Maustaste erinnert (falls an der Maus vorhanden). Hier zeigte sich besonders deutlich der Unterschied in der Bedienung zwischen KDE und Windows.

Um dieses Problem in den Griff zu bekommen ist zu Anfang eine entsprechende Anwenderschulung unumgänglich. Die Schulung sollte sich auf die grafische Benutzeroberfläche (KDE/GNOME) und die verwendete Standard-Software beziehen und weitestgehend praxisbezogen sein, d.h., falls organisatorisch möglich, am Computer, mit dem der Anwender in Zukunft arbeiten wird.

Zwei bis vier Tage

Je nach computertechnischer Vorbildung des Anwenders werden für diese Schulung zwei bis vier Tage benötigt. Sollten beim Einsatz in der Praxis noch Probleme auftreten, so kann zu einem spätern Zeitpunkt eine eintägige Nachschulung durchgeführt werden, die sich den häufigsten Problemen in der Praxis annimmt.

5.8 Support und User-Helpdesk

Vier bis sechs Wochen erhöhter Support

Weiterhin muss in den darauffolgenden Wochen mit einem erhöhten Support-Aufwand gerechnet werden. In der Praxis zeigte sich, dass einzelne Anwender bis zu drei Monate brauchten, bis sie ihr Arbeitssystem beherrschten. Dies führte in der Anfangszeit der Umstellung zu erheblichem Support-Aufwand für Endanwender durch das User-Helpdesk. Als Mittelwert kann hier von vier bis sechs Wochen ausgegangen werden, bis wieder Normalität eintritt. In den ersten beiden Wochen wurde zusätzlich noch durch externe Dienstleister das Support-Aufkommen bewältigt.

Wegen der erhöhten Stabilität von Linux konnte mittelfristig der Support-Aufwand auf ein normales Maß zurückgefahren werden. Nach einem Jahr lag dieser pro Client um ca. 10%-20% niedriger als erwartet.

Damit konnte im Bereich des Endanwender-Supports ebenfalls eine Einsparung verzeichnet werden.

6 Praxiserfahrungen

Nach der erfolgreichen Migration hin zu Linux konnte nach Ablauf eines Jahres in den drei Unternehmen folgende Erfahrungen gemacht werden:

Im Bereich der Lizenzkosten und Lizenzgebühren sowohl für das Betriebssystem als auch für Applikationen konnten in den Unternehmen zwischen 30.000 und über 120.000 DM eingespart werden. Diese Summen machten sich aber erst bemerkbar, als z.B. das fällige Update auf Windows 2000 oder neue NetWare-Versionen von den Unternehmen einfach ignoriert werden konnten. Die Neuanschaffung von Computern oder jegliche Erweiterung der IT-Landschaft kann durch Linux lizenzkostenfrei geschehen, was diese Geldeinsparnisse in die Zukunft verlagert.

Einsparungen bei Lizenzkosten

Die Downtime verschiedener Systeme, die als mission critical einzustufen waren, war in der Praxis kaum noch messbar, was zu einer erheblichen Steigerung der Produktivität und einem wesentlich geringeren Support-Aufwand von Seiten der IT-Abteilung führte. Glänzten NT-Server mit mindestens einem Crash pro Woche, so verzeichneten Linux-Server eine Laufzeit von Monaten ohne Probleme oder Reboot. Diese Performance-Steigerung der Systeme führte zu Einsparungen, was die Neuanschaffung von Servern anbelangte. In allen drei Unternehmen konnte die Neuanschaffung von mindestens zwei Servern in der Preisklasse zwischen 10.000 und 20.000 DM eingespart werden.

Downtime verbessert

Durch das Reaktivieren älterer Rechner für einfache Aufgaben wie Routing, Printserver usw. konnten auch in diesem Bereich Investitionen verschoben werden. Dies ist ein wichtiger Gesichtspunkt, wenn man die aktuellen Abschreibungsfristen für Computer in Relation mit der tatsächlichen Einsetzbarkeit unter kommerziellen Betriebssystemen betrachtet.

Weniger neue Rechner

Als klarer Nachteil sah man bei den Geschäftsleitungen, dass in Ermangelung firmeninternen Know-hows mehr externer Support in Anspruch genommen werden musste bzw. mehr Aufgaben an externe Dienstleister vergeben wurden. Darüber hinaus mussten Anwender einer entsprechenden Linux/KDE-Schulung unterzogen werden, die sowohl Zeit als auch Geld kostete.

Nachteil: Mehr externer Support nötig

Der Gesamtprozess der Migration war bei jedem der drei Unternehmen unterschiedlich. Der EDV-Dienstleister war mit acht Wochen am schnellsten umgestellt. Hier kam vor allem das Fachwissen der Anwender zum Tragen, was zu einem wesentlich geringeren Schulungs- und Support-Aufwand führte. Obwohl durch die Migration

Kosten verursacht wurden, konnten binnen zwölf Monaten trotzdem Einsparungen von fast 100.000 DM vermeldet werden, was dazu führte, dass mit der Migration auch noch ein kleiner Gewinn gemacht wurde.

Der längste Migrationsprozess fand bei dem Maschinenbau-Unternehmen statt und dauerte fast zehn Monate. Grund für diese lange Zeit war die komplexe Struktur der Geschäftsprozesse, der Einsatz von Spezial-Software, die für Linux nicht erhältlich war, die katastrophale IT-Umgebung, in welcher fast alle gängigen Server-Betriebssysteme liefen, sowie die Schulung und der Support für die große Zahl einfacher Anwender. Auch dieses Unternehmen konnte letztendlich sowohl bei Lizenzen als auch der EDV-Abteilung selbst Einsparungen von über 140.000 DM im ersten Jahr vermelden.

Linux im Office-Einsatz

Markus Hasenbein
Systemanalytiker bei der Boehringer Ingelheim Pharma KG
linuxhbn@gmx.de

Abstract

Dieser Beitrag stellt die verschiedenen Office-Produkte für Linux vor und zeigt die Vor- und Nachteile der einzelnen freien und kommerziellen Pakete auf. Schwerpunkte werden dabei auf Bedienbarkeit und Kompatibilität zum Marktführer Microsoft Office gelegt. Vorgestellt werden im einzelnen GNOME Office, KOffice, StarOffice von Sun Microsystems Inc., WordPerfect Office von Corel Inc. und Applixware von VistaSource. Der Vortrag gliedert sich in die Vorstellung der einzelnen Office-Pakete und ihrer jeweiligen Komponenten, nennt Stärken, Schwächen und Leistungsmerkmale und zeigt die Möglichkeiten und Grenzen der Austauschbarkeit mit den Produkten der Microsoft-Office-Familie auf. Interessant ist dieser Beitrag für alle IT-Manager und Entscheider, die sich mit der Frage der Migration von Microsoft zu Linux und der Einführung eines Linux-Office-Paketes als strategische Lösung in ihren Unternehmen befassen.

1 Vom Server-Bereich auf den Desktop

Das Betriebssystem Linux feiert nun schon seit längerer Zeit zunehmende Verbreitung und Erfolge auf den Servern in den Rechenzentren dieser Welt. Für diesen Verwendungszweck wurde es ursprünglich konzipiert und entwickelt. Für Linux werden für die unterschiedlichsten Server-Einsatzzwecke die entsprechenden Programme angeboten. Sie laufen stabil, unterliegen der GPL mit all ihren Eigenschaften, warten mit vergleichsweise niedrigen Hardware-Anforderungen auf und bieten die Möglichkeit, von sachkundigen Administratoren auf individuelle Anforderungen angepasst zu werden. Web-, File- oder Printserver, die unter dem einstmals als Hacker-Betriebssystem eingestuften

Anforderungen für den Desktop-Bereich

Linux laufen, finden sich in immer mehr Unternehmen aller Größenordnungen dieser Welt.

Aufgrund dieses Erfolges und des guten Rufes im Server-Bereich war es für Linux nur eine Frage der Zeit, bis es auch als Betriebssystem für den Desktop ins Gespräch kommen würde. Hier herrschen naturbedingt aber andere Anforderungen an ein Betriebssystem als im Server-Bereich. Zwar sind auch hier Stabilität, gemäßigter Hardware-Anspruch und Lizenzkosten Themen, die bei der Beurteilung in starkem Maß berücksichtigt werden. Hinzu kommen aber auch Bedienerfreundlichkeit, Hardware-Kompatibilität mit den unterschiedlichsten Peripheriegeräten wie beispielsweise Modems, Scanner und Drucker sowie das Angebot der verfügbaren Applikationen für die unterschiedlichsten Anforderungen und Einsatzzwecke. Was die Verfügbarkeit von Treibern für neue Hardware angeht, waren die Entwickler noch nie faul. Markengeräte wurden oftmals schon kurz nach ihrem Erscheinen von Linux unterstützt. Die Bedienerfreundlichkeit gewann mit den Einführungen der grafischen Benutzeroberflächen KDE (K Desktop Environment) und GNOME (GNU Network Object Model Environment), die in der Bedienung und dem Look & Feel an die Windows-Oberflächen von Microsoft angelehnt sind. Anwender aus diesem PC-Umfeld finden sich schnell in den Open-Source-Varianten zurecht.

Office-Pakete

Und wie steht es mit den verfügbaren Applikationen für das freie Betriebssystem? Zu einer der elementarsten Anwendungen gehören sicherlich die Office-Pakete. Ein Desktop-Betriebssystem mit einer grafischen Benutzeroberfläche, für die es keine Office-Lösung gibt, hat schon am Start schlechte Chancen, was die Benutzerakzeptanz angeht. Zumindest Textverarbeitung, Tabellenkalkulation und Präsentationserstellung sind Pflichtanwendungen für beinahe jeden PC sowohl im beruflichen als auch im privaten Bereich. Aufgrund der weiten Verbreitung von Microsofts Windows-Varianten und damit auch beinahe automatisch einhergehend mit den entsprechenden Microsoft Office-Versionen haben sich *.doc-*, *.xls-* und *ppt*-Dateien zu einem Quasi-Standard für Dateiformate für die verschiedenen Programmkategorien entwickelt. Außerdem hat Microsoft mit der einfachen Installation, dem Komfort seiner Office-Applikation (z.B. Drag & Drop-Funktion, Assistenten) und der durchgängig einheitlichen Bedienung (z.B. Cut, Copy, Paste) die Messlatte für etwaige Mitbewerber sehr hoch gelegt. Für die Linux-Konkurrenten gilt es daher, viele Hürden zu nehmen, um die Akzeptanz der Anwender zu gewinnen.

Wer sind nun die Kandidaten, die dem Benutzer eine stabile und komfortable Office-Applikation bieten wollen, die obendrein auch noch die Dateiformate des vielleicht übermächtigen Mitbewerbers aus Redmond im- und idealerweise auch exportieren kann? Zum Vergleich treten an:

- GNOME Office   (aus dem GNOME-Entwicklungsumfeld)
- KOffice   (aus dem KDE-Entwicklungsumfeld)
- Applixware 5.0   (VistaSource)
- WordPerfect Office 2000 (Corel Inc.)
- StarOffice 5.2   (Sun Microsystems Inc.)

Die Tests der einzelnen Office-Pakete, die diesem Beitrag zugrunde liegen, basieren auf SuSE Linux 7.1 mit dem Kernel 2.4.0. Als Rechner kam ein PC mit einem Intel Pentium II 333 MHz und 128 MByte RAM zum Einsatz.

2 GNOME Office

Die Bezeichnung »GNOME Office« (www.gnome.org/gnome-office/) könnte bei einigen Betrachtern den Eindruck eines Office-Paketes erwecken, wie man es beispielsweise von Microsofts Office gewohnt ist. Dem ist in diesem Falle allerdings nicht so. Hinter GNOME Office verbirgt sich weniger eine integrierte Software-Lösung als ein Meta-Projekt der Entwickler mit dem Ziel, Standards und Konzepte (z.B. für Schnittstellen) zu schaffen und festzulegen. Bei der Entwicklung der einzelnen Komponenten achtet die Mitglieder des GNOME-Office-Projektes auf die Berücksichtigung und Einhaltung der Vorgaben. Hier ist also mehr der Weg der Entwicklung das eigentliche Ziel der Projektgruppe.

Meta-Projekt

Bei einer ersten Betrachtung fällt zunächst die große Anzahl Applikationen auf, die sich mittlerweile unter dem Dach des GNOME Office ansiedeln. Noch vor ca. einem Jahr waren hier wesentlich weniger Programme zu finden. Hier kommt u.a. die Gründung der GNOME Foundation zum Tragen, der u.a. auch die Firma Sun Microsystems Inc. beigetreten ist, die vor einiger Zeit Star Division und damit auch StarOffice übernahm. Ende letzten Jahres wurde der Source-Code von StarOffice veröffentlicht. Die Integration der einzelnen Module Writer, Calc, Draw und Impress der StarOffice-Suite erfolgt nun unter den Namen OpenCalc, OpenWriter und OpenDraw in das so genannte OpenOffice (www.openoffice.org), das von dem GNOME-Office-Projektteam in Angriff genommen wurde. Allerdings

Zahlreiche Applikationen

befinden sich diese Module noch im frühen und instabilen Entwicklungsstadium (Pre-alpha, Stand: April 2001). Im Einzelnen beinhaltet das GNOME-Office-Projekt folgende Programme:

- Gnumeric (Tabellenkalkulation)
- OpenCalc (Tabellenkalkulation)
- AbiWord (Textverarbeitung)
- OpenWriter (Textverarbeitung)
- Gfax (Fax-Client)
- Galeon (Web Browser)
- Sodipodi (Vektorgrafik)
- OpenDraw (Vektorgrafik)
- Sketch (Vektorgrafik)
- Eye of GNOME (Bildbetrachtung)
- The GIMP (Grafik)
- Balsa (E-Mail-Client)
- Evolution (E-Mail, PIM, Kalender)
- Guppi (Plotter)
- Dia (Diagramme)
- Toutdoux (Projektmanagement)
- GnuCash (Finanzverwaltung)
- Impress (Präsentation)
- GNOME-DB (Datenbank-Frontend)

Installation Bei den meisten dieser Tools handelt es sich um schlanke Applikationen, die nicht an den Funktionsumfang einer kommerziellen Office-Suite heranreichen, aber die benötigten Grundfunktionen beherrschen und größtenteils auch stabil laufen. Die Programme können aus dem Internet als RPM-Files oder Tarballs herunter geladen werden. Die Installation verläuft allerdings nicht immer reibungslos, was zum einen auf eine unzureichende Dokumentation und zum anderen auf schlecht zusammengestellte Pakete zurückzuführen ist. Hier sind dann schon wieder tief greifende Systemkenntnisse und/oder ausgeprägte Experimentierfreudigkeit und Beharrlichkeit gefordert. Für den reinen Anwender eine nicht zumutbare Situation. Viele der Programme unterstützen auch unterschiedliche Sprachversionen, was aber nicht immer durchgängig implementiert ist.

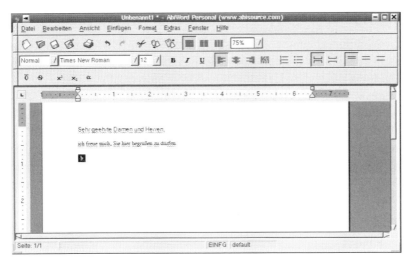

Abb. 1
Die Textverarbeitung AbiWord

Mit The GIMP befindet sich ein äußerst mächtiges Grafikwerkzeug in den Reihen der GNOME-Office-Anwendungen. Der Funktionsumfang und die Bedienung dieses Werkzeugs füllt problemlos mehrere hundert Seiten starke Bücher. Die Programme Toutdoux für Projektmanagement, Gupppi für Plotting und GnuCash für Finanzverwaltung verhelfen GNOME Office zu einer gewissen Einzigartigkeit, weil die Mitbewerber für Büroanwendungen solche nicht anbieten.

Grafik, Projektmanagement, Finanzverwaltung

Alle Tools, die ein vergleichbares Pendant in der Microsoft-Welt aufweisen können, bieten Import- und oftmals auch Exportfilter an. Leider liefern diese häufig nur unbefriedigende Ergebnisse, wenn die Word-, Excel- oder PowerPoint-Dateien anspruchsvoller werden (z.B. durch integrierte Grafiken, Skripte oder Makros). Gelegentlich sind Programmabstürze das Ergebnis des Versuchs, eine Datei zu öffnen.

Unbefriedigende Filter

Zusammenfassend kann man über das GNOME Office festhalten, dass es viele interessante Ansätze und vor allem schlanke Werkzeuge bietet, die Basisfunktionen erfüllen, aber auch nicht mehr. Als Schwächen muss man allerdings die nicht immer problemlosen Installationen, lückenhafte Dokumentation und vor allem die verbesserungsbedürftigen Im- und Exportfilter für Dateien anderer kommerzieller Office-Produkte nennen. Stellenweise ist noch viel Entdeckergeist von seiten des Anwenders gefordert, um die Applikation ins Laufen zu bringen.

3 KOffice

Gute Integration

Einen aufgeräumteren Eindruck als das GNOME Office hinterlässt KOffice (www.koffice.org), das Office-Projekt der KDE-Entwickler. Die Integration der einzelnen Bestandteile ist hier offensichtlicher und weiter vorangeschritten. Beispielsweise können Objekte einer Applikation (z.B. Grafiken, Tabellen) in ein Objekt einer anderen Applikation übernommen werden ähnlich dem OLE-Prinzip der Microsoft-Produkte. KOffice unterliegt in weiten Teilen der GNU Public License und wird ständig weiter entwickelt. Aktuell ist z.Zt. die Version 1.0 (Stand April 2001), 1.1 befindet sich momentan in einer Beta-Phase mit Code-Freeze, d.h., lediglich gemeldete Bugs werden noch behoben. Zu KOffice zählen zum aktuellen Zeitpunkt folgende Applikationen:

- KWord (Textverarbeitung)
- KSpread (Tabellenkalkulation)
- KPresenter (Präsentation)
- Kivio (Flussdiagramm-Editor)
- KIllustrator (Vektorgrafiken)
- Krayon (Bildbearbeitung, pixel-basiert)

Weitere Applikationen stecken z.Zt. noch in der Entwicklungsphase.

Die Installation der einzelnen Komponenten erfolgt hier reibungsloser als bei GNOME Office. Zum einen werden sie schon bei Distributionen (z.B. SuSE. 7.1) mitgeliefert und können einfach zur Installation ausgewählt werden. Dabei werden auch gleichzeitig die Einträge im Startmenü zum Aufruf eingebaut. Zum anderen werden RPM-Dateien zum Download angeboten, die qualitativ gut sind und eine problemlose Installation ermöglichen. Eine Besonderheit weist KWord auf, das frame-basiert arbeitet und sich somit auch in beschränktem Umfang für Desktop-Publishing-Aufgaben eignet ähnlich Adobes FrameMaker. Erfreulicherweise werden Einsteiger beim Erstellen von Dokumenten, Tabellen usw. durch Assistenten unterstützt. Die Applikationen laufen stabil und unterstützen auch unterschiedliche Sprachversionen. Lediglich die Dokumentation ist durchgängig nur in Englisch verfügbar.

Schwächen bei Im- und Export

Aber auch im KOffice ist noch nicht alles perfekt. Die Im- und Exportfilter weisen auch im momentanen Stadium hier noch Schwächen auf. Beispielsweise werden von KWord nur ASCII- und einfache Word-97-Dateien importiert. Ähnlich verhält es sich bei KSpread, das mit CSV-Files problemlos zurechtkommt und einfache Excel-97-Files importieren kann. Beim Öffnen komplexerer Dateien (z.B. mehrere

Tabellenblätter) kann es zu Abstürzen der jeweiligen Applikation kommen. Exporte werden generell noch schlechter unterstützt als Importe.

Abb. 2
Tabellenkalkulation KSpread

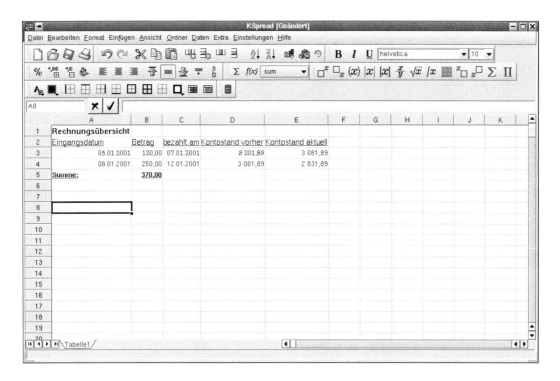

Alles in allem befindet sich KOffice auf einem guten Weg, eine erfolgreiche, integrierte Office-Suite zu werden. Die Schwächen der Filter sind erkannt und die Behebung ist in Bearbeitung. Für die Erstellung von Texten, Tabellen, Grafiken und die Einbettung von Objekten in Objekte anderer Applikationen eignet sich KOffice bereits heute. Wer allerdings auf Datenaustausch mit Microsoft-Anwendungen angewiesen ist, wird mit KOffice zum derzeitigen Zeitpunkt noch nicht glücklich werden.

4 Applixware 5.0

Zu Beginn des Jahres war die Zukunft dieses Office-Paketes noch ungewiss angesichts der Situation der Fa. VistaSource (www.vistasource.com). Anfang April kam dann die Nachricht, dass eine Investorengruppe sich VistaSource und seiner Produkte annehmen werde.

»Anyware Desktop«

Damit scheint die Zukunft zunächst gesichert. Angesichts der Qualität dieses Produktes wäre ein anderer Ausgang auch bedauernswert gewesen, wobei der Name laut einer Pressemeldung demnächst »Anyware Desktop« lauten soll.

Die Installation von Applixware 5.0 verläuft problemlos, wenn man zuvor die Dokumentation des CD-ROM-Booklets studiert hat. Ein automatisches Anlegen von Start-Icons findet nicht statt. Nach dem Start von Applix findet der Anwender, ähnlich der Microsoft Shortcut-Leiste, eine Leiste mit den Start-Icons der einzelnen Applikationen auf seinem Desktop.

Abb. 3
Startleiste von Applixware 5.0

Applixware 5.0 umfasst folgende Anwendungen:

- Words   (Textverarbeitung)
- Spreadsheets   (Tabellenkalkulation)
- Presents   (Präsentation)
- Graphics   (Grafikbearbeitung)
- Data   (Datenbank-Frontend)
- Mail   (E-Mail-Client)
- HTML-Author   (Web-Editor)
- Builder   (Entwicklungsumgebung)

Mit ca. 200 MByte benötigtem Plattenplatz und mind. 32 MByte RAM (empfohlen 64 MByte) zeigt sich dieses kommerzielle Office-Paket im Hardware-Anspruch moderat. Neben der englischen Version kann bei der Installation auch eine deutsche Fassung ausgewählt werden. Das beiliegende Handbuch ist ebenfalls in Deutsch verfasst und bietet einen guten Überblick über die Leistungsfähigkeit der einzelnen Module. Einsteiger bekommen hier leicht verständlich die ersten Schritte in Applixware erklärt. Über die Online-Dokumentation lässt sich leider nur die Aussage treffen, dass sie sich für diesen Vergleich nicht installieren ließ.

Verständliche Oberflächen

Die Oberflächen der einzelnen Applikationen erscheinen leicht verständlich. Das Präsentationsprogramm Presents bietet sogar einen Assistenten zum Erstellen einer Präsentation, sei es eine Bildschirm- oder Folienpräsentation, an. Hierbei kann unter verschiedenen Vorlagen und Themen gewählt werden. Leider bietet Presents keinen

Importfilter für PowerPoint-Präsentationen an. Words und Spreadsheets hingegen bieten sogar recht gute Importfilter für die Microsoft-Pendants an. Auch Dateien anderer Office-Anbieter aus dem Windows-Umfeld können gelesen und gespeichert werden (z.B. Lotus). Texte und Tabellen, auch mehrere Tabellenblätter in einer Datei, werden sogar in den korrekten Formatierungen angezeigt, nur bei integrierten Makros müssen beide die Flügel strecken. Trotzdem überwiegt hier der positive Gesamteindruck.

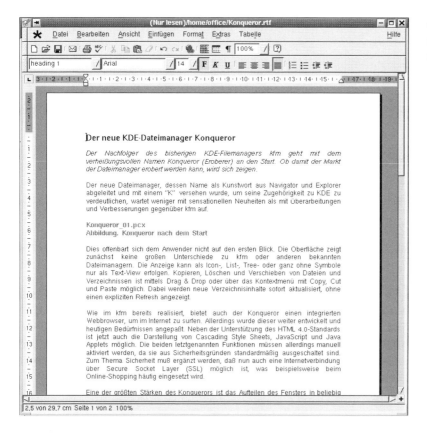

Abb. 4
Die Textverarbeitung Words von Applixware

Bei Data handelt es sich um ein grafisches Frontend für Oracle-, Informix-, SyBase-, MySQL- oder andere verfügbare Datenbanksysteme, für die ein entsprechender ODBC-Treiber angeboten wird. Die angezeigten Daten können in Berichte, die in Spreadsheets oder Words erstellt sind, integriert und dort auch grafisch dargestellt werden. Mit Graphics können Grafiken unterschiedlicher Formate im- und exportiert werden. Ca. 30 Filter werden hier angeboten. Builder bietet dem versierten Applixware-Benutzer die Möglichkeit, eigene objektorientierte Applikationen zu erstellen, die den Funktionsumfang erweitern. Builder ist nicht zu verwechseln mit ELF, einer integrierten Makrosprache für dieses Office-Paket. Mit dem HTML-Author kann man sicherlich nicht Web-Seiten der Spitzenklasse erstellen, aber für einen Anwender, der Informationen aus einer Spreadsheets-Tabelle auf einem Web-Server für andere Benutzer zur Verfügung stellen soll, reicht dieses Werkzeug völlig aus.

Zusammenfassend kann man Applixware 5.0 eine gute Beurteilung ausstellen. Die Anwendung läuft stabil, benötigt nicht unmäßig viel Hardware, ist leicht bedienbar und liefert mit Data, Mail und HTML-Author zusätzliche Applikationen, die das Paket vollständig erscheinen lassen. Grundlegende Bürotätigkeiten lassen sich mit Applixware 5.0 problemlos abwickeln. Die erforderliche Austauschmöglichkeit mit Daten anderer Office-Applikationen ist grundlegend gegeben, könnte aber noch besser sein. Der Einsteiger erhält mit der mitgelieferten, rund 400-seitigen Dokumentation einen leicht verständlichen Leitfaden für den Umgang mit den einzelnen Werkzeugen, wobei der Schwerpunkt auf der Textverarbeitung Words liegt. Fortgeschrittene Anwender und Profis haben die Möglichkeit, mit ELF und Builder sich ihre eigenen Applikationen zu erstellen.

Mit einem Preis von ca. 130 DM für die Vollversion ist das Preis/Leistungs-Verhältnis mehr als nur positiv zu beurteilen.

5 WordPerfect Office 2000

In Zukunft nur noch Englisch

Auch bei Corel Inc. (www.corel.com) gab es zu Beginn des Jahres eine Neuigkeit, die die Zukunft des Office-Paketes WordPerfect Office 2000 angeht. Aufgrund der finanziellen Schwierigkeiten will sich die Corel Inc. in Zukunft wieder mehr auf sein Kerngeschäft Grafikprogramme konzentrieren. Im Zuge dieser Neuorientierung oder Rückbesinnung wird das angebotene Office-Paket in zukünftigen Versionen nur noch in Englisch verfügbar sein. Die integrierte Rechtschreibprüfung wird zwar weiterhin mehrere Sprachen unterstützen, aber die Oberfläche und die Dokumentation bleiben in englischer Sprache. Mit der Version Office 2002 soll dies erstmals umgesetzt werden.

Die diesem Vergleich zugrunde liegende Version Office 2000 ist noch in Deutsch. Dies betrifft sowohl die Oberflächen als auch die sehr gute Online-Dokumentation im HTML-Format. Zusätzlich erhält der Anwender noch ein ca. 400 Seiten starkes Handbuch, das die ersten Schritte beschreibt. Corels WordPerfect Office 2000 für Linux beinhaltet folgende Applikationen:

- WordPerfect 9 (Textverarbeitungsprogramm)
- Quattro Pro 9 (Tabellenkalkulation)
- Corel Presentations 9 (Präsentation)
- Paradox 9 (Datenbankprogramm)
- CorelCENTRAL 9 (Persönliche Informationsverwaltung)

Die Installation des Pakets von den zwei mitgelieferten CDs verläuft problemlos. Rund 450 MByte Plattenplatz werden bei einer Vollinstallation mit allen Fonts und Grafiken benötigt. Damit belegt es einen der vorderen Plätze. Im laufenden Betrieb kommt WordPerfect Office 2000 mit 64 MByte RAM (empfohlen, mind. 32 MByte) aus. Der Start der einzelnen Applikationen wirft unter SuSE Linux allerdings Probleme auf. Der im Rahmen der Installation mitgelieferte FontTastic-Schriftarten-Server integriert sich nicht in den SuSE-typischen Verzeichnisbaum und auch nicht in die Boot-Struktur des Betriebssystems. In den Start-Skripten von Quattro Pro und Co. wird geprüft, ob dieser Server verfügbar ist. Obwohl er gestartet ist, können die Office-Programme nicht darauf zugreifen. Hier ist vom Anwender bzw. Administrator Handarbeit an den Skripten und/oder Verzeichnissen oder der Wechsel auf eine andere Linux-Distribution gefordert. Ansonsten können die Anwendungen nicht gestartet werden.

Wenn diese Hürde vom Benutzer genommen ist, präsentiert sich ein professionelles Office-Paket, das sich hinter dem Microsoft-Produkt nicht zu verstecken braucht. Der Funktionsumfang der einzelnen Module kann sich mit dem Windows-Pendant durchaus messen. Dass das WordPerfect Office seinen Ursprung in der Windows-Welt hat, kann es auch in der Linux-Version nicht verleugnen. Eine vollständige Portierung wurde nämlich nicht durchgeführt. Vielmehr wurde durch den Einsatz des Windows-Emulators Wine dem Corel-Produkt auf dem Open-Source-Betriebssystem das Laufen beigebracht. Dem Anwender fällt das eigentlich nur beim Speichern der einzelnen Dateien auf, wenn sein Heimatverzeichnis plötzlich den Laufwerksbuchstaben »D:« in der Verzeichnisauswahl zugewiesen bekommt (siehe Abb. 5).

MS Office ebenbürtig

Auch in Corels Office-Paket erleichtern Assistenten und nach Themen sortierte Vorlagen das Erstellen von Präsentationen, Datenbanken und Tabellen. Der Datenaustausch mit Microsoft-Dateien ist bei diesem Produkt durch gute Import- und Exportfilter ansprechend gelöst. Die Dateien erscheinen in ihrer jeweiligen Applikation beinahe identisch. Einige Formatierungen, Grafiken und komplexere Makros werden zwar auch hier nicht übernommen, aber im Vergleich zu den anderen zuvor beschriebenen Produkten bietet Corels Office-Paket noch

Gute Im- und Exportfilter

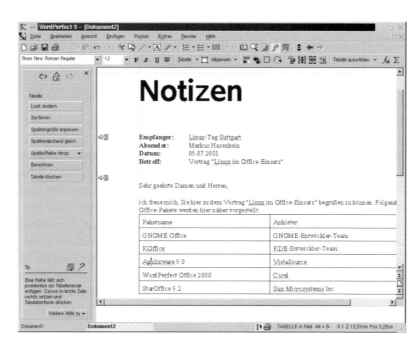

Abb. 5
Die Oberfläche von WordPerfect 9 mit einer geöffneten Vorlage

einen guten Kompromiss. Objekte, die beim Öffnen nicht erkannt werden, werden in einem gesonderten Fenster aufgelistet.

Neben dem bereits erwähnten Textverarbeitungsprogramm WordPerfect 9 und dem Präsentationsprogramm Presentations 9 (siehe Abb. 6) gehören weiterhin noch das Tabellenkalkulationsprogramm Quattro Pro 9 und die Datenbankanwendung Paradox 9 zum Umfang des Office-Pakets. Paradox 9 ist durchaus mit MS Access zu vergleichen. Der Aufbau einer Datenbank mit den einzelnen Tabellen und deren Relationen untereinander erfolgt über Assistenten oder intuitiv bedienbare Dialoge und grafische Oberflächen, so dass auch hier Ungeübte schnell ansprechende Ergebnisse liefern können. Stellenweise ist die Bedienung sogar verständlicher und übersichtlicher gelöst als bei Microsoft Access. Dessen Dateien können nicht direkt importiert werden. Hier muss der Umweg über den Export aus Access beispielsweise in eine DBF- oder XLS-Datei erfolgen, die auch von Paradox 9 eingelesen werden kann. Mit Paradox 9 ist Corels Office-Lösung, das einzige Paket, das eine eigene integrierte Desktop-Datenbank bietet. Zusätzlich beinhaltet diese Office-Suite noch den persönlichen Informationsmanager CorelCENTRAL 9, mit dem Termine, Adressen und Kontakte gepflegt werden können. Allerdings besteht keine Verbindung in das Internet, so dass für den E-Mail-Versand ein anderer Client verwendet werden muss.

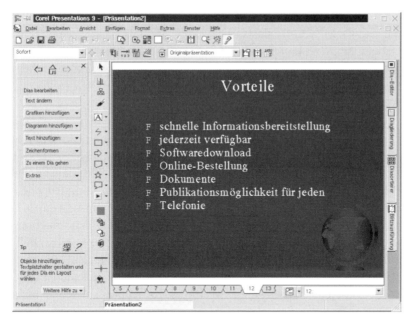

Abb. 6
Beispiel für den Import einer PowerPoint-Präsentation in Presentations 9

Alles in allem hinterlässt Corel WordPerfect Office 2000 einen positiven Eindruck. Die Im- und Exportfilter und die Bedienung gehören zum Besseren, was die Mitbewerber betrifft, und die Applikation erfreut mit kurzen Antwortzeiten. Leider wird es zukünftig keine unterschiedlichen Sprachversionen mehr geben und die komplizierte Inbetriebnahme dank unsauberer Aufruf-Skripte trüben den Gesamteindruck. Dem Office-Paket liegt zwar eine Corel-Linux-Distribution bei, aber die Zukunft dieser Distribution ist mehr als ungewiss und eine Umstellung lässt sich nicht immer reibungslos realisieren. Hinzu kommen noch zwei weitere Punkte: Mit dem großen Plattenplatzbedarf geht der teuerste Preis aller Office-Pakete einher. Rund 350 DM sind für die Lizenz zu bezahlen.

6 StarOffice 5.2

Günstiger ist das StarOffice-Paket der Sun Microsystems Inc. (www.sun.com). Es ist kostenlos. Wenn man es sich nicht aus dem Internet herunter lädt, sondern in Form einer CD-ROM beschafft, müssen rund DM 80 entrichtet werden. Oftmals liegt es aber schon den Linux-Distributionen bei (z.B. SuSE). Auch StarOffice wird in unterschiedlichen Sprachversionen angeboten. Hierzu muss zu dem Basispaket, das ca. 59 MByte groß ist, noch ein entsprechendes Sprachenpaket installiert werden, das eine Größe von ca. 31 MByte aufweist. Hinzu kommt das benötigte Paket des Java Development Kits mit ca. 18 MByte, da das Office-Paket auf Java basiert. Alle RPM-Dateien liegen in komprimierter Form vor. Die lokale Vollinstallation breitet sich letztendlich auf einer Fläche von über 320 MByte auf der Festplatte des Anwenders aus. Alternativ erlaubt StarOffice auch eine Netzinstallation, auf die alle Anwender zugreifen können.

Adabas D Eine eigene Desktop-Datenbank wie beispielsweise Corel mit Paradox 9 bietet das Produkt der früheren Hamburger StarDivision nicht. Hier baut der jetzige Eigentümer Sun Microsystems Inc. auf eine Kooperation mit der Software AG, die eine Personal Edition der Datenbank Adabas D für StarOffice anbietet. Dann kommen nochmals, Dokumentation eingeschlossen, ca. 220 MByte hinzu. Adabas D ist durch den Zugriff von lediglich drei Benutzern und einer maximalen Größe von 25 MByte eingeschränkt. Eine kostenlose kommerzielle Nutzung ist untersagt. Für diesen Zweck muss eine Lizenz erworben werden. Allerdings ist auch der Zugriff auf andere Datenbanken möglich, für die ein ODBC-Treiber verfügbar ist. Man ist also hier nicht zwingend auf das Produkt der Software AG angewiesen. Alternativ kann auf dBase-Files oder Textdateien zugegriffen werden.

Nach dem leider ziemlich langsamen Start präsentiert sich die Oberfläche von StarOffice in einem für User anderer Office-Pakete ungewöhnlichen Design.

Abb. 7
Startfenster von StarOffice 5.2

Hier werden nicht die einzelnen Applikationen zum Aufruf als Icons angeboten, sondern der Anwender erhält eine Übersicht über die einzelnen Objekte, die mit StarOffice erstellt werden können (z.B. *Neuer Text*, *Neue Tabelle*). Hinter den jeweiligen Icons verbergen sich folgende Applikationen:

- StarWriter   (Textverarbeitung)
- StarCalc   (Tabellenkalkulation)
- StarImpress   (Präsentation)
- StarDraw   (Grafikbearbeitung)
- StarSchedule   (Persönlicher Informationsmanager)

Durch dieses Design wird aber ein schneller Aufruf der einzelnen Applikationen möglich, da man im Menü unter dem Eintrag *Neu* jeweils die anderen Anwendungen angeboten bekommt. Allerdings erscheinen auch hier nicht die Namen der Module, sondern die Arten der Objekte, die erstellt werden können (z.B. Tabelle, Datenbank).

Sehr gute Exportfilter

Für Neulinge beinhaltet auch das StarOffice zahlreiche Assistenten und Vorlagen, die den Einstieg erleichtern. Neben den eigenen Formaten von Text-, Spreadsheet- und Präsentationsdateien können die Arbeiten auch in den Formaten anderer Anbietern von Office-Lösungen abgespeichert werden. Sehr gute Exportfilter ermöglichen dies. Auch der umgekehrte Weg funktioniert bei diesem Produkt von allen Mitbewerbern im Linux-Sektor am besten. Im Test gab es lediglich Probleme bei der Darstellung einiger Fonts in StarImpress, die nicht dem Original entsprachen. Dafür konnte dieses Werkzeug aber als einziger der hier vorgestellten Mitbewerber sogar die Animationen einer Power-Point-Präsentation korrekt darstellen.

Geschriebene Texte oder Tabellen lassen sich auch als HTML abspeichern. Leider kommt hier der nicht mehr aktuelle Standard HTML 3.2 zum Einsatz. Selbstverständlich können aber auch HTML-Dateien direkt erstellt werden. Der eingebaute Web-Editor stellt diesen Service zur Verfügung und bietet auch noch obendrein Unterstützung durch zahlreiche Mustervorlagen, die nur entsprechend angepasst werden müssen. Markierungen im HTML-Code weisen den Benutzer auf die Stellen hin, an denen noch Handlungsbedarf besteht.

Texte als HTML abspeichern

In der Linux-Version ist kein Webbrowser integriert. Nach Aussagen von Sun Microsystems Inc. bietet der Netscape Navigator nicht die benötigten Funktionen dazu. Die Internet-Anbindung des StarOffice-Paketes beschränkt sich unter Linux daher auf das Versenden und Empfangen von E-Mails. Der persönliche Informationsmanager Star-

Schedule ermöglicht das Verwalten von Kontaktadressen, Terminen und Aufgaben. Laut Dokumentation soll auch ein Datenaustausch mit einigen Palm-Geräten möglich sein.

Abschließend lässt sich festhalten, dass das StarOffice die beste und umfassendste Lösung im Linux-Bereich bietet. Die besten Import- und Exportfilter im Vergleich, die sehr einfache Installation, die sehr gute Dokumentation, der angebotene Funktionsumfang und der günstige Preis sprechen eindeutig für das Produkt. Lediglich der langsame Start und der immense Plattenplatzbedarf werfen einen Schatten auf die Stärken des Office-Pakets. Hier muss auf ausreichend groß dimensionierte Rechner geachtet werden. Auch der Datenaustausch mit Microsoft Access-Dateien gestaltet sich aufwendig. Wer darauf angewiesen ist, muss diese Daten über andere Formate erhalten und entsprechend in die angelegte Datenbank importieren.

7 Fazit

Alle Office-Angebote für Linux bieten grundlegende Funktionen, die an die jeweiligen Applikationen geknüpft sind. Alle laufen bis auf wenige Ausnahmen stabil und ausnahmslos alle haben Probleme mit Microsoft-Dateien, die VB-Scripts enthalten. Sie unterscheiden sich in erster Linie vom Prcis einmal abgesehen in Installationsaufwand, Funktionsumfang, Nutzungskomfort und der Qualität der Im- und Exportfilter.

GNOME Office

Das GNOME Office bietet viele, schlanke Tools, die aber mehr oder weniger unabhängig voneinander arbeiten und oftmals gerade einmal die erste Entwicklungsstufe hinter sich gelassen haben. Für den Heimanwender, der beispielsweise gelegentlich einen Brief schreiben will, reicht das Angebot vollkommen aus. Mit The GIMP befindet sich ein ausgesprochen leistungsfähiges Tool zur Grafikbearbeitung in den Reihen der GNOME-Office-Programme. Mit dem OpenOffice-Projekt, initiiert durch Sun Microsystems Inc. und die Freigabe der Source Codes des StarOffice, befindet sich noch ein leistungsfähiges Produkt im Lauerstellung. Die Zukunft wird zeigen, was daraus wird.

KOffice

KOffice bietet für sein »junges Alter« bereits sehr viel und die Entwickler sind auf dem richtigen Weg. Die Schwächen sind erkannt und stehen zur Behebung an. Für einen momentanen Einsatz des KOffice als Firmenlösung ist es allerdings noch zu früh. Der relativ anspruchslose Heimanwender kann mit den gebotenen Funktionen allerdings schon auskommen.

Die Zukunft von Applixware scheint zunächst gesichert. Man muss abwarten, wie ernst es die neue Investorengruppe Parallax mit der Produktpflege und Weiterentwicklung meint. Die zur Zeit angebotene Version läuft stabil, ist günstig und weist als besonderes Highlight eine eigene proprietäre Entwicklungsumgebung auf, mit der sich eigene Applikationen oder Zusatzfunktionen ergänzen lassen. Applixware dürfte für kleinere Unternehmen schon interessant sein.

Applixware

Das WordPerfectOffice 2000 von Corel Inc. geht auch einer ungewissen Zukunft entgegen. Die erste Entschlackungskur in Form der einzig angebotenen englischen Sprachversion steht mit der neuen Version 2002 schon ins Haus. Corels Absichten, sich wieder mehr auf das Grafikgeschäft zu konzentrieren, und der bescheidene Erfolg der eigenen Linux-Distribution fördern die positiven Prognosen nicht gerade. Mit der Verwendung des Windows-Emulators Wine hat sich Corel auch nicht die Arbeit einer aufwendigen Portierung auf Linux gemacht. Auch hier bleibt abzuwarten, inwiefern dieses ansonsten gute Produkt von Corel weiter gehegt und gepflegt wird.

WordPerfectOffice 2000

StarOffice bietet zum momentanen Zeitpunkt fast alles, was von einer Office-Applikation erwartet wird. Die einzelnen Module sind leistungsfähig, der Austausch mit Microsoft-Daten funktioniert hier am besten, wenn auch nicht fehlerlos und die Internet-Integration ist beinahe vollständig. Der fehlende Webbrowser dürfte nur wenigen wirklichen Schmerz bereiten. Dazu ist das Angebot an Alternativen unter Linux zu zahlreich. Erfreulich ist auch der günstige Preis, lediglich der anspruchsvolle Hardware-Bedarf trübt den äußerst positiven Gesamteindruck ein wenig.

StarOffice

Unternehmen, die sich ernsthaft mit dem Thema »Linux im Oficeinsatz« und einer Migration oder eventuell einem Neuaufbau der IT-Struktur auseinander setzen, sollten auf StarOffice ihr Augenmerk richten.

Bekannt und bewährt: Samba als Intranet-Server

Volker Lendecke
Service Network GmbH, Göttingen
vl@SerNet.de
www.SerNet.de

Abstract

In den letzten Jahren hat sich Samba mehr und mehr als zuverlässige Alternative im PC-Serverbereich etabliert. Dieser Beitrag beleuchtet den existierenden Samba-Markt im Hinblick auf erfolgreiche Installationen, Support- und Schulungsinfrastruktur. Stärken und Schwächen von Samba werden im Vergleich mit den Systemen NT und Novell dargestellt. Außerdem werden die Neuerungen der bevorstehenden Version 2.2 werden gezeigt, in der viele Beschränkungen wegfallen, die bisher den Einsatz von Samba verhindert haben.

1 Samba als zuverlässige Alternative

Mit Samba wird der File- und Printserver wirklich herstellerunabhängig. Denn man ist weder auf den Hardware- oder den Betriebssystemhersteller festgelegt, noch muss man sich im Support-Bereich an einzelne Anbieter binden.

Der mit einem Umstieg von existierenden Systemen anfallende Aufwand amortisiert sich in kurzer Zeit, denn mit Samba bekommen Sie eine viel größere Freiheit, Systeme flexibel einzusetzen. Durchgeführte Projekte zeigen, dass die eigentliche Migration zu Samba der geringste Teil des Umstiegs ist. Samba mit seinem Basissystem Unix unterscheidet sich in einigen Bereichen von NT und Novell. Dies führt teilweise dazu, dass Eigenschaften existierender Systeme nicht ohne Änderungen in die neue Systemlandschaft übernommen werden können. Andererseits erleichtert Samba mit seiner hohen Flexibilität und Skalierbarkeit die für den Benutzer völlig unbemerkte Konsolidierung von Servern auf einer einzigen Maschine.

Der Umstieg auf Samba ist lohnend

Samba eröffnet aufgrund seiner übersichtlichen Konfiguration erheblich bessere Möglichkeiten der Dokumentation und Sicherung von Servern, als dies alternative Systeme tun. Praxisbeispiele zeigen, wie damit der Betreuungsaufwand deutlich gesenkt werden kann.

Version 2.2 Mit der bevorstehenden Version 2.2 wird der Samba-Server erheblich mehr Funktionen von NT übernehmen können als bisher. Viele Einschränkungen, die bisher den Einsatz von Samba verhindert haben, fallen mit der neuen Version weg. Dazu gehören teilweise starke Vereinfachungen in der Administration, wenn Samba in eine existierende Domänenstruktur eingebunden werden soll. Ein entsprechend konfigurierter Linux-Rechner mit Samba 2.2 kann als wartungsfreie Appliance-Box in eine Domäne aufgenommen und praktisch vollständig mit Windows-Bordmitteln administriert werden.

2 Das Samba-Team

Es gibt für die freie Software Samba keinen zentralen Hersteller, sondern nur eine große Anzahl von Freiwilligen, die für Samba programmieren.

Andrew Tridgell Andrew Tridgell ist der ursprüngliche Autor von Samba. Er hat 1991 mit einem Projekt begonnen, einen Digital Pathworks Server so zu emulieren, dass die normalen Pathwork-Clients-Dateien nicht nur von VMS, sondern auch von einer SUN beziehen konnten. Dies hat er ohne das Wissen getan, dass Dinge wie NetBIOS und das SMB-Protokoll und Firmen wie IBM und Micrsoft hinter dieser Entwicklung stehen. Nach einigen Jahren fanden sich weitere Programmierer, die das Projekt interessant fanden, und Andrew hat diese zu einem Samba-Team zusammengefasst.

Die Entwicklung von Samba ist heute weit über das Stadium von einigen freiwilligen Entwicklern hinausgewachsen, es gibt mittlerweile viele Team-Mitglieder, die bei Firmen für die Samba-Entwicklung angestellt sind, hierunter beispielsweise Jeremy Allison, der für die Firma VA-Linux arbeitet, und dort Samba für Kundenprojekte erweitert und anpasst.

Weltweite Entwicklung und Fehlersuche Ein großer Teil der Entwicklung und insbesondere der Fehlersuche wird jedoch weiterhin wie bei den meisten freien Softwareprojekten von der weltweiten Fangemeinde geleistet. Dadurch, dass der vollständige Entwicklercode ständig jedem Interessierten zur Verfügung steht, können Fehler häufig direkt bei ihrem Auftauchen im Entwicklercode behoben werden.

Samba als etabliertes Projekt leidet jedoch inzwischen unter seiner eigenen Größe, man muss sich einige Zeit damit auseinander setzen, um relevante Entwicklung betreiben zu können. Außerdem sind an vielen Stellen sehr tief liegende Kenntnisse von Windows notwendig, um Probleme analysieren und lösen zu können. Menschen mit so detailreichem Wissen sind sehr rar, und da Samba obendrein sehr gute Unix-Kenntnisse verlangt, ist die Zahl der Hauptentwickler sehr klein. Die Entscheidungen über Designfragen werden wie in den Anfangstagen des Projekts heute von Andrew Tridgell und Jeremy Allison getroffen.

Nur wenig Hauptentwickler

3 Support

Es gibt für Samba, wie gesagt, keinen Hersteller, und auch die jeweiligen Arbeitgeber der Team-Mitglieder können keinen Einfluss auf die Entwicklung ausüben, wie Hersteller von proprietärer Software es tun.

Daher gibt es kein Support-Konzept für Samba, wie es beispielsweise Microsoft mit seinen verschiedenen Partnerkonzepten publiziert. Auch gibt es keine Zertifizierung von Samba-Administratoren.

Keine Zertifizierung

Samba-Support ist jedoch trotzdem sehr einfach verfügbar. Auf den Samba-Webseiten gibt es eine Liste von Firmen, die kommerziellen Support zu Samba anbieten. In diese Liste kann jede Firma aufgenommen werden. Das Samba-Team kann und will die Qualität des Supports nicht überprüfen, diese Aufgabe muss der Markt übernehmen. Die Support-Liste ist nach Ländern sortiert und umfasst für Deutschland momentan (April 2001) 14 Firmen, in den USA etwa 50 Firmen. Sogar in Ländern wie Rumänien kann man Samba-Support bekommen.

Firmen bieten Samba-Support

4 Schulungen

Will man in Deutschland Schulungen zu Samba besuchen, existieren zwei zwei große Anbieter: SuSE und IBM. Beide haben Samba-Schulungen im Programm, die sich auf Samba unter Linux beziehen. Der Linux-spezifische Teil beschränkt sich in den Schulungen jedoch in der Regel auf die Art und Weise, wie Samba zu starten ist und wo sich bestimmte Konfigurations- und Protokolldateien befinden.

SuSE und IBM

Der Rest der Schulung ist ohne Änderung auf Samba unter anderen Unix-Systemen anwendbar, so dass es keiner speziellen Schulungen etwa für Samba auf Solaris bedarf.

Die eigentliche Sambaschulung besteht darüber hinaus zum größten Teil aus einer allgemeinen Einführung in Windows-Networking. Wie sich Samba in die Infrastruktur einpasst, ergibt sich dann häufig mit einer oder zwei Optionen in der Konfigurationsdatei. Wenn Administratoren mit Samba größere Probleme als mit Windows haben, dann liegt das recht häufig daran, dass unter Windows sehr viele Mechanismen existieren, die Fehlkonfigurationen tolerieren und eine weniger optimale Lösung verwenden. Von diesen Mechanismen existieren bei Samba deutlich weniger, so dass Fehler einfach schneller sichtbar werden und sich nicht in schlechter Performance oder einem instabilen Netz äußern. Die Erfahrung in Kundenprojekten zeigt, dass eine durch Samba teilweise erzwungene saubere Konfiguration des Netzes auch zu einer höheren Stabilität der beteiligten Windows-Rechner führen kann.

5 Kosten eines Servers

5.1 Lizenzkosten

Vergleich zw. NT und Unix

http://www.nt-vs-unix.de/ ist ein ständiges Projekt, das NT und Unix allgemein vergleicht. Dort findet man eine recht detaillierte Aufstellung der Lizenzkosten, die für die verschiedenen Systeme anfallen. Zieht man beim Einsatz von Samba ein freies Unix als Grundlage für die Datei- und Druckdienste heran, gibt es dafür keine Lizenzkosten. Sowohl Linux als auch die freien BSDs lassen sich auf beliebig vielen Rechnern ohne Lizenzkosten installieren. Das Gleiche gilt für Samba.

5.2 Hardwarekosten

Die Kosten für Hardware können beim Einsatz von Unix und Samba erheblich geringer ausfallen als beim Einsatz von NT. Die Grundanforderungen für ein laufendes Samba-System sind in der Regel außerordentlich gering. Der Verzicht auf ein server-basiertes GUI verringert die Hardwareanforderungen für einen Server ganz erheblich. Mit zunehmenden Anforderungen an den Server steigt natürlich auch dessen Ressourcenbedarf. Hier ist für einen Fileserver die I/O-Leistung selbstverständlich die bestimmende Größe. Als Richtschnur für Samba selbst kann man pro aktivem Client etwa 1 MByte an realem Hauptspeicher ansetzen. Mehr kommt natürlich dem Caching zugute, wobei Samba selbst darauf keinen Einfluss nimmt.

Personalkosten

Die Kosten eines Servers beschränken sich selbstverständlich nicht nur auf die Hardware- und Lizenzkosten. Der personelle Aufwand bei der Wartung einer Servers liegen normalerweise um ein Vielfaches höher als die direkten Anschaffungskosten. Hier kann Samba ganz erhebliche Vorteile gegenüber NT ausspielen, da es für den praktischen Einsatz sehr viel flexibler zu konfigurieren ist. Insbesondere die Fähigkeit, mehrere Samba-Instanzen auf einer Maschine laufen zu lassen, kann die Kosten für Hardware und sonstige Ressourcen senken.

Es ist sehr einfach möglich, Samba auf einer Maschine viele Identitäten gleichzeitig annehmen zu lassen. Entsprechend leistungsfähige Hardware vorausgesetzt, kann Samba einen wichtigen Anteil an einer Konsolidierung unterschiedlicher Server haben. Der Vorteil bei Samba ist die Transparenz für die Clients, die keine Änderung bemerken. Es müssen keine Laufwerks-Mappings umgesetzt werden, und die Freigaben sind weiterhin unter den altbekannten Namen sichtbar. Damit ist ein gleitender Übergang von einer Architektur vieler Server zu wenigen leistungsfähigeren Maschinen möglich.

5.3 Ein Beispiel

Als konkretes Beispiel sei hier eine existierende Konfiguration beschrieben: Vier Standorte sind über Wählleitungen vernetzt, jeder Standort hat seine eigene Arbeitsgruppe oder Domäne. Nun soll die Forderung realisiert werden, dass jeder Standort an allen drei anderen Standorten mit seiner Arbeitsgruppe in der Netzwerkumgebung sichtbar ist. Diese Konfiguration erfordert unter Windows NT in jedem Standort für jede Arbeitsgruppe einen eigenen Rechner, der sich in der Arbeitsgruppe befindet und den Computersuchdienst für die jeweilige Arbeitsgruppe übernimmt. Diese Rechner gleichen sich in regelmäßigen Abständen mit ihren Hauptsuchdiensten ab. Schon bei vier Standorten entstehen auf diese Weise Quasi-Standleitungen. Obendrein ist die Netzwerkumgebung über Subnetzgrenzen als nicht besonders stabil bekannt.

Vier Standorte mit jeweils eigener Domäne

Mit Samba ist es sehr einfach möglich, virtuelle Server unterschiedlichen Arbeitsgruppen zuzuordnen, so dass für jeden Standort ein Server für die beschriebene Aufgabe ausreicht. Das Problem der ständigen Einwahl beziehungsweise der Last auf der WAN-Strecke bleibt jedoch bei diesem Setup bestehen, man hat ausschließlich Hardware eingespart. In der Situation, dass die Arbeitsgruppen auf den jeweiligen Standort begrenzt sind, kann man sogar noch einen Schritt weiter gehen und die Modularität von Samba ausnutzen, so dass nur bei tatsächlichem Bedarf an Standort übergreifender Kommunikation diese auch stattfindet und nicht immer dann, wenn sich Suchdienst und Hauptsuchdienst abgleichen müssen. Abbildung 1 zeigt ein Bei-

Abb. 1
Mehrere Arbeitsgruppen auf einer Maschine

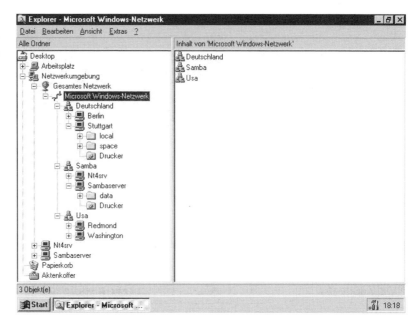

spiel für eine Umgebung mit mehr als einer Arbeitsgruppe, die auf einer einzigen Maschine aufgesetzt wurde. Der NT-Server wurde mit VMware realisiert, alle anderen SMB-Server sind Sambas auf einer Maschine.

5.4 Dokumentierbarkeit

Einen Server unter Windows NT vollständig zu dokumentieren ist nur mit sehr viel Handarbeit und unter Einsatz von vielen Bildschirmfotos möglich. Jedoch werden häufig nicht alle wesentlichen Aspekte in einem Bildschirmfoto erfasst.

Beispielsweise ist die Rechtevergabe für eine Freigabe in den Sicherheitseigenschaften der Freigabe dokumentiert. Wenn die Liste der Berechtigten länger wird, dann ist sie vollständig nur über mehrere Bildschirmfotos des gleichen Dialogs erhältlich, da der entsprechende Dialog nur eine begrenzte Anzahl von Zugriffskontrolleinträgen aufnehmen kann. Die Rechtestruktur auf einer Datei oder einem Verzeichnis ist noch viel komplizierter zu erhalten. Wenn man sich nicht auf die Standardrechtemasken wie beispielsweise Lese-, Schreib- oder Vollzugriff beschränkt, dann muss man für jeden Berechtigten unter Umständen ein eigenes Bildschirmfoto anfertigen, da die deutsche Anpassung des Bildschirmdialogs zu lang für die angezeigte Liste ist (Abb. 2).

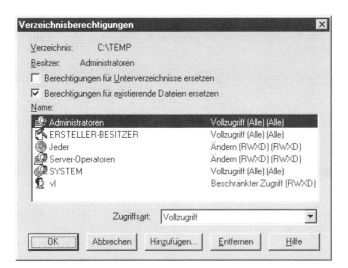

Abb. 2
Rechtestruktur
dokumentieren

Man kann sich die Rechtestruktur mit dem Utility cacls anzeigen lassen, aber damit bewegt man sich gleich wieder auf der Kommandozeile (Abb. 3).

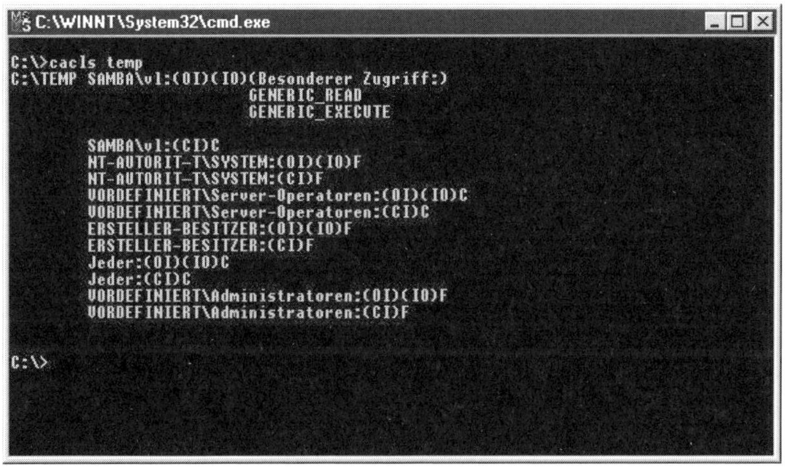

Abb. 3
Rechtestruktur mit cacls
anzeigen

Diese Form der Dokumentation ist schlicht nicht benutzbar.

Die gesamte Konfiguration von Samba befindet sich dagegen in einer einzigen Klartextdatei, jede Freigabe und alle Daten, die den Server als Ganzes betreffen, lassen sich sehr einfach ausdrucken und archivieren. Selbst solche Dinge wie der Security Identifier der Maschine, die Maschinenkennwörter oder die Benutzerdatenbank

*Samba-Konfiguration
in einer Klartextdatei*

liegen komplett offen. Dabei sind die sensiblen Daten selbstverständlich durch Zugriffsrechte so geschützt, dass nur der Administrator Zugriff darauf hat.

Der Administrator hat unter NT selbstverständlich den gleichen Zugriff auf alle relevanten Daten, nur sind diese häufig in teilweise sogar verschlüsselten Binärdateien versteckt. Das Programm pwdump zeigt jedoch, dass ein solches reines Verstecken einer wirklich ernsthaften Suche nicht lange standhält.

5.5 Duplizierbarkeit

Die Offenheit der Konfiguration von Samba ermöglicht es, viele Server mit gleicher oder ähnlicher Konfiguration sehr schnell aufzusetzen. Einen Windows-Server zu duplizieren ist machbar, jedoch nicht trivial. Teile der Konfiguration automatisiert auf eine weitere Maschine zu übertragen ist unmöglich. Mit Samba kann man sich darauf beschränken, die relevanten Definitionen aus der Konfigurationsdatei herauszukopieren und auf dem Duplikat einzufügen. Die Restaurierung von Konfigurationen ist in einem modularen Samba-Server erheblich einfacher als bei Windows NT, da nicht jeder Konfigurationsschritt in Handarbeit nachgeführt werden muss. Man kann sicher sein, dass die Konfiguration exakt identisch ist.

6 Samba in einer Windows-Arbeitsgruppe

Eine Windows-Arbeitsgruppe ist eine Ansammlung von Rechnern, die gemeinsam in der Netzwerkumgebung dargestellt werden. Damit erschöpft sich allerdings auch die Gemeinsamkeit der Rechner. Jeder Server in der Arbeitsgruppe arbeitet völlig unabhängig von allen anderen Rechnern. Insbesondere die Verwaltung der Server ist keinem gemeinsamen Konzept unterworfen.

Samba kann als Stand-alone-Server wie jeder andere Windows-Rechner an einer Arbeitsgruppe teilnehmen. Es ist sogar möglich, dass ein Rechner mit mehreren Samba-Instanzen unter unterschiedlichen Namen gleichzeitig in mehreren Arbeitsgruppen sichtbar ist. Es können für die verschiedenen virtuellen Server völlig unterschiedliche Konfigurationen vorgesehen werden, so dass eine Reduzierung der Anzahl der benötigen Rechner möglich wird.

7 Samba in einer Windows-Domäne

Das Konzept der Windows-Domäne wurde von Microsoft mit Windows NT eingeführt. Eine wesentliche Neuerung in Windows NT gegenüber älteren Microsoft-Systemen war die Einführung einer Benutzerdatenbank. Alle vorherigen Betriebssysteme von Microsoft kannten das Konzept eines Benutzers nicht oder nur sehr unvollständig. Unter Windows NT hat jeder Rechner seine eigene Benutzerdatenbank. Windows NT Server gleichen insofern NetWare-3-Servern. Windows NT Workstations verhalten sich genauso, jede Workstation hat ihre eigene Benutzerdatenbank. Eine Passwortänderung bezieht sich somit ausschließlich auf den Rechner, auf dem sie durchgeführt wurde.

Das Microsoft-Domänenkonzept

Der damit verbundene Verwaltungsaufwand wäre nicht tragbar. Daher hat Microsoft das Domänenkonzept entwickelt. Eine Domäne ist eine Arbeitsgruppe, in der es einen ausgezeichneten Rechner gibt: den Domänen-Controller. Dieser exportiert seine Benutzerdatenbank ins Netz, so dass diese von allen anderen Rechnern benutzt werden kann. Somit enthalten alle normalen Domänenmitglieder zwei Benutzerdatenbanken: Ihre eigene und die des PDC. Die lokale Anmeldung ist mit beiden Benutzern möglich. Namenskollisionen von Domänen- und lokalen Benutzern werden derart behandelt, dass jede Domäne ihre eindeutige Kennung hat und jede Angabe eines Benutzers immer die zugehörige Domäne beinhalten muss.

7.1 Samba als Domänen-Controller

Neu in Version 2.2

Samba ist seit der Version 2.2 in der Lage, für einen wichtigen Teilbereich des Domänenkonzepts von Microsoft die Rolle eines Domänen-Controllers zu übernehmen: Workstations unter Windows NT 4 und Windows 2000 können ihre Benutzer von einem Samba-Server beziehen. Damit ist es in vielen Fällen möglich, auf den Kauf von MS-Client-Access-Lizenzen zu verzichten, die mit einem echten Windows NT PDC notwendig wären. Der Support der PDC-Fähigkeiten geht mit Samba 2.2 jedoch noch nicht sehr weit über das Workstation-Login hinaus. Insbesondere kann Samba nicht an Vertrauensstellungen mit anderen Domänen teilnehmen. Für kleinere Installationen reicht das Ein-Domänenmodell jedoch völlig aus, da beliebig viele Server in eine solche Domäne aufgenommen werden können.

7.2 Samba als BDC

Samba beherrscht keine automatische Übernahme des Domänen-Controllers mit dem Microsoft-eigenen Domänen-Controller-Protokoll. Das heißt, es ist nicht möglich, Samba als BDC für einen Microsoft-

PDC einzusetzen oder umgekehrt. Auch bietet Samba keine eigenen Mechanismen für die automatische Übernahme oder Verteilung der Domänen-Controller-Dienste.

Für die Lastreduzierung auf Weitverkehrsstrecken ist dies eine deutliche Einschränkung. In der Praxis kann man sich jedoch mit Mehr-Domänenmodellen häufig behelfen. Dies ist insbesondere deswegen möglich, da die Fernwartung von Samba-Servern gegenüber Windows-Rechnern erheblich vereinfacht ist.

Soll der BDC jedoch hauptsächlich der Ausfallsicherheit dienen, wird eine Samba-eigene automatische Übernahme überhaupt nicht benötigt, da sich Samba sehr einfach in bestehende Hochverfügbarkeitsmechanismen einbindet. Die statische Konfiguration eines PDC besteht ausschließlich aus der Konfigurationsdatei. Der variable Zustand eines PDC ist nur die Passwortdatenbank smbpasswd. Diese Datei ist recht klein (pro Benutzer und pro Workstation etwa 100 Byte) und kann etwa mit dem Programm rsync minütlich zum Ausfallrechner repliziert werden. Die Übernahme des PDC besteht bei Ausfall des realen PDC nur in einem Start des entsprechenden Samba-Dämonen, der zudem als weitere Instanz auf einem Fileserver gestartet werden kann.

Der schlimmste Fehler, der bei einem solchen Szenario auftreten kann, ist, dass der Quasi-BDC die letzten Passwortänderungen nicht mitbekommen hat. Dies kann dazu führen, dass einzelne Workstations erneut in die Domäne aufgenommen werden müssen, da die wöchentliche Passwortänderung für den Workstationaccount nicht übertragen wurde. Dieses Risiko lässt sich aber durch ein häufiges Überprüfen des Zeitstempels der Datei smbpasswd auf ein akzeptables Mindestmaß reduzieren.

7.3 Samba als Mitglieds-Server

Seit Version 2.0 Seit der Version 2.0 von Samba ist es möglich, Samba als Mitglied einer NT-Domäne aufzunehmen. Damit müssen auf dem Samba-Server keine Benutzerpasswörter mehr gepflegt werden.

Die Einstellung »security = domain« ermöglicht die Überprüfung der Benutzerpasswörter durch einen Domänen-Controller. Damit lässt sich das größte Problem bei der Verwendung einer Arbeitsgruppe lösen: die doppelte Passwortverwaltung. Bei jeder Anmeldung an den Samba-Server werden der Benutzername und das Kennwort beim PDC oder einem BDC überprüft. Änderungen dieser Passwörter sind sofort auf dem Samba-Server wirksam. Damit endet jedoch die Funktionalität, die Samba als Domänenmitglied zur Verfügung stellt. Einige Hürden bleiben:

- Alle Benutzer müssen auf dem Samba-Rechner existieren. Mit Hilfe des Parameters 'add user script' lässt sich die Erzeugung der Benutzer zwar automatisieren, aber das ist in mehrfacher Hinsicht nur eine Teillösung. Sämtliche Benutzer müssen aus einer Standardvorlage gleich erzeugt werden. Insbesondere müssen die Gruppenmitgliedschaften manuell gepflegt werden.
- Die Zugriffskontrolle auf Freigaben kann nicht anhand von Gruppenmitgliedschaften in der Domäne vorgenommen werden. Sämtliche Gruppen müssen inklusive der Mitglieder auf dem Samba-Server nachgepflegt werden, oder in den Zugriffsregeln für Freigaben muss jeder Benutzer einzeln aufgeführt werden.
- Eine Namenskollision von zwei Benutzern in unterschiedlichen Domänen kann nicht sauber behandelt werden.

Für diese Probleme mit Samba als Domänenmitglied bietet Samba 2.2 eine Lösung, die eine völlig transparente Domänenmitgliedschaft von Linux in einer Samba-Domäne ermöglicht: Winbind, der im nächsten Abschnitt beschrieben wird.

8 Unix-Benutzerverwaltung

Im Vergleich mit Novell ist die Benutzerverwaltung unter Unix eher schlicht gehalten. Jeder Rechner hat seine eigene Benutzerdatenbank, und ohne Zusatzmechanismen muss jeder Rechner einzeln gepflegt werden.

Die bekannteste Erweiterung für eine netzwerkweite Benutzerdatenbank ist das Network Information System NIS von Sun. NIS ist ein Mechanismus, der es ermöglicht, die Benutzerdatenbank auf viele Rechner zu verteilen und ist in seinen Eigenschaften dem Domänenmodell von Microsoft sehr ähnlich, jedoch nicht kompatibel.

Zumindest unter Linux zeichnet sich eine Entwicklung ab, mit der die Benutzerverwaltung sehr weit skalieren kann: die *nsswitch-* und die *PAM*-Module.

Sämtliche Zugriffe auf die Unix-Benutzerdatenbank, die klassisch in den Dateien */etc/passwd*, */etc/shadow* und */etc/group* liegt, wird über dynamisch ladbare Bibliotheken abgehandelt, die erwähnten Module. Beispielsweise wird auf die NIS-Datenbank über solche Module zugegriffen, sogar der lokale Zugriff auf die Dateien in */etc* ist seit einigen Jahren unter Linux dynamisch konfiguriert.

Damit eröffnet sich sehr einfach die Möglichkeit, die Benutzer durch andere, skalierbarere Mechanismen zu verwalten.

postgres

- Mit *nss_pgsql* und *pam_pgsql* können die lokalen Benutzer in einer SQL-Datenbank unter Postgres gepflegt werden und sind direkt verfügbar. Die Adaptierung an andere Datenbanksysteme sollte keine große Hürde darstellen, sobald der Code vorliegt.

Novell Account Management

- Mit dem Novell Account Management für Linux können die Linux-Benutzer aus einer Novell-NDS bezogen werden. Zusammen mit der NDS für Linux ist dies eine extrem skalierbare Möglichkeit, Linux-Server in ein existierendes Netz aufzunehmen.

winbind

- Für eine Migration von NT-Servern in einer Domäne ist *winbind* wohl die direkteste Möglichkeit. Mit *winbind* wird die Benutzerdatenbank einer NT-Domäne direkt unter Linux verwendbar. Diese Möglichkeit entbindet den Administrator von dem Problem, auf einer Domäne angelegte Benutzer und Gruppen auf dem Linux-Rechner nachpflegen zu müssen.

9 Samba als NAS-Appliance

Network Attached Storage

Alle bisher beschriebenen Vorteile haben immer noch nicht dazu geführt, dass Samba sämtliche Windows NT Server dieser Welt verdrängt hat. Das mag daran liegen, dass viele Administratoren mit den existierenden Tools unter Windows vertrauter sind als mit dem Umgang mit der Kommandozeile. Für den Anwendungsbereich der Network Attached Storage Server bietet Samba mit der Version 2.2 die Alternative des vollständigen Administration über die bekannten Administrations-Tools von Windows.

Abb. 4
Freigabeeigenschaften

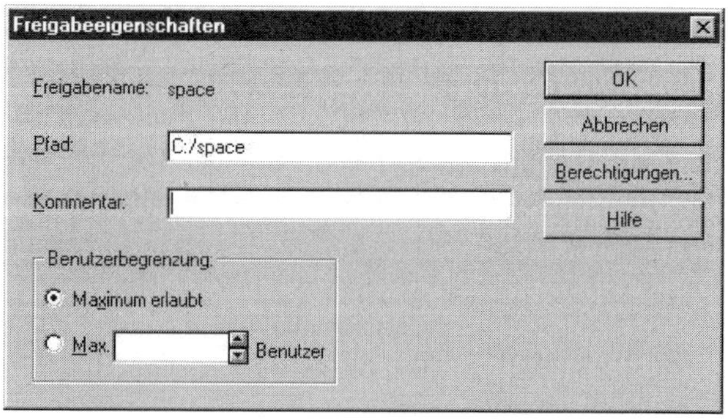

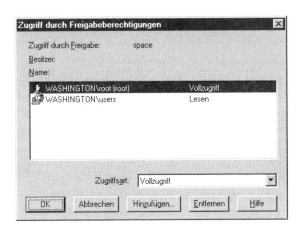

Abb. 5
Freigabeberechtigungen

Mit dem Dienst *winbind* ist Samba in der Lage, als reine Network Attached Storage Box in eine Domäne aufgenommen zu werden. Es ist keine lokale Benutzerverwaltung mehr notwendig. Zu einer NAS-Box gehört jedoch noch deutlich mehr.

Die Verwaltung der Freigaben erfolgt in der Konfigurationsdatei *smb.conf*. Dafür war bis zur Version 2.0 der Zugriff über ein Terminal auf den Unix-Rechner oder die Verwendung des Web-Tools SWAT notwendig. Mit Samba 2.2 ist es möglich, die Freigaben von Samba über den Servermanager von Windows NT zu verwalten. Die Freigabe im Bildschirmfoto der Abbildung 4 wurde komplett mit dem Windows NT Servermanager erstellt. Die Berechtigungen (Abb. 5) sind ebenfalls von Windows aus gesetzt worden.

Die Rechteverwaltung im Dateisystem erfolgte bis zur Version 2.0 mit dem Unix-Tool *chmod*. Es war eingeschränkt möglich, Rechte über die entsprechende Registerkarte von Windows einzusehen und zu setzen. Weiterentwicklungen bei allen großen Unix-Systemen haben es ermöglicht, Rechte im Dateisystem deutlich feiner zu vergeben, als es bisher möglich war. So genannte Access Control Lists sind bei allen Unix-Systemen Standard, Linux unterstützt diese mit einer speziellen Erweiterung. Samba 2.2 wird diese Access Control Lists an Windows weitergeben. Damit wird es möglich, auch detaillierte Rechte im Dateisystem von Windows aus zu pflegen.

Mit den beschriebenen Erweiterungen ist ein Samba-Server praktisch nicht mehr von einem Windows-NT-Server im Netz zu unterscheiden. Samba wird damit Windows Server in vielen Fällen weiter verdrängen können.

Samba ersetzt zunehmend NT Server

Verwaltung vernetzter Unix/Linux-Systeme

Dipl.-Phys. Christoph Herrmann,
Unix- und Netzwerkconsultant
science+computing ag, Berlin
C.Herrmann@science-computing.de
www.science-computing.de

Abstract

Die Software, die man zum Verwalten eines heterogenen Linux/Unix-Netzes braucht, ist zu großen Teilen in den Distributionen (im Standard-Betriebssystem) enthalten. Wie effektiv und effizient die Verwaltung stattfindet, ist vor allem eine Frage des richtigen Konzeptes. Am Beispiel eines fiktiven Unternehmensnetzes mit 500 Rechnern (ca. 1500 Benutzer), die über drei Standorte verteilt und per WAN verbunden sind, soll gezeigt werden, wie man mit einfachen Mitteln ein für die Anwender transparentes und außerdem administrationsfreundliches Netz aufsetzen kann. Dazu wird kurz die Verwaltung eines einzelnen Rechners beschrieben, danach welche konzeptionellen Erweiterungen bei einem optimalen Netz aus zwei Rechnern notwendig sind und dann, welche Änderungen sich beim Übergang zu vielen Rechnern und der Anbindung über WAN ergeben.

1 Die Verwaltung eines einzelnen Rechners

Bei der Verwaltung eines einzelnen Rechners kann man sich im Allgemeinen auf die vom Distributor/Betriebssystemlieferanten zur Verfügung gestellten Tools verlassen (z.B. Yast(II) linuxconf, oder auch sam, smit, ...) oder auf die rootshell zurückgreifen ;-). Trotzdem sollte man sich auch bei einem einzelnen Rechner durchaus Gedanken über die Aufteilung der Festplatte(n) machen. Es ist dringend zu empfehlen, für Benutzerdaten eine eigene Partition zu verwenden. Das erleichtert ein Update des Betriebssystems sehr.

2 Die Verwaltung eines Netzwerkes mit zwei Rechnern

2.1 Anforderungen

Stand-alone-Systeme Bevor man sich über die Verwaltung von zwei Rechnern Gedanken macht, müssen die Ansprüche an dieses Netzwerk geklärt werden. Der einfachste Fall wäre zwei Stand-alone-Systeme, mit unter Umständen gleichem Usernamen und vielleicht noch der Verwendung gleicher uids/gids. Zum Datenaustausch, kann dann am einfachsten ftp verwendet werden. So ein System wäre zwar physikalisch ein Netzwerk, aber nicht aus administrativer Sicht. Ich möchte an dieser Stelle »Maximalanforderungen« an ein Netzwerk aus zwei Rechnern (mit minimal zwei Benutzern) formulieren:

i. Jeder Benutzer hat nur einen Account in diesem Netzwerk (daraus folgt z.B.: ein Passwort und ein Heimatverzeichnis)
ii. wenn beide Rechner eingeschaltet sind, kann sich jeder Benutzer an jedem der beiden Rechner anmelden und findet seine gewohnte Umgebung vor (Single System Image).
iii. Wenn ein Benutzer auf einem Rechner sein Passwort ändert, soll diese Änderung sofort auf dem zweiten Rechner aktiv sein.
iv. Die Rechner sind auch jeweils einzeln zu betreiben. Es darf weder beim Booten noch im Betrieb Abhängigkeiten geben, die ein Arbeiten auf einem einzelnen Rechner verhindern (speziell v.)!
v. Jeder Benutzer kann auch dann auf dem Rechner arbeiten, auf dem sein Heimatverzeichnis liegt, wenn der andere Rechner ausgeschaltet ist.
vi. Die Benutzer brauchen beim Arbeiten an keiner Stelle Root-Privilegien und auch keine tiefere Kenntnis des Systems/der Systemadministration.

All diese Forderungen lassen sich mit drei »Tools« aus der Standard-Unix-Middleware realisieren:

a) Wir brauchen einen zentralen Namensdienst (NIS, LDAP,...)
b) Für Dateizugriffe über Rechnergrenzen wird NFS verwendet
c) Wir brauchen einen Automounter (amd, autofs,...)

Weiterhin wird die Forderung aus Abschnitt 1 (Die Verwaltung eines einzelnen Rechners) nach der Trennung von Betriebssystem und Nutzerdaten noch wichtiger, weil diese Verzeichnisse jetzt auch noch über NFS exportiert werden. So dass als weiterer Punkt dazukommt:

d) Wir brauchen eine einheitliche Verzeichnisstruktur für die Benutzerdaten.

2.2 Beispiel

Im Folgenden soll an einem konkreten Beispiel (zwei Rechner: *asterix* und *obelix*) unter der Verwendung von NIS als Namensdienst und dem amd als Automounter die Konfiguration gezeigt werden:

Mit NIS und amd

Der Rechner asterix wird NIS Masterserver und obelix wird NIS Slaveserver. Es werden nicht nur passwd, groups, hosts, ... sondern auch die amd-Maps im NIS verwaltet.

Die Partitionen/Platten für die Benutzerdaten werden unter /v/$HOSTNAME/fs# gemountet. Wenn also asterix zwei Festplatten für Benutzerdaten hat, werden diese unter /v/asterix/fs1 und unter /v/asterix/fs2 gemountet und an den anderen Rechner (in dem Fall obelix) exportiert.

Die Heimatverzeichnisse liegen dann z.B. unter: /net/asterix/fs1/home und werden mit Hilfe des amd sowohl auf asterix als auch auf obelix nach /home/$USER gemounted/gelinkt. In der NIS-Quelldatei passwd steht als Heimatverzeichnis für den Benutzer chris also /home/chris. Es darf zwischen beiden Rechnern keine statischen mounts geben!

Mit dieser Konfiguration sind alle Anforderungen aus 2.1. erfüllt. Die einzige Einschränkung ist, dass man auf obelix keine Passwörter ändern kann, wenn asterix ausgeschaltet ist.

3 Die Verwaltung eines (heterogenen) Netzwerkes aus vielen Rechnern

In diesem Abschnitt gehen wir von einem Netzwerk mit mindestens 100 Rechnern aus. Außerdem soll dieses Netzwerk heterogen sein, d.h. wir haben mehrere verschiedene Linux-Distributionen und u.U. zusätzlich Nicht-Linux-Systeme in unserem Netz.

Mindestens 100 Rechner

Das in Abschnitt 2 vorgestellte Konzept – im Großen und Ganzen die Realisierung eines Single System Images – lässt sich problemlos auch auf ein heterogenes Netz dieser Größe übertragen, aber es kommen weitere Anforderungen hinzu, die bei einem sehr kleinen und homogenen Netz noch keine Rolle spielen.

3.1 Remote Command Execution

In einem heterogenen Netz dieser Größe skaliert es nicht mehr, sich auf den einzelnen Rechnern einzuloggen und dann dort mit den Tools der Distributoren/Betriebssystemlieferanten zu arbeiten oder die Arbeit in einer rootshell auf der einzelnen Maschine auszuführen. Es bietet sich an, einen Rechner als zentrale Administrationsmaschine zu verwenden. Von dieser Maschine aus muss es möglich sein, privilegierte Kommandos auf den Rechnern des Netzes auszuführen, ohne dabei für jeden einzelnen Rechner das root-Passwort eingeben zu müssen. Dies ist z.B. mit der rsh oder mit der ssh möglich.

Administrator-Rechte

Dazu braucht der einzelne Administrator root-Rechte auf der Administrationsmaschine. Im einfachsten Fall könnte er auf der Administrationsmaschine als root arbeiten. Es empfiehlt sich aber der Einsatz eines setuid-Wrappers, der vielleicht noch ein paar kleine Checks macht (darf der das?) und protokolliert. Weiterhin sollte dieser Wrapper Netzgruppen auflösen, so dass der Administrator nur den Namen einer Netzgruppe angeben muss, um ein Kommando auf allen Rechnern der Netzgruppe auszuführen. Und schließlich sollte der Wrapper das Kommando parallel auf mehreren Rechnern ausführen, um Änderungen an vielen Rechnern in einer vertretbaren Zeit ausführen zu können.

3.2 Code and Data Separation

Die Befehle, die der Administrator auf einem einzelnen (oder mehreren) Client(s) ausführt, werden zu großen Teilen Skripte sein, die wahrscheinlich meistens selbst geschrieben sind. In diesen Skripten empfiehlt es sich, die Anweisungen (den Code, ich werde im weiteren von Methoden sprechen) von den Inhalten (Data, ich werde im weiteren von Kontexten sprechen) zu trennen. (Das entspricht dem Prinzip einer rc.conf-Datei, die von den einzelnen rc-Skripten gesourced wird).

3.3 Lookup für Methoden und Kontexte

Im Idealfall sollte der Administrator auf der Administrationsmaschine ein Kommando ausführen, worauf auf vielen/allen Rechnern des Netzes eine bestimmte Aktion ausgelöst werden soll. In einem heterogenen Netz wird der Code (die Methode) i.A. von dem auf dem Client laufenden Betriebssystem abhängen. Die Daten (der Kontext) dagegen wird von der Abteilung (Netzgruppe) oder vom einzelnen Rechner abhängen. Es sollte sichergestellt werden, dass auf jedem Rechner immer das richtige Skript (die richtige Methode) läuft und auch die richtige Änderung durchgeführt wird (der richtige Kontext verwendet wird).

Für die Methoden ist dies z.B. dadurch möglich, dass auf der Administrationsmaschine ein Pfad *.../admin/$OSTYPE/methods* auf den Clients nach */admin/methods* gemounted wird. Das heißt, wenn asterix unsere Administrationsmaschine ist und auf obelix RedHat 7.1 läuft, dann kann auf asterix ein Verzeichnis *.../admin/redhat71/*

methods auf obelix nach */admin/methods* gemounted werden. Wenn auf idefix Debian 2.2 läuft, sollte es auf asterix auch das Verzeichnis *.../admin/debian22/methods* geben, dieses wird dann auf idefix nach */admin/methods* gemounted (jeweils mit dem amd!). Damit kann der Administrator auf den Clients mit Hilfe der Remote Command Execution immer ein Kommando */admin/methods/meinkommando* ausführen, und auf jedem Rechner läuft das richtige Skript.

Für die Kontexte kann man einen lookup z.B. so ermöglichen, das man eine Struktur

```
.../admin/context/groups/common/
.../admin/context/groups/group1/
.../admin/context/groups/group2/
              .
              .
              .
.../admin/context/hosts/host1/
.../admin/context/hosts/host2/
              .
              .
              .
```

auf den Clients unter */admin/context/...* zur Verfügung stellt und dass jetzt die einzelnen Methoden der Reihe nach (wenn vorhanden) die Kontexte unter *.../common/ .../groups/ .../hosts* (in dieser Reihenfolge!) sourcen. Jede Methode sollte eigene Kontexte haben, die am Besten den gleichen Namen wie die Methode haben. Damit ist dann sichergestellt, dass man für fast alle Rechner eine allgemeine Konfiguration vorgeben kann, für einzelne aber eine gruppen- oder hostspezifische. So wird die jeweils speziellste Konfiguration verwendet. Da dieser Mechanismus recht aufwändig ist, sollte er in einer Library untergebracht sein, die von allen Methoden geladen wird.

3.4 Zusammenfassung

Die Zusammenfassung der Punkte 3.1, 3.2 und 3.3 bilden das Kernstück der Konfigurationsverwaltung in einem heterogenen Linux/Unix-Netzwerk. Durch die Trennung in Methode und Kontext und einen guten Lookup-Mechanismus ist eine sehr feingranulare Rechnerverwaltung mit wenig Aufwand möglich. Standardaufgaben der Systemadministration können somit hochgradig automatisiert werden, und die Administratoren müssen jedes Problem nur noch einmal lösen: Sie müssen eine entsprechende Methode schreiben! Mit Hilfe einer Remote Command Execution, die auch auf der Basis von Netzgruppennamen operieren kann und eine parallele Kommandoausführung

Rechnerverwaltung mit wenig Aufwand

erlaubt, ist es möglich, einfach und schnell Konfigurationsänderungen an vielen Rechnern durchzuführen. Weiterhin wird die Administration transparenter, weil durch die Methoden und Kontexte auch dokumentiert ist, wie die einzelnen Rechner konfiguriert sind. Da diese Punkte zwar relativ komplex, aber auch sehr wichtig sind, empfiehlt es sich entweder initial viel Zeit für das Schreiben von Skripten zu verwenden, die eine solche Funktionalität implementieren, oder auf kommerzielle Produkte zurückzugreifen.

3.5 Beispiel

Lokale Druckerqueues einrichten

Wir wollen auf unseren beiden Rechnern obelix (RedHat 7.1) und idefix (debian 2.2) mit Hilfe der Methode printer die lokalen Druckerqueues einrichten. Beide Rechner sind in der Netzgruppe *gallien*. Dazu führen wir auf der Administrationsmaschine ein Administrationskommando (rce für Remote Command Execution) mit den Argumenten Methode und Rechner/Netzgruppe aus:

```
admin@asterix > rce printer gallien
```

Jetzt wird auf beiden Rechnern (gleichzeitig) das Skript */admin/methods/printer* ausgeführt. Auf obelix ist das aber das Skript *.../admin/redhat71/methods/printer* und auf idefix *.../admin/debian22/methods/printer* (der amd mountet die Verzeichnisse so, dass der OSTYPE weggelassen wird, s. 3.3) Beide Skripte suchen jetzt erst unter */admin/context/common*, dann unter */admin/context/groups/gallien* nach einer Datei *printer*. Wenn es sie gibt, wird sie gesourced. Danach sucht asterix noch unter */admin/context/hosts/asterix* und idefix unter */admin/context/hosts/idefix*, ebenfalls nach einer Datei *printer* und auch diese wird, wenn vorhanden, gesourced.

Dann kann die Methode printer alle Drucker, die sie in den drei Kontextdateien gefunden hat z.B. mit einem Konstrukt:

```
for printer in $printers; do
   <richte_printer $printer ein>
done
```

auf obelix und idefix einrichten. Wenn jetzt ein neuer Rechner in das Netz aufgenommen wird, muss also höchstens noch ein rechnerspezifischer Kontext printer angelegt werden, wenn die Drucker abteilungsweit gleich sind, muss gar nichts getan werden, außer

```
admin@asterix > rce printer neuerrechner
```

und auch auf dem neuen Rechner sind alle Drucker eingerichtet.

4 Softwareverwaltung

Um aus Anwendersicht ein richtiges Single System Image zu realisieren, müssen die Anwender auch auf allen Rechnern die gleiche Software in der gleichen Version vorfinden. Dazu empfiehlt es sich, Anwendungssoftware, auch wenn sie teilweise in den Distributionen vorhanden ist, nicht aus der Distribution zu verwenden, sondern selber entsprechende Pakete zu packen und auf den einzelnen Rechnern zu installieren. Im einfachsten Fall kann die Software als .tar.gz-Paket gepackt werden, was einfach auf den Rechner ausgepackt wird. Wenn es von allen verwendeten Systemen unterstützt wird, können rpm-Pakete verwendet werden.

Eigene Pakete packen

Es können auch in einem .tar.gz Packet noch pre- und postinstall-Skripte untergebracht werden. Dann kann das Paket von einem Skript installiert werden, was die entsprechenden pre- und postinstall-Skripte ausführt.

Auch diese Softwarepakete sollten dem Lookup von Methoden und Kontexten unterliegen. Ähnlich wie bei den Methoden kann auf der Administrationsmaschine ein Verzeichnisbaum *.../admin/$OSTYPE/software* angelegt werden, das dann vom amd auf den einzelnen Maschinen nach */admin/software* gemounted wird. In den Softwarepaketen sollte auf jeden Fall neben dem Namen der Software eine Versionsinformation enthalten sein. Weiterhin sollte die Software beim Installieren eine Fileliste auf dem Client hinterlegen, so dass sie auch einfach wieder gelöscht werden kann.

Lookup von Methoden und Kontexten

Auf jeden Fall muss es möglich sein, mit Hilfe der Remote Command Execution von der Administrationsmaschine aus Software auf den Clients zu installieren und zu deinstallieren, und zwar auf vielen Clients parallel. Dazu sollten neben rce zwei weitere Kommandos geschrieben werden: rsi (Remote Software Install) und rsdi (Remote Software Deinstall) die dann analog zu rce verwendet werden können:

```
admin@asterix > rsi staroffice gallien
```

würde auf obelix und idefix die Software StarOffice installieren.

5 Die Verwaltung eines sehr großen Netzwerkes und die Anbindung von Standorten über WAN

Die unter 2, 3 und 4 vorgestellten Konzepte ermöglichen auch die Administration von sehr großen Netzen, aber wenn das Netz immer weiter wächst und Standorte über WAN angebunden sind, kann es an einigen Stellen zu bottlenecks kommen. Diese treten zuerst auf, wenn große (und identische) Datenmengen auf alle Rechner verteilt werden müssen. Dies ist vor allem bei der NIS-Map- und der Softwareverteilung der Fall.

5.1 Die Verteilung der NIS Maps

Mehrstufige Verteilung

In Punkt 2.1 haben wir gesehen, dass es aus Gründen der Verfügbarkeit sinnvoll ist, wenn jeder Rechner NIS Slaveserver ist. Mit dem Wachstum des Netzes (und demzufolge auch dem Wachstum der Anzahl der Benutzer) werden auch die NIS Maps immer größer. Außerdem müssen sie an immer mehr Rechner verteilt werden. Dieser Mechanismus skaliert irgendwann nicht mehr – insbesondere wenn eine größere Anzahl der Rechner an einem über WAN angebundenen Außenstandort steht. Dann müssen für jeden Rechner alle geänderten Maps einmal über das WAN transportiert werden. An dieser Stelle empfiehlt sich der Einsatz einer mehrstufigen NIS-Map-Verteilung. NIS bietet ja an, die Maps nicht vom NIS Master zu holen (default), sondern von irgend einem anderen Rechner. Damit reicht es, die Maps einmal über das WAN auf einem Rechner in der Außenstelle zu übertragen, und dann allen Rechnern in der Außenstelle zu sagen, hole deine Maps von diesem Rechner.

5.2 Die Softwareverteilung

Softwaredepot an Außenstandorten

Auch bei der Softwareverteilung werden identische Datenmengen immer wieder über das Netz übertragen. Darum bietet es sich auch hier an, an den Außenstandorten ein weiteres Softwaredepot aufzustellen, was z.B. mit Hilfe von rsync mit dem Masterdepot auf der Administrationsmaschine synchronisiert wird. Damit wird dann jedes Softwarepaket nur noch einmal über das WAN übertragen und von dort aus weiterverteilt.

Eine weitergehende und sehr elegante Methode der Softwareverteilung wäre die Verwendung von Multicast. Damit würde die Administrationsmaschine ein Softwarepaket einmal »senden« und jeder Client könnte mithören und es empfangen. Dies ist aber schwierig zu implementieren und muss auch von der verwendeten Netzwerkhardware unterstützt werden.

6 Zusammenfassung

Mit Hilfe der oben genannten Punkte:

- Single System Image (beinhaltet Benutzer- und Dateisystemverwaltung)
- zentrale Konfiguration und Administration
- zentrale Softwareverwaltung

ist es durchaus möglich, ein sehr großes und weitverteiltes Netz aus Linux/Unix-Rechnern zu verwalten.

System-Management für Linux/Unix mit Caldera Volution

Eduard Roehrich
OEM Sales Engineer Europe
Caldera (Deutschland) GmbH, Erlangen
eduard.roehrich@caldera.de
www.caldera.com

Abstract

Mit zunehmender Größe eines Netzwerkes in Kombination mit mehreren Standorten wird die Verwaltung einer Unternehmens-IT-Infrastruktur sehr schnell unübersichtlich, und der Kostenaufwand für Personal und Material wird zu einem erheblichen Posten in der Bilanz. Caldera Volution löst dieses Problem. Es ist eine komplette, web-basierte Management-Lösung für Systemadministratoren, die heterogene oder Linux-Netzwerke zu verwalten haben, und ermöglicht eine effektive Verwaltung vieler vernetzter Systeme. Erreicht wird dies durch automatisierte Software-Verteilung, Hard- und Software-Inventarisierung sowie viele andere nützliche Funktionen. Dieser Beitrag behandelt zunächst die allgemeine Problematik des Enterprise-Management und beschreibt dann die konkrete Technologie von Caldera Volution.

1 Enterprise-Management für Linux

Die Verwaltung ihrer IT-Infrastruktur stellt für heutige Unternehmen eine große, wenn nicht sogar die größte Herausforderung dar – neue Technologien wie z.B. E-Mail oder das Internet im Allgemeinen wachsen immer schneller und helfen den meisten Unternehmen, ihre Kommunikation und Koordination besser, schneller und effektiver zu steuern und zu kontrollieren.

Allerdings sind auch genau diese Technologien oft eine der größten Herausforderungen. Mit zunehmender Größe eines Netzwerkes in Kombination mit neu gegründeten Standorten wird die Verwaltung der IT-Infrastruktur sehr schnell unübersichtlich und der Kostenaufwand für Personal und Material zu einem nicht mehr geringen Posten in der Bilanz.

Lösungen zur Verwaltung eines Netzwerkes müssen auf diesen neuen Technologien (die eigentlich gar nicht mehr so neu sind) aufsetzen, um effektiver zu arbeiten, Personal einzusparen und letztendlich Kosten zu senken.

Enterprise Management

»Enterprise Management« bedeutet ein systematischen Angehen und Lösen dieser Probleme, um alle Bereiche der elektronischen Datenverarbeitung, wie etwa Applikationen, Ressourcen und Netzwerke effektiv zu verwalten.

Hierarchische Strukturen

Für effektive Verwaltungen haben sich bisher in der IT-Branche (und nicht nur dort) hierarchische Strukturen bewährt. Es ist im personellen Bereich im allgemeinen Üblich, sowie zum Beispiel auch in der Gliederung der weltweiten DNS-Hierarchie.

LDAP

Eine hierarchische Struktur zum Speichern von Daten wird unter anderem von LDAP, dem Lightweight Directory Acces Protocol, implementiert, das auch als Backend für Volution dient. Alle Informationen über die im Netzwerk vorhandenen Rechner werden von Agenten auf den Systemen gesammelt und in einem LDAP-Directory hinterlegt. Diese Daten lassen sich dann jederzeit über eine Browser-basierte Konsole abfragen, ohne dabei unnötig das lokale Netzwerk oder Internetverbindungen zu anderen Standorten zu belasten – dies geschieht nur, wenn die Agenten gemäß ihrem Zeitplan den Zustand der überwachten Systeme abliefern. Der Zugriff auf die Konsole kann dabei von jedem beliebigen Browser mit Unterstützung für mindestens 2 Frames und Internetverbindung geschehen, natürlich 128bit-SSL-verschlüsselt.

Durch Gliederung der Rechner nach Gruppen (z.B. Server/Workstations), nach Abteilungen und/oder Standorten, nach Hardwareherstellern bzw. Komponenten usw. können mit Volution sehr leicht Hierarchien definiert werden, die der tatsächlichen Unternehmensstruktur entsprechen. Diese werden dann von dem Volution Server auf das LDAP Directory abgebildet. Da dieses Directory wie beschrieben die Daten hierarchisch hinterlegt, gestaltet sich die Handhabung sehr ergonomisch und intuitiv. Zusätzlich können Gruppen mit gleicher Hardware oder etwa eine Office-Gruppe festgelegt werden (wieder völlig standortunabhängig). Dies erleichtert ein unternehmensweites Treiber- und/oder Softwareupdate erheblich.

2 Was ist Caldera Volution?

Caldera Volution ist eine komplette, web-basierte Management-Lösung für Systemadministratoren, die heterogene oder Linux-Netzwerke zu verwalten haben. Es ermöglicht eine effektive Verwaltung vieler vernetzter Systeme.

Web-basiertes System-Management

Prinzipiell ist der Einsatz von Caldera Volution sogar für ein Unternehmen mit nur einem einzigen Standort und zehn Arbeitsplätzen rentabel, skaliert aber andererseits hinauf bis zu größten Unternehmen mit globalen Standorten in allen Kontinenten.

Skalierbarkeit

Hier zeigt sich die Stärke des hierarchisch aufgebauten, auf dem Domain-Konzept basierenden LDAP Directorys, das in sich selbst diese Skalierbarkeit besitzt.

Je nach Größe des Unternehmens können entweder OpenLDAP (OpenSource-Implementierung), Novell eDirectory (Linux-Version, skaliert bis mehrere Millionen von Objekten) oder Netscape iPlanet als Backend eingesetzt werden. OpenLDAP und eDirectory werden mitgeliefert.

Erreicht wird die hohe Effektivität von Caldera Volution durch:

- Software-Verteilung (von RPMs)
- Hard- und Software-Inventarisierung (Asset Management)
- Zustandsüberwachung (Health Monitoring)
- Drucker-Konfiguration und Verwaltung
- Scheduling und globales Event-System
- Automatisierung der Aufgaben
- Sichere (SSL), web-basierte Management-Konsole
- Verwaltung aller Systeme von einer zentralen Stelle aus
- Unterstützung aller RPM-basierten Linux-Versionen

Eine interessante (sog. »Break-Even«-) Analyse zum Einsatz findet sich auf: http://www.caldera.com/volution

3 Wie funktioniert Caldera Volution?

Im Folgenden geht es hauptsächlich um die einzelnen Komponenten (Abb. 1) und deren Funktionalität bzw. Interoperabilität.

Die Effektivität von Caldera Volution wird durch die Verbindung und Kombination von mehreren, robusten Verwaltungs-Tools erreicht.

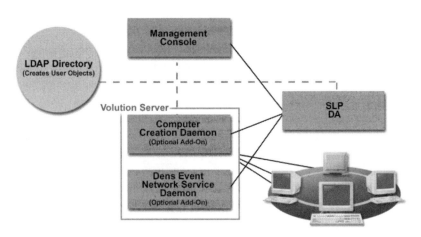

Abb. 1
Caldera-Volution-Komponenten

Diese beinhalten:

- Ein LDAP v3 kompatibles Directory
- Die Management-Konsole (web-basiert)
- Den Caldera Volution Server
- Das Service Location Protocol – Directory Agent (SLP DA)
- Und die Clients (natürlich nicht wirklich ein »Tool«)

3.1 Das LDAP Directory

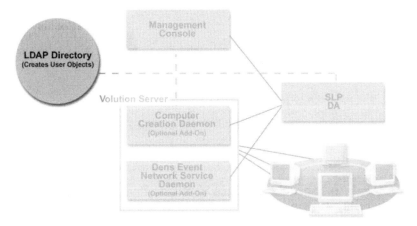

Abb. 2

Caldera Volution ist ein objekt-orientiertes Management-Produkt. Virtuelle Objekte (Funktionen oder Daten) stellen physikalische Objekte (Hard- und Software) dar und werden in einem LDAP-kompatiblen Directory hinterlegt.

Verknüpfungen zwischen virtuellen Objekten bestimmen das Verhalten und die Konfiguration der dargestellten physikalischen Systeme. In Caldera Volution werden diese Verknüpfungen durch das »Linken« von Objekten erzeugt.

Caldera Volution stellt die zu verwaltenden Systeme durch virtuelle Objekte dar. Durch das Erzeugen oder Verändern der Verknüpfungen zu und von diesen Objekten wird auch das Verhalten bzw. die Konfiguration der verwalteten Systeme verändert.

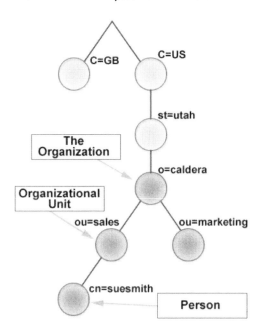

Abb. 3
Beispiel für eine
LDAPv3 kompatible
Directory-Struktur

Der große Vorteil von LDAP gegenüber klassischen Datenbanken liegt in der Möglichkeit, eine hierarchische Verwaltung zu unterstützen – einer der wichtigsten Gründe, warum diese Technologie für Volution gewählt wurde.

Hierarchische Verwaltung

3.2 Die Management-Konsole

Der Browser auf dem lokalen Rechner, der überall auf der Welt stehen kann, dient zum Zugriff auf die Caldera-Volution-Konsole. Sie ist völlig web-basierend und vor unerlaubten Zugriffen durch Authentifizierung an dem LDAP Directory geschützt, wobei nicht nur die Konsole im Browser über SSL verschlüsselt wird, sondern auch die Kommunikation zu dem LDAP Repository selbst.

Die Konsole stellt also die Möglichkeiten bereit, um die im LDAP Repository gespeicherten Objekte und deren Beziehungen zueinander einzusehen und zu manipulieren.

Sie ist dabei völlig mit Java Servlets realisiert worden (nach dem SUN Servlet Standard) und baut daher auf dem Apache-Webserver mit Java-Servlet-Erweiterungen wie JServ oder Tomcat auf, der die Inhalte bereitstellt.

All dies hat verschiedenste Gründe. Die Offensichtlichsten sind die weltweite Ereichbarkeit, und im Bezug auf die Verwendung von Servlets die Stabilität und Sicherheit, da auf dem lokalen Browser Java und JavaScript deaktiviert werden können.

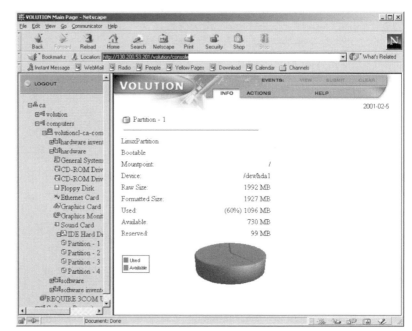

Abb. 4
Caldera Volution Management-Konsole

3.3 Caldera Volution Server

Das Server RPM besteht aus dem DENS daemon densd (Distributed Event Notification System) und dem Computer Creation daemon (csmccd). Diese zwei Agenten bilden den Volution Server und benutzen beide den Client (der die XML-Schnittstelle implementiert) und das OpenSLP-Protokol, um die entsprechenden anderen benötigten Dienste zu finden und mit ihnen zu kommunizieren.

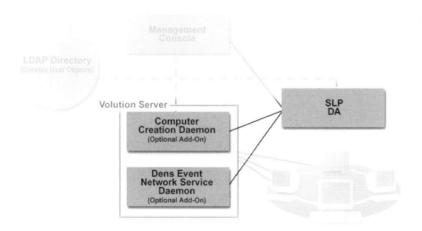

Abb. 5
densd und csmccd

Open Service Location Protocol – Directory Agent

Das Service Location Protocol (SLP) ist ein Internet Standard-Protokol (RFC2165), das eine Infrastruktur darstellt, um Netzwerkdienste (Existenz und Konfiguration) zu finden. OpenSLP ist eine Implementierung von Caldera, die der Open-Source-Gemeinde zur Verfügung steht (www.openslp.org).

Der große Nutzen dieses Protokols in Verbindung mit Caldera Volution ist, dass die Konfiguration auf den Clients entfällt, da diese die benötigten Dienste selbständig auffinden können.

Dadurch wird zum Beispiel auch ermöglicht, dass sich neu aufgesetzte Systeme, die den Caldera Volution Client enthalten, automatisch am Volution Server anmelden und damit »out-of-the-box« verwaltet werden können.

Wenn ein neu installierter Client das erste Mal startet, wird die Authentifizierung am Volution Server zunächst fehlschlagen (siehe Abb. 6). Dies ist ein ganz normaler Teil des Authentifizierungsprozesses.

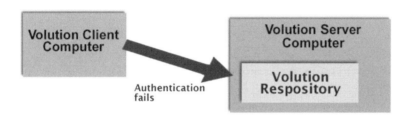

Abb. 6
Fehlschlag beim Anmelden eines neuen Clients

Abb. 7
Service Location Protocol

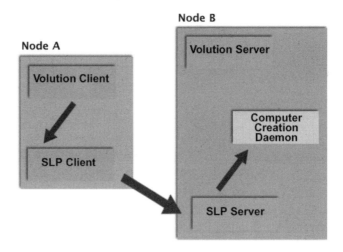

Nachdem die Authentifizierung fehlgeschlagen ist, verwendet der Client das Service Location Protocol, um den Computer Creation Daemon auf dem Volution Server zu finden (siehe Abb. 7).

Computer Creation Daemon (optional)

Eine große Anzahl von Rechnern in ein LDAP Directory oder allgemein in eine Datenbank aufzunehmen, kann schnell zu einem großen, zeitraubenden Problem werden. Caldera Volution löst dieses Problem durch den Computer Creation Daemon csmccd (Abb. 8).

Der Computer Creation Daemon stellt fest, ob sich ein Computer-Objekt bereits in dem LDAP Repository befindet.

Falls der Computer Creation Daemon ein virtuelles Objekt findet, das ein physikalisch vorhandenes System repräsentiert, verändert er die Zugangsdaten und sendet diese dann an das Client-System für zukünftige Autorisierungen.

Wird kein entpsrechendes Objekt im LDAP Repository gefunden, erzeugt der Computer Creation Daemon das entsprechende Objekt und sendet die Daten für die Autorisierung zurück an den Client.

Distributed Event Notification System (optional)

Die mit Caldera Volution verwalteten Clients können prinzipiell auf zwei Arten von Änderungen in dem LDAP Repository erfahren.

- Benachrichtigung durch den Server (densd)
- Aktives Polling der Informationen

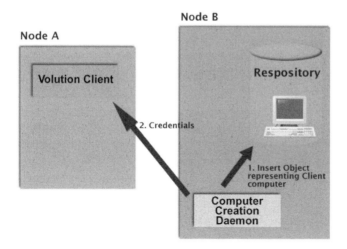

Abb. 8
Computer Creation
Deamon

Benachrichtigung durch das DENS --- Das Distributed Event Notfication System benachrichtigt alle verwalteten Clients sobald sich die Konfiguration auf dem Server (im Directory) verändert hat. Beim Starten des Clients versucht dieser unter anderem auch, sich an dem DENS zu registrieren, um von Events zu erfahren.

Sobald über die Konsole Änderungen durchgeführt werden, werden drei Schaltknöpfe in der Konsole aktiviert: View, Submit und Cancel.

Durch das Drücken des Submit-Buttons wird DENS dazu veranlasst, alle durch die Änderungen betroffenen Clients zu benachrichtigen. Dies ist das Standardverhalten, falls keine andere DENS Policy konfiguriert wurde.

Hiermit können zum Beispiel neue Zeitpläne für das Verteilen neuer Software oder die Installation von Treiber-Updates an die Clients gesendet werden.

Aktives Polling durch den Client --- Ohne DENS lesen die verwalteten Clients ihre Konfiguration anhand eines definierten Zeitplanes aus dem LDAP Repository aus. Diese Methode kann vor allem hinter einer Firewall nützlich sein, die kein DENS erlaubt oder auch bei Clients, die auf eine Einwahlleitung angewiesen sind und bei denen nicht gewährleistet werden kann, daß sie während jedes Events online sind. So kann der Config Poller (ein Volution-Skript um das LDAP Directory auszulesen) nach jeder Einwahl automatisch gestartet werden, um zu überprüfen ob Änderungen am System vorzunehmen sind.

3.4 Clients

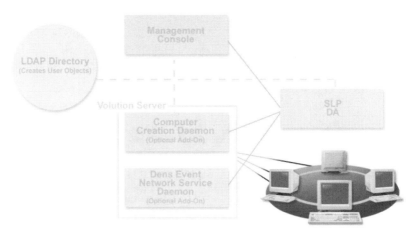

Abb. 9
Die Clients

Das Client RPM ist die Basis der Kommunikation zwischen den Komponenten; es implementiert die XML-Schnitstelle, die zur Kommunikation zwischen den einzelnen Komponenten verwendet wird. Es enthält auch alle benötigten Komponenten, um einen Computer mit Volution zu verwalten, bis auf OpenSLP, da es sich dabei um eine von Volution-unabhängige Komponente handelt, die lediglich benutzt wird um die entsprechenden Dienste zu finden (siehe Abb. 7).

Der Volution Agent (csmd) läuft durchgehend auf den verwalteten Systemen und wird aktiv, sobald er einen Event durch DENS erhällt oder sobald der Zeitplan (Schedule) vorgibt, die Konfiguration erneut aus dem LDAP Repository auszulesen.

Dadurch findet der Volution Agent Änderungen in seiner Konfiguration, kann entsprechend aktiv werden und Aktionen wie in Abschnitt 3 aufgeführt auf dem System durchführen.

4 Zusammenfassung

Durch das beschriebene Zusammenspiel der Komponenten wird klar, warum dieses ausgeklügelte System so effektiv arbeitet. Eine hierarchische Speicherung der Daten in einer dafür wie geschaffenen LDAP-Struktur sorgt für intuitive und effektive Organisation der Systeme, die Daten sind bei Bedarf von überall über eine verschlüsselte Verbindung erreichbar, und das ganze System ist darauf ausgelegt, den laufenden Betrieb eines Unternehmens so wenig wie möglich zu stören und zu beeinflussen.

Dies ist auch der Grund der stark technisch orientierten Richtung dieses Beitrags. Dem ein oder anderen Systemadministrator wird vielleicht auffallen, dass auch unnötige Netzwerklast durch das Design der einzelnen Komponenten vermieden wird.

Zum Beispiel werden durch den DENSd zunächst nur minimale Pakete als Benachrichtigung an die Clients geschickt, die dann in vorherbestimmten Zeitfenstern im LDAP nachsehen ob sie etwas tun müssen. Nur wenn wirklich etwas getan werden muss, wird tatsächlich merkbare Netzwerklast erzeugt.

Ähnliches gilt auch für Suchanfragen in der Datenbank. Werden zum Beispiel alle Rechner mit einer bestimmten Netzwerkkarte gesucht, danach alle mit einer bestimmten Version einer Software usw. werden nicht jedes Mal alle Systeme kontaktiert und abgefragt, sondern nur das LDAP Directory, das die durch die Agenten gesammelten Daten enthält. Dies ist wesentlich schneller als alle anderen Lösungen, die Systeme können ausgeschaltet sein, und es spart auch noch Bandbreite im internen Netzwerk, die dann für die eigentlichen Aufgaben übrig bleibt.

Durch die im Herbst erscheinende Nachfolgeversion und kommende Angebote wie Volution Online wird die Funktionalität und Effektivität dieser Software noch erweitert werden.

Zum Abschluss noch einige technische Fragen:

Welche Linux-Versionen werden unterstützt?

Prinzipiell alle RPM-basierten. Aktuelle Liste siehe: http://www.caldera.com/volution

Was sind die Systemvoraussetzungen?

- *Caldera Volution Server*: 486, Pentium oder kompatibel; mindestens 40 MB RAM und 6 MB Festplattenplatz
- *Caldera Volution Management Console*: 486, Pentium oder kompatibel; mindestens 64 MB RAM und 4 MB Festplattenplatz
- *Caldera Volution Client*: 486, Pentium oder kompatibel; mindestens 32 MB RAM und 6 MB Festplattenplatz

Welche Software wird benötigt?

- *Caldera Volution Server*: Caldera Volution Client; OpenSLP
- *Caldera Volution Management Console*: Caldera Volution Client; OpenSLP; JDK 1.2.2 oder neuer; Apache Web-Server; Apache JServ
- *Caldera Volution Client*: OpenSLP

Management-Maßnahmen für Linux-Sicherheit

Howard Fuhs
Geschäftsführer
Fuhs Security Consultants, Wiesbaden
info@fuhs.de
www.fuhs.de

Abstract

Unternehmen, die nicht mit geeigneten Maßnahmen die Verfügbarkeit, Vertraulichkeit, und Authentizität ihrer Daten sichern, setzen sich großen wirtschaftlichen Risiken aus. Solche Maßnahmen beginnen bei der Absicherung der Server, gehen über Antiviren-Software bis hin zu Verschlüsselungssoftware, Firewalls und Virtual Private Networks. Doch bereits mit einfachen Maßnahmen kann das Management die Sicherheit unter Linux erheblich erhöhen: Durch die konsequente Anwendung der Rechtevergabe für Dateien und Verzeichnisse sowie der Vergabe von Zugriffsrechten auf das Netzwerk wird die Datensicherheit bereits maßgeblich erhöht. Hinzu kommen unterstützende Maßnahmen wie die in Linux vorhandenen Funktionalitäten zum Loggen von Vorgängen, dem Auditing von Log-Files und dem Monitoring des Netzwerks. Durch die Flexibilität und Leistungsfähigkeit von Linux ist es dem Management außerdem möglich, an die Unternehmensbedürfnisse individuell angepasste Sicherheitslösungen zu entwickeln und mit relativ geringen Kosten unternehmensweit zu implementieren. Dieser Beitrag gibt einen Überblick über die bestehenden Möglichkeiten.

Unternehmen setzen verstärkt auf Linux

Egal welches Betriebssystem heute in einem Unternehmen zum Einsatz kommt, es muss durch entsprechende Datensicherheitsmaßnahmen ergänzt werden, um wirkungsvollen Schutz für die Datenbestände bieten zu können. Die Probleme und Sicherheitslücken von Windows füllen ganze Server mit Warnhinweisen, ServicePacks, FixPacks und was noch alles vom Hersteller wie auch von Drittanbietern herausgegeben wird. Der Anbieter aus Redmond war in dem letzten Jahrzehnt ganz klar dominierender Anbieter von Client- und Server-Betriebssystemen am Markt. Diese Dominanz wird aber seit einigen Jahren stetig durch das Open-Source-Betriebssystem Linux unterhöhlt.

Der Server-Markt

Gerade im Server-Markt kann Linux mit Steigerungsraten aufwarten, die manch ein kommerzieller Anbieter von proprietären Betriebssystemen sich wünschen würde. Was die steigende Popularität von Linux anbelangt, waren die CeBIT und die Systems 1999 wohl die eindeutigsten Gradmesser. Nie zuvor wurde Linux eine solche Aufmerksamkeit von seiten der Massenmedien und dem Fachpublikum gewidmet. Namhafte Hersteller von Softwareprodukten wie Datenbanken, Office-Paketen und anderer Anwendersoftware bis hin zu Computerspielen kündigten eine Portierung ihrer Produkte auf die Linux-Plattform an oder konnten bereits ein portiertes Produkt der interessierten Öffentlichkeit vorstellen. Damit wurde Linux zu einer sehr attraktiven Plattform für Unternehmen wie auch Endanwender, was sich früher oder später anhand der Marktdurchdringung messen lässt.

Sicherheit und Geschäftsprozesse

Die wichtigste Voraussetzung für die Erhöhung der Datensicherheit ist die Erkenntnis, dass Datensicherheit in unserer modernen Welt keinen Luxus mehr darstellen darf, sondern unbedingt notwendig ist um die Wettbewerbsfähigkeit des Unternehmens langfristig zu erhalten. Die Geschäftsleitung muss erkennen, dass die Datensicherheit heute nicht mehr losgelöst vom Rest des Unternehmens ein notwendiges Übel ist, sondern integraler Bestandteil der Geschäftsprozesse sein muss um am Markt überlebensfähig zu bleiben. Es hilft nichts, wenn halbherzig irgendwelche Datensicherheitsmaßnahmen implementiert werden, ohne dass diese entsprechend an die Geschäftsprozesse angepasst werden.

Die Geschäftsleitung

Darüber hinaus muss von Seiten der Geschäftsleitung eindeutig erkennbar sein, dass Datensicherheitsmaßnahmen ihre volle Unterstützung haben. Damit wird dem Anwender klar signalisiert, dass Datensicherheit nicht auf die leichte Schulter zu nehmen ist, und den Kunden wird damit eine Vertrauensbasis zu dem Unternehmen gegeben.

In unserer heutigen vernetzten Welt stellen Datensicherheitsmaßnahmen letztendlich auch eine soziale Komponenten in Unternehmen dar. Gehen durch mangelhafte Datensicherheitsmaßnahmen Aufträge verloren kann, dies Arbeitsplätze kosten.

Das Restrisiko bestimmen

Die Erfahrung der letzten Jahre und Jahrzehnte hat gezeigt, dass es kein wirklich sicheres (Betriebs-)System gibt. Jedes funktionierende System verfügt auch über gewisse Unsicherheiten, die man als Restrisiko bezeichnet. Auf Betriebssysteme bezogen bedeutet das, dass der einzelne Anwender oder auch die Unternehmensorganisation sich über dieses Restrisiko Gedanken machen muss.

Ein Unternehmen sollte dabei im Rahmen eines Sicherheits-Audits feststellen, welche Systeme sich zur Zeit im Einsatz befinden und welche bekannten Risiken diese Systeme in sich bergen. All diese Informationen zusammengenommen definieren das Risiko, dem sich ein Unternehmen durch die Anwendung der Systeme ausgesetzt sieht.

Sicherheits-Audit

Ist dieses Risiko für das Unternehmen überschaubar und akzeptabel, müssen keine weiteren Sicherheitsmaßnahmen implementiert werden. In der Praxis zeigt sich nach einem Sicherheits-Audit aber oft, dass das verbleibenden Risiko als zu hoch eingestuft werden muss und deshalb Sicherheitsmaßnahmen nötig sind, um das Restrisiko auf ein akzeptables Niveau abzusenken.

Sicherheitslücken

Das Problem bei Betriebssystemen ist die Tatsache, dass sie dem Anwender verschiedene Funktionalitäten zur Verfügung stellen müssen, damit dieser seine Arbeit mit dem System verrichten kann, während diese Funktionalitäten aber ebenfalls missbraucht werden können, um auf einem System Schaden anzurichten. Einfachstes Beispiel hierfür ist die Kopierfunktion für Dateien, die ebenfalls von Computerviren und Würmern benutzt wird, um sich weiterzuverbreiten.

Funktionalitäten für Anwender

Zu diesen Funktionalitäten, die missbraucht werden können, gesellen sich dann noch verschiedene Sicherheitslücken hinzu, die durch schlechte Programmierung oder schlechte Implementierung entstehen. Viele im Internet erhältliche »Exploits« zielen auf die Ausnutzung von solchen Sicherheitslücken ab.

Programmierfehler

Dies bedeutet für das Management einer Organisation, dass es bei der Erhöhung der Datensicherheit sowohl auf die normale Funktionalität als auch auf Sicherheitslücken achten muss. Darüber hinaus sind ie Aktivitäten des »Computeruntergrunds« zu beachten.

Je höher der Marktanteil eines Betriebssystems wird, desto wahrscheinlicher wird es nämlich, dass zunehmend Software mit gewollten Schadensfunktionen, auch Malware genannt, vom Computerunter-

Malware

grund programmiert wird. Die Vergangenheit hat gezeigt, dass der Computeruntergrund sich überwiegend nur mit Betriebssystemen und Programmen auseinander setzt, die entsprechend weit verbreitet und gut dokumentiert sind. Zwar hat es auch beim Computeruntergrund immer eine gewisse Zeit gedauert, bis das nötige Wissen gesammelt war, doch früher oder später wurde für fast jede Plattform Malware entwickelt und Sicherheitslücken ausgenutzt. Mit zunehmendem Marktpotenzial von Linux ist auch anzunehmen, dass der Computeruntergrund hier aktiver wird.

Sicherheit und Open Source

Vielen dürfte die Situation unter Windows hinlänglich bekannt sein. Von normalen Computerviren angefangen über Macro-Viren für Microsoft Office, Trojanern, Backdoors, 32-Bit-Viren bis hin zu fragwürdigen Funktionalitäten wie Windows Scripting Host stellt Windows wohl derzeit die am meisten angegriffene Betriebssystemplattform dar, für die es auch die meisten dokumentierten Sicherheitslücken und Exploits gibt.

Open Source als Nachteil?

Bei Linux besteht die Gefahr, dass sich die Sache ähnlich verhalten kann, wie man es bereits von Windows her gewohnt ist. Zwar muss auch hier der Computeruntergrund erst eine bestimmte Wissensmenge aufbauen, um dann Malware zu programmieren oder Sicherheitslücken aufdecken und ausnutzen zu können, jedoch ist Linux durch seine Open-Source-Struktur wohl das bestdokumentierte Betriebssystem, da nicht nur entsprechend umfangreiche Dokumentationen mit dem Betriebssystem kostenlos mitgeliefert werden (Man-Pages, How-Tos etc.), sondern auch der Source-Code des Betriebssystems und der Applikationen. Bedingt durch die Strategie der offenen Informationspolitik kann davon ausgegangen werden, dass es schneller geht und vielleicht auch einfacher sein wird, für Linux z.B. Malware zu schreiben. Man könnte daher auch die Veröffentlichung der Systemdokumentation und des Source-Codes als klaren Nachteil für Linux bewerten.

... oder Vorteil?

Nimmt man sich des Bereichs der Datensicherheit an, wird man zu der Feststellung gelangen, dass Unternehmen wegen des Vorhandenseins von Dokumentation und Source-Code einfache Abwehrmaßnahmen programmieren und zur Verfügung stellen können. Hier muss nicht mehr langwierig mit Reverse-Engineering-Methoden gearbeitet werden, um zuerst die grundlegenden Funktionen eines Betriebssystems oder Datenformats zu verstehen, sondern es reicht ein entsprechender Blick in den Source-Code. Speziell die Offenlegung des

Source-Codes von Linux und seinen Applikationen ermöglicht es Unternehmen genauso wie der weltweiten Programmierergemeinde, Sicherheitsapplikationen zu erstellen, die auch höchsten Ansprüchen genügen. Was also eben noch als möglicher Nachteil angesehen wurde, wird hier neutralisiert. Die offene Informationspolitik bei Open-Source-Projekten wie Linux gereicht also beiden Seiten zum Vorteil, womit beide Seiten die gleiche Ausgangsbasis haben.

Linux-Sicherheit und Marketing

Glaubt man den Aussagen der Marketing-Leute, die versuchen in dem sich entwickelnden Linux-Markt Fuß zu fassen, ist Linux ein sicheres Betriebssystem. Zugegeben, Linux ist äußerst betriebsstabil und die Downtime dadurch geringer, auch verfügt Linux in vielen Bereichen über Sicherheitsmaßnahmen, die bei anderen Produkten nicht vorhanden sind oder zusätzlich gekauft werden müssen, doch zur Sicherheit eines Systems tragen mehrere Faktoren bei.

Schaut man sich die Sicherheitswarnungen oder die Fehlerlisten und die Bugfixes der großen Linux-Distributionen an, so wird man sehr wohl feststellen können, dass im Linux-Bereich auch nur mit Wasser gekocht wird. Linux verfügt ebenfalls über Programmierfehler und Sicherheitslücken, genauso wie sein Gegenspieler Windows NT. Man muss allerdings der Linux-Gemeinde zugute halten, dass hier eine offene Informationspolitik betrieben wird und die Lösungen für Sicherheitslücken nicht Monate auf sich warten lassen. Wenn also im Zusammenhang mit Linux von höherer Sicherheit die Rede ist, so kann dies vielleicht für die Ausfallsicherheit bzw. die Betriebsstabilität an sich gelten, nicht jedoch für die Sicherheit des gesamten Systems.

Programmierfehler und Sicherheitslücken auch bei Linux

User-Verwaltung

Da Linux als Multiuser-System konzipiert ist, verfügt es über eine entsprechende User-Verwaltung mit der Möglichkeit, Zugriffsrechte zu beschränken. Im Rahmen der Beschränkung von Zugriffrechten einzelner User wird die Sicherheit des Systems entsprechend erhöht. Ein Computervirus, gestartet unter sehr eingeschränkten Zugriffsrechten eines Users, verhungert förmlich auf einem vernünftig verwalteten Linux-System.

Anwender melden sich als Root an

In der Praxis muss aber oftmals festgestellt werden, dass User sich für die tägliche Arbeit als Root auf dem Rechner anmelden. Was man langwierig den Anwendern und den Administratoren unter Windows beigebracht hat, scheint unter Linux schnell wieder in Vergessenheit zu geraten. Ein Computervirus der mit Root-Rechten gestartet wird, hat logischerweise wesentlich mehr Entfaltungsmöglichkeiten und richtet schwereren Schaden an. Auch andere Malware wie Backdoors oder Trojaner stellen mit Root-Rechten eine wesentlich schwerer wiegende Gefahr für die Netzwerkumgebung dar.

Durch eine vernünftige Rechtevergabe an Anwender wird auch sichergestellt, dass der Anwender selbst auf dem System keinen allzu großen bzw. nur lokal begrenzten Schaden anrichtet, ob dieser Schaden nun gewollt ist (z.B. durch Löschen von wichtigen Systemdateien) oder ungewollt durch das Installieren von Software, die schwer wiegende Änderungen am System vorzunehmen versucht.

Damit kommt der User-Verwaltung mit der Vergabe von entsprechenden Zugriffsrechten eine zentrale Rolle zu, wenn es um Datensicherheitsmanagement unter Linux geht.

Wie wichtig die Vergabe der Userrechte ist, zeigt ein Beispiel aus der Paxis. Durch root-Priviliegien war es einem Projektmanager in einem Unternehmen gelungen, wichtige Projektdaten zu fälschen und dadurch über einen Zeitraum von mehr als zwei Jahren der Unternehmensführung zu verheimlichen, dass das Projekt tatsächlich nicht gewinnbringend arbeitet, wie es die gefälschten Daten vorspiegelten. Nachdem die Manipulation bemerkt wurde und die tatsächlich angefallenen Verluste durch das Projekt beziffert werden konnten, sah sich die Geschäftsleitung gezwungen, das Projekt einzustellen und alle mit dem Projekt verbundenen Arbeitsplätze abzubauen.

Malware

Schaut man sich auf der Windows-Plattform an, was sich dort alles als Malware tummelt, und analysiert man dazu noch die zugrunde gelegte Funktionalität, so wird man feststellen können, dass sowohl Computerviren an sich wie auch der überwiegende Rest der vorhandenen Malware nichts anderes machen, als nur die Funktionalität des Betriebssystems zum Schaden des Anwenders auszunutzen. Eine Großzahl von Malware greift auf keinerlei Sicherheitslücken zu, um funktionsfähig zu sein.

Linux-Viren

Dies erklärt auch die Existenz von einigen Linux-Viren, auch wenn diese praktisch nicht verbreitet sind. Steckt man das Gebiet etwas weiter, wird man nicht an den Publikationen von Dr. Fred Cohen vorbeikommen, der bereits zu Beginn der 80er Jahre auf UNIX-Systemen den Beweis erbrachte, dass dort selbst replizierende Software (heute Computerviren genannt) realisierbar ist. Sonstige schädliche Software wie Trojaner oder Backdoors sind auf Linux-Systemen genauso oder ähnlich realisierbar wie unter Windows-Systemen. Shell Scripts können ähnlich mächtig sein wie die bekannten Makroviren von der Windows-Plattform. So weist Cohen bereits 1990 in seinem Buch »Computers Under Attack« darauf hin, dass Shell-Script-Viren mit weniger als 200 Bytes an Code realisierbar sind.

Auch die Erstellung komplizierterer Viren stellt eigentlich kein Problem dar. Man denke nur an die Möglichkeit eines Melissa-ähnlichen Virus, der eine Sicherheitslücke/Funktionalität in einem weit verbreiteten E-Mail-Programm (z.B. pine) ausnutzt, um sich an andere Anwender per E-Mail zu versenden. Oder den bereits vorhandenen Man-Page-Virus, der die Möglichkeiten von troff zur Manipulation von Dateien und dem Ausführen von Programmen ausschöpft.

pine und troff als Sicherheitslücken

Obwohl unter Linux nur wenige Computerviren bekannt und diese praktisch nicht verbreitet sind, sollte ein Antivirenprogramm auf jedem Linux-Computer installiert sein und mit regelmäßigen Updates versehen werden. Auch wenn Computerviren unter Linux heute noch keine Rolle spielen, in den einschlägigen Internetforen wird bereits seit einiger Zeit über Viren- und Wurmkonzepte unter Linux nachgedacht und es ist nur noch eine Frage der Zeit, wann diese Konzepte in die Realität umgesetzt werden. Gerade in den letzten Monaten konnten verschiedene erfolgreiche Wurm-Angriffe auf Linux verzeichnet werden, wo sich der Wurm weltweit verbreitete, also als »In-The-Wild« galt. Entsprechende Warnungen wurden von den Herstellern von Antiviren-Software an ihre Kunden herausgegeben.

Anti-Viren-Software unter Linux

Immer mehr Hersteller portieren ihre Anti-Viren-Software auch auf die Linux-Plattform. Lösungen sind also mittlerweile in unterschiedlicher Qualität von verschiedenen Anbietern verfügbar. Interessanterweise argumentieren viele Systemadministratoren mit dem Hinweis auf die wenigen bekannten Linux-Viren, dass ein Einsatz von Anti-Viren-Software sich noch nicht lohnt.

Dabei wird ganz vergessen, dass in einem heterogenen Netzwerk, in dem Linux als Server eingesetzt wird, auch infizierte Windows-Dateien auf einem Linux-Computer zwischengespeichert und weiter-

Linux-Server speichern auch Windows-Dateien

kopiert werden können. Wenn Linux als Mailgateway zum Internet Verwendung findet, kann es ebenfalls schnell geschehen, dass durch nicht geschützte Linux-Mailserver Viren außerhalb des Unternehmens verbreitet werden.

Deshalb kann auch unter Linux nicht auf den Einsatz von Anti-Viren-Software verzichtet werden, wenn es im Moment auch nur darum geht Viren der DOS/Windows-Platform zu finden.

Eine gute und herstellerunabhängige Informationsquelle zum Thema Antivirensoftware findet man im Internet unter www.av-test.de.

Auch in diesem Fall gab es bereits in der Praxis Virenvorfälle in Unternehmen, die darauf zurückzuführen waren, daß auf allen mit Microsoft-Betriebssystemen ausgestatteten Clients und Servern ein Antiviren-Produkt installiert war, auf den Linux Servern jedoch nicht. Dadurch wurden Viren durch infizierte Dateien auf den Linux-Computern auch an andere Kommunikationspartner außerhalb des Unternehmens weitergeleitet, was dem Unternehmen sogar Schadensersatzandrohungen einbrachte.

Prüfsummenprogramme

Tripwire Generell sollten Computer auch durch Prüfsummenprogramme geschützt werden. Als Prüfsummenprogramm empfiehlt sich unter Linux das Programm Tripwire. Prüfsummenprogramme berechnen für jede Datei eine individuelle Prüfsumme. Wird auch nur ein Bit in der Datei verändert, ändert sich auch die Prüfsumme. Diese Änderung zwischen abgespeicherter und neu berechneter Prüfsumme erlaubt es Systemadministratoren, z.B. Neuinstallationen bzw. Deinstallationen auf ihre ordnungsgemäße Durchführung hin zu überprüfen. Im Falle von technischen Problemen stehen durch den Einsatz von Tripwire dem Administrator auch Möglichkeiten zur Verfügung, um gezielt nach den Ursachen zu suchen. Außerdem können durch Prüfsummenprogramme auch Softwareanomalien wie Computerviren und Trojanische Pferde entdeckt werden.

In der Praxis bedeutet der Einsatz von Prüfsummenprogrammen eine vereinheitlichte und wesentlich vereinfachte Suche nach Fehlern oder Problemen mit einer größeren Aussicht auf Erfolg. In einem Fall konnte durch den konsequenten Einsatz eines Prüfsummenprogramms eine absichtlich eingeschmuggelte und funktionsfähig installierte Backdoor entdeckt werden, was zur Aufklärung eines Falles der Computerspionage führte.

Sicherungskopien

Die wirksamste Waffe gegen Datenverlust und Computerviren stellen regelmäßige Sicherheitskopien dar. Um Sicherheitskopien sinnvoll anlegen und verwalten zu können ist es für Unternehmen dringend ratsam, eine Richtlinie für Sicherungskopien auszuarbeiten. Es gibt Open-Source-Lösungen für Linux, die bei der Erstellung und praktischen Umsetzung einer solchen Richtline behilflich sind. Meist handelt es sich dabei um eine Funktionalität, die bereits in Backup-Software integriert ist. Als sinnvoll hat sich in der Praxis erwiesen, Datenbestände immer zentral auf Servern zu speichern und diese Server über Nacht automatisch durch eine Sicherungskopie abzusichern.

Richtlinie für Sicherungskopien

Sicherheitslücken entdecken und schließen

Wie bereits zuvor angesprochen, verfügt auch Linux über Sicherheitslücken. Dies kann nicht ausbleiben, ist es doch allgemein nicht möglich ein System zu entwickeln, welches 100% sicher ist und auch noch funktioniert. Zwar verfügt Linux über den Vorteil, dass neu entdeckte Sicherheitslücken schnell (binnen weniger Stunden oder Tage) von der internationalen Programmierergemeinde wieder geschlossen werden, trotzdem kann man das Vorhandensein von bisher nicht entdeckten Sicherheitslücken nie ganz ausschließen.

Für ein vernünftiges Datensicherheitsmanagement bleibt es daher unverzichtbar, sich der Informationsquellen zu bedienen, die entsprechende Warnmeldungen über entdeckte Sicherheitslücken herausgeben. Dazu sollte der Hersteller der eingesetzten Linux-Distribution genauso zählen wie die Warnhinweise vom Computer Emergency Response Team CERT.

Sicherheitshinweise verfolgen

Es wird derzeit an einem Projekt gearbeitet, welches inhaltlich getrennte Warnmeldungen für das Unternehmensmanagement und für Systemadministratoren ausgibt. Der Beta-Test wurde bereits aufgenommen und ab 1. September 2001 soll dieser Dienst zur Verfügung stehen. Darüber hinaus gibt es außer den einschlägigen Informationsbereichen im Internet auch Fachzeitschriften die regelmäßig über entdeckte Sicherheitslücken berichten. Hier muß dem Management klar sein, daß nur durch frühzeitige Informationen die Systeme vernünftig abgesichert werden können.

Härten des Betriebssystems

Default-Installation meiden

Um es einem Angreifer generell schwieriger zu machen, sollte nicht mit den Default-Installationen von Linux-Distributionen gearbeitet werden. Hier werden standardmäßig zuviel unnötige und auch missbrauchsfähige Tools sowie viele potentielle Sicherheitslücken aus Gründen der Usability mitinstalliert.

Hardening-Skripte nutzen

Sowohl SuSE als auch Red Hat bieten zur Verbesserung der Datensicherheit so genannte Hardening-Skripte an, mit denen eine installierte Linux-Distribution auf Sicherheitsprobleme hin untersucht wird. Diese Skripte erlauben dann auch das automatische »Härten« des Betriebssystems. Die nicht benötigten Tools werden deinstalliert bzw. sicherheitsbedenkliche Konfigurationen werden entsprechend abgeändert.

Das Härten des Betriebssystems ist dringend empfohlen wenn Linux in einem kommerziellen Umfeld eingesetzt wird. Die Fälle in denen Angreifer erfolgreich waren, weil sie eine Standard-Installation mit all ihren Fehlern und Sicherheitslücken vorfanden, würden ganze Bände füllen.

Internet-Connectivity und Firewalls

Welches andere Betriebssystem wäre geeigneter, um die unterschiedlichsten Internet-Lösungen zu realisieren als Linux? Angefangen von FTP- und Web-Servern über Firewalls und E-Mail-Server bis hin zu Virtual Private Networks kann jede gewünschte Lösung mit Open-Source-Mitteln realisiert werden.

Aber gerade im Bereich der Internet-Connectivity muss auf die Sicherheit der Systeme geachtet werden. Wird hier nicht mit der nötigen Konsequenz gearbeitet, kann über den unsicheren Anschluss an das Internet die gesamte Rechnerinfratruktur des Unternehmens kompromittiert werden.

Eigene oder schlüsselfertige Firewalls

Im Gegensatz zu anderen weit verbreiteten Betriebssystemen sind in Linux bereits verschiedene Firewall-Funktionalitäten integriert. Darüber hinaus gibt es verschiedene Tools zum Erstellen kompletter Firewalls mit unterschiedlichen Leistungsmerkmalen. Auch hier kann eine Realisation durch den Einsatz von Open-Source-Lösungen einfach und preiswert durchgeführt werden. Wer ein All-Inclusive-Paket möchte, kann auch eine schlüsselfertige Linux Firewall bei zahlreichen Anbietern kaufen.

Gerade für die Administration einer Firewall gilt, dass man hier das Ohr am Puls der Sicherheitshinweise haben muss. Für kleine und mittlere Unternehmen empfiehlt es sich, die Administration der Firewall an entsprechende Fachunternehmen auszulagern.

Virtual Private Networks

Um das Abhören von Datenkanälen wirksam zu unterbinden, kommen heute Virtual Private Networks zum Einsatz. Diese Virtual Private Networks sorgen für eine verschlüsselte Übermittlung der Daten, schützen damit die Daten vor Manipulation oder Vertraulichkeitsverlust und authentifizieren die bestehende Verbindung zwischen zwei Computern, die über das Internet miteinander verbunden sind.

Eine Open-Source-Lösung für ein VPN ist die IPSEC-Implementierung Free S/WAN für Linux (http://www.xs4all.nl/~freeswan/). IPSEC steht für Internet Protocol SECurity, der von der Internet Engineering Task Force (IETF) als VPN-Standard entwickelt wurde. Mit IPSec steht ein allgemein verbindlicher, Hersteller übergreifender Standard zur Verfügung, der den Datenaustausch zwischen unterschiedlichen Security Gateways im Rahmen einer VPN-Lösung regelt. Die zu verwendenden Protokolle im Rahmen des IPSec-Standards müssen folgende Aufgaben bewerkstelligen:

IPsec und Free S/WAN

- Authentifikation der Kommunikationspartner
- Integrität der Informationen
- Verschlüsselung der Informationen
- Maßnahmen gegen Replay-Angriffe
- Schlüsselmanagement

Die Open-Source-Lösung Free S/WAN ist beliebig einzusetzen und unterliegt keiner Exportkontrolle oder -beschränkung. Mit Free SWAN können verschlüsselte End-to-End-Verbindungen zwischen zwei Clients oder auch Site-to-Site-Verbindungen zwischen zwei Security-Gateways realisiert werden.

Viele Internet-Provider bieten ihren Kunden heute VPN-Funktionalität an. Durch diese Dienstleistung sind auch kleine und mittlere Unternehmen in der Lage in den Genuss von VPN zu kommen, ohne dabei entsprechendes Fachwissen im Unternehmen aufbauen zu müssen.

Datensicherheitskonzept

Egal mit welchem Betriebssystem gearbeitet wird, ein Unternehmen sollte ein Datenschutzkonzept ausarbeiten, welches auf die individuellen Bedürfnisse des Unternehmens abgestimmt ist und optimalen Schutz bei optimaler Kosteneffektivität gewährleistet. Gerade durch die Transparenz von Linux sind hier kosteneffektive Maßnahmen möglich, wie sie unter proprietären Betriebssystemen kaum vorstellbar sind. Innerhalb dieses Datenschutzkonzeptes sind die einzelnen Maßnahmen zur Vorbeugung und für den Ernstfall definiert.

Ein Datenschutzkonzept sollte

1. bestmöglichsten Schutz unter ökonomischen Aspekten bieten,
2. dies bei geringster Störung des Arbeitsalltags,
3. und zudem an das Unternehmen und seine Bedürfnisse individuell angepasst sein.

Da diese Datenschutzkonzepte individuell für die Unternehmensbedürfnisse erstellt werden, sollen nachfolgend die wichtigsten Faktoren aufgezählt werden, die in einem solchen Lösungskonzept unbedingt berücksichtigt sein sollen.

- *Unfälle durch unsachgemäße Anwendung oder mangelnde Kenntnisse*
  Hier kann nur durch die regelmäßige Ausbildung der EDV-Anwender eine Minimierung der Schäden erfolgen.

- *Datenmanipulation durch Mitarbeiter*
  Die Möglichkeit einer Datenmanipulation durch Mitarbeiter kann nie ganz ausgeschlossen werden. Abhilfe kann hier nur eine Zugangsbeschränkung auf Rechner und Dateien schaffen.

- *Computerviren*
  Computerviren stellen eine nicht zu unterschätzende Gefahr für Datenbestände dar und sind darüber hinaus auch ein nicht unerheblicher Kostenfaktor bei der Wartung der EDV-Anlage.

- *Datenverluste durch Materialdefekte und mangelnde Sicherungskopien*
  Hier ist es hilfreich, regelmäßig Sicherungskopien seiner Datenbestände anzufertigen und diese über mehrere Generationen von Sicherungskopien aufzubewahren.

- *Hacker*
  Sie stellen heute in größeren Netzwerken weiterhin eine Gefahr dar. Abhilfe schafft hier nur der Paßwortschutz bei Netzwerkzugängen, und bei Modemzugängen eine Callback-Funktion.

- *Fremde Personen die sich Zutritt zur EDV eines Unternehmens verschaffen*
  Entsprechende Zugangskontrollen zu den Räumlichkeiten wie Schlösser die nur mit Magnetstreifenkarten oder Smart Cards geöffnet werden können, oder auch Zahlencodeschlösser.

- *Äußere Einflüsse wie Feuer, Wasser, Unwetter usw.*
  Entsprechend geschützte Räumlichkeiten oder Tresore können hier das Risiko einschränken.

Von der Berücksichtigung dieser Faktoren und der richtigen Implementierung von Gegenmaßnahmen in einer unternehmensweit gültigen Datensicherheitsrichtlinie und der entsprechenden Auswahl und Anpassung von Produktlösungen wird der Erfolg der gesamten Sicherheitsmaßnahme abhängig sein.

Anwenderschulung

Die Basis aller Datensicherheitsbemühungen sollte eine fundierte Schulung des Anwenders sein. Das primäre Problem bei Datenpannen ist in der Regel eine mangelhafte oder nicht vorhandene Ausbildung der Anwender im Bereich der Datensicherheit. Ohne konsequente Schulung der Benutzer wird sich in diesem Bereich auch mittelfristig nichts ändern, denn Datenschutzsysteme sind oftmals nur so gut wie der Computeranwender, der die Datensicherheitsmaßnahmen durchführen soll. Ein User, der zum Thema Datensicherheit und die dazu verwendeten Systeme nicht ausgebildet wurde, wird die Systeme nicht oder falsch einsetzen und die Resultate falsch interpretieren. Mit schlecht ausgebildeten Anwendern ist kein vernünftiger und wirksamer Datenschutz zu betreiben. Es sollte dem betreffenden Mitarbeiter ebenfalls klar gemacht werden, dass es auch in seinem Interesse ist, wenn Unternehmensdaten optimal geschützt sind.

System-Revision

Computer, die in einer Unternehmensstruktur als Mission Critical einzustufen sind, sollten einer regelmäßigen Systemrevision unterzogen werden. Die Systemrevision ist dabei unter Datensicherheitsgesichtspunkten durchzuführen. Im Rahmen einer Revision können dann auch neue Software-Updates eingespielt bzw. Software-Wartungen vorgenommen werden. Auch für die Systemrevision gilt, dass es für kleine und mittelständige Unternehmen kostengünstiger sein kann, diese Aufgabe an einen externen Dienstleister zu übertragen.

Linux als Plattform für kommerzielle Sicherheitsprodukte

Stefan Strobel
Articon-Integralis AG, Strategic Development
stefan.strobel@Articon-Integralis.de
www.articon-integralis.de

Abtract

Linux und kommerzielle Sicherheit. Ist das ein Widerspruch oder mittlerweile ein typisches Szenario in der Industrie? Sollte man ein Sicherheitssystem auf Basis von Linux implementieren oder lieber nicht? Diese Fragen, zusammen mit einigen Details zu typischen Anwendungsfällen, sollen im Folgenden diskutiert werden.

Linux, Internet und Sicherheit

Zum Verständnis der aktuellen Situation soll zunächst die historische Entwicklung des IT-Sicherheitsmarktes und Linux sowie ihre jeweiligen Verbindungen in den letzten Jahren betrachtet werden.

Linux

Als Linux vor rund zehn Jahren entstand, war generell der kommerzielle Einsatz noch eine undenkbare Utopie. Das System war eher eine Programmierübung als eine Plattform für Anwendungen jedweder Art. Jedoch schon 1993 und 1994 war absehbar, dass es durchaus interessante Anwendungen auf Linux gibt und dass diese auch in Firmen Verwendung finden könnten. Es war eine Zeit, in der beinahe fanatische Linux-Anhänger auf den Computer-Messen von Stand zu Stand gelaufen sind um große Software-Häuser davon zu überzeugen, dass sie ihre Anwendungen auf Linux portieren sollten. Dieses Bemühungen waren in den frühen Jahren nur von sehr kleinen Erfolgen belohnt, und erst in den letzten fünf Jahren gab es hier entscheidende Durchbrüche.

Internet

In einem ähnlichen Zeitrahmen hat sich in Europa das Internet außerhalb der Universitäten etabliert und relativ parallel mit Linux entwickelt. Während nahezu bis 1994 das Internet fast ausschließlich im Hochschul-Umfeld existierte, entstand Mitte der 90er Jahre ein Markt für Internet-Zugänge im kommerziellen Bereich und direkt danach auch für Privatanwender. Speziell die kommerziellen Internet-Zugänge haben maßgeblich einen zweiten Markt gefördert, nämlich die Netzwerksicherheit.

Netzwerk- und IT-Sicherheit

IT-Sicherheit gab es zwar auch schon vor dem Internet, sie hat jedoch eher ein Schattendasein geführt. Wenn man heute Bücher über Computer-Sicherheit liest, die Anfang der 90er Jahre oder sogar davor geschrieben wurden, dann findet man neben den kryptografischen Grundlagen, die sich bis heute kaum geändert haben, vor allem Themen, die heute eine eher untergeordnete Rolle spielen und auch damals nur wenigen kommerziellen Anwendern wichtig waren. IT-Sicherheit war damals hauptsächlich die Sicherheit auf Computern selbst

Riesiger Sicherheits-Markt

Genauso wie das Internet in den letzten fünf Jahren nahezu explodiert ist, ist ein riesiger Markt für Netzwerk- bzw. IT-Sicherheit gewachsen, der mit zentralen Themen um Firewalls, VPNs, starker Authentisierung oder heute auch PKI wirbt. Die drei Themen »Internet«, »Sicherheit« und »Linux« sind also nahezu zeitgleich erwachsen geworden und sie stehen miteinander in Beziehung.

Internet als auslösender Faktor

Das Internet war sicher der auslösende Faktor für viele Dinge. Linux wäre ohne das Internet nie entstanden, alleine schon weil ohne das Internet die vielen Entwickler nicht zueinander gefunden hätten.

Die Netzwerksicherheit wäre ohne das Internet auch nie so populär geworden, wie sie es heute ist. Erst durch den Schutzbedarf, den Firmen vor Hackern und so genannten Script-Kiddies entdeckt haben, entstand ein großer Bedarf an Firewalls und heute ist es nahezu selbstverständlich, dass eine Firewall zu einem Internet-Anschluss dazu gehört. Andererseits war die Entwicklung von komfortablen und umfangreichen Sicherheitsprodukten auch nötige Vorraussetzung dafür, dass viele Firmen sich in den frühen Jahren überhaupt an das Internet angeschlossen haben. So hat sich das Internet und der Netzwerksicherheitsmarkt gegenseitig benötigt und gefördert.

In welcher Beziehung steht aber Linux zur Netzwerksicherheit?

Firewalls und Linux

Firewalls waren vermutlich das erste Thema, das sich in diesem neuen und boomenden Markt etabliert hat. Firewalls, die am Anfang der 90er Jahre an Universitäten oder Firmen wie AT&T aufgebaut wurden, würde man heute als Bastellösungen bezeichnen. Sie basierten meist auf Unix-Systemen, auf denen primitive Application Gateways programmiert wurden, oder Routern, die einfache IP-Paketfilter implementierten. Derartige Lösungen waren für einen großen kommerziellen Markt nicht geeignet und auch kommerzielle Produkte wie die Gauntlet Firewall, deren Wurzeln auf einen der damaligen Pioniere, nämlich Markus Ranum, zurückgeht, spielt heute keine wichtige Rolle mehr.

»Bastellösungen«

Frühe Versionen von Linux implementierten vor allem die Werkzeuge, die man zum Aufbau rudimentärer Firewalls Anfang der 90er verwendete. Der Kernel konnte einfache IP-Filter aufbauen und für Proxies verwendete man frei verfügbare Werkzeuge wie das TIS-Toolkit. Diese Werkzeuge mussten von Spezialisten kompiliert und installiert werden und die Konfiguration erfolgte mit Hilfe von Text-Dateien, Shell-Skripten und einfachen Text-Editoren. In den ersten Jahren war der Lebensweg von Linux und der von Netzwerksicherheit durchaus noch verbunden. Sogar einige Firmen, die sich früh an das Internet anschlossen, ließen ihre Firewalls mit Linux und einfachen Tools aufbauen. Die Nachteile waren für damalige Firewalls generell gleich. Sie boten kaum Funktionalität, waren sehr unflexibel und vor allem sehr schwer zu managen. Ob eine Firewall damals auf Basis von Linux oder Solaris aufgesetzt wurde, hatte eher keinen Einfluss auf diese Probleme.

Anfang der 90er Jahre

Linux und kommerzielle Netzwerksicherheit

Zwischen 1995 und 1998 trennten sich jedoch die Wege von Linux und der kommerziellen Netzwerksicherheit. In dieser Zeit begannen die ersten wirklich komfortableren Produkte für Netzwerksicherheit auf den Markt zu kommen und sie waren bis vor kurzem nicht für Linux, sondern vor allem für Solaris oder Windows NT verfügbar.

Komfortable Produkte zuerst auf Solaris und NT

Im Firewalls-Bereich waren das besonders die Firmen Check Point, TIS (heute NAI), Raptor (heute Symantec) und Cisco. Daneben etablierten sich Firmen wie Content Technologies, Finjan, TrendMicro, Websense oder Surfcontrol im Content-Security-Bereich und Security Dynamics (heute RSA) Vasco oder Axent (heute Symantec) im Authentisierungsbereich. Fast alle Produkte der genannten Firmen waren zunächst für die damals populären großen Unix-Derivate, vor allem Solaris oder alternativ für Windows NT erhältlich.

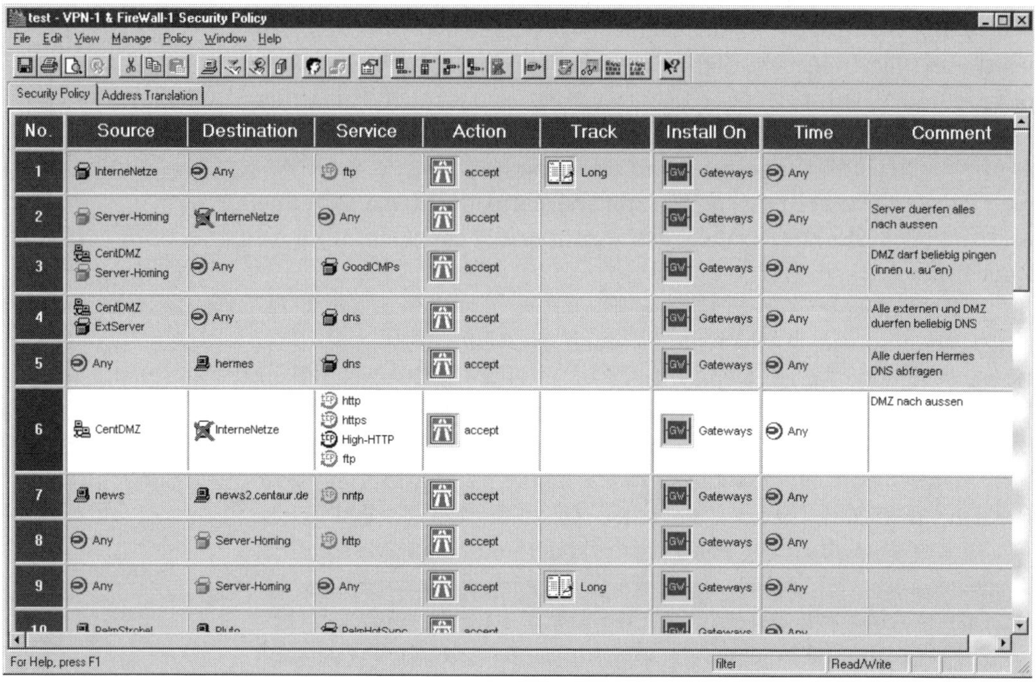

No.	Source	Destination	Service	Action	Track	Install On	Time	Comment
1	InterneNetze	Any	ftp	accept	Long	Gateways	Any	
2	Server-Homing	InterneNetze	Any	accept		Gateways	Any	Server duerfen alles nach aussen
3	CentDMZ Server-Homing	Any	GoodICMPs	accept		Gateways	Any	DMZ darf beliebig pingen (innen u. au"en)
4	CentDMZ ExtServer	Any	dns	accept		Gateways	Any	Alle externen und DMZ duerfen beliebig DNS
5	Any	hermes	dns	accept		Gateways	Any	Alle duerfen Hermes DNS abfragen
6	CentDMZ	InterneNetze	http https High-HTTP ftp	accept		Gateways	Any	DMZ nach aussen
7	news	news2.centaur.de	nntp	accept		Gateways	Any	
8	Any	Server-Homing	http	accept		Gateways	Any	
9	Any	Server-Homing	Any	accept	Long	Gateways	Any	

Abb. 1
Check Point Firewall-1

Firmen, die schon sehr früh Linux unterstützten wie ISS mit den ersten Version des Intrusion Detection Systems RealSecure, stellten Linux als Plattform wieder ein. Ein wichtiger Grund war sicher für viele Firmen, dass sie in einem Bereich, bei dem sie die Sicherheit des Unternehmens aufbauen wollten, nicht auf ein junges Betriebssystem Wert legen.

Zwei Typen von Firmen

In dieser Zeit gab es hauptsächlich zwei Typen von Firmen. Die einen forderten von sich aus oder nach Beratung durch externe Sicherheitsexperten eine etablierte und speziell gehärtete Betriebssystem-Grundlage für ihre Firewalls und dies war meist Solaris. Eine andere Gruppe, und diese ist auch heute noch stark wachsend, legte großen Wert auf Microsoft. Sicherheitsbedenken bezüglich Windows NT waren dabei weniger wichtig als die Tatsache, dass alles auf NT- und PC-Hardware aufbauen sollte.

Die Menge der Leute, die in dieser Zeit die Vorteile eine PC-Hardware und eines Unix-Betriebssystems mit Hilfe von Linux vereinen wollten, war vernachlässigbar gering.

Ein kleiner Markt: Linux-Sicherheitsprodukte

Dennoch gab es auch in den letzten vier bis fünf Jahren einen kleinen aber existierenden Markt für Linux-basierte Sicherheitsprodukte. Diese Produkte waren jedoch immer so gering verbreitet, dass sie in keiner Marktanalyse auftauchten und alleine schon aus diesem Grund für viele industrielle Anwender nicht in Frage kamen.

Ein anderer Aspekt ist auch hier die Macht des Geldes, die bei den dominanten Firewalls-Herstellern dazu führte, dass diese über Lizenzgebühren und Börsengang so viel Geld in ihre Kassen schaufeln konnten, dass die nächsten Generationen der Produkte einen deutlichen Technologie-Vorsprung zu allen Mitbewerbern und damit auch zu allen Linux-basierten Produkten aufbauen konnte.

Linux-basierte Firewalls waren bis vor kurzem immer noch auf statischen oder eher primitiven dynamischen Filtern mit einfachen Proxies aufgebaut, während die großen kommerziellen Produkte sehr ausgefeilte dynamische Filter, VPN-Server mit passenden Windows-Clients und Schnittstellen zu Content-Security-Produkten und Authentisierungs-Servern anboten. Ganz wesentlich war und ist aber auch die grafische Oberfläche eines solchen Produktes. Einerseits war eine gute grafische Oberfläche schon immer ein Verkaufs- und Marketing-Instrument, das sehr erfolgreich war. Andererseits ist ein übersichtliches GUI auch ein Sicherheitsaspekt, denn nur eine Konfiguration, die ein mittelmäßiger Administrator auch versteht und im Griff hat, wird er fehlerfrei pflegen können.

Linux technologisch im Hintertreffen

Linux brachte in dieser Zeit deutlich mehr Nachteile gegenüber einer etablierten Firewall auf einem anderen Betriebssystem mit sich. Vor allem fehlte die benutzerfreundliche und managebare Software.

Nicht benutzerfreundlich

Der einzige Vorteil von Linux in diesem Bereich bestand zunächst in den geringeren Anschaffungskosten. Für die meisten Firmen wurde dieser Vorteil jedoch später durch starke Abhängigkeit von wenigen Unix-Spezialisten und damit verbundene hohe Betriebskosten zu einem großen Nachteil. Die Ursache für diese Situation lag jedoch nicht an einem Fehler von Linux, sondern an der fehlenden Verfügbarkeit von hochwertigen kommerziellen Produkten auf der Linux-Plattform in diesen Jahren.

Die Kostenseite

So kam es ungefähr in den Jahren 1996 bis in die jüngste Vergangenheit zu einer sehr starken Entfernung der beiden Märkte Linux und Netzwerksicherheit, obwohl beide eine gemeinsame Vergangenheit und parallele Entwicklung mit Unterstützung des Internets erlebt haben.

Linux in »Appliances«

Linux kommt wieder

Seit ein bis zwei Jahren ist dieser Trend wieder umgekehrt, wenngleich dies für den normalen Anwender nicht unbedingt sichtbar wird. Der treibende Faktor hierfür ist eine fortgeschrittene Entwicklungsphase der Firewalls. Ebenso wie Netzwerk-Komponenten, vor allem Router, in den frühen Jahren auf universellen Computern basierten und sich von dort immer mehr zu spezialisierten Hardware-Geräten entwickelten, ist ein Trend erkennbar, bei dem Firewalls immer weniger auf PCs oder Unix-Workstations installiert werden, sondern immer mehr auf so genannten Appliances. Eine Appliance sieht von außen typischerweise aus wie eine Mischung aus 19"-Industrie-PC und einem Router. Das Innenleben ist meist tatsächlich ein normaler PC, auf dem ein modifiziertes oder abgespecktes Standard-Betriebssystem mit einer vorinstallierten Software läuft.

»Black Box«

Die Vorteile für den Anwender liegen vor allem in einem reduzierten Betriebsaufwand. Bei einer Appliance sieht der Anwender und Administrator das Betriebssystem nicht. Für ihn ist es eine »Black Box« – auch wenn die Geräte in der Praxis andere Farben haben. Die Appliance ist ein Gerät, das eine Funktion erbringt und bei dem man das Betriebssystem nicht zur Kenntnis nimmt oder überhaupt kennt. Dennoch enthalten Appliances natürlich ein Betriebssystem. Es ist aber häufig mit der Anwendungs-Software in einem gemeinsamen Image und beim Kauf bereits vollständig installiert. Damit kann sich der Administrator voll auf die Anwendung konzentrieren und muss sich keine Gedanken um Betriebssystem-Patches oder Updates machen.

Abb. 2
Nokia Firewall-Appliance

Das bekannteste Beispiel im Firewall-Bereich sind sicher die Nokia-Boxen für die CheckPoint Firewall-1. Diese Geräte werden als Firewall-Appliances verkauft und bestehen bei genauerem Hinsehen aus PC-üblichen Motherboards. Das Betriebssystem mit dem Namen IPSO basiert ursprünglich auf BSD und wurde hinsichtlich des Einsatzes in Sicherheitsanwendungen speziell modifiziert. Ein anderes Beispiel sind die Cacheflow-Appliances, die sich auf http Proxying und Caching spezialisiert haben und dabei ein eigenes, sehr minimales Betriebssystem zugrunde legen.

Diese Appliances sind prinzipiell sehr erfolgreich, sie haben jedoch für Systemintegratoren häufig den Nachteil, dass sie aufgrund des spezifischen Betriebssystems schlecht erweiterbar sind.

Genau hier liegt aber das große Potenzial von Linux und der aktuelle Erfolg von Linux im Sicherheitsbereich. Dabei geht es nicht um Firewall-Appliances, die auf Basis der Linux-IP-Filter und frei erhältlicher Proxies aufgebaut werden und damit versuchen, in Konkurrenz zu den etablierten großen Software-Herstellern zu treten. Vielmehr bietet die immer breiter werdende Akzeptanz von Linux auf Seite der Software-Hersteller die Möglichkeit, Appliances mit etablierten und komfortablen Produkten herzustellen, die Linux als unsichtbares Betriebssystem verwenden. Im Vordergrund steht dabei die Anwendung und das Betriebssystem wird häufig nicht einmal genannt.

Linux als unsichtbares Betriebssystem

Damit findet Linux eine Verbreitung, ohne dass sich die Kunden dessen überhaupt bewusst sein müssen. Beispiele für solche Geräte sind die Linux Appliances von Intrusion.com oder der VelociRaptor von Symantec (früher Axent).

Die Vorteile von Linux in diesem Umfeld sind zahlreich, denn primär geht es darum, ein kleines und performantes Betriebssystem in einer Appliance zu verwenden, auf dem dennoch die angestrebte Applikation lauffähig ist.

Die Vorteile von Linux

- Linux eignet sich hier besonders gut, da man schon mit wenigen Megabytes ein funktionsfähiges System zusamenstellen kann, das für den Betrieb einer dedizierten Applikation ausreicht.
- Häufig suchen Firmen auch nach einer Appliance, die für einen möglichst problemlosen Dauerbetrieb keine beweglichen Teile mehr enthält. Mit Linux als Basis und speziellen Flash-Speichern anstelle von herkömmlichen Festplatten lässt sich dies einfach erreichen.
- Zum Aufbau von grafischen oder Web-basierten GUIs für eine Appliance gibt es zahlreiche kostenlose Werkzeuge, die alle auf Linux verfügbar sind und damit einfach integrierbar sind als auf speziellen Betriebssystemen.
- Da alle Teile des Betriebssystems einzeln und im Quellcode verfügbar sind, kann man ohne großen Aufwand ein minimales System herstellen. Nicht benötigte Dienste und Systemkomponenten können so von vornherein weggelassen werden und machen die Appliance nicht unsicher.

Linux ist damit eine nahezu ideale Plattform zum Aufbau von Appliances und wird gegenwärtig von zahlreichen Herstellern verwendet.

Für den Anwender sollte sich die Frage nach dem Betriebssystem jedoch nicht als Erstes stellen. Die oben beschriebenen Vorteile beim Aufbau von Appliances sind zunächst für den Hersteller dieser Geräte interessant. Ein Anwender sollte primär überlegen, welche Anforderungen er an die Sicherheit und welche funktionalen Anforderungen er an die jeweilige Komponente stellt. Ein wichtiger Aspekt ist dabei auch die Verwaltung und die Frage, welche Gruppe von Mitarbeitern das System später pflegen und verwalten soll. Nach diesen Kriterien kann dann ein Firewall-Produkt ausgewählt werden. Erst danach kann man überlegen, auf welcher Plattform dieses Produkt installiert werden soll oder ob es direkt als Appliance angeschafft werden soll. Die Appliance hat auf jeden Fall den Vorteil, dass Hardware und Betriebssystem für den Anwender nahezu unsichtbar sind und vom Hersteller optimal auf das Gesamtprodukt abgestimmt wurden.

Sicherheit für Webserver unter Linux

Kein guter Ruf Unabhängig von den klassischen Netzwerksicherheits-Produkten ist Linux schon lange eines der beliebtesten Betriebssysteme zum Aufbau von Webservern. Die Gründe dafür liegen jedoch nicht in der Sicherheit, sondern eher in der Verfügbarkeit und der Performance. Linux hat hier, vor allem wenn vollständige kommerzielle Distributionen wie Red Hat oder SuSE verwendet werden, eher einen schlechten Ruf in Bezug auf Sicherheit. Schuld daran ist sicher nicht der Kernel, sondern häufig die bei den Distributionen mitgelieferten zahlreichen Zusatzprogramme und Tools. BSD genießt hier einen etwas besseren Ruf.

Pit Bull Eine relativ neue Möglichkeit, die Sicherheit eines Linux-Webservers um einen deutlichen Faktor zu erhöhen, ist der Einsatz von PitBull LX der Firma Argus. PitBull kommt aus dem Bereich der Trusted Operating Systems (TOS) und war früher nur für Solaris-Systeme erhältlich. Es unterteilt ein Unix-System in mehrere Compartments und verhindert so, dass ein Einbruch in einem kleinen Teil des Systems dazu führen kann, dass der gesamte Server in die Hände des Angreifers geraten kann. Besonders geeignet ist PitBull damit für alle Arten von Web und E-Business-Applikationen, gerade auch im Bereich Hosting.

Linux und Netzwerksicherheit im Überblick

Betrachtet man die wichtigsten Bereiche der Netzwerksicherheit im Überblick, so erkennt man folgende Situation:

- *Linux als Plattform für etablierte Firewall-Produkte*
  Nachdem sich die Hersteller bisher eher auf Windows-NT und große kommerzielle Unix-Varianten konzentriert haben, wird Linux heute meist unterstützt. In großen Firmen kommt Linux jedoch nur relativ selten als sichtbare Plattform für Firewalls zum Einsatz. Schuld daran sind häufig Bedenken der firmeninternen Support-Abteilungen, die sich auf wenige Plattformen konzentrieren und Linux meist ablehnen. Generell sollte die Frage nach dem verwendeten Betriebssystem eine untergeordnete Rolle spielen und sich nach den Empfehlungen des Herstellers sowie den Kenntnissen der eigenen Mitarbeiter richten.

- *Linux als eher unsichtbare Plattform in Firewall-Appliances*
  In diesem Bereich ist Linux stark im Kommen, wenngleich der Platzhirsch Nokia mit seinen IPSO-basierten Appliances noch den größten Anteil für sich verbuchen kann.

  Da bei einer Appliance das Betriebssystem für den Anwender und Administrator nahezu unsichtbar ist, sollten man auch hier diese Frage nicht zu einem Auswahlkriterium machen; sondern die Appliance als Gesamtsystem betrachten.

- *Spezielle Linux-Firewalls*
  Firewalls, die ausschließlich auf Linux-Basis entwickelt wurden, sind bisher noch Exoten. In der Vergangenheit waren diese Produkte zumeist den etablierten Produkten weit unterlegen, da sie mit relativ primitiven frei erhältlichen Tools aufgebaut waren. Neuere Entwicklungen wie etwa die StoneGate Firewall von StoneSoft bieten jedoch schon weit mehr Funktionalität und könnten in zukünftigen Versionen an die etablierten Hersteller anschließen.

- *Linux als Site to Site VPN-Gateway*
  Auch hier ist Linux nur sehr wenig im industriellen Umfeld verbreitet. Die IPSEC-Funktionalität ist zwar ohne größere Einschränkungen vorhanden, aber den Anwendern kommt es vor allem auf Kriterien wie komfortables zentrales Management, einfache Integration in vorhandene Überwachungssysteme und Ausfallsicherheit an. In puncto Stabilität ist Linux zwar einem NT-System überlegen, aber an dedizierte Hardware-VPN-Gateways kommt Linux jedoch genauso wenig heran wie an Hardware-Router. Vor einem

Einsatz von Linux in diesem Bereich können Firmen nur gewarnt werden. Selbst wenn kurzfristig betrachtet die Anschaffungskosten geringer erscheinen als bei entsprechenden Hardware-VPN Boxen, sind die Folgekosten bei einer Lösung aus Standard-Hardware mit Linux und einer VPN-Software auf Dauer deutlich höher. Heutzutage sind jedoch die Hardware-Lösungen meist auch schon in der Anschaffung günstiger.

- *Linux als VPN-Gateway für RemoteAccess*
Im Gegensatz zu einem Site-to-Site VPN, bei dem je Standort nur ein einziges VPN-Gateway existiert, kommt es bei einem RemoteAccess VPN darauf an, einen gesicherten Zugang zum Firmennetz für Hunderte oder sogar Tausende von Anwendern zu ermöglichen. Die Anwender installieren dazu eine VPN-Client-Software auf ihrem PC oder Notebook und bauen damit einen verschlüsselten Tunnel über ein öffentliches Netz bis zum VPN-Gateway der Firma auf.

In diesem Szenario muss man davon ausgehen, dass die PCs oder Notebooks der Anwender mit Windows installiert sind. Die Anforderungen liegen damit vermehrt auf der Seite der Clients bzw. auf der Integration und Verwaltung der Clients. Ein VPN-Gateway für diesen Zweck muss die Benutzer komfortabel verwalten können bzw. mit existierenden Verzeichnissen und mit etablierten Systemen für starke Authentifikation zusammenarbeiten. Dazu kommen viele Anforderungen an die entsprechende Client-Seite: Automatische Versionsprüfung und Updates der Software, Unterstützung von mehreren alternativen VPN-Eingangspunkten für hohe Verfügbarkeit, Integration mit Windows-Domänenanmeldung etc. sind nur wenige Beispiele.

In diesem Bereich spielt Linux bisher nahezu keine Rolle in industriellen Umgebungen. Windows ist hier auf den Notebooks und PCs der Anwender so stark etabliert, dass sich die VPN-Software sowohl auf Seite der Clients als auch am Server maximal auf diese Umgebung konzentrieren muss. Es wäre zwar denkbar, eine etablierte Software wie Firewall-1 für diesen Zweck auch auf Linux zu betreiben, aber meist fehlen dann Details wie Treiber für Crypto-Accelerator Karten oder PKI-Integration, die Linux in diesem Bereich zu einer unattraktiven Plattform machen.

- *Linux als Plattform für kommerzielle netzwerkbasierte Intrusion Detection Systeme*
Der Ausgangspunkt für Linux in diesem Bereich war vor vier bis fünf Jahren recht gut, denn frühe Versionen des Produkts RealSecure von ISS waren damals für Linux verfügbar. Leider stellte ISS

mangels Nachfrage den Support für Linux wieder ein. Dennoch steigen die Chancen heute wieder, da sich der Markt im IDS-Bereich stark wandelt und noch keine derart etablierten Marktführer vorhanden sind. Der bisherige Marktführer ISS verliert technologisch gesehen an Boden, während Newcomer wie NetworkICE einen Test nach dem anderen gewinnen. Damit ergibt sich eine Dynamik, die auch alternativen Plattformen gute Chancen öffnet.

Linux und freie netzwerkbasierte Intrusion-Detection-Systeme
Mit Snort und ähnlichen frei verfügbaren Tools kann man ein »kostenloses« IDS aufbauen. Allerdings muss der Begriff »kostenlos« mit Vorsicht verwendet werden, da bei dem Einsatz eines Intrusion-Detection-Systems in größeren Umgebungen die Lizenzkosten der Software und des Betriebssystems einer der kleinsten Teile der Gesamtkosten darstellen. Viel interessanter sind die späteren Betriebskosten für ständige Aktualisierung, Fehlerbehebung und vor allem Überwachung des IDS. Das ist sicher einer der wichtigsten Gründe, warum sich speziell größere Firmen weniger für den Anschaffungspreis als für die Qualitäten im Betrieb interessieren.

Fazit

Zusammengefasst ist die Verbreitung von Linux im kommerziellen Netzwerksicherheits-Bereich eher gering. Vor allem Industriekunden und der obere Mittelstand legen von sich aus keinen Wert darauf Linux als Plattform zu verwenden. Die Plattform-Frage spielt nur insofern eine Rolle, als die firmeninternen Support-Abteilungen sich bevorzugt auf wenige Plattformen konzentrieren und dies zumeist Windows NT und eine kleine Auswahl der großen etablieren UNIX-Hersteller sind.

Auch allen anderen Firmen kann nur dringend empfohlen werden, die Frage nach Linux nicht in den Vordergrund zu stellen, sondern primär auf die Funktionalität der Gesamtlösung und auf den Aufwand im späteren Betrieb zu achten. Erst wenn dies geklärt ist, sollte man überlegen, welche Betriebssysteme jetzt in Frage kommen, sofern man sich nicht ohnehin schon für eine Appliance entschieden hat.

Sobald Appliances ins Spiel kommen, verschmilzt die Applikation mit dem Betriebssystem und der Hardware. Anstelle von Standard-PCs mit einem ausgewählten Betriebssystem und einer Sicherheits-Applikation sehen die Firmen hier die Anwendung als Gesamt-Box. Hier hat Linux die größten Chancen, eine Standard-Komponente dieser

Appliances zu werden und sich so auch stark in die großen Firmen zu verteilen. Administratoren und Anwender bemerken hiervon jedoch in der Regel nichts.

Hochverfügbarkeit neben Linux

Kai Dupke
Projektberater
probusiness CIS AG, Hannover
KDupke@probusiness-CIS.de
www.probusiness-CIS.de

Abstract

> Hochverfügbare Systeme sind unter Linux problemlos darzustellen. Während bei klassischen Systemen die Consultants neben der technischen Lösung auch die Administration und Anwendung mit in die Hochverfügbarkeit einbeziehen, muss der Anwender im Bereich der PC-basierten Lösungen häufig selber für das Consulting sorgen. Im Folgenden werden die nicht-technischen Aspekte dargestellt und Herangehensweisen für den Anwender gezeigt.

Nichttechnische Aspekte der Hochverfügbarkeit

Welcher Administrator kennt das Problem nicht? Der Chef wartet auf die Monatsabrechnung oder auf eine wichtige Mail und die dafür benötigten Systeme funktionieren nicht. Um diesen Problemen entgegenzuwirken, kommen immer häufiger hochverfügbare Systeme – im Englischen als High Availability (HA) bezeichnet – zum Einsatz. Gemeinsam ist all diesen Problemen und den daraus resultierenden Fehlermeldungen jedoch, dass sich der Anwender nicht für die technische Ursache interessiert, sondern nur für seine Daten oder seine Anwendung.

High Availability

Häufig stößt man auf den Gedanken, dass durch ein HA-System alle Probleme beseitigt seien. Dem ist jedoch nicht so. Genauso, wie der Streamer die technische Grundlage einer Datensicherung schafft, jedoch ohne Sicherungskonzept fast sinnfrei werkelt, genauso ist die technische HA-Lösung nichts ohne die sinnvolle Einbindung in die Geschäftsprozesse.

Einbindung in die Geschäftsprozesse

Im Folgenden soll daher nicht der technische Teil betrachtet werden, wo für Linux zahlreiche HA-Lösungen existieren, von IP-Diensten über Fileserver bis zu Enterprise-Datenbanken. Hier soll der Bereich behandelt werden, der genauso zum Gelingen einer HA-Lösung beiträgt wie die Technik an sich. Aufgrund der Verzahnung im Gesamtsystem sind auch hier Teile an die Technik angelehnt, werden jedoch häufig nicht als so kritisch betrachtet. Während der technische Teil häufig mit externen Projektpartnern umgesetzt wird, setzen Anwender beim nichttechnischen Teil auf die bewährten Prämissen »Augen zu und durch« sowie »Wird schon schief gehen«. Viele Anwender werden von ihrem Projektpartner hier auch allein gelassen. Sei es, weil das Projekt nur von der technischen Seite betreut wird oder weil die Projektpartner diesen wichtigen Teil nicht darstellen können.

Unabhängig von der praktischen Umsetzung ist es immer sinnvoll und hilfreich, sich mit Fragen der Verfügbarkeit zu beschäftigen. Alles was in einem HA-System automatisch erfolgt, ist auch im betreuten Betrieb machbar. Und falls aus betriebswirtschaftlichen Überlegungen die Integration eines HA-Systemes abgelehnt wird, so hilft es der Administration doch, sich auf mögliche Probleme vorbereitet zu haben, um im Falle des Falles sowohl ruhiger als auch mit höherer Erfolgswahrscheinlichkeit zu Werke gehen zu können. Der erste Schritt eines externen Beraters in Notfällen besteht fast immer darin, Ruhe in die Abläufe zu bringen und den Status Quo festzustellen.

Bestandteile eines HA-Systems

Ringmodell

Bei der Betrachtung eines HA-Systems hat es sich als vorteilhaft erwiesen, von einem Ringmodell auszugehen. Dieses Modell hat im Zentrum den technischen Kern, umschlossen von der Administration. Hier herum lagert sich die Datenhaltung und Datenbanken. Der Ring erweitert sich sodann um Server-Anwendungen sowie die Client-Systeme und die Anwendungssoftware. Ganz außen schließlich sitzt der Anwender. In diesem Modell nicht eigenständig aufgeführt sind die Kommunikation, die wie Leim zwischen den einzelnen Schichten vermittelt, der Support und das Consulting, die das System zusammenhalten, sowie die Dokumentation, die das System umhüllt und der Nachhaltigkeit dient.

ISO-Schichten-Modell

Eine andere Herangehensweise ist an das ISO-Schichten-Modell angelehnt. Hierbei wiederholt sich jedoch für jede Komponente die ISO-Darstellung und es geht häufig der Überblick für den Gesamtzusammenhang verloren. Das ISO-Modell scheint aufgrund einer »genormten« Vorgehensweise einfacher, lässt jedoch Themen wie Dokumentation, Schulung und Support außen vor.

Auch bei dem Ringmodell ist es notwendig, alle beteiligten Schichten für sich zu betrachten. Hierbei wiederum hilft die Anlehnung an das ISO-Modell. Hilfreich ist hierbei, dass fast immer jede Schicht für sich betrachtet werden kann und es selten Rückkopplungen gibt. Einzelne Schichten oder Komponenten wiederholen sich oder kommen unter anderen Gesichtspunkten wieder zum Tragen, wie die Kommunikation, die sowohl im Intranet als auch im Extra- oder Internet von Bedeutung ist, andere Schichten wiederum bedürfen einer zusätzlichen Feinanalyse, wie die Datenhaltung und der technische Kern.

Zur Funktionsfähigkeit des Gesamtsystems trägt jede Schicht einen gleichwertigen Teil bei. Im HA-Team muss daher jede Schicht und Komponente repräsentiert sein. Was hilft es, wenn die Daten verfügbar sind, jedoch die Clients nicht mehr arbeiten? Was hilft ein funktionierender Client, wenn die Daten ihn nicht mehr erreichen können? Und was hilft die ganze Technik, wenn kein Anwender da ist, der damit arbeitet?

Suche nach den Schwachstellen

Grundlage der HA-Betrachtung in einem Unternehmen muss die Schwachstellenanalyse und die Suche nach Single-Point-of-Failures (SPoF) sein. Hierzu muss zu dem System das entsprechende Schichtmodell aufgezeigt werden. Für jedes Teil muss dann geklärt werden, was daran ausfallen kann und und welchen Einfluss ein Ausfall auf Geschäftsprozesse hat.

Single Point of Failures

Im Rahmen von betriebswirtschaftlichen Überlegungen ist sodann zu betrachten, in welchem Verhältnis die Aufwendungen für HA zum Nutzen stehen. Gerade für Teilsysteme reicht häufig eine geringe Verfügbarkeit bzw. ein größer dimensioniertes Zeitfenster zur Wiedererlangung der Funktionsfähigkeit. Ergebnis dieser Betrachtung ist eine Risikoanalyse, die es der Geschäftsführung ermöglicht, die kaufmännische Basis für ein HA-System zu legen.

Aufwand/Nutzen-Betrachtung und Risikoanalyse

Im Rahmen der SPoF-Suche müssen für jede Komponente verschiedene Fragen geklärt werden. Die einfachen Fragen sind hier noch: Was kann ausfallen, und wieso kommt es zu einem Ausfall? Notwendig für ein HA-System ist sodann die Erkennung des Fehlerzustandes und die automatische Umschaltung auf ein Ersatzsystem. Da im Fehlerfall das System nicht mehr hochverfügbar ist, ist es notwendig, den Fehler zu erkennen, zu melden und schnellstens zu beheben. Wichtig ist gleichwohl auch die Kontrolle des Regelzustandes.

Hierfür, wie auch für die einzuleitenden Schritte für den Fehlerfall, ist eine geeignete Dokumentation notwendig. Gerade bei komplexen Systemen muss die Administration außerdem entsprechend geschult sein, um richtig reagieren zu können.

Support und Projektleitung

Für den Fall des Falles sollte auch der Support sowohl für Hard- wie auch für Software sichergestellt sein. Um das System weiterentwickeln zu können ist die Einbeziehung eines Projektpartners sinnvoll, der idealerweise in das HA-Team mit einbezogen wird. Letztendlich zählt auch eine funktionierende Projektleitung zu den notwendigen Dingen für ein HA-Projekt. Hier ist es häufig sinnvoll, dass ein externer Partner diese übernimmt, da dieser alle Geschäftsprozesse ohne Scheu hinterfragen kann.

Immer eine Notfalllösung bereithalten

Allen Partner an einem HA-Konzept sollte aber klar sein, dass sich in jedes noch so ausgefeilte Konzept Fehler einschleichen können. Insofern müssen immer auch Rückzugspositionen enthalten sein, die einen vorläufigen Betrieb aufrechterhalten können, wenn »alle Stricke reißen«. Obwohl es manchmal rudimentär und primitiv erscheint, kann ein Hilfssystem, auf dem ein Datenbestand zurückgesichert wird, das Überleben eines Betriebes sichern.

Strukturen in Arbeitsabläufen und Verfahren finden

Dokumentation

Den hier nicht behandelten Kern, das Betriebssystem, umschließt die Administration, die selber häufig einen SPoF darstellt. Für das Gelingen des Projektes HA ist es notwendig, dass das System dokumentiert wird. In dieser Dokumentation müssen sowohl die Komponenten und das Zusammenspiel dokumentiert als auch der Regelbetrieb dargestellt werden.

Betriebsführungshandbuch

Darüber hinaus muss im Rahmen eines Betriebsführungshandbuches auch aufgezeigt werden, wie der Regelbetrieb überwacht wird und was im Fehlerfall für Schritte einzuleiten sind. Darüber hinaus muss die Administration den Regelbetrieb sowie mögliche Fehler dokumentieren. Hierfür sind genügende Ressourcen einzuplanen und auch von kaufmännischer Seite her freizugeben. Auch bei einem reibungslosen Betrieb müssen die im Fehlerfall notwendigen Schritte regelmäßig geübt und per Audit geprüft werden. Falls Erweiterungen oder Änderungen am System notwendig sind, so muss die Dokumentation entsprechend erweitert werden.

»Keep it simple«

Für die erfolgreiche Administration im HA-Umfeld sind zwei eingeführte Prämissen hilfreich, wenn nicht gar notwendig: »Never change a running system« und »Keep it simple«. Denn jede Änderung an der Konfiguration macht eine neue Überprüfung der HA-Fähigkeiten notwendig. Somit sollten mögliche Änderungen und Erweiterungen bereits im Vorfeld in das Konzept eingearbeitet werden.

In der Praxis existieren Fälle, wo der Hauptspeicher einer Produktivmaschine erweitert wurde, jedoch der des Ersatzsystems nicht. Somit funktioniert die technische Umschaltung, jedoch bekommt die Datenbank »Schluckauf« und ist in sich nicht mehr verfügbar. Eine einfache Konfiguration sorgt immer für eine geringere Komplexität bei der Systembetrachtung. Hier ist es gerade bei der Einführung eines Systems sinnvoll, nicht alles, was theoretisch möglich ist, auch umzusetzen. Die Wahrscheinlichkeit, dass bei Ausfall nur einer Komponente das gesamte System nicht mehr verfügbar ist, wächst immens.

PC-Hardware als schwächeres Glied in der Kette

Gerade durch die günstige Hardware im Linux-Umfeld sowie die häufig niedrigen oder entfallenden Lizenzkosten ist es sinnvoll, eher zwei komplette Systeme aufzubauen, als in einem System zu mixen. Zuletzt sollte sich der Administrator immer darüber im Klaren sein, dass er durch seine Rechte jederzeit die Möglichkeit hat, jedes HA-System ad absurdum zu führen. Ein »rm -r /« ist schnell ausgeführt und auch in einem HA-System möglich. Genau wie zu erwarten werden dann alle Daten gelöscht, nur dass in einem HA-System diese Daten garantiert und »hochverfügbar« verschwunden sind. Gleiches gilt für Konfigurationsänderungen, die gerade in komplexen Systemen zur sofortigen Beeinflussung führen – so kann ein Restart der Datenbank eine Fail-Over-Situation begründen, auch wenn dieses nicht beabsichtigt war.

Systeme nicht mixen

Basis der mit Linux technisch darstellbaren Systeme ist immer ein Abbruch des aktuellen Prozesses und ein Wiedereinstieg mit einem Ersatzsystem. Dieses Verhalten entspricht einem Aus- und Einschaltvorgang im laufenden Betrieb. Somit lässt sich dieser Vorgang ohne Probleme simulieren – der Reset-Knopf reicht.

Allerdings ist es mit der praktischen Probe – so wichtig sie auch ist – nur möglich, einzelne Zustände zu simulieren, und dient häufig auch als Negativ-Beweis für Lücken im Konzept. Wichtig ist hier die Klarstellung, dass nur bei einer vollständigen Erfassung und Kontrolle aller möglichen Betriebszustände die Möglichkeit besteht, ein in jedem Fall vollständiges HA-System zu erhalten. In der Praxis sind hier Grenzen gesetzt durch die zur Verfügung stehende Zeit und die benötigten Test- und Geldmittel. Häufig sind auch Komponenten betroffen, die in sich nicht endgültig bewertet werden können und wo auf Prospekteigen-

Tests und praktische Proben

schaften zurückgegriffen werden muss. Gleichwohl erhöht ein sorgfältig geplantes HA-System die Wahrscheinlichkeit, den Fehlerfall einwandfrei abzudecken, um ein Vielfaches.

Ziel des Wiedereinstiegs ist immer ein definierter Zustand und eine klare Aussage über die Systemaktualität. Im Bereich von Datenbanken wird hier von Transaktionen gesprochen. Dieser Begriff kann auch auf andere Bereiche angewendet werden.

Kernaspekt Datenhaltung

Transaktionsorientierte Anwendung?

Einer der wichtigsten Bausteine in einem HA-System ist immer die Datenhaltung. Diese erfolgt entweder direkt im Dateisystem oder über eine Datenbank. Im technischen Kern wird hierfür die Verfügbarkeit sichergestellt. Um entsprechende Anwendungssicherheit zu erhalten, muss jedoch für die Anwendung geklärt werden, ob diese die Transaktionsfähigkeit nutzt. Bei einer Ablage im Dateisystem und Nutzung von transaktionsorientierten Systemen darf die Anwendung die Dateien nicht ständig geöffnet halten. Das unter Linux z.Zt. nutzbare ReiserFS arbeitet auf Dateiebene und nicht auf Blockebene. Daher muss eine Datei, die geöffnet ist, im Fehlerfall auch gecheckt werden. Hier sind die Anwendungsprogrammierer gefragt, sowohl mit temporären Dateien als auch mit Links zu arbeiten. Wichtig ist, dass ein Programm immer anlaufen und ggf. vorhandene Temporärdateien erkennen und wegräumen kann.

Datenbank

Bei Datenbanken werden diese Vorgänge von der Datenbank selber erledigt. Aber auch hier gilt, dass die Anwendung auch auf die Transaktionen zurückgreifen muss. Wenn zu Arbeitsbeginn eine Transaktion gestartet und erst zu Arbeitsende geschlossen wird, so kann die Datenbank nur ein Roll-Back auf den Arbeitsbeginn machen, egal, ob die Datenbank mit feinerer Granularität arbeiten könnte. Umgekehrt ist die sorgfältige Wahl einer Transaktion ebenfalls wichtig.

In kaufmännischen Programmen wäre es denkbar, eine Lagerumbuchung in zwei getrennte Transaktionen zu trennen – eine Abbuchung und eine Zubuchung. Hier kann es aber geschehen, dass ein Roll-Back einen unerwünschten Zustand erzeugt, indem nur die Abbuchung durchgeführt wurde. Die Festlegung und Kontrolle der Transaktionen wird fast immer nur der Softwarepartner machen können. Selbst beim Einsatz von Open Source dürften die Vorgänge sowohl regelmäßig zu komplex sein, als auch zu häufig Anpassungen und Erweiterungen unterzogen werden, sodass der Anwender diese Aufgabe nicht übernehmen kann.

Auch die Software muss HA-fähig sein

So wie die Anwendung mit der Datenhaltung zusammenarbeiten muss, so muss die Anwendung an sich auch HA-fähig sein. Aus dem HA-Grundgedanken folgt, dass die Anwendung automatisch und ohne Benutzereingabe starten kann. Neben der Fähigkeit, mit Transaktionen zu arbeiten, muss die Anwendung in der Lage sein, einen definierten Status zu erlangen und diesen zu dokumentieren. Anwendungen, die auf Datenbanken basieren, werden in der Regel auch Logfiles in dieser ablegen. Andere Anwendungen müssen diese ebenfalls im Dateisystem ablegen.

Hierbei ist darauf zu achten, dass die Regeln für Transaktionen natürlich auch für diese Logfiles gelten. Hier hat natürlich die Technik dafür zu sorgen, dass Daten definiert auf die Datenträger geschrieben werden bzw. nicht durch Einflüsse von Cache oder Controller in das Nirwana verschwinden können.

Anwender und Hochverfügbarkeit

Neben den Server-Anwendungen findet ein wichtiger Teil der Verarbeitung am Client und durch den Anwender statt. Hier muss ein besonderes Augenmerk auf eine wohl dokumentierte und möglichst einfache Handhabung gelegt werden. Der Anwender braucht in der Regel kein technisches Verständnis mitzubringen – seine Aufgabe ist es mit der Anwendung zu arbeiten.

Schulung und Dokumentation

Für den Fall eines Ausfalls muss der Anwender daher in die Lage versetzt werden, seine Arbeit möglichst schnell und reibungslos wiederaufnehmen zu können. Hierzu ist es notwendig, den Anwender entsprechend zu schulen. In Bezug auf ein HA-System bedeutet dieses, dass er über einen Ausfall, der ihn betrifft, informiert wird. In Abhängigkeit von der Anwendung und der Tätigkeit müssen ihm die notwendigen Informationen zur Verfügung gestellt werden, um ggf. Arbeitsschritte kontrollieren oder nacharbeiten zu können. Die dazu notwendigen Protokolle müssen zwischen Anwendung und Anwender abgestimmt sein. Häufig ist es hier sinnvoll, auch die Arbeitsorganisation mit anzupassen. Angelehnt an die Journal-Nummern aus der klassischen Buchhaltung helfen fortlaufende Vorgangsnummern bei der Wiederaufnahme der laufenden Arbeit.

Kommunikationsmechanismen beim Wiederanlauf

Ein immer wiederkehrender Teil in den HA-Überlegungen stellt die Kommunikation zwischen den einzelnen Teilen da. Hierbei darf nicht nur die Kommunikation zwischen Teilsystemen betrachtet werden, sondern auch die Kommunikation zwischen Programmen, die auf dem gleichen System ablaufen muss.

Gekoppelte Skripte

Gerade die im Unix-Umfeld typischen miteinander gekoppelten Skripte sind von einem Ausfall bedroht, da hier zum einem selten Statusinformationen auf einem HA-fähigen Medium festgehalten werden und zum anderen ein Systemausfall auf einen Schlag alle Skripte trifft. Hier sollte der Austausch zwischen Skripten über das Dateisystem erfolgen. Die Kommunikation zwischen Systemteilen oder Clients – egal ob im Intra-, Extra- oder Internet – lässt sich fast immer auf technische Redundanzmaßnahmen reduzieren. Insbesonders empfiehlt es sich, den aktuellen Status der Verarbeitung auf dem Client mit lokal abzuspeichern, um durch eine Neuübertragung bzw. Statusprüfung einen Eingriff des Anwenders unnötig zu machen. Der Ausfall eines einzelnen Clients hingegen wird in der Regel durch andere gleichartige Clients abgefangen. Existieren spezielle Clients, so sind an diese die gleichen Überlegungen in Bezug auf SPoFs anzuwenden, wie für die zentralen Server.

Nachvollziehbare Dokumentation ist Gold wert

Für Anwender, Administratoren und Support

Wie bereits zuvor bei der Administration und der Anwendung geschildert, gehört zu einem nachhaltig funktionierenden System eine Dokumentation, die es erlaubt, sowohl neue Anwender als auch Administratoren einzuarbeiten. Zugleich hilft diese Dokumentation in Support-Fällen und bei der Weiterentwicklung des Systems. Insbesonders der Support sollte bei den Betrachtungen für ein HA-System nicht außen vor gelassen werden. Nicht nur im Regelbetrieb ergeben sich Änderungen – seien es Erweiterungen oder Anpassungen an neue Versionen und Möglichkeiten – gerade auch im Fehlerfall sollte der Support in der Lage sein, die Konzepte und internen Vorgänge zu umfassen.

Hier empfiehlt es sich, von Anfang an einen Projektpartner für die Implementierung und auch den Support zu gewinnen, um umfangreiche und zeitlich nicht tragbare Einarbeitungen im Fehlerfall zu vermeiden. Da bei komplexen Systemen nie ein einzelne Ansprechpartner alle Teile zugleich supporten kann, muss dieser in der Lage sein, als Koordinator auf den entsprechenden weiterführenden Support zurückzugreifen. Je weitergehend die Kompetenzen bei einem Projektpartner selber bzw. dessen Einbindung in Strukturen bei den Produktherstellern ist, desto eher wird der Problemfall erledigt. Hierbei kommt es vorangig auf eine schnelle Qualifizierung des Problems an – mit einer überhasteten oder übernächtigten Aktion ist selten geholfen, da hier fast immer auch die Konzepte überarbeitet werden müssen.

Fazit

Zusammengefasst kann man ein HA-Projekt wie jedes andere Projekt betrachten: Wichtig ist eine möglichst umfassende Planung. Anders als bei rein technischen Details der IT ist es jedoch in besonderem Maße notwendig, alle beteiligten Komponenten mit einzubeziehen – von der Technik über die Administration hin zum Anwender und der Geschäftsführung. Neben den internen Kräften sollte man sich nicht scheuen, externe Berater sowohl für die Konzeptionierung als auch für beteiligte Komponenten mit einzubeziehen. HA ist aus dieser Sicht ein Konzept, das sich wie ein Qualitätssicherungssystem als roter Faden durch alle Geschäftsprozesse zieht. Auch ohne die technische Umsetzung sind Teile dieser Planung sinnvoll, um eine Grundlage für eine Risikoanalyse zu erhalten, auf Grund derer die Administration und Geschäftsleitung sich auf den Fall der Fälle vorbereiten kann. Sowohl aus rechtlicher wie auch aus persönlicher Sicht wirkt sich das Vorhandensein entsprechender Überlegungen und Notfallpläne beruhigend aus. Wichtig für die Umsetzung ist immer auch die Kosten-Abwägung. Häufig kann bereits mit kleinen Mitteln die Fähigkeit, auf Fehler im System zu reagieren, deutlich erhöht werden. Zum Teil macht es wenig Sinn, eine Verfügbarkeit im 24/7-Betrieb zu verwirklichen, wenn die Anwendung nur zu üblichen Bürozeiten benötigt wird. Umgekehrt jedoch kann es auch in solch einem Fall vorkommen, dass das Zeitfenster für eine Fehlerbehebung so klein ist, dass man um ein HA-System nicht herumkommt.

Server-Konsolidierung und E-Business mit Linux for S/390

Thomas Uhl
Geschäftsführer
Millenux GmbH, Stuttgart
thomas.uhl@millenux.de
www.millenux.de

Abstract

Thema dieses Beitrags ist die Server-Konsolidierung komplexer E-Business-Umgebungen auf Linux for S/390. Hintergrund: Das Management von E-Bussines-Umgebungen gestaltet sich aufgrund der hohen Ansprüche an die Verfügbarkeit und häufig wechselnder Anforderungen immer komplizierter. Aus Sicherheitsgründen findet meist eine Trennung der Komponenten WWW-/Applikations-/DB-Server durch eine Firewall statt. Diese Trennung verkompliziert die Verwaltung erheblich. Oftmals muss darüber hinaus auf Legacy-Daten aus der Mainframe-Welt zugegriffen werden. Linux for S/390 stellt aufgrund seiner Features und seiner Lauffähigkeit auf der S/390-Plattform eine fast ideale Betriebssystemplattform dar, um den wachsenden Anforderungen an Flexibilität bei gleichzeitiger Verfügbarkeit und der Möglickeit der Integration von Legacy-Daten, insbesondere im E-Bussines-Umfeld, gerecht zu werden.

1 Linux als ideales Betriebssystem für E-Commerce

Mittlerweile ist die Tauglichkeit des Betriebssystems Linux im Bereich von Web-Servern allgemein anerkannt. Dies ist sicherlich zu einem Großteil auf die Verbreitung des Apache-Web-Servers zurückzuführen, der jeder Linux-Distribution beiliegt. Linux ist aufgrund seiner technischen Eigenschaften darüber hinaus eine ideale Plattform für fast sämtliche E-Commerce-Projekte. Gerade in diesem Umfeld sind Attribute wie Stabilität, Sicherheit, Flexibilität, Portabilität oder Skalierbarkeit gefragt. Heutige Linux-Versionen können diese in hohem

Maße für sich in Anspruch nehmen. Der hohe Sicherheitsstandard von Linux ist in erster Linie darauf zurückzuführen, dass sämtliche Quelltexte frei verfügbar sind und damit einem permanenten öffentlichen Review unterliegen, wie dies nur bei OpenSource-basierten Betriebssystemen der Fall sein kann.

Ein weiterer wichtiger Aspekt ist die Unabhängigkeit von der Hardwareplattform und von einem Hersteller. Das bedeutet, dass dank Linux keine einseitige Abhängigkeit von Hard- oder Software-Herstellern mehr besteht. Dies senkt die Anschaffungskosten und sorgt für einen dauerhaften Investitionsschutz. Die Plattformunabhängigkeit erlaubt die Auswahl der jeweils bestgeeigneten Hardware, unabhängig von der jeweiligen Architektur. Die Entwicklungsplattform muss dabei auch nicht der Betriebsplattform entsprechen.

Technisch gesehen sind viele Features wie z.B. VPN-Fähigkeit, IPv6 oder Firewall-Funktionalitäten, die bei den meisten anderen Betriebssystemen separat beschafft werden müssen, integraler kostenloser Bestandteil des Basissystems.

2 S/390 als neue Plattform für Linux

In den 80er Jahren gingen viele Experten davon aus, dass die meisten Mainframe-Systeme spätestens zum Ende des Jahrhunderts, nicht zuletzt wegen des Y2K-Problems, abgeschaltet werden. Zentrale IT-Konzepte sollten durch einen eher dezentralen Ansatz abgelöst werden. Mainframes wollte man durch neue, leistungsfähige UNIX-Server »downsizen«.

Bedeutung der Mainframes

Das neue Jahrtausend hat begonnen, dennoch ist die Bedeutung des Mainframes in vielen großen IT-Abteilungen nach wie vor dieselbe. Die Gründe dafür liegen auf der Hand: Der Großteil der »Business-Critical«-Daten und Applikationen liegt nach wie vor auf dieser Plattform. Die Stabilität der S/390-Hardware ist trotz aller Bemühungen der UNIX-Hersteller ungeschlagen. Darüber hinaus wurden von IBM einige Bemühungen unternommen, die ehemals proprietären Systeme einfacher zugänglich zu machen. Heute ist es beispielsweise ein Standard-Feature der Mainframe-Betriebssysteme, eine UNIX-kompatible Systemschnittstelle oder eine vollwertige TCP/IP-Implementierung zur Verfügung zu stellen. SNA und rein proprietäre Schnittstellen gehören hier der Vergangenheit an.

Linux für IBM-Mainframes

Seit etwa einem Jahr gibt es nun noch ein weiteres, sehr modernes Betriebssystem für IBM-Mainframens, nämlich Linux. Dieses wurde von der IBM Deutschland in einem mehrmonatigen Projekt vollständig portiert. Linux erschließt dieser Plattform auf der einen Seite völlig neue Anwendungsmöglichkeiten und »erbt« auf der anderen Seite altbewährte Attribute aus der Mainframe-Welt. Viele der vormals nur in Mainframe-Betriebssystemen vorhandenen Eigenschaften sind im Lauf der Jahr in Form von Hardware oder Microcode implementiert worden. Diese können nun, eine entsprechende Treiber-Unterstützung vorausgesetzt, auch unter Linux genutzt werden. Dies betrifft beispielsweise die sehr hohe I/O-Performance und die Fähigkeit, den Ausfall einer CPU völlig transparent für das Betriebssystem zu managen. Dank Linux laufen prinzipiell nun eine Unmenge von Applikationen nicht nur auf Alpha-/Intel-/PowerPC- oder SPARC-CPUs, sondern auch auf den traditionellen Systemen der meisten großen Rechenzentren. Die vorhandenen Infrastrukturen (Backup-Systeme oder Plattensysteme) können dabei voll genutzt werden.

Die Entwicklung von Software muss dabei erfreulicherweise gar nicht auf einer S/390-Maschine erfolgen, da von Anfang an ein entsprechender Cross-Compiler zur Verfügung stand (GCC). Bemerkenswerterweise existieren inzwischen sogar Software-Emulatoren, die eine komplette S390/ESA-Architektur auf einem gewöhnlichen PC simulieren können.

Entwicklung mit Cross-Compiler

Obwohl sowohl die Daten als auch der Großteil der Anwendungslogik in der Mainframe-Welt traditionell zentral auf einem Host vorgehalten wurde, musste oftmals zur Außenkommunikation ein Gateway in Form eines UNIX- oder Windows-Systems vorgeschaltet werden (z.B. SNA/Datenbank-Gateway). Die entsprechende Gateway-Software stand meist nur auf diesen Plattformen zur Verfügung. Probleme tauchten vor allem dann auf, wenn diese nicht stabil liefen. Was nutzt ein hochverfügbarer Mainframe, wenn die Anwendung aufgrund eines Problems mit dem Gateway nicht erreichbar ist?

Mit Linux lassen sich nun viele dieser physikalisch vorgelagerten Systeme auf dem Host konsolidieren. Dazu muss allerdings noch eine sehr interessante Eigenschaft moderner Mainframes erwähnt werden, nämlich die Möglichkeit der *logischen Partitionierung*. Mittels logischer Partitionierung lassen sich momentan bis zu 16 voneinander unabhängige Instanzen realisieren. Seit mehr als 20 Jahre ist es möglich, mehrere voneinander unabhängige Betriebssystem-Instanzen auf einer physikalischen Maschine zu betreiben. Möglich wurde dies duch eine weitgehende Virtualisierung des Hardware-Layers über einen weiteren OS-Layern namens VM (Virtual Machine). VM stellt eine reine Software-Lösung dar und erlaubt den Simultan-Betrieb von mehreren Hundert Systemen, unabhängig vom Betriebssystem.

Gateways auf den Host

3 System-Voraussetzungen für Linux S/390

Welche Systemvoraussetzungen hat nun ein solchen Linux for S/390? Technisch betrachtet lässt sich Linux schon auf einem System mit einem G2-Prozessor und 64 MB RAM (real oder virtuell) betreiben. Da diese Prozessor-Generation allerdings nicht über eine IEEE-kompatible Floating-Point-Unit verfügt, werden von IBM erst Systeme mit G5-Prozessoren offiziell unterstützt. Darüber hinaus existieren mittlerweile auch native Disk- und Netzwerktreiber für die meisten gängigen Platten-Systeme und Netzwerkadapter.

Prinzipiell kann Linux in drei verschiedenen Modi betrieben werden:

- Single Image (Raw-Iron)
- LPAR (Logical Partition)
- VM (VIF)

Die erste Variante bedeutet, dass Linux als einziges Betriebssystem installiert ist, was in den seltensten Fällen Sinn machen dürfte. Der Betrieb von Linux in einer LPAR ist zwar performanter als unter VM, allerdings erheblich unflexibler. Die Definition einer LPAR ist recht statisch und erfordert einen Neustart der restlichen Systeme. Unter VM dagegen lassen sich im laufenden Betrieb auf einfache Weise beliebige neue »Linux-Gäste« installieren und konfigurieren. Die so genannte Virtual Image Facility (VIF) stellt eine »abgespeckte« Version vom VM dar, ist allerdigs um einige wichtige Features ärmer und daher nur aus Kostengründen interessant.

Virtual Machine

Mittels VM lässt sich die Neuinstallation eines kompletten Linux-Systems in wenigen Minuten erledigen. Aufgrund der vollständigen Virtualisierung der Hardware kann beispielsweise eine physikalische Festplatte in mehrere so genannte Minidisks aufgeteilt werden, die dann jeweils einer anderen virtuellen Maschine zugeordnet werden können. Darüber hinaus ist es unter VM möglich, eine solche Minidisk zwischen mehreren virtuellen Maschinen zu »sharen«. Das heißt, es genügt prinzipiell, den statischen Anteil eines Betriebssystems auf einer »Read-Only«-Disk allen weiteren VM-Gästen als Boot-Disk bereitzustellen und nur den dynamischen Teil auf einer eigenen Disk zu halten. Auf diese Weise kann ein minutenschneller System-Update über viele hundert Linux-Server erfolgen. Außerdem erlaubt VM die einfache Nutzung von »gesharten« Netzwerkadaptern über mehrere virtuelle Maschinen hinweg.

Darüber hinaus exisieren inzwischen performante Linux-Treiber für so genannte virtuelle CTCs (Channel To Channel Connectors). Dabei handelt es sich um eine virtuelle ESCON-Verbindung zwischen virtuellen Maschinen, eine Art von virtueller Vernetzung innerhalb eines physikalischen Rechners. Auf diese Weise können Linux-Gäste unter VM per TCP/IP-Interface miteinander verbunden werden. Zusammenfassend kann festgehalten werden, dass die Konsolidierung von mehreren Servern auf einem Mainframe unter Linux nur unter VM sinnvoll ist.

Channel To Channel Connectors

Neben der geeigneten Hardware benötigt man natürlich auch noch eine S/390-Variante des Linux-Betriebssystems. Thinking Objects portierte nach der Vorarbeit von IBM in wenigen Wochen eine fast komplette RedHat-6.X-Distribution auf die S/390-Plattform und stellte diese unter http://linux.s390.org ins Internet. Nach und nach haben sich die Linux-Distributoren ebenfalls zu dieser neuen Linux-Plattform bekannt. Inzwischen ist von SuSE und TurboLinux eine 390-Variante der jeweiligen Distribution erhältlich. RedHat hat eine solche angekündigt.

Linux for S/390

IBM hat im ersten Quartal 2001 eine neue Mainframe-Generation namens Z-Serie auf den Markt gebracht, für die ebenfalls eine Linux-Unterstützung angekündigt ist. Auf der Basis der momentan erhältlichen »Experimental«-Patches hat die Firma Millenux im April eine RedHat-7.X-Distribution erstellt und bietet diese zum kostenlosen Download an. Der Hauptunterschied zwischen der S/390- und der Z-Serie ist die durchgängige Unterstützung von 64 Bit in allen System-Ebenen. Die bisherige S/390-Architektur unterstützte nur eine 31-Bit-Adressierung. Inzwischen würde auch von SAP und IBM eine 64-Bit-Version des R/3-Application-Servers für *Linux for zSeries* angekündigt.

Z-Serie

4 Probleme im Umfeld von E-Commerce-Umgebungen

Die Problematik des Betriebs von E-Commerce-Umgebungen ist zwar erheblich jünger als die des Betriebs einer klassischen IT-Umgebung, aber nicht minder kompliziert. Man hat in diesem Umfeld zwar selten mit in die Jahre geratenen Technologien zu tun, allerdings stellen die dort üblichen Betriebsanforderungen (24*7-Betrieb) eine ähnliche Anforderung an die Verfügbarkeit und Sicherheit, wie man diese aus der Mainframe-Welt kennt.

Ein Hauptproblem im E-Commerce-Umfeld ist das Thema Sicherheit. Einen Online-Shop oder ein Supplier-Portal ohne entsprechende Sicherheitstechnologien zu betreiben ist mehr als fahrlässig. Das heißt im konkreten Fall meist, dass das System nicht auf einer physikali-

Sicherheit

schen Maschine betrieben werden kann, sondern eine Trennung von WWW/Application- und Datenbank notwendig ist, was oftmals auch aus Gründen der Skalierbarkeit sinnvoll ist.

Demilitarisierte Zonen

Mit der Aufteilung der Applikation auf mehrere Server-Systeme steht man dann vor einer neuen Herausforderung, man muss diese meist in unterschiedliche Demilitarisierte Zonen (DMZs) stellen, was das Backup und Recovery erheblich erschwert. Außerdem bestehen diese Setups aus einer hohen Anzahl von Einzelkomponenten, die alle verwaltet und hochverfügbar gemacht werden müssen. Schließlich sollte noch eine Test- oder Integrationsumgebung in ähnlicher Ausführung bereitstehen, um eine Software-Version testen und abnehmen zu können, bevor diese in Produktion geht. Je nach Umfang enden derartige Projekte in regelrechen Server-Schlachten. Unschön an diskreten Server-Setups ist die Tatsache, dass aufgrund der Sicherheitserwägungen keine Ressourcen-Nutzung über DMZ-Grenzen hinweg möglich ist. Benötigt beispielsweise ein WWW-Server kurzzeitig CPU-Leistung oder zusätzlichen Speicher, so kann dieser nicht von einem weniger belasteten Server in einer anderen DMZ bereitgestellt werden.

Alle Server auf einem Linux-Mainframe

Ein völlig anders Bild ergibt sich, wenn man alle diese physikalischen Server auf einem Mainframe unter Linux konsolidiert. Aus physikalischen Servern werden logische Server, die sich von ihrer Funktionalität in nichts unterscheiden – aus physikalischen Netzwerkverbindungen werden virtuelle Netzwerk-Interfaces in Form von CTC-Interfaces.

5 Vorteile der Konsolidierung

Vereinfachung des Systems-Management

Die Vorteile der Konsolidierung liegen auf der Hand. In erster Linie vereinfacht sich dadurch das Systems-Management. Die Installation eines neuen Servers ist in wenigen Minuten vollendet. Es ist kein Problem mehrerer Test-Systeme bei Bedarf aufzusetzen und nach Test-Ende abzuschalten oder als Ablösung für den Produktiv-Server in die entsprechende DMZ zu konfigurieren. Ein Versionswechsel lässt sich damit mit einem weit geringeren Risiko durchführen. Es lassen sich fast beliebig viele Versionen einer Software vorhalten, ohne das System nennenswert zu belasten. Sollten System-Ressourcen wie z.B. Speicher, Platten oder CPUs ausgehen, so können diese zentral »nachgelegt« werden. Darüber hinaus werden diese optimal ausgelastet, da sie über DMZ-Grenzen hinweg genutzt werden können. Aufgrund der hohen Verfügbarkeit der S/390-Hardware wird in den meisten Fällen das aufwändige Clustern von Servern unnötig sein, was sowohl die Zahl der

Systeme als auch deren Komplexität erheblich reduziert. Service-Level-Agreements sind aufgrund der geringeren Anzahl an System-Brüchen leichter zu definieren und einzuhalten. Das neue Preis-Modell der IBM sieht eine nutzungsorientierte Berechnung der CPU-Leistung vor. Somit muss für die entsprechenden System-Ressourcen in Zukunft nur noch dann bezahlt werden, wenn diese auch benutzt werden. Diese stehen jedoch jederzeit zum Abruf bereit.

Betrachtet man heutige E-Commerce-Umgebungen im Banken- oder Versicherungsbereich, so wird man feststellen, dass sämtliche wichtigen Daten auf Host-Systemen vorliegen. Diese werden heute meist in sehr aufwändiger Form über Schnittstellen und Gateways »Internet-enabled«. Hier lässt sich mittels Linux die Zahl der Gateways und Systembrüche erheblich verringern. Dank Linux ist eine friedliche Koexistenz der »alten« und der »neuen« Welt auf einer Maschine problemlos möglich.

Weniger Gateways, weniger Systembrüche

6 Praxisbeispiele

Wichtig bei neuartigen Konzepten ist die Überprüfung auf ihre Praxistauglichkeit. Seit über einem Jahr läuft bei Millenux eine umfangreiche Installation auf der Basis von Linux for S/390, die über das Internet erreichbar ist (http://linux.s390.org). Das System läuft unter VM und beherbergt trotz beschränkter Hardware-Ressoucen mehr als 20 Linux-Gäste. Einzelne virtuelle Server dienen dabei als WWW-Sever, Firewall, Router oder File-Server (siehe Abb. 1).

Abb. 1
Die Konfiguration bei Millenux

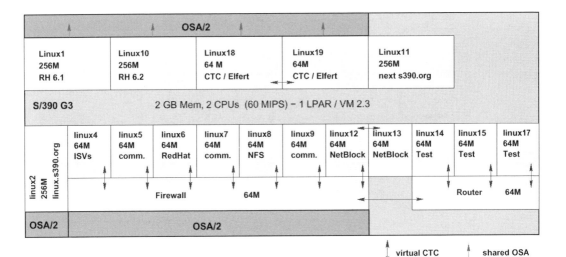

Ein weiteres Beispiel ist die Energieversorgung Mitteldeutschland (EAM) in Kassel. Sie betreibt seit Herbst letzten Jahres ihren produktiven WWW-Server (http://www.eam.de) auf demselben Host, auf dem das zentrale Kundenabrechnungssystem in einer getrennten LPAR läuft. Für die Zukunft ist an die Übernahme von Firewall-Komponenten und weiterer Dienste gedacht, die heute auf getrennten, vorgelagerten Servern laufen.

7 Ausblick

Führt man die hier eingeschlagenen Wege konsequent zu Ende, sollten sich in den nächsten Jahren komplette diskrete Rechenzentren auf wenigen zentralen Mainframes konsolidieren lassen (Datacenter in a Box). Dies ist möglich, da die Zahl der Services, die sich mittels Linux-basierter Software realisieren lassen, von Monat zu Monat zunehmen. Linux kann bekanntlich »out of the box« als File-, Mail-, Print-, WWW-, Firewall- und Datenbank-Server eingesetzt werden.

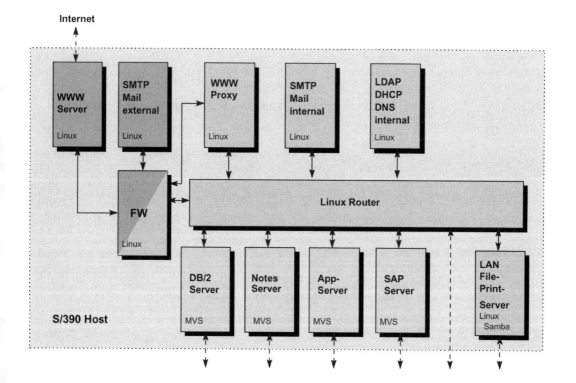

Abb. 2 Rechenzentrums-Konsolidierung mittels Linux for S/390

Von IBM stehen neben den wichtigsten WebSphere-Produkten auch *IBM-Produkte*
eine DB2-Datenbankversion und diverse Gateway-Software zu CISC
und IMS zur Verfügung. Darüber hinaus haben sich einige Independant Software Vendors (ISVs) schon zu Linux for S/390 bekannt (Software AG, BMC).

Natürlich steht die Firma IBM in puncto Server-Konsolidierung nicht alleine im Markt. Alle bekannten UNIX-Anbieter haben entsprechende Hardware-Features in ihre neuen Server-Systeme integriert. Diese Konzepte sind jedoch relativ neu für die UNIX-Welt und bei weitem noch nicht so ausgereift. Auch das Konzept des Virtuellen Servers existiert in Form von *VMWare* mittlerweile in der PC-Welt. Allerdings sind diese Ansätze längst nicht so performant und hochverfügbar wie die jeweilige Mainframe-Technologie.

8 Zusammenfassung

Linux ist aus Sicht der Mainframe-Welt nur ein weiteres Betriebssystem, das sich mit vorhandenen Mitteln betreiben lässt. Es bringt allerdings eine Fülle neuer Applikationen und Anwendungsmöglichkeiten mit sich. In dieser Kombination kann durchaus von einer echten Renaissance dieser »IT-Dinosaurier« oder zumindest von einer Wiederbelebung altbekannter Konzepte gesprochen werden.

PHP im E-Business

Björn Schotte
Schotte New Media Development, Würzburg
bjoern@rent-a-phpwizard.de
www.rent-a-phpwizard.de

Abstract

PHP ist eine server-seitig interpretierte Programmiersprache und die derzeit wohl beliebteste Skriptsprache zur Erstellung dynamischer Webseiten. Sie ist als Open-Source-Software frei verfügbar und wird im Rahmen der so genannten LAMP-Architektur weit verbreitet eingesetzt (LAMP steht für den gemeinsamen Einsatz von Linux als Betriebssystem, Apache als Webserver, mySQL als Datenbank und PHP als Skriptsprache). Die Stärken von PHP liegen in der Formularverarbeitung und der Unterstützung von zahlreichen Datenbanken (z.B. Oracle, Informix, SAP DB...). Dieser Beitrag gibt einen Überblick über die zahlreichen Möglichkeiten von PHP im professionellen Einsatz. Behandelt werden unter anderem die Fragen: Wie skalierbar ist PHP und wo kann es zu Problemen kommen? Welche Kosten kommen auf uns zu? Kann ich bereits vorhandene Systeme in PHP »integrieren«? Wo und wie kann ich PHP-Entwickler finden?

PHP – eine server-seitige Skriptsprache

Was haben Websites wie shopping.lycos.de, bizcheck.com, ciao.com und wallstreet-online.de gemeinsam? Sie alle laufen mit PHP, einer server-seitigen Skriptsprache, die seit einiger Zeit zunehmend an Bedeutung gewonnen hat. Server-seitig bedeutet hierbei, dass die Programme auf dem Webserver ausgeführt werden und die fertige Ausgabe (in der Regel HTML-Code) an den Client, den Webbrowser, schicken.

Durch »earning while learning« kann Ihr Unternehmen an einem Mitarbeiter Geld verdienen, während dieser die Sprache PHP lernt, da PHP trotz seiner Leistungsfähigkeit über eine sehr flache Einstiegs-

Schnell erlernbar

Abb. 1
Mit PHP können zahlreiche Website-Funktionalitäten entwickelt werden

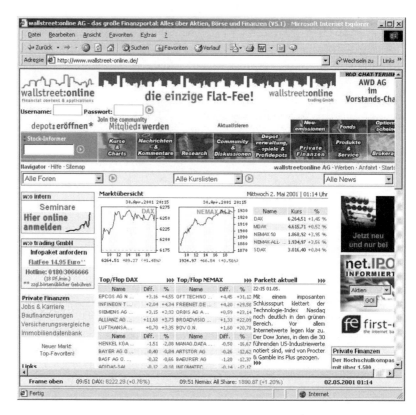

kurve verfügt. Software-Entwickler, die bereits mit C, JavaScript oder Perl gearbeitet haben, werden sich in PHP schnell zu Hause fühlen.

Mit PHP gibt es deutlich kürzere Entwicklungszeiten und -kosten als bei Java. Möglich macht dies der geringere Entwicklungsaufwand, der in geringeren Time-to-market-Zeiten mündet. Während bei Java die strenge Objektorientierung dafür sorgt, dass man selbst für kleinere Applikationen erheblich viel Code schreiben muss, so ist dies bei PHP nicht unbedingt nötig.

PHP ist außerdem durch die breitere Funktionalität erheblich flexibler als ColdFusion. Und die Lauffähigkeit von PHP auf stabilen Betriebssystemen wie zum Beispiel Linux, einem BSD-Derivat, oder Solaris macht es im Gegensatz zu ASP auch mit hoher Verfügbarkeit einsetzbar.

Die offene Architektur von PHP mit Integration in C, C++, Java, COM und Dotnet bei Unterstützung nahezu aller Webserver-Plattformen erlauben den Einsatz von PHP in praktisch jeder Umgebung.

1 Die Geschichte von PHP

PHP ist im Vergleich zu anderen eine noch sehr junge Sprache. Ausgedacht wurde sie von Rasmus Lerdorf im Herbst 1994, als er auf seiner Homepage einen Formularauswerter benötigte. Die erste Version von PHP entstand im Frühling 1995. Gleich darauf folgte die zweite Version, auch PHP/FI genannt, die bis 1997 im Gebrauch war. PHP/FI hatte zu der damaligen Zeit noch einen sehr begrenzten Funktionsumfang und Leistungsfähigkeit.

1995: Erste Version

Den ersten bedeutenden Einschnitt in der Geschichte erhielt PHP im Jahre 1997, als Version 3 auf den Markt kam. Diese Version war als ein kompletter Rewrite der Sprache zu betrachten. Neben der nun deutlich erhöhten Leistungsfähigkeit kam ein erheblich erweiterter Sprachumfang hinzu und der Siegeszug von PHP nahm seinen Lauf.

1997: PHP 3

Mit den Jahren wuchsen auch die Anforderungen: Die bunte Welt des E-Commerce entdeckte das Web. Plötzlich waren nicht mehr nur einfache Gästebücher und Foren gefragt, sondern komplexe und höchst skalierbare Webapplikationen. Diesen Anforderungen sollte die Version 4 von PHP gerecht werden, die im 2. Quartal 2000 entstand und ebenfalls in großen Teilen ein Rewrite war.

2000: PHP 4

Ihr zugrunde liegt die Zend Engine (der Name Zend setzt sich aus den beiden Vornamen der Erfinder zusammen, ZEev Suraski und ANdi Gutmans), einer sehr schnellen Bytecode Engine, die den Kern von PHP bildet. Geplant war, dass die Zend Engine später einmal auch in anderen Projekten ihren Einsatz findet, so zum Beispiel auch bei MySQL. Da die Zend Engine aber leider unter einer proprietären, der Q Public Licence ähnlichen Lizenz steht und MySQL vor einiger Zeit unter die GNU Public Licence gestellt wurde, scheint sich dieses Vorhaben leider in Luft aufgelöst zu haben. Es bleibt zu hoffen, dass die Firma Zend Technologies, die Eigentümerin der Zend Engine ist, von der proprietären und kontraproduktiven Q-Public-Licence-ähnlichen Lizenz wegkommt und stattdessen zur PHP Licence zurückkehrt, unter der schon PHP3 stand.

Mit PHP4 entwickelte sich auch zugleich der ungeheure Siegeszug dieser Sprache: PHP ist heutzutage das meist installierte Apache-Modul auf der Welt und ist auf mehr als 6 Millionen Domains installiert.

Das meist installierte Apache-Modul

2 Der Aufbau von PHP

PHP besteht im Kern aus der Zend Engine, die für das Parsen des Programmcodes und den Aufruf der einzelnen Module zuständig ist. An die Zend Engine angedockt sind die einzelnen Module (z.B. MySQL, XML, XML-RPC, GDLib für dynamische Grafikerzeugung, Ming für dynamische Flash-Erzeugung, Java zum Ansteuern von Java-Code, Sablotron-Extension zum Ansteuern des XSLT-Prozessors Sablotron etc.), die den Funktionsumfang von PHP bestimmen.

Abb. 2

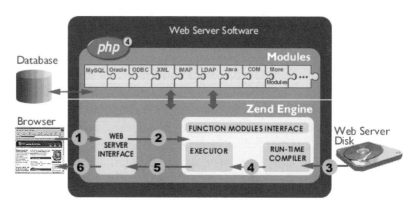

Die Befehle selbst werden in den HTML-Code eingebettet, also zum Beispiel:

```
<html>
<body>
<?php
   print "Dies ist ein Text";
?>
<form action="<?php print $PHP_SELF; ?>" method="POST">
<input type="text" name="txt" value="<?php print $txt; ?>">
<input type="submit" value="Go">
</form>
</body>
</html>
```

Inhalt/Programmlogik und Layout trennen

Bei komplexeren Applikationen wird man jedoch meist auf die Vermischung von PHP- und HTML-Code verzichten und stattdessen auf Template-Systeme (z.B. XML/XSLT oder andere) setzen, um Inhalt/Programmlogik und Layout voneinander zu trennen und die Applikation insgesamt wartbarer zu machen.

Zusätzlich besitzt PHP seit Version 4 eine Server API (SAPI), die mit den einzelnen Webservern spricht. War PHP3 bisher nur auf Apache und CGI beschränkt, so gilt dieses Hindernis bei PHP4 nicht mehr. Unterstützt werden neben dem Apache und CGI noch Webserver wie IIS, Caudium, Roxen, Netscape, AOL, thttpd, Apache 2 und viele mehr.

Auf die Zend Engine können diverse Erweiterungen aufsetzen, so zum Beispiel die kommerziellen Tools der Firma Zend, z.B. ein Debugger, der erwähnte Cache und Encoder und andere Tools. Ein frei verfügbarer und leistungsfähiger Debugger befindet sich zur Zeit in Entwicklung.

An PHP arbeiten mehr als 275 Entwickler aus der ganzen Welt. *Mehr als 275 Entwickler* Eine Kerntruppe von etwa 15 Leuten sorgt dafür, dass die Entwicklungen und Integration von neuen Modulen in geordneten Bahnen verlaufen. Zusätzlich existiert ein Quality Assurance Team (http://qa.php.net/), das vor den eigentlichen Releases von PHP dieses auf Herz und Nieren prüft.

PHP wird als Open Source im Quellcode mit ausgeliefert und ist *Kostenlos und mit* kostenlos. Ebenfalls ist es möglich, kommerzielle Programme damit zu *Quellcode* entwickeln. Diese Art der freundlichen Lizenzierung hat mit Sicherheit auch zum Siegeszug von PHP beigetragen.

Zusätzlich existiert noch ein Bugtracking System (http://bugs.php. *Fehlerbehebung* net/), bei dem man entdeckte Fehler mitteilen kann. Bugs werden in der Regel sehr schnell beseitigt und durch die hohe Entwickleranzahl ist eine kontinuierliche Weiterentwicklung von PHP gewährleistet.

3 Funktionsumfang von PHP

Mit aktuell über 2000 Funktionen, die sich in über 85 einzelne Module aufteilen, ist PHP eine der mächtigsten Skriptsprachen. Einer der Vorteile hierbei ist, dass man explizit einzelne Module in PHP integrieren und somit unnötigen Balast außen vor lassen kann.

3.1 Datenbankunterstützung

PHPs Stärken lagen schon immer in der Datenbankanbindung. Zur Zeit werden eine Vielzahl von Datenbanken unterstützt. Die Datenbankzugriffe mit PHP sind sehr schnell, da PHP lediglich als komfortabler Wrapper für die C-Schnittstellen der Datenbanken dient. Ein Overhead entfällt im Gegensatz zum Beispiel zu JDBC. Unterstützt werden bis dato folgende Datenbanken:

- filePro
- Informix
- InterBase
- MS-SQL
- mSQL
- MySQL
- ODBC
- Oracle
- Oracle 8
- PostgreSQL
- SAP DB
- Sybase

Die Datenbankmodule werden noch ergänzt durch Support für dBase, DBD und LDAP.

3.2 XML

In heutigen E-Business-Applikationen fast unverzichtbar ist die Unterstützung von XML; sei es als Import- und Export- Schnittstelle von Daten und/oder Newsfeeds (z.B. dpa-Ticker), oder aber auch, um mal schnell aus XML und XSLT-Stylesheets HTML-Code zu erzeugen. PHP glänzt hierbei ebenfalls mit einer guten Figur, da es gleich mehrere XML-Module bietet: eine Extension für den XML-Parser Expat, eine für den XSLT- Prozessor Sablotron sowie Unterstützung der Document Object Models von libxml und der Qt Library.

3.3 Dynamische Grafikerzeugung

GD Library Websites, die grafische Statistiken (zum Beispiel Börsen-Sites) bieten wollen, kommen um die dynamische Erzeugung von Grafiken (z.B. Stab- oder Tortendiagramme) nicht herum. Es ist mittlerweile üblich, hierfür die GD Library zu verwenden, die Unterstützung für GIF-, PNG-, JPEG- und WBMP-Grafiken bietet. Selbstverständlich kann auch PHP mit einer Extension für diese GD Library glänzen, die sogar TTF- und PostScript-Fonts unterstützt, um dynamischen Text auf die Grafik zu platzieren. Die Benutzung der GD Library ist dabei sehr einfach:

```php
<?php
    $im = ImageCreate(100,150);
    $im1 = ImageCreateFromGif("/ein/grosses/bild.gif");
    $size = GetImageSize("/ein/grosses/bild.gif");
    ImageCopyResized($im,$im1,0,0,0,0,150,150,$size[0],$size[1]);
    Header("Content-type: image/gif");
    ImageGIF($im);
    ImageDestroy($im);
    ImageDestroy($im1);
?>
```

Dieses Codebeispiel macht Folgendes: Das Bild */ein/grosses/bild.gif* (z.B. 640 x 480 Pixel groß) wird auf 100 x 150 Pixel verkleinert. Eine ähnliche Anwendung findet man bei http://www.web-cards.de/, wo die Motive der Top5-Postkarten verkleinert und auf der Startseite angezeigt werden.

3.4 Session-System

Sessions sind aus heutigen E-Business-Applikationen nicht wegzudenken. Sie sorgen dafür, dass ein Zustand zwischen dem Client (also dem Browser des Users) und dem Webserver hergestellt werden kann. Die Herstellung dieses Zustands ist notwendig, da es sich bei HTTP um ein zustandsloses Protokoll handelt; das bedeutet, dass der Client zunächst eine Verbindung zum Server herstellt, um die gewünschte Seite anzufordern. Nachdem er diese Seite und alle in ihr enthaltenen Elemente (z.B. Bilder, JavaScript-Code) erhalten hat, beendet es die Verbindung zum Server wieder. Ein nächster Seitenabruf hat wieder eine Verbindung zum Webserver zur Folge.

Das Problem dabei ist, dass der Webserver nicht eindeutig feststellen kann, ob es sich bei zwei Seitenzugriffen um ein und denselben Client handelt. Eine Unterscheidung anhand der IP (der Internet-Adresse des Benutzers) scheidet aus, da die IP eines Benutzers während des Browsens wechseln kann (Proxies im Round-Robin-Verfahren; Neueinwahl bei einem Provider, der dynamische IP-Adressvergabe bietet), oder mehrere Benutzer unter ein und derselben IP fungieren (z.B. bei Benutzung eines Proxies). *Problem*

Aufgrund dieser Probleme versieht die Web-Applikation den Client mit einer so genannten Session-ID, die entweder via Cookie oder als angehängter Parameter an die URL weitergegeben wird. Dadurch kann ein Zustand zwischen Client und Webserver anhand einer eindeutigen ID hergestellt werden; mit Hilfe dieser Session-ID ist es *Session-ID* dadurch möglich, Daten, die über mehrere Webseiten hinweg »gerettet« werden sollen, zu verwalten und einem Benutzer zuzuordnen.

Für Webshops oder Applikationen wie zum Beispiel Personal Information Managern oder Freemail-Services sind daher Sessions sehr wichtig.

PHP4 bringt von Haus aus solch ein Session-System mit, d.h., das Anlegen einer Session und die Verwaltung von Daten (z.B. dem Warenkorb) innerhalb der Session wird damit zu einem Kinderspiel.

PHPLIB

Sinnvoll in diesem Zusammenhang ist hierbei die Benutzung der PHPLIB, die Sie unter http://phplib.netuse.de/ finden. Dieses Framework brachte bereits unter PHP3 die Möglichkeit, Sessions zu verwenden. In der aktuellen CVS-Version ist die PHPLIB aber auch in der Lage, die PHP4 Sessions zu benutzen. PHPLIB bietet darüber hinaus eine generische Authentifikation von Benutzern anhand von Sessions, d.h., Logins, wie sie z.B. bei Freemailern oder PIMs benötigt werden, sind hierbei einfach möglich. Sie brauchen nur Folgendes in ihrem PHP-Skript zu schreiben:

```php
<?php
    page_open(array("sess" => "mysession", "auth" => "myauth"));
    print "Sie haben die Benutzer-ID: ".$auth->auth["uid"];
    page_close();
?>
```

Und schon haben Sie ein PHP-Skript, das Ihnen automatisch einen Login-Mechanismus integriert und den Benutzer einloggen lässt. Ein Blick auf die PHPLIB (die frei verfügbar ist und unter der LGPL steht, d.h. auch in kommerziellen Applikationen verwendbar ist) lohnt sich allemal, nicht zuletzt wegen der weiteren Module, die sie mitliefert (Template-System, automatische Menüstruktur etc.). Durch die Benutzung der PHPLIB können Sie die Produktionszeit Ihrer Applikation und damit die entstandenen Kosten erheblich senken.

3.5 Komprimierung von Inhalten

Mit der Unterstützung für komprimierte Dateien/Inhalte mit Hilfe von GZip bzw. dem unter Windows bekannten ZIP-Format sind auch hier weitere Anwendungsgebiete möglich. So ist es zum Beispiel ein Leichtes, den Output, der an den Client gesendet werden soll, mit Hilfe transparenter gzip compression zu komprimieren und so die Übertragung seiner unter Umständen großen HTML-Dateien zu minimieren.

Die Transparenz wird durch die seit PHP 4.0.5 enthaltenen output-buffering-Funktionen ermöglicht. Diese sorgen dafür, dass das, was an den Client ausgegeben werden soll, zunächst in einen internen Puffer kopiert und erst am Ende bzw. auch bei Bedarf dieser Puffer geleert wird. Man kann also weiterhin

```
<?php
   ob_start("ob_gzhandler");
   /**
    * viel Code
    * ...
    */
   print "foo <br> bar<b>Test</b>\n";
?>
```

schreiben und PHP kümmert sich (bis auf das Aufrufen von *ob_start()*) um den Rest, inklusive der Komprimierung der ausgegebenen Daten. PHP beachtet dabei sogar automatisch, ob der Client in der Lage ist, komprimierte Daten zu verarbeiten oder nicht.

3.6 Dynamische Erzeugung von Flash-Animationen

Nachdem Macromedia den Aufbau des Flash-Formats der Öffentlichkeit zugänglich gemacht hatte, entstanden verschiedene Open-Source-Alternativen, um Flash-Animationen erzeugen zu können. Eine davon ist die Ming Library, mit der man dynamisch Flash-Animationen generieren kann. In Hinblick auf die PHP Extension zu dieser Library ist es damit möglich geworden, zum Beispiel ein Tortendiagramm on-the-fly als Flash-Grafik zu erzeugen. Da Flash mit Vektorgrafiken arbeitet, ist diese Darstellung natürlich besonders ideal für diese Art von Diagrammen. Wer ein Beispiel für die Erzeugung von Tortendiagrammen als Flash-Grafik sucht, sollte einen Blick auf das Tutorial bei http://www.phpbuilder.com/ werfen.

Ming Library

3.7 PDF-Dateien on-the-fly erzeugen

Die PDF-Erzeugung ist mit PHP auch kein Problem. PDF hat sich als portables Dokumentenformat durchgesetzt. Beispielsweise könnte man mit PHP und der PDF-Extension in einem Content-Management-System on-the-fly PDF-Dateien aus dem HTML-Code erzeugen und den Usern zum Download anbieten.

PDF-Extension

Eine andere Methode, PDF-Dateien zu erzeugen, ist der »Umweg« über LaTeX. Das als Satzsystem für hervorragende Qualität nicht nur im wissenschaftlichen Bereich bekannt gewordene System lässt sich dazu bewegen, PDF-Dateien zu erzeugen. Der Vorteil hierbei ist, dass man ganz normal den LaTeX-Code (der als normaler Text mit entspre-

Umweg über LaTeX

chenden Kontrollstrukturen geschrieben wird) schreiben und danach mit Hilfe eines Tools daraus PDF generieren kann.

Hartmut Holzgräfe hat auf dem letztjährigen PHP-Kongress einen Vortrag über diese Methode gehalten. Sie können ihn unter http://www.php-kongress.de/2000/ nachlesen.

3.8 Kalender, Interprozesskommunikation, Internationalisierung

In vielen Web-Anwendungen spielen auch Kalender eine Rolle (zum Beispiel bei PIM-Applikationen). PHP bringt hier eine ganze Reihe von Funktionen mit, um sehr einfach kalenderbasierte Systeme zu erstellen.

Für die so genannte Interprozesskommunikation ist auch gesorgt: dies lässt sich mit Hilfe der Shared-Memory-Funktionen oder über XML-RPC bewältigen. XML-RPC ist dabei, sich immer mehr für die Interprozesskommunikation zwischen verschiedenen Servern durchzusetzen. Es setzt dabei ganz normal auf dem HTTP-Protokoll auf. Mittlerweile ist sogar ein eigenes XML-RPC-Modul für PHP in Arbeit. Bisher musste man auf die PHP-Klasse von http://xmlrpc.usefulinc.com/ zugreifen.

Wer seine Websites internationalisieren möchte, der bekommt von PHP auch hier Hilfe angeboten. Möglich macht es die Extension zur gettext-Library, die unter den heutigen Unix-Systemen standardmäßig vorhanden ist und für sprachlich angepasste Applikationen sorgt.

3.9 Chat-Systeme

IRCg Communities & Chat-Systeme beherrschen heute unter anderem die Welt des Webs. Es wird diskutiert, Artikel werden publiziert und kommuniziert. Was liegt da näher, als ein leistungsfähiges Chat-System zu bauen? Mit IRCg steht solch ein Modul zur Verfügung, um höchst skalierbare Chat-Systeme mit mehreren tausend Usern betreiben zu können, die extrem wenig Speicher verbrauchen.

Der kommerzielle Ableger, http://www.titanchat.de/, läuft bereits auf Sites wie mp3.de und bietet Ihnen ein leistungsfähiges Chat-System, basierend auf der IRCg-Extension für PHP.

3.10 Weitere Extensions

Die vorherigen Punkte sollten nur einen kleinen Überblick darüber geben, was mit PHP alles möglich ist. Ergänzt werden diese über 85 Module durch weitere, nicht im Lieferumfang enthaltene Module, die im Netz frei verfügbar sind oder die von Firmen entwickelt und kommerziell vertrieben werden.

So gibt es zum Beispiel seit einiger Zeit ein Modul, um das Open-Source-Programm GNUplot (ein Funktionsplotter) anzusteuern.

Durch Object Overloading ist es möglich, innerhalb von PHP transparent auf (D)COM-, Dotnet-, Java- und Corba(Orbit)-Objekten zu arbeiten. Die Java-Integration erlaubt es sogar, PHP selbst als Servlet zu nutzen.

3.11 PHP für große Websites

Es hält sich oftmals das Gerücht, dass mit PHP nur kleinere bis mittlere Websites möglich sind. Dies ist faktisch nicht richtig. PHP erlaubt seinen Einsatz auch in Hochverfügbarkeitsapplikationen, zum Beispiel bei großen E-Commerce Sites wie shopping.lycos.de. Die geringen Entwicklungskosten (flache Lernkurve, freie PHP-Entwickler kosten weitaus weniger als z.B. freie Java-Entwickler) und die daraus resultierenden kürzeren Time-to-market-Zeiten sorgen dafür, dass Ihr Projekt nicht Unsummen verschlingt und in passabler Zeit ein Roll-Out gemacht werden kann.

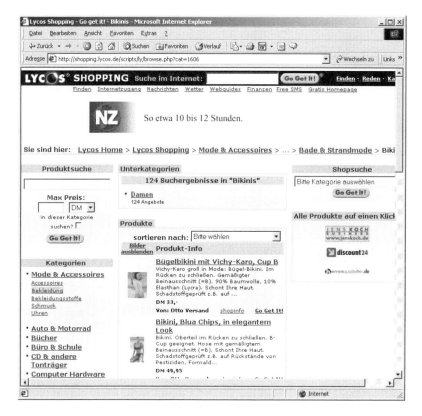

Abb. 3
Auch große E-Commerce-Sites können mit PHP entwickelt werden

JavaBeans weiter nutzen

Die offene Architektur von PHP ermöglicht es Ihnen auch, dass Sie zum Beispiel bereits vorhandene JavaBeans weiterhin nutzen können. Und sie trägt dazu bei, dass PHP nicht als all-in-one-Hilfsmittel betrachtet wird, sondern als Werkzeug: Benutzen Sie PHP nur dort, wofür es gemacht wurde: für das Web. Bereits vorhandene business logics können Sie dann einfach an Ihre in PHP geschriebene Web-Applikation connecten.

Extensions in C und C++

Wenn Ihnen die Performance von PHP nicht mehr ausreicht, so verlagern Sie Programmteile in eine eigene, in C oder C++ geschriebene Extension für PHP. Dies hat nicht nur den Vorteil, dass Ihre Programmteile wohl schneller laufen werden, sondern Sie können auch dadurch häufig benötigte Programmteile als Modul auslagern und für weitere Projekte verwenden. Reicht Ihnen die Performance von PHP aus, verwenden Sie die »Modulbauweise« von PHP. Hier sollten Sie sich an die Guidelines von PEAR (http://pear.php.net/) halten, um eine gewisse Konsistenz zu erreichen. Objektorientiertes Programmieren spielt hierbei natürlich eine große Rolle, um den Code wartbarer und entwicklerfreundlicher zu machen.

4 Die Zukunft von PHP

Wo wird PHP hingehen? Einige Module für PHP deuten es an: Mit der Readline-Extension kann man PHP auch auf der Kommandozeile für interaktive Eingaben des Anwenders benutzen. Mit der PHP-GTK Extension (http://gtk.php.net/) entstand vor kurzem eine Extension, um mit Hilfe des Gimp ToolKits Desktop-Anwendungen entwickeln zu können.

Mehrere Entwicklerteams aus dem freien und kommerziellen Umfeld sind dabei, so genannte Ressourcen-Manager zu entwickeln, damit man noch effektiver skalierbare Web-Applikationen mit PHP entstehen lassen kann. Es mehren sich auch die Gerüchte, dass eine Art Application Server für PHP bereits in Vorbereitung sei. Auch die Firma Zend Technologies ist nicht untätig und plant solche oder ähnliche Dinge bereits und unterstützt die Entwickler mit kommerziellen Tools wie zum Beispiel einem Cache, der häufig genutzte PHP-Skripte im schnellen Speicher hält, oder einen Encoder, der Firmen die Möglichkeit gibt, ihre Applikationen als closed source zu vertreiben.

Mit dem PEAR Repository wurde vor einiger Zeit eine Möglichkeit geschaffen, standardisierte PHP Packages und Extensions über eine zentrale Anlaufstelle zu vertreiben und mit PHP mitzuliefern. Ähnlich wie bei Perls CPAN werden hier in kürzester Zeit dem Entwickler viele Module zur Verfügung stehen, die die tägliche Arbeit erleichtern und so zu Kostensenkungen bei der Entwicklung beitragen können.

5 Die Entwicklergemeinde und der Support

Aufgrund der großen Verbreitung von PHP hat sich weltweit ein Entwicklernetzwerk gespannt. Der deutschsprachige Raum ist zur Zeit die zweitgrößte Entwicklergemeinde auf der ganzen Welt; dementsprechend ist hier auch ein großer Support gewährleistet.

Aktuelle Anlaufstellen sind neben der Ursprungsseite http://www.php.net/ das deutschsprachige PHP-Center http://www.php-center.de/ sowie die Website Dynamic Webpages http://www.dynamic-webpages.de/. Eine deutschsprachige Mailing-Liste, auf der mehr als 1600 Entwickler eingetragen sind, findet sich ebenfalls im PHP-Center. Zusätzlich existiert die Newsgruppe de.comp.lang.php, in der sich PHP-Entwickler untereinander austauschen.

Anlaufstellen im Web

Unternehmen, die auf der Suche nach PHP-Schulungen sind, finden auf den Seiten von http://www.thinkphp.de/ neben kostenlosen Schulungsunterlagen auch Angebote für professionelle Schulungen.

Schulungen

Auf dem Büchermarkt gibt es mittlerweile eine Vielzahl an PHP-Büchern. Auch der deutschsprachige Buchmarkt ist hierbei gut gefüllt. Eine Komplettübersicht kann man auf http://www.php.net/books.php finden.

Bücher

Wem das alles noch nicht ausreicht, der kann sich die erstklassige deutschsprachige PHP FAQ ansehen, die unter http://www.php-faq.de/ zur Verfügung steht.

PHP FAQ

Im deutschsprachigen Raum haben sich seit einiger Zeit User-Gruppen in den verschiedensten Ballungsgebieten wie Stuttgart, Köln, Berlin, München gebildet. Regelmäßige User-Treffs zum Plauschen und Austausch von wichtigen Informationen sorgen dafür, dass auch hier die Entwicklergemeinde zusammenwächst. Die Seiten sind auf http://www.phpug.de/ zu finden.

User-Gruppen

Seit Ende 2000 findet ein jährlicher Kongress statt, der vom PHP Center ausgerichtet wird. War er im Jahre 2000 mit 450 Teilnehmern noch auf den deutschsprachigen Raum beschränkt, so wird er ab 2001 international ausgerichtet sein. Der Kongress dient als Mekka der PHP-Entwickler mit hochkarätigen Vorträgen und interessanten Podiumsdiskussionen. Hier stärkt sich die Entwicklergemeinde und Unternehmen haben auch sehr interessante Möglichkeiten, neue Mitarbeiter zu gewinnen.

PHP-Kongress

PHP-Förderverein Ein weiterer Schritt in Deutschland wird die Gründung eines PHP-Fördervereins sein, der sich zum Ziel gesetzt hat, wichtige Projekte und die Weiterentwicklung von PHP zu fördern. Willkommen sind hierbei insbesondere Unternehmen, die sich aktiv an der Entwicklung von PHP beteiligen wollen. Ein wichtiger Bestandteil des Fördervereins ist die Ausarbeitung von Zertifikaten und Lobbyarbeit in der Öffentlichkeit. Informationen zum Förderverein sind auf der Usergroup-Website http://www.phpug.de/ nachzulesen.

Online-Shops mit Linux und Open Source

Torsten Schlabach
Freier IT-Journalist, Duisburg
tschlabach@gmx.net

Abstract

Der Vortrag gibt zunächst einen Überblick über die verschiedenen Anforderungen, die unterschiedliche Geschäftsmodelle an die Shop-Software stellen (z.B. Großhändler vs. Einzelhändler). Die Klärung dieser Anforderungen ist dann die Voraussetzung für die Bewertung und Auswahl unterschiedlicher Software-Pakete. Anschließend wird ein Überblick über unterschiedliche kommerzielle sowie Open-Source-Shop-Lösungen gegeben und dabei vor allem der Frage der Integration nachgegangen: Wie lässt sich die einzelne Lösung in ein bestehendes Umfeld integrieren und welcher Aufwand ist dafür erforderlich? Wie funktioniert die Pflege der Artikeldaten? Wie flexibel ist die Präsentation? Gibt es eine Trennung von Inhalt und Präsentation? Abschließend geht es um die Frage: Open Source oder nicht? Welche Vorteile bieten Open-Source-Lösungen gegenüber kommerziellen Produkten? Wie sieht die Vollkostenrechnung aus? Gibt es Szenarien, die eher für oder eher gegen Open-Source-Shops sprechen?

1 Aufbau und Betrieb von Online-Shops

Der Web-Shop ist noch immer die Urform allen E-Commerce: Bücher und CDs sind nur die ersten Artikel gewesen, die massenhaft online bestellt wurden. Es gibt kaum ein Endverbraucherprodukt, das man nicht von zu Hause oder vom Büro aus über das Internet erwerben kann. Dabei mag manchem immer wieder auffallen, wie unterschiedlich benutzerfreundlich Internet-Shops aufgebaut sind. Ein tolles Einkaufserlebnis in einem Online-Shop wirkt sich direkt auf den Umsatz aus – ein enttäuschendes Erlebnis ebenfalls. Die richtige Software ist daran nicht ganz unbeteiligt.

Kaufen oder selber entwickeln? Dabei stellt sich für den Anbieter gleich zu Anfang die Gretchenfrage: Selber programmieren oder Software von der Stange? Und wenn es ein fertiges Produkt sein soll: herkömmliche kommerzielle Software oder Open Source? Der Einsatz einer fertigen Shop-Anwendung verspricht natürlich eine Reihe von Features, die man nur einzuschalten braucht. Eine Eigenentwicklung hingegen ermöglicht die Gestaltung des Web-Shops komplett nach den eigenen Vorstellungen. Ein Blick auf die großen Internet-Händler liefert auch keine Antworten. Es gibt zwei Lager: Die einen setzen auf Standard-Software, die anderen auf eigene Lösungen.

Der Internet-Händler Amazon beispielsweise sieht seine eigene Software als einen wichtigen Teil seines intellektuellen Kapitals an und hat seine Ein-Click-Bestellung sowie das bekannte Vorschlagssystem patentieren lassen (»Leute, die dieses Buch gekauft haben, haben sich außerdem für die folgenden Bücher interessiert.«). Amazon käme nie in den Sinn, eine Shop-Software von der Stange einzusetzen.

Ganz anderer Meinung sind hingegen eVITA, das Shopping-Portal der Deutschen Post AG sowie Deutschlands größtes Versandhaus, der Otto-Versand. Sie setzen auf die Produkte von Vignette bzw. Intershop. Auch wenn man sich auf das Feld von B2B begibt, wo beispielsweise Großhändler ihren Einzelhandelskunden Waren anbieten und die Bestellungen online abwickeln, finden sich individuelle Lösungen neben Standard-Software.

2 Komplexität nicht unterschätzen

Mindeststandards Vorbei sind aber auf jeden Fall die Zeiten, in denen man im Internet tabellarische Preislisten veröffentlichen und ausgefüllte Bestellformulare per E-Mail annehmen konnte. Auch wenn es tatsächlich Anbieter gibt, die auf diesem Stand stehen geblieben sind, wird man mit einem solchen elektronischen Handzettel wohl kein Glück beim Kunden haben. Interessanterweise sind es jedoch vor allem Händler für Mobiltelefone und PC-Zubehör, die nicht unbedingt durch professionelle E-Commerce-Auftritte glänzen.

Den Mindeststandard für einen Web-Shop markiert heute:

- Eine übersichtliche Navigation durch das Angebot. Die Artikel sollten dabei sowohl durch Blättern in einem gut gegliederten Katalog als auch per direkter Suche gefunden werden können. Auf

welchen Suchweg Sie mehr Wert legen sollten, hängt davon ab, welche Art von Artikel Sie anbieten.
- Ein Warenkorb, in dem der Kunde seine Einkäufe sammeln kann.
- Beim Gang zur virtuellen Kasse sollte der Warenkorb übersichtlich noch einmal angezeigt werden und der Kunde die Möglichkeit haben, Mengen zu korrigieren und Artikel aus dem Warenkorb zu nehmen. Dabei sollten jeweils die Einzelpreise sowie die Summe der Bestellung angezeigt werden.
- Eine Information über Versandwege und Versandkosten, die transparente Abwicklung der Bezahlung sowie eine Auftragsbestätigung per E-Mail schließen den Einkaufs-Vorgang ab.

Wer sich also dazu entschließt, seinen Web-Shop selbst zu programmieren, sollte sich des Umfangs bewusst sein, den ein solches Projekt einnimmt (siehe Kasten »Komponenten eines Online-Shops« auf Seite 205).

3 Planung eines Web-Shops

Die Planung eines Web-Shops sollte jeweils mit einer Standort-Bestimmung beginnen. Dabei gilt es, eine Reihe von Fragen zu klären, die bei der Auswahl oder Konzeption eines Web-Shops wichtig sind:

Ausgangspunkt: Katalog

- Wie umfangreich ist das Produktangebot? Haben wir 10, 100 oder 10.000 verschiedene Artikel im Programm?
- Wie suchen Kunden diese Artikel? Hat der Kunde technische Kriterien, die seine Auswahl auch unter einem großen Artikelstamm von vornherein auf wenige Artikel begrenzen? Das wäre bei Produkten wie Schrauben oder elektronischen Bauteilen der Fall. Ist ein Gewinde, ein Kopf und eine Länge vorgegeben, gilt es meistens nur noch unter unterschiedlichen Materialien zu wählen.
- Wie oft ändern sich Artikel und/oder Preise? Ein Gemüse-Großhändler oder ein Einzelhändler für PC-Komponenten und Zubehör haben meistens Tagespreise und jede Woche neue Angebote, während gleichzeitig ständig Artikel aus dem Sortiment fallen, weil die Saison vorbei ist oder die Artikel durch ein Nachfolge-Produkt ersetzt wurden.
- Stehen die Artikel in einem Zusammenhang zueinander? Wenn ja, ist es hilfreich, diese auch im Zusammengang zu präsentieren, beispielsweise zu einem Gerät jeweils das passende Zubehör. Wenn Geräte in zahlreichen Varianten angeboten oder sogar auf Bestellung konfiguriert werden, sollte es möglichst einen Online-Konfi-

gurator geben, mit dem der Anwender sein Produkt zusammenstellen kann und jeweils den aktuellen Preis angezeigt bekommt. Der Konfigurator muss Regeln kennen, wie beispielsweise, dass man an einen SCSI-Controller keine IDE-Festplatten anschließen kann.

- Kaufen Kunden gezielt oder muss man ihnen Artikel aktiv verkaufen? Wo in erster Linie Bedarf gedeckt wird, wollen Kunden Artikel schnell finden und zusammenstellen. Das gilt meist für alle Formen des Großhandels, beispielsweise wo Handwerker ihr Material bestellen. Wo der Privatmann sich hingegen erst einmal »unverbindlich informieren« möchte, wird man aktiv zum Kauf animieren wollen, indem man die Produktvorteile möglichst plastisch schildert. Dabei können dann viele Bilder, Animationen oder sogar Video-Sequenzen eingesetzt werden.

Aus den Antworten auf diese Fragen ergibt sich ein Profil für die Komplexität Ihrer Präsentation. Technisch sachliche Artikelsuchmasken sind dabei meistens einfacher zu entwickeln und brauchen sich seltener zu ändern als interaktive, bunte Warenwelten in einem virtuellen Kaufhaus.

4 Templates und Content Management

Statische HTML-Seiten

Für die Präsentation der einzelnen Produkte kann man höchstens dann statische HTML-Seiten einsetzen, die direkt in einem HTML-Editor erstellt werden, wenn der Shop nicht mehr als 10-20 Produkte anbietet. Das kann bei speziellen Shops, wie z.B. bei einem Software-Hersteller, der seine eigenen Produkte online anbietet, durchaus der Fall sein. Auch ein Hersteller von Kuckucksuhren oder ein Weinbauer, der die eigenen Erzeugnisse per Internet in alle Welt vermarktet, fällt in diese Kategorie.

Dynamische Seiten

In allen anderen Fällen müssen Sie mit dynamisch generierten HTML-Seiten arbeiten, die mit Informationen aus einer Datenbank gefüllt werden. Dafür stehen unterschiedliche Techniken zur Verfügung:

- Die einfachste Variante sind *server-seitige Skriptsprachen* wie Microsoft Active Server Pages, Java Server Pages oder PHP3. Dabei werden in eine HTML-Seite Code-Fragmente eingefügt, die beim Parsen der Seite die entsprechenden Datenbank-Abfragen durchführen und die Inhalte einsetzen. Die Skriptsprachen unterstützen dabei auch Schleifen und Bedingungen, so dass beispielsweise der Abschnitt einer Seite mit dem Produktfoto nur dann aus-

gegeben wird, wenn auch ein Produktfoto vorhanden ist. Eine Schleife kann benutzt werden, um beispielsweise zu einem Artikel alle in der Datenbank hinterlegten Zubehörteile in einer Tabelle anzuzeigen.
- Technisch anspruchsvoller ist der Einsatz von *XML zusammen mit XSL-Stylesheets*. Dabei müssen die Netto-Informationen zu den Produkten als XML-Dokumente vorliegen. Mit Hilfe eines XSL-Stylesheets werden die Informationen aus dem XML-Dokument zu einer HTML-Seite zusammengesetzt.
- Als nächste Möglichkeit können Sie eine *Content-Management-Plattform* einsetzen. Diese Software-Pakete greifen meist ebenfalls auf XML zurück, bieten aber darauf aufgesetzt Möglichkeiten, Inhalte zu versionieren oder automatisch zeit- oder ereignisgesteuert auszuwechseln. Sie können damit beispielsweise schon jetzt die Sonderangebote für nächste Woche zusammenstellen und testen. Auf Ihrer eigentlichen Website werden diese dann aber erst am Montag früh zu einer festgelegten Uhrzeit aktiv geschaltet.

Unterschiede

Der Unterschied zwischen server-seitigen Skriptsprachen und dem Einsatz von XML/XSL besteht darin, dass bei ASP, JSP oder PHP3 die HTML-Seite den Inhalt steuert, während bei XML/XSL der Inhalt den Seitenaufbau festlegt. XML/XSL bietet daher eine deutlich größere Flexibilität, den Seitenaufbau abhängig vom vorhandenen Inhalt zu gestalten. Es ist beispielsweise mit XML/XSL möglich, die voraussichtliche Seitenlänge im Voraus zu berechnen und bei Überschreiben einer bestimmten Größe die Seite in mehrere Teile zu zerlegen oder eine Übersicht mit Links zu Details auszugeben, während bei einem einfacheren Artikel mit weniger Informationen die kompletten Details angezeigt werden. XML macht es außerdem ebenfalls einfacher, dieselben Inhalte sowohl für den E-Commerce als auch für den M-Commerce einzusetzen oder in unterschiedlichen Darstellungen zu verwenden.

Inhalt und Formatierung voneinander trennen

Wichtig ist in beiden Fällen, dass Sie Inhalt und Formatierung voneinander trennen, denn hierfür sind normalerweise unterschiedliche Abteilungen verantwortlich. Es sollte immer möglich sein, der Website ein neues Aussehen zu geben oder dass dazu die Katalog-Datenbank angepasst wird. Die Seitendesigner können dabei mit Dummy-Daten arbeiten.

Content Syndication

Content-Management-Systeme unterstützen vor allem auch die immer beliebtere »Content Syndication«. Dabei werden Inhalte aus dritten Quellen in eine Site eingebracht. Ein PC-Händler kann beispielsweise in Kooperation mit einer Fachzeitschrift Testberichte oder

Hintergrundartikel zu den angebotenen Produkten auf seine Site nehmen. Ein Reisebüro kann Informationen von einem Reise-Fachverlag mit anbieten. Teilweise bieten Content-Lieferanten ihre Inhalte kostenfrei an, wenn sie als Quelle genannt werden, teilweise ist ihr Content auch gebührenpflichtig. Es gibt in Deutschland zwei Unternehmen, die sich auf die Vermittlung von Content spezialsiert haben: Die 4Content AG (http://www.4content.de/) sowie die Tanto AG (http://www.tanto.de). Daneben gibt es zahlreiche branchen- und themenspezifische Anbieter von Inhalten, auf die Sie als Online-Shop-Anbieter zurückgreifen können, um Ihr Angebot zu verbessern.

5 Funktionalität ist erforderlich

Eine gekonnte Warenpräsentation ist wichtig. Oft wird bei der Konzeption eines Online-Shops darüber allerdings vergessen, dass Sie als Händler erst dann Geld verdienen, wenn Ihr Katalog nicht nur am Bildschirm durchgeblättert wird, sondern wenn die Kunden auch bestellen. Das mag daran liegen, dass vor allem viele Führungskräfte in Unternehmen noch nie über das Blättern in einem Online-Katalog hinausgegangen sind und wirklich etwas bestellt haben.

Der Bestellvorgang ist allerdings besonders kritisch. Viele Untersuchungen zeigen, dass Bestellvorgänge oft vom Kunden aus den unterschiedlichsten Gründen abgebrochen werden. Das bedeutet im Klartext: Der Kunde hatte durchaus die Absicht zu kaufen, wurde aber durch irgendetwas davon abgehalten oder abgeschreckt.

Warenpräsentation und Warenkorb

Während sich die reine Warenpräsentation meistens noch mit Hilfe eines einfachen Web-Servers mit minimalen Erweiterungen wie einer Datenbank-Anbindung und einer Skriptsprache aufbauen lässt, kommen Sie bei den Funktionen für den Warenkorb sowie den eigentlichen Bestellvorgang nicht um Anwendungs-Funktionalität umhin.

Da HTML ein sitzungsloses Protokoll ist, müssen Sie auf dem Server eine Sitzung aufbauen, in der die Artikel, die ein Kunde bestellt, gesammelt werden. Um den Kunden zu identifizieren, kann ein Cookie mit einer vom Anwendungs-Server generierten Sitzung-ID an den Browser des Kunden übergeben werden, das nur für die Dauer der Sitzung gültig ist. Dieses Cookie wird vom Browser dann zusammen mit jedem Seitenaufruf übermittelt, so dass der Aufruf der Sitzung zugeordnet werden kann.

Es gibt zwar einige Shops, die ohne Anwendungs-Server auskommen und versuchen, den Warenkorb entweder in einem Cookie zu hinterlegen oder durch geschickten Einsatz einer client-seitigen Skriptsprache die Sitzungsinformationen ständig zwischen Browser und Server hin und her zu schicken. Professionell sind solche Ansätze allerdings nicht, da sie sich auf bestimmte Features des Browsers verlassen, eine große Sicherheitslücke darstellen und oft sehr instabil sind.

Wenn Sie mit Kunden-Profilen arbeiten und Ihren Kunden die Möglichkeit geben, sich einzuloggen, können außerdem alle kundenspezifischen Funktionen wie individuelle Rabatte oder personalisierte Katalogseiten über die Sitzung gesteuert werden. Es wird dann auf dem Anwendungs-Server der Sitzung bei Login des Kunden jeweils das Kundenprofil zugeordnet. *Kunden-Profile*

Wenn Sie selbst einen Web-Shop programmieren wollen, sollten Sie also den Einsatz eines Anwendungs-Servers einplanen. Eine professionelle Shop-Software von der Stange wird in der Regel ebenfalls entweder einen Anwendungs-Server integriert haben oder auf einem Standard-Anwendungs-Server aufsetzen.

6 Anwendungs-Server für Web-Shops

Ein Web-Shop ist letztlich nichts anderes als eine Anwendung mit HTML-Benuteroberfläche. Dementsprechend können Sie für einen Web-Shop quasi jede beliebige Anwendungs-Architektur einsetzen, die auch für andere Anwendungen in Frage kommt. Hinsichtlich der Skalierbarkeit, also der Anzahl von Anwendern bzw. Kunden, die Sie gleichzeitig bedienen können wollen, müssen Sie sich realistisch überlegen, mit welchem Ansturm von Kunden Sie rechnen. Nur in den wenigsten Fällen wird es allerdings notwendig sein, die Last auf mehrere parallele Server zu verteilen.

In Frage kommen als Architekturen:

- Die direkte Programmierung gegen die APIs eines Web-Servers, beispielsweise in C++. Um eine Komponenten-Architektur aufzubauen können Sie in einer solchen Umgebung optional CORBA einsetzen. Eine solche Lösung hat den Vorteil der größtmöglichen Performance, ist aber auch die aufwendigste. Einige kommerziell angebotene Software-Pakete basieren auf dieser Technologie.
- Die meisten Lösungen basieren auf einem Enterprise-JavaBeans-Server. Damit haben Sie die Möglichkeit, auch zugekaufte Module einzusetzen, die in Form von EJBs angeboten werden. Es sind beispielsweise Payment-Lösungen als EJB erhältlich. Auch Module wie eine Sitzungsverwaltung einschließlich Warenkorb lassen sich zukaufen.

- Wenn Sie den Aufwand eines EJB-Servers scheuen, können Sie quasi als Light-Variante auf Java-Servlets zurückgreifen. Servlets können auf dem Server auf das gesamte Java-API einschließlich RMI zurückgreifen. Einige Servlet-Container wie beispielsweise Jserv für Apache bieten außerdem die Möglichkeit, die Servlets auf einem anderen Server als dem Web-Server selbst auszuführen, um die Web-Server-Performance von der Applikations-Performance zu trennen.

Vorteile von EJB

Enterprise JavaBeans bieten gegenüber Servlets den Vorteil, dass der EJB-Server eine Reihe von Diensten bereitstellt, die die Bean nur aufzurufen braucht, wie beispielsweise die Persistenz in der Datenbank. Auch Funktionen wie Failover und Load Balancing sind – wenn man sie braucht – Sache des Servers und nicht der Anwendung, die Sie schreiben.

7 Ohne BackOffice kein Umsatz

Einbindung in das Unternehmen

Bedenken Sie bei der Wahl der Architektur außerdem auch die Einbindung des Web-Shops in vorhandene Systeme in Ihrem Haus. Ein Web-Shop ist keinesfalls eine autarke Anwendung, sondern muss mit einer Vielzahl von Systemen im Unternehmen verbunden werden, damit er tatsächlich funktioniert (siehe Abb. 1). Stehen diese Verbindungen nicht zur Verfügung, muss an den entsprechenden Schnittstellen manuell gearbeitet werden, was fehlerträchtig ist oder bestimmte Funktionen, die für den Kunden wichtig sind, verhindert.

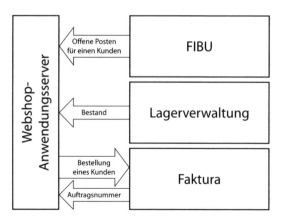

Abb. 1 Einbindung eines Online-Shops in die Systemlandschaft eines Unternehmens

Lagerverwaltung

In vielen Shops will der Kunde beispielsweise den Lagerbestand sehen können oder wenigstens erfahren, ob die gewünschte Menge ab Lager lieferbar ist oder wie lange die erwartete Lieferzeit sein wird. Damit diese Information im Shop angezeigt werden kann, muss eine bidirektionale Echtzeit-Verbindung zur Lagerverwaltung bestehen. Darüber wird der Bestand zum Zeitpunkt des Seitenaufbaus angezeigt. Wenn der Kunde bestellt, muss die entsprechende Menge sofort ausgebucht werden, damit sie nicht für den nächsten Kunden noch immer als verfügbar erscheint. Auch Bestände, die offline verkauft werden, müssen vom online verfügbaren Bestand abgezogen werden. In diesem Bereich gibt es keine Alternative zur Echtzeit.

Eine zweite wichtige Schnittstelle ist die zur Auftragsabwicklung. Auch diese Schnittstelle muss bidirektional ausgelegt werden, damit nicht nur die Bestellung vom Web-Shop an den Kunden übermittelt werden kann, sondern der Kunde gleichzeitig eine Auftragsnummer zurückgemeldet bekommt, die er bei Rückfragen angeben kann. Ein guter Web-Shop sollte es dem Kunden zudem ermöglichen, sich anzumelden und nachzuschauen, welche Aufträge noch offen sind und wann voraussichtlich geliefert wird.

Auftragsabwicklung

Diese Schnittstellen zum vorhandenen operativen System müssen Sie manuell aufbauen, egal ob Sie eine Shop-Software von der Stange einsetzen oder sich für die Eigenentwicklung entscheiden. Nur wenn Sie eine sehr weit verbreitete Standard-Software wie SAP R/3 einsetzen, haben Sie bei einzelnen Anbietern von Shop-Software eine Chance, eine fertige Schnittstelle im Produkt mitgeliefert zu bekommen. Oft müssen aber selbst solche mitgelieferten Schnittstellen individuell angepasst werden.

Schnittstellen müssen programmiert werden

8 Hosting

Natürlich müssen Sie einen Shop auch irgendwie ins Internet stellen. Inzwischen sind fast alle Unternehmen davon abgekommen, Web-Server im eigenen Haus aufzustellen und per Standleitung an das Internet anzubinden, obwohl die Leitungspreise, die in der Vergangenheit das wichtigste Argument dagegen waren, ständig weiter sinken. Doch das professionelle Hosting einer Website verlangt mehr, als einen Server aufzustellen und mit dem Router zu verbinden. E-Commerce findet 7 x 24 Stunden pro Woche statt. Folglich müssen Server rund um die Uhr überwacht werden. Bei einem technischen Problem muss auch nachts oder am Wochenende jemand eingreifen können.

Doch der Webspace-Account mit 30 MB Speicherplatz und einer .DE-Domain für 19,80 DM pro Monat ist ebenso wenig die Lösung. Selbst wenn Sie sich für eine Lösung auf Basis von Servlets entschieden und einen Provider gefunden haben, der Servlets unterstützt, bleibt noch die Frage offen, wie die Einbindung von Komponenten für die Zahlungs-Abwicklung und die Anbindung an ihre operativen Systeme erfolgen soll. Es ist zwar nicht unmöglich, aber doch wenigstens sehr umständlich, einen Shop auf diese Weise aufzusetzen.

Anmieten eines Servers

Die sinnvollste Lösung ist das Anmieten eines dedizierten Servers im Rechenzentrum eines entsprechenden Providers. Auf einem solchen Server können Sie beliebige Software installieren und haben die vollständige Konfiguration unter Kontrolle. Die Preise hierfür beginnen bereits ab einigen Hundert DM pro Monat. Sie haben außerdem den Vorteil, dass der Server direkt am Backbone-Netz des Providers angeschlossen wird, was entsprechende Geschwindigkeitsvorteile mit sich bringt.

Web-Shop mieten

Bei einigen Providern gibt es auch die Möglichkeit, einen kompletten Web-Shop quasi als ASP-Lösung zu mieten. Diese Lösung eignet sich jedoch meistens nur für kleine Anwendungen, da es sich oft um standardisierte Minimallösungen handelt, bei denen Sie keinen oder wenig Einfluss auf kritische Elemente wie Layout, Datenbankfelder und Aufbau der Warenpräsentation haben. Völlig ungeeignet sind solche Angebot zudem, wenn sie von ausländischen Anbietern kommen, denn sie können meistens weder Preise in DM oder Euro korrekt handhaben noch eine deutsche Mehrwertsteuer berechnen.

9 Vorteile einer Eigenentwicklung

Einen Online-Shop selbst zu entwickeln stellt natürlich einen gewissen Aufwand dar, den Sie nur dann in Kauf nehmen sollten, wenn Ihnen die entsprechenden Ressourcen zur Verfügung stehen. Idealerweise sollte die Entscheidung für oder gegen ein Produkt von der Stange jedoch nicht ausschließlich an der Kosten/Nutzen-Rechnung festgemacht werden, sondern an Unternehmenszielen.

Um einen weitgehend standardisierten Shop aufzubauen, wäre es wahrscheinlich wenig sinnvoll, das Rad einer Shop-Software neu zu erfinden. Sofern Ihr Shop sich nicht durch besondere Features auszeichnen soll, sind Sie mit einer Lösung von der Stange wahrscheinlich gut bedient und können sich in erster Linie auf die nicht technischen Aspekte des Verkaufens im Internet kümmern.

Eine Shop-Software selbst zu entwickeln ist vor allem dann nicht nur sinnvoll, sondern geradezu empfehlenswert, wenn Sie sich in einer wettbewerbsintensiven Branche von ihren Konkurrenten durch gute Ideen abheben wollen bzw. müssen. Das klassische Beispiel dafür sind Buch- und CD-Shops.

Marktführer Amazon kommt immer wieder mit neuen Ideen als Erster an den Markt. Beispiele für Innovationen, die Amazon eingeführt hat, sind:

Amazon

- Die 1-Click-Bestellung
- Das Empfehlungssystem, bei dem einem Kunden Bücher oder CDs empfohlen werden, die ihn auf Basis der Daten über seine bisherigen Einkäufe wahrscheinlich interessierten könnten
- Den virtuellen Geschenkgutschein, der per E-Mail verschickt und im Shop beim Einkauf eingelöst werden kann
- Ein Partnerkonzept, mit dem andere Websites-Produkte auf Amazon.de oder Amazon.com empfehlen und dafür Provisionen bekommen
- In der Adventszeit weist Amazon schon bei der Präsentation eines Artikels darauf hin, wenn die Lieferung bis Weihnachten nicht mehr garantiert werden kann, und empfiehlt alternative Artikel.

Einige diese Ideen, vor allem die 1-Click-Bestellung, sind patentrechtlich geschützt, so dass Sie sie nicht ohne weiteres nachahmen können bzw. dürfen. Es sind allerdings Beispiele für Marketing-Ideen, die nur umgesetzt werden konnten, weil Amazon auf die Eigenprogrammierung seiner Shop-Software gesetzt hat.

Einen idealen Kompromiss zwischen der Flexiblität der Eigenprogrammierung und dem Aufwand im Unterschied zur Installation einer Standard-Software wäre die individuelle Anpassung eines Open-Source-Paketes. Doch die Zahl von Lösungen auf diesem Gebiet ist gering. Die IntraDAT AG (www.intradat.com) hat eine Lösung auf Basis von C/C++, die nach einer eigenen Public License angeboten wird (siehe auch den Beitrag »E-Commerce: Fallbeispiele mit VShop« von Peter Braun in diesem Band). Für Entwickler ist die Software kostenlos, »typische Kunden« müssen eine Lizenz erwerben. Ob sich um dieses Produkt eine echte Entwickler-Gemeinde bilden wird, muss abgewartet werden. Solange also der Apache- oder der GNU-Shop noch auf sich warten lässt, bleibt hinsichtlich der Gretchenfrage Make or Buy leider nur die Antwort: Hopp oder Top.

Kompromiss: Open-Source-Shops anpassen

10 Open Source oder nicht?

Es gibt zwei grundlegend verschiedene Gruppen von Anwendern, die sich für Open-Source-Software entscheiden. Das sind zum einen diejenigen, die das Open-Source-Produkt genauso wie ein kommerzielles Produkt behandeln, d.h. es installieren und erwarten, dass es möglichst reibungslos funktioniert. Die andere Gruppe hingegen ist Teil der Community und investiert eigene Ressourcen, um das Produkt weiter zu entwickeln.

Reine Anwender

Für die Gruppe der reinen Anwender steht der Reifegrad der Lösung im Vordergrund. Dazu gehören die Vollständigkeit der benötigten Features genauso wie eine möglichst reibungslose, Menügeführte Installation und das Vorhandensein einer brauchbaren Dokumentation.

Diese Gruppe von Anwendern wird sich nicht aus strategischen Gründen für ein Open-Source-Produkt interessieren, sondern Open-Source- und kommerzielle Shoplösungen unbesehen des Vertriebsmodells miteinander vergleichen und auf Grund der fachlichen Kriterien entscheiden. Fällt die Wahl dabei zufällig auf ein Open-Source-Produkt, ist der Wegfall der Lizenzkosten eine angenehme Nebenerscheinung.

Aktiv Beteiligte

Die Gruppe Anwender, die sich aktiv an der Entwicklung beteiligt und dazu nennenswerte Programmier-Ressourcen abstellt, hat gewöhnlich eine strategische Entscheidung getroffen. Man will dem Produkt den eigenen Stempel aufdrücken und die Freiheit haben, neue Funktionen z.B. zur Warenpräsentation, zu Bonusmodellen etc. selbst zu implementieren.

Selbst dann, wenn diese Weiterentwicklungen entsprechend der GPL wiederum der Allgemeinheit zur Verfügung gestellt werden (müssen), hat der Entwickler auf jeden Fall den First-Mover-Vorteil. Er hat diese neuen Funktionen bereits produktiv im Einsatz, bevor sie den anderen Anwendern derselben Shop-Software überhaupt vorgestellt werden.

Voraussetzung hierfür ist allerdings, sich als Betreiber eines Internet-Shops eine hauseigene Programmierabteilung leisten zu können, die entsprechende Weiterentwicklungen vornimmt. Hierzu sind wahrscheinlich nur die großen der jeweiligen Branche in der Lage.

Der Markt für Open-Source-Lösungen teilt sich entsprechend in zwei Segmente. Im Low-End sind es kleine, teilweise nur semiprofessionell betriebene Shops wie beispielsweise der Souvenir-Shop auf der Website eines Golfclubs, die eine Open-Source-Lösung einsetzen, um die Lizenzkosten für eine kommerzielle Lösung zu sparen.

Das zweite Segment bilden jene finanzstarken Betreiber, die ihren Shop auf ungewöhnliche Weise – z.B. mit innovativen Preisfindungs-Mechanismen – aufgebaut haben und eine Open-Source-Lösung im Wesentlichen als Grundlage für eigene Entwicklungen einsetzen.

Komponenten eines Online-Shops

Damit ein Online-Shop funktionsfähig ist, müssen mindestens die folgenden Komponenten vorhanden sein:

Katalog-Verwaltung

Es muss einen ordentlich gepflegten Katalog aller angebotenen Artikel geben. Dieser Katalog bildet die Datenbasis des Online-Shops. Daher geht sein Inhalt weit über einen herkömmlichen Artikelstamm, wie man ihn in einem Warenwirtschaftssystem einsetzt, hinaus. Neben Artikelnummer, Bezeichnung und Preis müssen vor allem Informationen über und für die Präsentation im Web-Shop vorhanden sein. Dazu gehört ein Beschreibungstext, in vielen Fällen eine Abbildung sowie Informationen zur Lieferzeit.

Je nach Service-Standard, den Sie in Ihrem Web-Shop anbieten wollen, können noch viel mehr Informationen über jeden Artikel erforderlich sein. Wollen Sie Ihren Kunden beispielsweise bei der Bestellung gleich die voraussichtlichen Versandkosten nennen, muss das Gewicht des Artikels gespeichert sein.

Wenn Ihr Shop mehr als nur eine Hand voll Artikel beinhaltet, ist es außerdem wichtig, ein Rubrikensystem einzuführen, das im Katalog hinterlegt werden muss.

Waren-Präsentation

Eine rein tabellarische Darstellung von Artikelnummern, Kurzbeschreibungen und Preisen kommt höchstens dann in Frage, wenn Sie eine reine Discount-Strategie fahren, so dass für den Kunden der Preis eines ihm ohnehin bekannten Produktes das Ausschlag gebende Kaufkriterium ist. Ansonsten müssen Sie für eine übersichtliche, automatisierte und verkaufsfördernde Präsentation sorgen. Dafür können Schablonen eingesetzt werden.

Kundenprofile

Stammkunden, die regelmäßig bestellen, sind die tragende Säule des Umsatzes eines Web-Shops. Doch ein Kunde, der regelmäßig bestellt, möchte auf keinen Fall jedes Mal von neuem seine Anschrift sowie die weiteren Details wie Bankverbindung oder Kreditkartennummer eingeben müssen. Diese Informationen sollten in einem Kundenprofil gespeichert werden.

Bestellen

Der Bestellvorgang muss einfach und übersichtlich sein. Leider ist HTML als Benutzeroberfläche nicht unbedingt für die direkte Manipulation von Listen, wie sie ein Warenkorb gewöhnlich darstellt, geeignet. Es gibt allerdings unterschiedlich gute und schlechte Lösungen, mit diesem Problem umzugehen. Grundregeln dabei sind, dass der Anwender immer sehen sollte, was er bereits in seinem Warenkorb hat, und jederzeit die Möglichkeit haben sollte, sich zur virtuellen Kasse zu begeben, spricht, seine Bestellung aufzugeben. Ansonsten droht sehr schnell, dass der Kunde das Fenster mit seinem Warenkorb einfach schließt und sich damit auch für Sie die Bestellung und der damit verbundene Umsatz in Luft aufgelöst haben.

Nach der Bestellung sollte auf jeden Fall eine Bestätigung angezeigt werden und gleichzeitig per E-Mail an den Kunden verschickt werden, damit er weiß: Die Ware ist unterwegs. Falls die bestellte Ware nicht sofort verfügbar ist, sollte der Kunde das im Idealfall vor der Bestellung erfahren.

Bezahlen

Die Bezahlung online eingekaufter Ware ist und bleibt eines der größten Probleme von Online-Shops, ganz nach der Devise: Es wäre alles so einfach, wäre da nicht der Kunde. Sowohl das Bezahlen per Kreditkarte als auch per EC-Lastschrift sind technisch inzwischen kein Problem und dem Shop-Betreiber bestimmt die liebste Lösung, denn er kann sich seines Geldes sicher sein, noch bevor er die Ware auf den Weg bringt.

Als Alternative verschicken Online-Shops noch immer gerne per Nachnahme. Die Gefahr hierbei: Die Annahme wird verweigert. In diesem Fall bleibt der Absender auf seinen kompletten Transportkosten sitzen. Doch viele Kunden weigern sich beharrlich, ihre Kreditkarte im Internet einzusetzen oder ihre Kontonummer für Abbuchungen preiszugeben.

Für die Kunden, die bereit sind per Lastschrift oder Kreditkarte zu zahlen, sollte eine professionelle und sichere Online-Abwicklung erfolgen, bei der die Kartendaten verschlüsselt übertragen und die Genehmigung online eingeholt wird.

Virtueller Ladenbau – eine Marktübersicht

Shop-Systeme (Open Source)

VShop

www.intradat.com

VShop ist ein Shop-System, das von der IntraDAT AG entwickelt wurde. Es wird unter einer IPL (IntraDAT Public License) vertrieben. Diese besagt, dass der Quellcode in C/C++ zur Verfügung steht und modifiziert werden darf. Die Software ist für Entwickler und selbst administrierte Shops frei. Typische Endkunden müssen kommerziell eine Lizenz erwerben. Als typischer Endkunde gelten dabei laut Definition der IPL Unternehmen, die Hilfe von Dritten, also beispielsweise eines Systemhauses, in Anspruch nehmen, um den Shop zu betreiben.

Kerntechnologie von VShop ist die VSL (VShop Scripting Language). Dabei handelt es sich um eine proprietäre Programmiersprache, die allerdings an den kaufmännischen und nicht an den technischen Problemen eines Shops ausgerichtet ist. Das Konzept ist, alles Komplexe in die C/C++-Module zu verlagern, so dass die VSL einfach anzuwenden ist.

Eine Gratwanderung geht IntraDAT mit ihrem Cash4Code-Programm. Das Problem der IPL ist: Wie soll man Entwickler motivieren, sich entsprechend dem Open-Source-Gedanken an der Entwicklung von Software zu beteiligen, die dann anschließend durch ein Unternehmen kommerziell ausgewertet wird? IntraDAT bietet Entwicklern daher an, ihnen Code, der in das Produkt integriert wird, abzukaufen. Die Preisvorstellungen, die IntraDAT nennt, können allerdings höchstens Studenten motivieren, zumal niemand eine Garantie hat, dass ihm sein Code auch tatsächlich abgekauft wird.

Insofern wird man abwarten müssen, ob sich um VShop tatsächlich eine größere Entwicklergemeinde bildet, die eine wirkliche Weiterentwicklung des Produktes tragen kann, oder ob man lediglich Bugfixes und das eine oder andere Zusatzmodul sehen wird.

Shops die mit VShop erstellt wurden:

- http://shop.michael-schumacher.de/
- http://www.dradio-shop.de/
- http://www.berentzen.de/home/ (auf „Shop" klicken)

Interchange

www.akopia.com

Das früher unter dem Namen Minivend bekannte System wurde seit 1995 in erster Linie von einem einzelnen Entwickler geschrieben. Im Juni letzten Jahres hat er sich zusammen mit dem Produkt der Firma Akopia angeschlossen und das Produkt wurde in Interchange umbenannt. Es ist allerdings nach wie vor unter der GPL erhältlich, also ein echtes Open-Source-Projekt.

Interchange ist ein Server, der als Daemon auf dem Web-Server läuft und mit diesem über ein CGI-Programm kommuniziert, das allerdings nur den Datentransfer zwischen den beiden Prozessen erledigt. Der Shop wird aufgebaut, indem man spezielle Interchange-Tags in HTML-Seiten integriert. Diese werden erkannt und verarbeitet. So kann man beispielsweise hinter einem Link hinterlegen, dass ein Produkt gekauft werden soll.

Interchange merkt man seine Herkunft als Warenkorb an. Was beispielsweise fehlt, ist ein Payment-Modul. Doch selbst wenn es vorhanden wäre, könnte man es in Deutschland wahrscheinlich nur beschränkt einsetzen, da es sich um eine amerikanische Entwicklung handelt. Die nationale Anpassung von Open-Source-Software ist bisher ein noch schwieriges Unterfangen.

Da Akopia seinen Kunden keine Lizenzgebühren berechnet, gibt es auch kein Cash4Code-Programm. Nach wie vor sind aber Entwickler trotzdem ausgefordert, sich an der Weiterentwicklung zu beteiligen.

Kommerzielle Shop-Systeme

Intershop
www.intershop.de

Quasi der Klassiker im Bereich kommerzieller Shop-Systeme ist das deutsche Unternehmen Intershop, das seinen Namen von den ehemaligen DDR-Devisenläden übernommen hat. Intershop sieht sich selbst als Weltmarktführer für Shop-Systeme und kann in der Tat auf eine beachtliche Zahl großer Kunden verweisen.

Es gibt zwei unterschiedliche Produktlinien:
- Intershop 4 ist sozusagen die kleine Lösung, die sich für Endkunden-Shops eignet und vor allem für den Einsatz bei Service-Providern, die Shops im Auftrag ihrer Kunden betreiben.
- Intershop Enfinity, die neuere der beiden Produktlinien, richtet sich an Großkunden, die selbst nicht nur komplexe Shops im Sinne eines virtuellen Warenhauses aufbauen, sondern auch B2B-Marktplätze organisieren und Zuliefernetzwerke einbinden wollen.

Der bekannteste Shop in Deutschland, der mit Intershop erstellt wurde, ist der des Otto Versand (www.otto.de). Andere Kunden von Intershop in Deutschland sind Bosch, die das Bestellsystem für ihre Händler mit Intershop aufgebaut haben, und die Deutsche Telekom, die unter der Bezeichnung T-Mart kleineren Shop-Betreibern komplette Hosting-Lösungen für Shops auf Basis von Intershop anbietet.

Openshop
www.openshop.de

Openshop ist hinter Intershop der Verfolger, wenn es um deutsche Anbieter von Shop-Systemen geht. Die Produktpalette ist der von Intershop dabei nicht unähnlich:
- Openshop Business 2 ist die allgemeine Shop-Lösung für B2C- und B2B-Anwendungen.
- Openshop Markets ist eine Lösung, mit der sich unterschiedliche Marktmodelle, wie beispielsweise Themenmärkte sowie regionale oder Branchenmarktplätze, einrichten lassen. Zielgruppe sind in erster Linie die Betreiber von Portalen.
- Openshop Stores richtet sich an Service-Provider, die allerdings nicht nur Shops im Auftrag ihrer Kunden betreiben, sondern auch Lösungen anbieten wollen, bei denen sich die Kunden ihren Shop selbst und mit möglichst wenig Programmierkenntnissen zusammenbauen.

Eine Besonderheit in der Produktpalette von Openshop ist QCommerce. Dabei handelt es sich um eine Openshop-Lösung, die für die Cobalt-Appliances, die unter Linux laufen und speziell für das Hosting konzipiert wurden, optimiert wurde. Damit können Hosting-Anbieter, die sich auf das Hosting auf der Basis von Cobalt spezialisiert haben, besonders einfach Shop-Lösungen anbieten.

Vignette
www.vignette.com

Anders als Intershop und Openshop kommt Vignette vom Content Management her zum Shop. Die V/5-E-Business-Architektur von Vignette wurde zunächst einmal entwickelt, um den Inhalt komplexer Websites, die aus dynamischen Seiten bestehen und aus unterschiedlichen Quellen zusammengesetzt werden müssen, zu verwalten.

Basierend auf dieser Architektur hat Vignette dann u.a. Lösungen für den E-Commerce aufgesetzt, indem die Komponenten Warenkorb und Payment hinzugekommen sind. Bedingt durch den Schwerpunkt im Content Management eignet sich Vignette jedoch noch immer am besten für Shops, in denen Produkte weniger tabellarisch wie in einer Preisliste präsentiert werden, sondern die viele zusätzliche Informationen liefern, die zum Teil auch journalistisch aufbereitet sind.

Ein bekanntes Beispiel in Deutschland, das diesen Schwerpunkt sehr gut illustriert, ist eVITA, das Online-Shopping-Portal der Deutschen Post AG (www.evita.de).

E-Commerce: Fallbeispiele mit VShop

Dipl.-Kfm. Peter M. Braun
Vorstand
intraDAT AG, Frankfurt a. M.
pbraun@intradat.com
www.intradat.com

Abstract

Der Beitrag richtet sich vorrangig an wirtschaftliche und strategische Entscheider und Berater von Unternehmen, die E-Commerce-Projekte planen, umsetzen oder bereits realisiert haben. Er zeigt an praxisbezogenen Beispielen, wie die Anforderungen von Unternehmen an E-Commerce-Applikationen mit Hilfe flexibler Standardsoftware schnell und kostengünstig realisiert werden können. Anhand der Konzeption und Philosophie von VShop wird gezeigt, was »E-Commerce« eigentlich bedeutet und welche konzeptionellen Parameter wichtig sind. Weiterhin zeigt der Beitrag auf, dass »Open-Source« mehr ist als eine alternative Art Software zu entwickeln, sondern ein strategisches Modell, das klare technische und wirtschaftliche Vorteile für alle Parteien bringt. Die ausgewählten Fallbeispiele zeigen, dass auf Basis von VShop als Standard-Technologie völlig verschiedene E-Commerce-Projekte mit sehr heterogenen Umfeldern erfolgreich umgesetzt werden können.

1 E-Commerce und VShop

1.1 Was ist E-Commerce?

E-Commerce umfasst im weitesten Sinne Geschäftsprozesse verschiedener Marktteilnehmer, die in elektronischen Netzwerken durchgeführt werden. In der Regel werden die dazu notwendigen Informationen aus verschiedenen Quellen in einer (oder mehreren) Datenbank(en) zentral gebündelt und dort zum Abruf vorgehalten. Den Marktteilnehmern werden verschiedene Zugriffsrechte auf Teilmengen dieses Datenbestandes gewährt, jeder bekommt einen »View« auf die Informationen, die er aus Sicht des Betreibers der Applikation zum Tätigen seiner Transaktionen abrufen darf. Der Abruf und die folgende Weiterverarbeitung dieser Informationen kann sowohl unternehmensintern über ein Intranet z.B. über dezidierte Client/Server-Verbindungen als auch mit dritten Marktteilnehmern (z.B. Kunden) über das Internet dezentral erfolgen. Mit der Verbreitung des World Wide Web (WWW) geschieht dies in immer größerem Umfang über diese Standardtechnologie, da die meisten PCs mit WWW-Browsern vorinstalliert ausgeliefert werden.

Anmelden, Auswählen, Kaufen im Online-Shop

Eine typische Einkaufsplattform für Endkunden im Internet zum Beispiel, auch Business-to-Consumer- oder B2C-Online-Shop genannt, bezieht die erforderlichen Informationen zu Produkten und bestehenden Kunden in der Regel aus einem unternehmensinternen Warenwirtschaftssystem. Bestehende Kunden melden sich via WWW-Browser über das Internet im Online-Shop an und wählen aus den angebotenen Produkten aus. Werden die zu einem Warenkorb zusammengefassten Produkte vom Kunden bestellt, wird diese Order in der Datenbank des Shops gespeichert und direkt an das unternehmensinterne Warenwirtschaftssystem übergeben. Daraufhin werden die bestellten und verfügbaren Produkte konfektioniert und ausgeliefert.

Weitere Funktionen

Unzählige weitere Funktionen, wie z.B. Anmeldung und Verifizierung neuer Kunden, Bestellungen anhand voreingestellter Einkaufslisten, Verfügbarkeitsprüfungen der ausgewählten Produkte, Stornierungen, Online-Bezahlverfahren und Auslieferungsabwicklung durch dritte Logistikunternehmen lassen sich ebenfalls vollkommen elektronisch in diesen Prozess integrieren.

B2C und B2B

Die folgenden Betrachtungen und Fallbeispiele sind auf Verkaufsplattformen des Einzelhandels (B2C) und des Großhandels (B2B) fokussiert. Obwohl auch Einkaufs- und Auktionsapplikationen, Kommunikations- und Informationsplattformen, Content-Management-Systeme und rein unternehmensinterne Applikationen mit VShop-Produkten realisiert wurden, werden diese hier nicht betrachtet.

1.2 Ziele und Wege zum erfolgreichen Geschäft

Grobkonzept für Anforderungen

Jedes Unternehmen hat eine Vielzahl einzelner Anforderungen an eine eigene E-Commerce-Applikation. Inspiriert von bereits bestehenden Applikationen anderer Unternehmen im Internet wird unternehmensintern ein Set von individuellen Anforderungen als Grobkonzept definiert, das der eigene E-Commerce-Auftritt erfüllen sollte.

Neben unzähligen anderen treten in der Regel folgende Anforderungen immer wieder auf:

- Gewinnung von Neukunden und Erhöhung der Kundenbindung
- Vereinfachung der Bestellprozeduren
- Verkürzung der Bestell- und Bearbeitungszeiten auf Unternehmens- und Kundenseite
- Reduktionen der Abwicklungskosten
- Minimierung der Fehlerhäufigkeit von Bestellungen
- Automatisierung und Beschleunigung der logistischen Prozesse

In der Regel werden die Anforderungen von den Vertriebs- bzw. Marketingabteilungen zusammengestellt und den technischen Bereichen zur Spezifikation und Machbarkeitsprüfung gegeben. Dann wird ein interdisziplinäres Team geschaffen, dass gemeinsam die weiteren Schritte bis zur Inbetriebnahme verantwortet.

Bei der Auswahl der zu verwendenden E-Commerce-Software werden in der Regel mehrere Anbieter betrachtet. Die Erfahrung hat gezeigt, dass die Software-Produkte der jeweiligen Anbieter im Auswahlverfahren zu stark »funktionsorientiert« geprüft werden und die eigentliche Software-Technologie und -Architektur zu sehr im Hintergrund stehen. Gerne werden Software-Anbieter in die engere Wahl genommen, deren Software ein umfangreiches Set an Funktionen und Features bietet, so dass ein Maximum dieser Features bereits out-of-the-box verfügbar ist.

Auswahl der E-Commerce-Software

Meistens wird die technologische Flexibilität zu sehr außer Acht gelassen! Da sich die Anforderungen an eine E-Commerce-Applikation – insbesondere die einer erfolgreichen – im Zeitverlauf immer ändern und erweitern, ist die freie Anpassbarkeit, Erweiterbarkeit und Skalierbarkeit von immenser Bedeutung. Betrachtet man als Messgröße die Gesamtkosten einer Applikation im Zeitverlauf, »Total-Cost-of-Ownership« (TCO), ergeben sich oftmals unvorhersebare Kosten, wenn die Entscheidung für eine Software getroffen wurde, die zu starr und unflexibel ist. Aus diesem Grund sind die E-Commerce-Auftritte vieler Unternehmen zwar funktionsreich, aber wirtschaftlich ein Desaster.

1.3 Idee und Historie von VShop

intraDAT verfolgt deshalb mit VShop eine andere Strategie. Grundsätzlich gibt es in Bezug auf die Anforderungen und Funktionen von E-Commerce-Applikationen eigentlich keine Begrenzungen; alles ist möglich, was die Technik erlaubt!

Gestartet 1997 als Systemhaus für Linux-Applikationen hat sich das intraDAT-Team anfangs auf Projektprogrammierungen im E-Commerce-Bereich spezialisiert. Aus den teilweise sehr heterogenen Anwendungen wurde die Standard-Software VShop entwickelt, mit dem Ziel, Entwicklungsprozesse zu optimieren und zu beschleunigen.

Online-Shop / Entwicklungsumgebung

Aus Funktionssicht ist VShop ein Online-Shop mit leichtem Schwerpunkt im B2C-Bereich. Aus technischer Sicht ist VShop eine Entwicklungsumgebung zur Schaffung verschiedenster E-Business-Applikationen auf Basis einer Standardtechnolgie.

Betrachtet man die mehr als 1.700 Installationen von VShop in ihrer Heterogenität, stellt sich die Frage, wie dies mit einer E-Commerce-Software möglich ist. Die Antwort liegt genau in der Flexibilität und Offenheit der Architektur, die VShop als Standardtechnolgie bietet.

1.4 Die beste Technik

90% der VShop-Applikationen auf Linux

VShop-Applikationen können auf den meisten Unix-Betriebssystemen betrieben werden. Aufgrund der Flexibiltät und Offenheit und des exzellenten Kosten-/Nutzen-Verhältnisses laufen ungefähr 90% aller VShop-Installationen auf Linux-Betriebssystemen.

Programmiert in C++

VShop-Programme sind vollständig in C++ programmiert. Das von dem Hintergrund der Weiterentwicklung von Java oft diskutierte Thema der Plattformunabhängigkeit (Betriebssystem-Unabhängigkeit) ist bei näherer Betrachtung eigentlich irrelevant. In der Regel haben sich Unternehmen auf eine maßgebliche Betriebssystem-Infrastruktur festgelegt und bleiben langfristig dabei. Ist dennoch ein Wechsel notwendig, hat die Praxis gezeigt, dass auch bei angeblich plattformunabhängigen Java-Applikationen umfangreiche Software-Anpassungen vorgenommen werden müssen. Demgegenüber vermeidet VShop die bei Java-Applikationen bekannten Nachteile in Bezug auf Performance und Anpassungsschwierigkeiten und setzt auf einen schlanken und schnellen C++-Kernel, der durch Kompilieren auf das jeweilige Betriebssystem optimiert ist.

Datenbanken

Allerdings wird in puncto Datenbanken auf Plattform-Unabhängigkeit gesetzt. VShop-Applikationen können unter vielen verschiedenen Datenbanken – gegebenenfalls auch auf einem Server – betrieben werden, so z.B. Adabas D, DB2, MySQL, Oracle und SAP DB. Durch einen abstrakten Datenbank-Layer (CDBC), der die Datenbank von den Applikationen trennt, ist auch ein Austausch der Datenbank im laufenden Betrieb einer Applikation problemlos möglich. Diese Möglichkeit der flexiblen Skalierung ist insbesondere bei erfolgreichen Entwicklungen von E-Commerce-Anwendungen (stark steigende Nutzerzahlen und Transaktionen) von großer Wichtigkeit.

Im E-Commerce werden die relevanten Informationen meistens über HTML-Seiten abgerufen, in die Skriptsprachen-Befehle eingebettet sind. Diese Befehle greifen auf die Informationen in der Datenbank zu und starten bestimmte Aufruf- und Selektionsprozesse im Programm-Kernel. Dieser verarbeitet die Informationen gemäß dieser Befehle und liefert die Ergebnisse dann als HTML-Seite aus. Wie alle intraDAT-Software-Produkte basiert auch VShop auf der VSL-Technologie. VSL (VShop Language) ist eine Skriptsprache, die speziell für E-Commerce-Applikationen entwickelt wurde. Gegenüber anderen Skriptsprachen lassen sich mit den derzeit mehr als 370 gut dokumentierten VSL-Befehlen sehr einfach und schnell speziell wirtschaftliche und transaktionsbezogene Prozesse abbilden, ohne dass dazu umfangreiche Programmierungen notwendig sind. Damit ist es mit nur Systemhäusern, sondern auch freien Agenturen und auch den Betreiberunternehmen selbst möglich, Geschäftsprozesse im E-Commerce-Applikationen zu implementieren.

VShop Language

Abb. 1
Die modulare VShop-3-Architektur

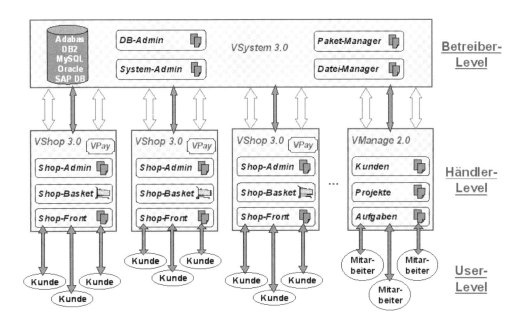

Die Basis einer jeder VShop-Applikation ist VSystem als Quasi-VShop-Betriebssystem. Es ist vergleichbar mit einem Application-Server und managed alle Prozesse auf Betreiberebene. Über den Paket-Manager von VSystem werden neue Applikationen, wie z.B. ein weiterer Online-Shop oder die Kommunikations-Software VManage, installiert.

Einfügen weiterer Applikationen

Alle weiteren Programmapplikationen fügen sich nahtlos in diese modulare und offene VShop-3-Architektur ein. So können nahezu beliebig viele einzelne Online-Shops und auch andere VShop-Applikationen – z.B. die Kommunikationslösung VManage – auf einem Server installiert werden (siehe Abb. 1).

In Bezug auf Offenheit und Flexibilität setzt diese Software-Architektur neue Maßstäbe. Andere Software-Lösungen bestehen oftmals aus einem eng und starr verknüpften Set von Funktionalitäten, die sich nur sehr schwer entflechten bzw. erweitern und damit an die individuellen Bedürfnisse der einzelnen Unternehmen anpassen lassen. Meistens zeigen sich diese Grenzen schon bei der zusätzlichen Installation eines zweiten Online-Shops auf einer vom Unternehmen selbst gehosteten Server-Plattform – es sei denn, er hat gleich die bestimmt viel teurere Multi-Shop-Applikation erworben.

Schon in der kleinsten Standardausführung besteht ein VShop-Online-Shop aus der Betreiberapplikation VSystem inklusive Datenbank und einer Online-Shop-Applikation. Insbesondere die klare Trennung zwischen Betreiber- und Händler-Level erlaubt das freie Skalieren im Hinblick auf mehrere Shop-Applikationen sowie das Auslagern und ggf. Aufteilen der Datenbank auf andere Server. Somit wird das zukünftige Wachstum und der Erfolg von E-Commerce-Applikationen nicht per se von (künstlichen) wirtschaftlichen Schwellen behindert oder limitiert.

2 Open-Source E-Commerce

2.1 Open-Source-Software ist besser

Open-Source-Software kennzeichnet eine grundlegende Überlegenheit gegenüber Software, die nicht im Quellcode verfügbar ist. Die Ergebnisse der im Auftrag von Microsoft erstellten Halloween-Studie lassen diesen Schluss ganz eindeutig zu.

In folgenden wesentlichen Bereichen ist Open-Source-Software grundsätzlich überlegen:

- Sicherheit
  Sie wird stetig dezentral geprüft und getestet von einer großen Entwickler- und Anwendergruppe. Fehler und Sicherheitslücken werden umgehend im Netz veröffentlicht und dementsprechend schnell behoben.
- Aktualität
  Sie wird permanent weiterentwickelt anhand der neuesten Technologien. Neue Versionen und Updates sind schnell verfügbar.

- Stabilität
Sie hat eine breite Basis verschiedener Anwender, die sie in teilweise sehr heterogenen Umfeldern bzw. Netzen einsetzen.
- Architektur
Aufgrund der dezentralen und freien Entwicklung ist sie in stärkerem Maße modular und logisch aufgebaut, da verschiedene Parteien Funktionalitäten und Module beisteuern.
- Standard
Sie wird weitgehend mit frei verfügbaren Standard-Tools weiterentwickelt und wird oft selbst zu einer »Standard-Software«, da sie wiederum von einer großen Anwendergruppe genutzt wird.
- Performance
Durch die permanente Weiterentwicklung mit dem Ziel, die bestmögliche Software zu schaffen, entsteht ein stets optimierter Code.
- Support
Genauso, wie sie dezentral entwickelt wird, wird sie auch dezentral unterstützt. Nicht nur die Mitarbeiter des Herstellers – teilweise mit großem Zeitverzug –, sondern die gesamte Entwicklergemeinde trägt mit einer breiten Know-how-Basis dazu bei, Fragen und Probleme umgehend zu lösen.
- Investitionssicherheit
Dieser auf den ersten Blick nicht-technische Punkt wird im Regelfall nicht beachtet, obgleich er von immenser Bedeutung ist. Bei herkömmlicher »Nicht-Open-Source-Software« wird üblicherweise der Zugriff des Kunden auf die Ouellcodes per notarieller Hinterlegung für den Fall vereinbart, dass der Hersteller nicht mehr am Markt agiert und die Software demzufolge nicht mehr weiterentwickelt bzw. unterstützt. In der Praxis ist diese Regelung nicht oder nur mit untragbarem finanziellen Aufwand umsetzbar, da zwischen dem Ersteinsatz und der notariellen Freigabe der Software meist mehrere Jahre liegen. Die Software ist dann hoffnungslos überaltert und deren Quellcodes keinem außer den (ehemaligen) Mitarbeitern des Herstellers bekannt, so dass ein Einarbeiten Dritter in diese Programmcodes fast unmöglich und wirtschaftlich nicht tragbar ist. Das Investitionsrisiko bleibt also voll erhalten. Für Open-Source-Software finden sich demgegenüber sehr schnell – quasi mit einem Aufruf in die Entwicklergemeinde – freie Ressourcen, die eine ohnehin stets aktuelle Software schnell und kostenlos bzw. sehr kostengünstig unterstützen bzw. weiterentwickeln können.

Es stellt sich als einzige wesentliche Frage, warum nicht viel mehr Software-Produkte im Quellcode verfügbar sind. Die Antwort ist einfach und schwierig zugleich, die Hersteller haben Angst vor den Unwägbarkeiten, und es fehlt ein wirtschaftlich praktikables Geschäftsmodell.

2.2 Open Source als Unternehmensstrategie

Fälschlicherweise wird unter Open-Source-Software oft verstanden, dass sie kostenlos ist, also dass keine Lizenzabgaben entrichtet werden müssen. Das bekannteste und weiter verbreitete Lizenzmodell GPL (GNU Public License) sieht dies auch so vor und verbietet explizit die entgeltliche Überlassung an Dritte.

GNU Public License

Auf Basis des GPL-Lizenzmodells war es bisher nicht möglich, nachhaltig profitable Geschäftsmodelle umzusetzen, von ganz wenigen besonderen Ausnahmen abgesehen. Alle Unternehmen, die ihr Geschäft rund um Open-Source-Software aufbauen, versuchen mit Dienstleistungen wie z.B. Projektentwicklung, Installation, Wartung und sonstigen Services rund um (gemäß GPL kostenlose) Open-Source-Software-Produkte wirtschaftlich überleben zu können.

Commercial Open Source

Das Geschäftsmodell von intraDAT sieht demgegenüber einen Königsweg vor, die Kombination der Vorteile aus beiden »Welten«. Das eigene Lizenzmodell IPL (intraDAT Public License) regelt explizit das Entrichten von Lizenzabgaben an intraDAT, so dass das Unternehmen eine wirtschaftliche Basis hat. Das eigene Developer-Programm Cash-4-Code motiviert die Entwicklungen Dritter durch finanzielle Beträge. Das Ergebnis heißt »Commercial Open-Source«, Software-Produkte, deren Quellcodes verfügbar sind und weiterentwickelt werden mit den oben beschriebenen Vorteilen und deren kostenpflichtiger Einsatz in Unternehmen vertrieblich und damit marktkonform gefördert wird.

2.3 Die intraDAT Public License

Die IPL (intraDAT Public License) ist ein Lizenzmodell, das basierend auf den Erfahrungen der kommerziellen Software-Vermarktung und der Open-Source-Philosophie entwickelt wurde. Bei IPL-Software sind die Quellcodes in vollem Umfang frei verfügbar, sie dürfen weiterentwickelt und distribuiert werden wie andere Open-Source-Software auch.

Installation, Anpassung und Betrieb von IPL-Software ist für alle Anwender, unabhängig davon, ob Privatperson, kleine Firma oder Großkonzern, frei von Lizenzabgaben, sofern sie

- die Applikationen selbst, also ohne Hilfe Dritter, installieren, anpassen, betreiben und warten und
- die Applikationen selbst oder Nutzungsrechte daran Dritten nicht entgeltlich überlassen.

Dadurch ist also auch der wirtschaftliche Betrieb einer E-Commerce-Applikation, z.B. eines oder mehrerer Online-Shops mit dem Ziel der Umsatzgenerierung, möglich, ohne Lizenzabgaben an den Hersteller leisten zu müssen.

Demgegenüber sind alle Software-Nutzer gemäß IPL verpflichtet, Lizenzabgaben zu entrichten, sofern sie Dritte mit den oben aufgeführten Tätigkeiten betrauen. Weiterhin sind Lizenzabgaben zu entrichten, wenn IPL-Software an Dritte verkauft oder entgeltlich zur Nutzung überlassen wird, z.B. durch Vermietung, Verpachtung etc.

Lizenzabgaben

Einerseits sichert dieses Lizenzmodell die freie Verfügbarkeit und Entwicklungsfreiheit für jeden Entwickler und jedes selbst entwickelnde Unternehmen und zum anderen gewährt es Lizenzeinnahmen von Unternehmen, die per se Kostenstellen für Drittleistungen für den Software-Einsatz im Unternehmen schaffen. Daher findet das IPL-Lizenzmodell insbesondere gute Eignung für Software-Produkte, die primär von Unternehmen eingesetzt werden, wie dies bei E-Commerce-Software eindeutig der Fall ist.

2.4 »Cash-4-Code« fördert Entwicklungen durch Geld

Grundsätzlich erhalten freie Entwickler, die ohne (bezahlten) Auftrag frei verfügbare Open-Source-Software verbessern oder weiterentwickeln, keine Vergütung, da aufgrund der fehlenden kommerziellen Vermarktung auch keine finanziellen Mittel dafür zur Verfügung stehen. Die Motivation dieser Entwickler ist rein immaterieller Natur. Freie Entwicklungen werden demzufolge der Allgemeinheit unter der jeweiligen Open-Source-Lizenz kostenlos zur Verfügung gestellt. Selbst wenn diese Entwicklungen in die »offiziellen« Open-Source-Distributionen aufgenommen und publiziert werden, erhalten die dritten Entwickler keine Vergütung.

Das eigens im Zusammenhang mit der IPL-Lizenz von intraDAT ins Leben gerufene Entwicklerprogramm Cash-4-Code trägt dem Gedanken der Fairness Rechnung. Werden einerseits Einnahmen aus der Vermarktung von Software-Produkten erzielt, sollten andererseits auch die Entwickler daran partizipieren.

Einnahmen für Entwickler

Geben Dritte Entwicklungen zur Begutachtung an intraDAT, werden diese begutachtet und über eine Aufnahme in die intraDAT-Distribution entschieden. Im Falle der Aufnahme werden diese bewertet und eine entsprechende Vergütung vereinbart. Auch vor Entwicklungsbeginn können Dritte sich mit intraDAT über eine Vergütung der geplanten Entwicklungen einigen. Genauso wie freie Entwickler als natürliche Personen können sowohl Unternehmen, die die Software im Betrieb einsetzen und weiterentwickeln, wie z.B. VShop-Kunden, als auch IT-Firmen, die die Software an die Bedürfnisse ihrer Kunden anpassen bzw. erweitern, wie z.B. Systemhäuser, am Cash-4-Code-Programm in gleicher Weise teilnehmen.

Getreu dem Motto »Give back to the community« werden damit freie Entwicklungen gefördert und ein Beitrag zum Wachstum von Open-Source-Software von intraDAT geleistet.

3 Erfolgreiche E-Commerce-Projekte mit VShop

3.1 Gemeinsamkeiten

Allen E-Commerce-Projekten liegen verschiedenartigste Anforderungen der Kunden zugrunde. Nachfolgend ausgeführte Fallbeispiele nutzen alle das Leistungsspektrum, das die VShop-Software schon standardmäßig ermöglicht – wie auch die weit über 1.700 sonstigen VShop-Installationen, wie z.B. Berentzen, Deutsche Bahn, DeutschlandRadio, Flensburger Pilsener, Fujifilm, General Electric, Innova, Kaufhof, Merian, Sparkasse Wuppertal, SuSE und Vobis.

Neben der unter 1.4 ausgeführten Offenheit, Flexibilität und Skalierbarkeit der Software-Architektur mit transparenter Trennung von Systembetrieb und Applikationen bietet VShop z.B. eine uneingeschränkte Anzahl von Produkten und Produktgruppen, die vom Betreiber natürlich aus kaufmännischen Gründen eingeschränkt oder segmentiert werden können. Das Definieren mehrerer Shop-Administratoren mit individuell eingeschränkten Zugriffsrechten ist genauso einfach per Web-Browser umsetzbar, wie das Ausrichten einer VShop-Applikation auf internationales Publikum durch Hinterlegen von internationalen Mehrwertsteuerprofilen und Währungen und Shop-Templates in anderen Sprachen.

Die integrierte Verwaltung von Nutzern und Nutzergruppen mit gestaltbaren Versandarten- und Rabatt-Profilen und die vorinstallierte E-Mailing-Funktionalität erlaubt eine individuelle Ansprache der Shop-Kunden mit langfristigem Bindungspotential. Darüber hinaus können die Kunden im MyShop-Bereich ihre Bestellungen, Einkaufslisten, optionale Lieferadressen und andere persönliche Daten komfortabel verwalten.

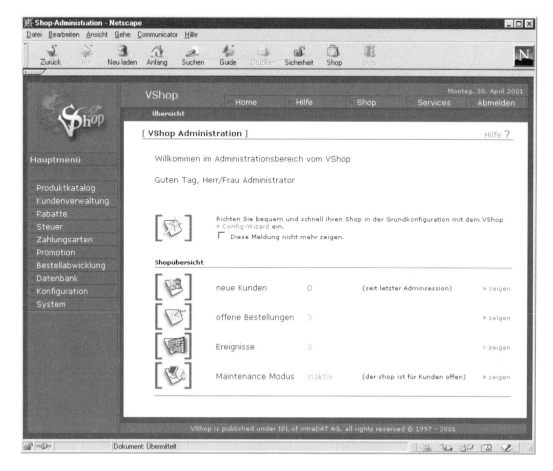

Abb. 2
VShop-3.0-
Administrationsbereich

Oftmals legen Unternehmen, die neue E-Commerce-Applikationen schaffen wollen, großes Augenmerk auf das Erscheinungsbild der Shop-Frontends einer Online-Shop-Software. Da diese in der Mehrzahl der Fälle sowieso an die individuellen Anforderungen des Unternehmens angepasst werden müssen – und auch einfach angepasst werden können –, sollte das Design eines Standard-Frontends kein kritisches Auswahlkriterium sein.

Aufwands- und kostenseitig schlagen die Gestaltung der Administration und die Integration in eine Unternehmensinfrastruktur um ein Vielfaches stärker zu Buche als die Webseiten, die die Kunden oder die Außenwelt sehen. Vielmehr entscheidend ist die Gestaltbarkeit und Erweiterbarkeit der Administrationsbereiche des Gesamtsystems und Applikationen. Nicht nur der Software-Hersteller, sondern auch dritte IT-Dienstleister und sowohl die IT- als auch die Vertriebsabteilungen der Unternehmenskunden selbst sollten per se in der Lage sein, diese

Administration
und Integration

Anpassungen vornehmen zu können. Proprietäre, nicht standardisierte Lösungen – und das ist meistens bei Nicht-Open-Source-Software der Fall – erlauben diese Anpassungen entweder gar nicht oder nur mit sehr hohem Aufwand.

Ohne diese Flexibilität der Software an sich wäre keines der nachfolgenden Projekte mit den exzellenten Kosten/Nutzen-Verhältnissen für den jeweiligen Unternehmenskunden umsetzbar gewesen.

3.2 Fallbeispiel B2C: Medion AG

Die Medion AG, Mühlheim/Ruhr, betreibt unter www.medionshop.de einen Endkunden-Online-Shop für Telekomunikations- und IT-Produkte (Hard- und Software). Mit ausführlichen Produktbeschreibungen und neben teilweise mehreren Produktbildern werden sowohl eigene als auch Produkte dritter Hersteller angeboten.

Abb. 3 Medionshop

In Bezug auf Nutzerfreundlichkeit und Service ist dieser Online-Shop sehr komfortabel gestaltet und bietet neben Bedienungsinformationen und direkten Kontaktinformationen zum Hersteller-Support auch produktbezogene Vorschläge zu ergänzenden Artikeln.

Weiterhin werden themenbezogen Spezial- bzw. Sonderangebote in separaten Fenstern angezeigt. Kunden können sich darüber hinaus per Mailing-Listen oder SMS-Service über neue Produkte informieren lassen.

Der Medionshop ist ein extrem frequentierter Online-Shop, der stetig stark wachsende Nutzerzahlen aufweist. Konzeptioniert und umgesetzt wurde er vom intraDAT-Business-Partner [web.design] Agentur für digitale Unternehmenskommunikation. Der Medionshop wird dort auf einem Intel-Pentium-Rechner mit Linux-Betriebssystem mit einer Adabas-D-Datenbank betrieben.

3.3 Fallbeispiel B2B: BASF Coatings AG

Die BASF Coatings AG, Münster/Westfalen, ist Hersteller von Farb- und Lackprodukten u.a. der Marke Glasurit. Durch ungefähr 300 Distributoren werden diese Produkte an Großabnehmer, Einzelhändler und z.B. Autoreparaturbetriebe vertrieben.

Nach einer umfangreichen Kundenbefragung hat sich die BASF Coatings AG entschieden, die Distribution in Europa umzustellen und eine Großhandelslösung für den Vertrieb im Internet zu realisieren. Auf Basis von VShop wurde eine B2B-Plattform entwickelt, in der alle Distributoren das täglich aktualisierte Gesamtsortiment online ordern können. Ziel war es, insbesondere die Fehlerhäufigkeit bei Bestellungen zu minimieren und Informationsdefizite beim Kunden zu vermeiden. Weiterhin sollte eine Verringerung des manuellen Aufwandes der Kundenbetreuung erreicht werden, verbunden mit permanenter Information des Kunden z.B. durch unverzügliche Auftragsbestätigungen und Liefer-Avise.

Wie bei B2B-Applikationen üblich, wurde ein Schwergewicht auf die übersichtliche Information und schnelle effiziente Bestellabwicklung gelegt. Die Erfahrung hat gezeigt, dass Großabnehmer in der Regel weniger als 100 Produkte aus den vielen tausend angebotenen bestellen. Neben der Auswahl aus dem Gesamtsortiment wird deshalb diesen Kunden angeboten, auf Basis ihrer bisherigen Bestellungen mit Mengen (durchschnittlicher historischer Warenkorb) zu bestellen oder anhand von »persönlichen Einkaufslisten« zu ordern. Dabei lässt sich die Sortierreihenfolge so darstellen, wie die Produkte im Lager des Kunden liegen, so dass sich die ausgedruckten Bestellisten zur manuellen Bedarfserfassung bei der Lagerinspektion verwenden lassen. Eine Bestellung wird direkt elektronisch an das Warenwirtschaftssystem übergeben, das dann den Logistik-Prozess bei BASF Coatings auslöst. Direkt nach Warenausgang kann der Kunde alle Details zur Bestellverfolgung anhand eines detaillierten Liefer-Avises im Shop einsehen (Anzeige von Voll-/ Teillieferungen etc.).

Abb. 4
Glasurit-Shop

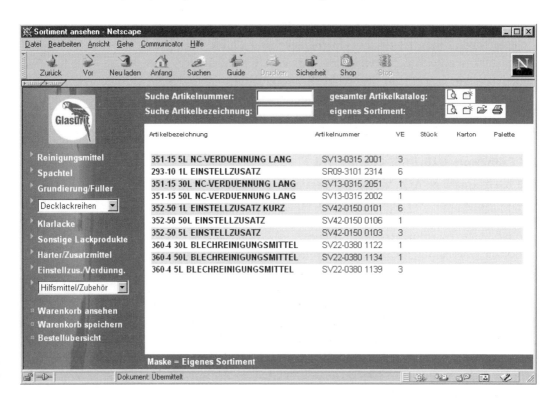

Der Glasurit-Shop wurde von intraDAT umgesetzt und ist derzeit in acht Sprachen (Deutsch, Englisch, Französisch, Niederländisch, Italienisch, Spanisch, Portugiesisch und Polnisch) aufrufbar und läuft bei der BASF Coatings AG auf einem Linux-Server mit einer Adabas-Datenbank, die täglich vom eigenen SAP-System aktualisiert wird. Derzeit bestellen europaweit über 100 Distributoren ihren Gesamtbedarf exklusiv über den Glasurit-Shop.

3.4 Fallbeispiel Regionales Einkaufszentrum: Clix Online GmbH

Die Clix Online GmbH, Ingolstadt, ist ein regionaler Internet-Provider und Medien-Dienstleister und eine Tochtergesellschaft des Donaukurier Ingolstadt, der marktführenden Tageszeitung der Region.

Abb. 5
Clixstore 24

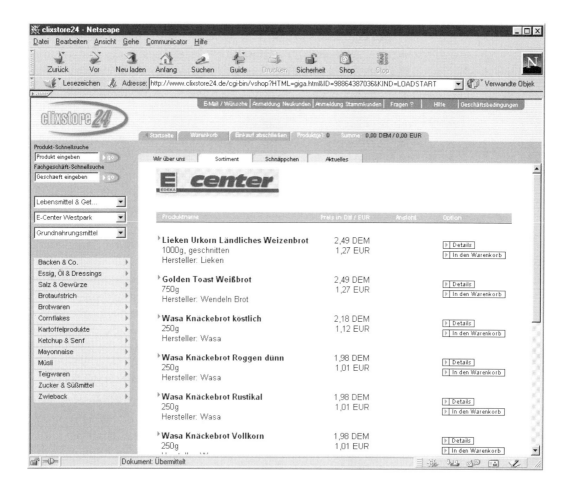

Ziel des Projektes war es, ein regionales Online-Einkaufszentrum für die Region Ingolstadt zu realisieren, bei dem Endverbraucher aus Ingolstadt und Umgebung Produkte verschiedener Händler online bestellen können. Die Kunden bestellen in einem Warenkorb Produkte verschiedener Händler und bezahlen diese an einer Kasse mit einer Rechnung und nehmen sie zusammen in einer Lieferung zu Hause entgegen.

Die Händler pflegen ihre Produktangebote über jeweils einen eigenen Händlerzugang komfortabel per Web-Browser. Die Bestellungen der Kunden werden vom Betreiber auf die jeweiligen Händler aufgesplittet und die Zahlungen mit Abzug eines vereinbarten Disagios an diese ausbezahlt. So rechnet jeder Händler nur mit dem Betreiber ab, ein Zahlungsrisiko entfällt.

Clix Online GmbH betreibt diese sehr gut besuchte Plattform mit zentralem Marketing, das durch den Marktzugang des Donaukurier unterstützt wird. So werden neue Händler für dieses integrierte Einkaufszentrum geworben, Bannerwerbungen platziert und Endverbraucher als Besucher angesprochen. Über die zentrale Administration per Web-Browser wird das System gepflegt und – falls erforderlich – Händler-Support gewährt. Neben Nachnahme und Rechnung werden über den VShop-Payment-Service alle gängigen Kreditkarten und elektronische Lastschriften akzeptiert. Die Abholung der bestellten Produkte bei jedem Händler, die Konfektionierung der Lieferungen und die Auslieferung an die Endkunden übernimmt ein Logistik-Partner, der wie der Händler automatisch bei Auslösung einer Bestellung informiert wird.

Dieses regionale Einkaufszentrum läuft auf einem Linux-Server mit Adabas-Datenbank und ist unter www.clixstore24.de aufrufbar. Die Projektumsetzung erfolgte durch den intraDAT-Business-Partner @ computational design GmbH. Aufgrund dieses erfolgreichen Projektes und der Nachfrage anderer regional starker Unternehmen und Verbände nach solchen Lösungen hat intraDAT das E-Commerce-Software-Produkt VSuperstore auf dieser Basis entwickelt.

3.5 Fallbeispiel Hosting-Plattform: Mannesmann Arcor AG & Co.

Die Mannesmann Arcor AG & Co.(mittlerweile Tochtergesellschaft der Vodafone Group plc.), Eschborn, ist ein Telekommunikationsunternehmen, das zusammen mit der Schwestergesellschaft Vodafone TeleCommerce GmbH (VTC) (vormals Mannesmann TeleCommerce GmbH), Ratingen, Internet-Dienstleistungen für Geschäfts- und Privatkunden anbietet.

In 1999 hat sich Mannesmann Arcor entschieden, Geschäftskunden neben den Telekommunikationsprodukten des Konzerns auch Online-Miet-Shops anzubieten. Nach einer ausgedehnten Projektausschreibung mit über 20 Shop-Software-Anbietern und einer umfangreichen Bewertung, die an die IT-Beratungsgesellschaft GFT Technologies AG in Auftrag gegeben wurde, erhielt intraDAT den Zuschlag zur Konzeption und Umsetzung einer Mietshop-Hosting-Plattform für Mannesmann Arcor.

E-Commerce: Fallbeispiele mit VShop

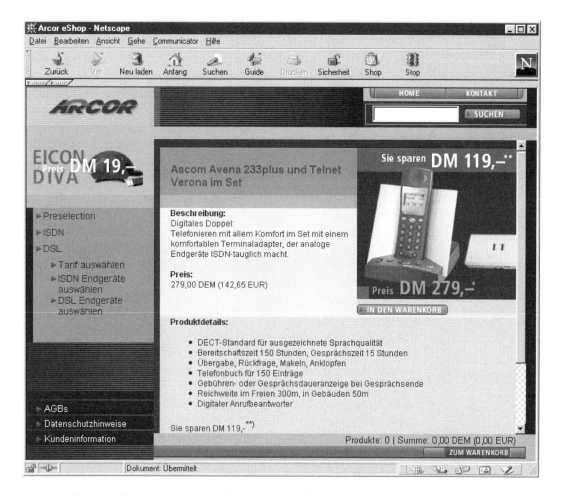

Abb. 6
Arcor-Webcommerce

Ziel des Projektes war die Schaffung einer voll in die Unternehmensstruktur von Mannesmann Arcor integrierte Miet-Shop-Plattform, die im Rechenzentrum von VTC betrieben wird und alle notwendigen Geschäftsprozesse elektronisch managed.

Auf Basis einer großen Multi-Shop-Lizenz von VShop wurde eine auf mehrere Server verteilte Applikation geschaffen, die im derzeitigen technischen Layout auf bis zu 5.000 Einzel-Shops ausgelegt ist. Durchgängiges Betriebssystem der Shared-Server ist Sun Solaris, als zentrale Datenbank findet Oracle 8i Anwendung.

Durch eine eigens von intraDAT entwickelte Workflow-Engine auf VSL-/VShop-Basis funktionieren alle notwendigen Geschäftsprozesse, die dezentral von verschiedenen Unternehmenseinheiten durchgeführt werden, voll elektronisch. Von der automatischen Einrichtung eines Demo-Shops durch den Kunden, über die Kunden-Verifizierung und

Evaluierung im Falle eines kostenpflichtigen Miet-Shops, bis zum Upgraden eines Kunden in eine höhere Leistungskategorie und das Fakturieren werden Administrationsprozesse per Web-Browser oder E-Mail durchgeführt.

Ebenso leistet das Customer Support Center von Mannesmann Arcor alle Beratungs- und Unterstützungsleistungen für die Kunden auf Basis der web-basierten Administration (siehe Abb. 6).

Bei der einfachen Online-Einrichtung der Shops durch die Händler stehen verschiedene Shop-Designs (Templates) zur Auswahl, die wiederum einfach per Änderung der Farbprofile an das Händler-CI angepasst werden können.

Die Kunden der Händler können zwischen verschieden Zahlungsarten wählen, auch Online-Abrechung aller gängigen Kreditkarten und elektronischen Lastschriften ist bereits in den Shop-Applikationen integriert. Mit dem DPD-Logistik-Modul können die Händler Bestellungen komfortabel abholen und ausliefern lassen.

Neben der E-Mail-Benachrichtigung und der Bestellübersicht im Shop-Administrationsbereich des Händlers informieren die integrierten SMS- und Fax-Module die Händler sofort über neue Bestellungen. Alle Transaktionen des Händlers können einfach und schnell im Shop-Administrationsbereich durchgeführt werden. Eine Anbindung von Drittsystemen, wie z.B. händlereigenen Warenwirtschaftsprogrammen oder kundenindividuelle Shop-Designs, werden im Rahmen von Projekten realisiert.

Diese Shop-Hosting-Plattform wurde komplett von intraDAT umgesetzt und ist eine sehr leistungsfähige und fast beliebig skalierbare Lösung für Internet Service Provider.

4 Zusammenfassung und Ausblick

Nach dem rasanten Wachstum des World Wide Web und des damit immer massierteren Zugangs der Marktteilnehmer ins Internet begann sich auch E-Commerce aufzubauen. Online-Shops wurden vielfach als proprietäre Einzel-Lösungen aufgesetzt, anfangs sogar nicht einmal dynamisch, sondern starr und ohne Datenbanken. Zwischenzeitlich sind die Applikationen und auch die Kunden anspruchsvoller geworden, stärker vernetzte und prozessorientierte E-Commerce-Applikationen sind gefragt. Es haben sich mehrere Hersteller solcher Lösungen etabliert mit sehr unterschiedlichen Strategien. Einige legen die Schwerpunkte im bunten Marketing ihrer Software, andere leben von bestehenden Kontaktnetzwerken und andere setzen auf ausgereifte Technologien.

Es gibt eigentlich nur zwei wirklich maßgebliche Faktoren für den wirtschaftlichen Erfolg einer E-Commerce-Applikation im Internet:

- der richtige Marktzugang
- und die richtige Technologie!

Der (fehlende) Marktzugang hat bereits bei vielen Unternehmen den (Miss-)Erfolg ihrer E-Commerc-Auftritte bewirkt. Warum sollte auch z.B. ein Online-Shop eines Mittelständlers mit Kundenschwerpunkt in einem regionalen Markt auf einmal eine maßgebliche oder gar führende überregionale Vertriebsposition schaffen? Ein bisschen Marketing, ein paar Kleinanzeigen und einige Einträge in Internet-Suchmaschinen reichen dafür nicht aus! Gefragt sind integrierte, übergreifende Konzepte, die ein Unternehmen alleine oft gar nicht entwickeln kann. Dazu bedarf es der Analysen von Geschäftsprozessen des Unternehmens selbst sowie der Lieferanten, Kunden und sonstigen Partner, die eine E-Commerce-Lösung synergetisch mit Leben füllen können.

Zur Umsetzung dieser Konzepte bedarf es einer offenen, ausgereiften und zukunftsfähigen Software-Technologie, die auch die schnelle und günstige Realisation von zukünftigen Anforderungen erlaubt, die das Unternehmen heute noch gar nicht kennt. Mit der richtigen Technologie lassen sich die zukünftige Erfolgskonzepte im E-Commerce leichter umsetzen, wie z.B. Vielfachvermarktung von »aufbereiteten« Produkten und Dienstleistungen an unterschiedliche Zielgruppen auf verschiedenen Plattformen oder integrierter »automatischer« Vertrieb von Fremdprodukten an eigene Kunden etc. Eine flexible Technologie, die in vielen Projekten verschiedener Unternehmen dezentral eingesetzt wird und aus der viele – teilweise nicht vom Hersteller angeregte oder konzipierte – Produkte oder Module hervorgegangen sind, ist die beste Grundlage dafür. Dies ist bei einer freien Software mit frei verfügbaren Quellcodes der Fall.

Das Netzwerk und die Erfahrungen dieser Anwender und der Systemhäuser, die diese unterstützen, bilden eine solide Basis für die Gestaltung nicht nur tragbarer, sondern wirklich erfolgreicher E-Commerce-Projekte. Zusammen mit dem Software-Hersteller lässt sich (fast) jedes E-Commerce-Konzept nachhaltig profitabel für das/die Unternehmen umsetzen, wenn er es (frühzeitig genug) mitgestalten kann.

Content Management mit Zope

Mark Pratt
Geschäftsführer
beehive Elektronische Medien GmbH, Berlin
mark@beehive.de
www.beehive.de

Abstract

Zope ist im Open-Source-Bereich der führende Web-Application- bzw. Content-Management-Server. Zope ist auf fast allen UNIX- und Windows-Versionen lauffähig und wird von über tausend Entwicklern weltweit in seiner Entwicklung begleitet. Der Vortrag stellt dar, wie Zope als Grundlage für ein Content-Management-System einer Tageszeitung und eines Online-Dienstes eingesetzt wurde. Erklärt werden die Eigenschaften und Möglichkeiten von Zope. Außerdem werden einige der interessantesten und kostenlosen »Zope-Produkte« vorgestellt, die z.B. den schnellen Aufbau eines Community Portals ermöglichen. Zuhörer können nach dem Vortrag entscheiden, ob Zope eine Alternative für den eigenen Web-Server-Betrieb sein könnte.

1 Zope vs. kommerzielle Content-Management-Server

Während die verschiedenen kommerziellen Anbieter von Content-Management-Servern versuchen, den Markt unter sich aufzuteilen, entsteht derzeit eine Gemeinschaft von Firmen, Organisationen und Einzelpersonen, die eine Open-Source-Alternative zu geschlossenen, proprietären Web-Applikationen bieten will. Content Management ist schließlich nur eine unter vielen Web-Applikationen, die im Internet ihren Einsatz finden.

Der Vorteil von Zope ist, dass es die Basis für eine Vielzahl von Web-Applikationen bildet und so verhindert, dass sich Software-Entwickler immer wieder an die Besonderheiten von einzelnen Software-Herstellern gewöhnen müssen, z.B. was essentielle Funktionen wie die Benutzer-Authentifikation und Rechtezuweisung betrifft.

Zope ist objektorientiert und Zope-Entwickler können es als Basis benutzen, ohne von Herstellervorgaben eingeengt zu werden. Neue Komponenten können beliebig hinzugefügt werden, um z.B. Funktionen wie Session Tracking oder XML-Fähigkeiten bereitzustellen.

Der von der amerikanischen Firma Digital Creations entworfene Web-Applikations-Server ist mittlerweile in der Kategorie der Open-Source-Web-Applikations-Server führend, was Anzahl der Entwickler und Funktionsumfang betrifft. Innerhalb von zwei Jahren haben mehrere tausend Entwickler mehr als 300 Zope-Produkte entworfen. Sie decken alle möglichen Einsatzgebiete, wie z.B. E-Commerce, Web-Diskussionen oder Online-Chats, ab und sind wie Zope auch kostenlos.

2 Zope für Entwickler

Je mehr die Grenze zwischen Website und Web-Software verschwimmt umso wichtiger ist es für integrierte Teams von Software-, Datenbank- und Interface-Entwicklern, eine gemeinsame Basis zu finden. Zope ist ein Web-Applikations-Server, der dieses Zusammenspiel ermöglicht.

HTML, DTML, SQL, Python, Perl

So können Entwickler auf Code in HTML, DTML, SQL, Python und Perl aufbauen, um sich je nach Komplexität der zu entwickelnden Applikationen Tage, Wochen oder auch Monate Entwicklungsarbeit zu ersparen.

Hier einige Zope-Highlights aus Entwickler-Sicht:

- Zope ist vom Aufbau durchgängig objekt-orientiert.
- Im Umfang von Zope sind eine integrierte objekt-orientierte Datenbank und ein Web-Server enthalten.
- Zope ist transaktionsorientiert und erlaubt deswegen Benutzern des Systems z.B., bestimmte Aktionen zu widerrufen (»Undo«).
- Zope wird über eine Open-Source-Lizenz ausgeliefert, die sehr flexibel ist und es Entwicklern erlaubt, die Software ohne Einschränkungen und Lizenzkosten für Kundenprojekte einzusetzen.
- Es existieren bereits heute mehrere hundert »Zope-Produkte«. Das sind nur für Zope geschriebene Applikationen, die über das integrierte Web-Management-System von Zope auch für Nicht-Programmierer einfach zu nutzen sind.
- Mit Zopes eigener Skriptsprache »DTML« sowie den so genannten »ZClasses« kann man schnell und weltweit verteilt über die einheitliche Web-Oberfläche von Zope programmieren.
- Dadurch dass Zope auf der objekt-orientierten Skriptsprache Python aufbaut, stehen zur Zeit über 900 kostenlose Module zur

Verfügung, die schnell in Zope integrierbar sind und z.B. Reports im PDF-Format generieren können.
- Außerdem existieren mittlerweile über 250 kostenlose, explizit für Zope geschriebene Web-Applikationen, die z.B. Diskussionforen [mehr Beispiele] etc. bereitstellen.
- Führende relationelle Datenbanken (wie. z.B. Oracle, SyBase, Postgres, MySQL, Interbase) sind einfach über Datenbank-Adaptoren anzuschließen.

Das ist nur ein Auszug der Vorzüge von Zope – Entwickler, die sich näher mit Zope beschäftigen möchten, sollten sich das von der beehive GmbH herausgegebene Buch »Zope – Content-Management- & Web-Application-Server« anschauen.

3   Fallbeispiel: Märkische Oder Zeitung

Die Märkische Oder Zeitung (MOZ) benötigte ein Content-Management-System, das das Verwalten der Inhalte aus 13 Lokalredaktionen und drei externen Content-Lieferanten, wie z.B. die Deutsche Presse Agentur, ermöglichen sollte.

Aufgrund der großen Anzahl von Informationen, die das Content-Management-System der MOZ (COMA) zu verwalten und zu ordnen hat (ca. 25 MB pro Tag), entwickelte beehive eine Lösung auf der Basis von Zope und Oracle.

Besonders herausfordernd war es, den Arbeitsprozess (Workflow) einer Tageszeitungsredaktion in COMA umzusetzen. COMA sollte es jedem Journalisten der 13 Lokalredaktionen ermöglichen, dezentral Artikel in das System einzupflegen sowie den Redakteuren der Lokalredaktionen diese zu editieren und nach Kontrolle online zu stellen.

Um dies zu gewährleisten, mussten die Authentifikation und die Benutzerrechte der mit COMA arbeitenden Personen sichergestellt und klar definiert sein. Hierfür wollen wir auch ein »vorher/nachher«-Beispiel liefern, das einen einfachen visuellen Vergleich über die Anpassungsfähigkeit des Standard-Zope-Benutzer-Ordners und seiner Nutzerattribute erlaubt.

Authentifikation und Benutzerrechte

Abbildung 1 zeigt die Attribute eines Standard-Zope-Benutzer-Ordner. Der Login des Benutzers ist »MrBig«, dieser hat ein langes Passwort, darf sich nur über den Rechner »deepspace9.federation.com« einloggen und besitzt die Rolle »Manager«.

Diese Standard-Benutzer-Attribute reichen natürlich nicht für die Anforderungen einer Tageszeitung aus. Für die MOZ ist es von essen-

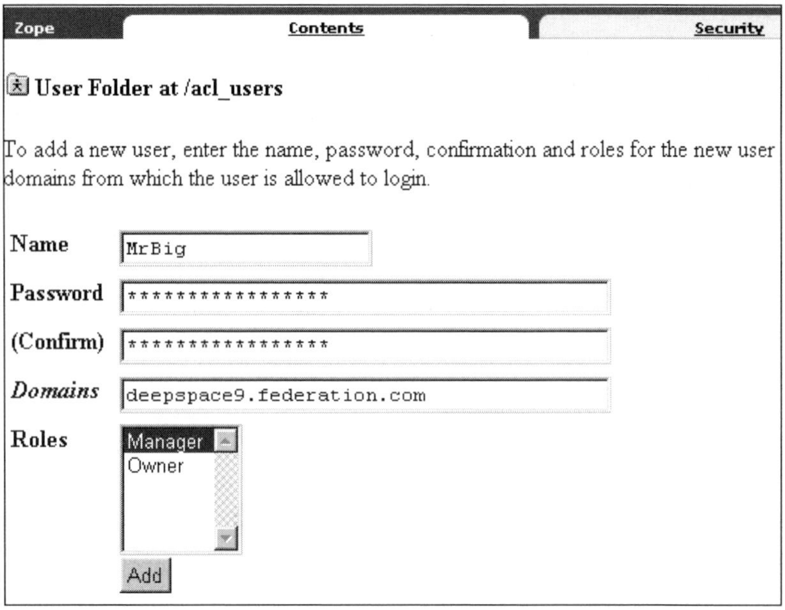

Abb. 1
Anmeldung eines Benutzers

User Folder at /acl_users

To add a new user, enter the name, password, confirmation and roles for the new user domains from which the user is allowed to login.

Name: MrBig
Password: ****************
(Confirm): ****************
Domains: deepspace9.federation.com
Roles: Manager / Owner

tieller Wichtigkeit, jeden Benutzer einer der 13 Lokalredaktionen zuzuordnen und auch zu definieren, in welchen Kategorien (z.B. »Wirtschaft«) der einzelne Autor oder Redakteur arbeiten darf. Während der Standard-Zope-Benutzer-Ordner solche Felder nicht bietet, ist es einfach für einen Zope-Entwickler, diese hinzuzufügen.

Da Zope objektorientiert ist, können Benutzer-Ordner (User Folder) beliebig ausgetauscht werden, um die Integration in bestehende Netzwerke und Verzeichnisdienste mittels Internet-Standardprotokollen wie z.B. LDAP, NIS, SMB (Samba) zu erleichtern. Ingesamt gibt es über zehn fertige User Folder, die Zope-Entwickler zur Verfügung stehen und sich einfach anpassen lassen.

Kommerzielle Content-Management-Systeme können hier selten mithalten. Sie können sich einfach nicht so viele Entwickler leisten, die in der Lage sind, so viele User Folder zu entwickeln.

Das fertige Resultat sehen Sie in Abbildung 2. Die Attribute eines MOZ-Benutzers sind hier klar zu sehen. Unter dem Pulldown »Hierarchie« kann man dem Benutzer eine Rolle wie »Redakteur«, »Autor« oder »Gast-Autor« zuweisen.

Nachdem Benutzer im Content-Management-System der MOZ hinzugefügt sind, können sie in den ihnen zugeteilten Kategorien Inhalte einpflegen.

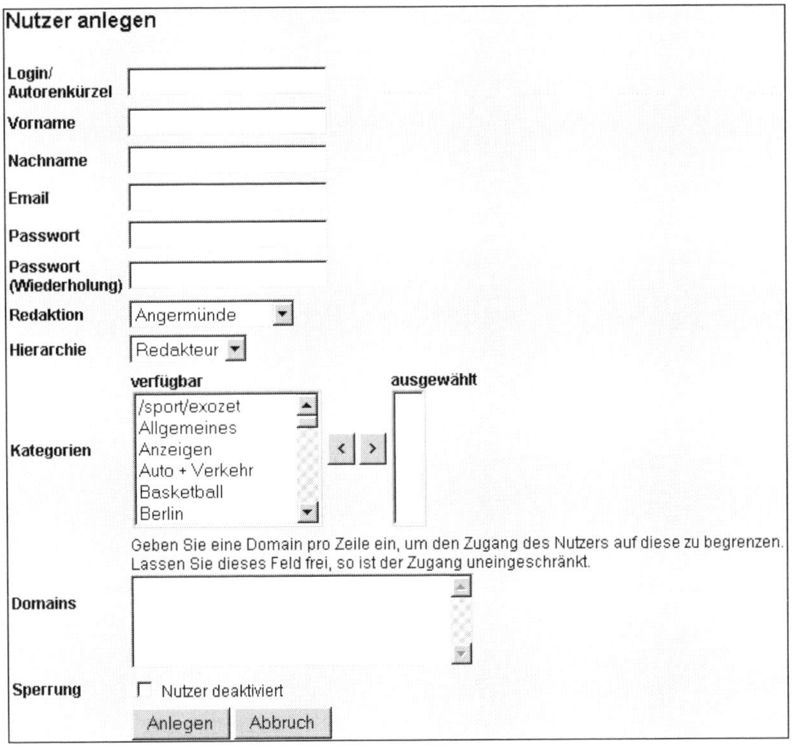

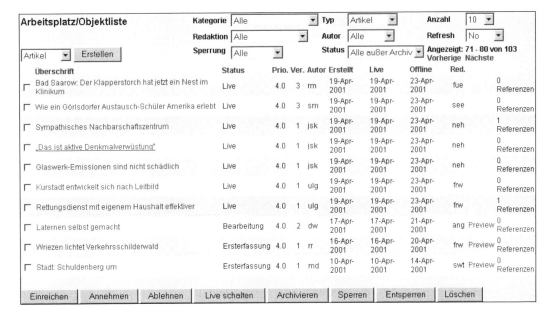

Abb. 2
Anmeldung eines neuen Benutzers

Abb. 3
MOZ-Artikel aus Redakteurs-Sicht

Abbildung 3 zeigt mehrere Artikel und die Informationen, die zu den einzelnen Artikeln gespeichert werden. Der Artikel »Bad Saarow: Der Klapperstorch hat jetzt ein Nest im Klinikum« ist von einem Redakteur live gestellt worden (Autoren haben diese Berechtigung nicht). Der Beitrag hat die Priorität 4, wurde am 19. April geschrieben und am selben Tag veröffentlicht, drei Mal überarbeitet und am 23. April vom System automatisch archiviert. Im unteren Teil des Bildschirms sieht man die Bearbeitungsmöglichkeiten eines Artikels – sofern der Benutzer auch diese Rechte hat. Auf diese Weise kann nur ein Redakteur darüber entscheiden, ob Artikel live geschaltet werden oder abzulehnen sind.

4 Wie Zope enstanden ist

Digital Creations Im Vergleich zu anderen Open-Source-Projekten ist Zope nicht zufällig enstanden, sondern das Resultat jahrelanger Entwicklungen einer Firma, die immer auch an Profite denken musste. Digital Creations ist nämlich aus einer Ausgründung eines amerikanischen Zeitungsverlags enstanden. Das führte dazu, dass Digital Creations sehr gute Software hatte, allerdings keine großen Summen aufbringen konnte, um das Produkt so zu vermarkten, dass es sich international auf dem Markt der Web-Applikations-Server oder Web-Content-Management-Server etablieren konnte.

Da Digital Creations aber schon immer einzelne Module unter Open-Source-Lizenzen gestellt hatte, war ein früherer Investment Banker (und jetziger Venture Capitalist) auf Digital Creations gestoßen. Er konnte anhand der frei zur Verfügung gestellten Software-Module schnell erkennen, was für ein exzellentes Produkt Digital Creations zu produzieren im Stande war. Er bot Digital Creations ein Ventureinvestment an, mit der Bedingung, dass Digital Creations Zope als Open-Source-Software zur Verfügung stellen würde, um so einen schnellen Bekanntheitsgrad und eine ausreichend große Benutzergemeinschaft aufzubauen.

Das drängt dann die folgende Frage auf:

Wenn Zope kostenlos ist, woran verdienen Zope-Firmen wie Digital Creations ihr Geld?

Die Antwort ist einfach: an Dienstleistungen, wie Weiterentwicklung oder Anpassung von Zope-Code, am Schulen von Entwicklern oder an anderen beratenden Dienstleistungen. Schließlich ist Software erst nützlich, wenn sie auf die Bedürfnisse einer einzelnen Organisation oder eines Unternehmens angepasst wird.

Und weil der Zope-Quellcode komplett zum Herunterladen verfügbar ist, gibt es praktisch keine Änderung, die ein Zope Solution Provider (ZSP) nicht für einen Kunden durchführen kann.

5 Initiativen im Zope-Umfeld

Rund um Zope bilden sich permanent neue Initiativen, die sich mit der Entwicklung von Zusatzkomponenten befassen, wie z.B. dem Content Management Framework, das auf Zope aufbaut und die Basis bilden soll für öffentliche (Community) und Firmen-Portale im Internet.

Die so genannte EuroZope Community setzt einen Fokus auf Zope-Entwicklungsinitiativen, die gerade für ein multilinguales Europa wichtig sind. Hier geht es z.B. um die Internationalisierung der Standard-Zope-Bedienoberfläche oder die Dokumentation.

6 Transparente Weiterentwicklung

Neben den Mailing-Listen wird die Weiterentwicklung von Zope-Technologien über Websites wie:

> http://dev.zope.org
>
> und
>
> http://cmf.zope.org

betrieben. Hier diskutieren Zope-Entwickler ihre nächsten Schritte, hier werden Meilensteine definiert und Anwender eingeladen, ihre Wünsche nach neuen Features zu definieren. Dieser Prozess wird in der Zope Community als »Living in the Fishbowl« bezeichnet. Anhand von Tools wie Wiki's, welche das strukturierte Diskutieren erlauben, kann jeder Interessierte seine eigenen Kommentare zu den verschiedenen Projekten hinzufügen und so Zope selbst oder einzelne Zusatzkomponenten wie das Content Management Framework (CMF) zum Entwickeln von Community-Portalen oder Zope Enterprise Objects (ZEO), die es erlauben eine Zope-Lösung nach Belieben zu skalieren.

»Living in the Fishbowl«

Die Transparenz des »Fishbowls« gibt es bei keinem Hersteller kommerzieller Web-Applikations-Server oder Content-Management-Systeme, und das ist ein weiterer Beweis für die Unabhängigkeit, die Firmen gewinnnen, wenn sie mit Zope arbeiten.

7 Lizenz, Kosten

Wenn man sich die Preislisten der Anbieter von kommerziellen Content-Management-Servern näher anschaut, hat man schnell das Gefühl, dass man es mit früheren Vertriebsmitarbeitern von Telefongesellschaften zu tun hat. Preise, gestaffelt nach Anzahl der Nutzer, Anzahl der Gruppen etc., können schnell dazu führen, dass man sich mehr Gedanken macht über die Lizenzpolitik als über die Frage, welche Daten nun wirklich innerhalb einer Organisation existieren und wie diese Daten bestimmten Gruppen zugänglich gemacht werden können.

Zope ist kostenlos, Anpassungen sind kostenpflichtig

Zope Open Source ist kostenlos, und deswegen gibt es auch keine Lizenzkosten. Die Zope Public License (ZPL) erlaubt es Firmen darüber hinaus, Zope beliebig zu verändern. Kosten enstehen nur bei der Anpassung von Zope durch einen Zope Solution Provider, wenn man nicht ein eigenes Entwicklungsteam im Hause hat.

In den meisten Fällen können bestimmte Projektanforderungen aber auch durch Zope-Produkte oder Python-Module abgedeckt werden. Im besten Falle liefern diese Produkte/Module die Funktionalität, die man braucht, im schlimmsten Falle aber kann ein Entwickler auf dem Code aufbauen oder von ihm lernen, wie bestimmte Funktionen zu implementieren sind.

Zope Solution Provider

Je mehr Produkte, Module und Datenbank-Adaptoren es gibt, umso sinnvoller ist es sich mit einem Zope Solution Provider zusammenzusetzen. Er kann gut einschätzen, welche Module existieren und wie gut sie für den professionellen Einsatz taugen.

Knowledge Management und das ArsDigita Community System

Malte Sussdorff
Director Business Development/Developer Relations, EMEA
ArsDigita Deutschland GmbH
sussdorff@sussdorff.de
www.sussdorff.de

Abstract

Dieser Artikel beschäftigt sich zunächst mit den Anforderungen an ein Knowledge-Management-System, welches Unternehmen die Möglichkeit gibt, das Wissen der Mitarbeiter zu sammeln, zu organisieren, zu bewerten und wieder den Mitarbeitern zur Verfügung zu stellen. Im Anschluss werden verschiedene Plattformen zur Realisierung der Anforderungen sowohl aus dem Open Source als auch dem kommerziellen Umfeld betrachtet. Der Fokus liegt hierbei auf der Open-Source-Lösung ArsDigita Community System als Plattform für die Erstellung und den Betrieb eines Knowledge-Management-Systems.

1 Wissen

Zahlreiche Firmen betrachten heutzutage das Wissen ihrer Mitarbeiter als entscheidend für den Erfolg des Unternehmens. Knowledge Management (KM) hat sich daher als eines der Schlagworte nicht nur in der IT-Branche etabliert (was der konstante Fluss neuer Literatur nur unterstreicht).

Wodurch zeichnet sich aber Wissen aus? Wie kann man dieses vermehren und für die Firma nutzbar machen? Um diese Fragen zu beantworten ist es nötig, sich zunächst mit dem Begriff Wissen an sich auseinander zu setzen.

Wissen ist eine fließende Mischung aus strukturierten Erfahrungen, Wertvorstellungen, individuellem Kontext, Kenntnissen und Fähigkeiten. Es bietet einen Strukturrahmen zur Beurteilung und Eingliederung neuer Erfahrungen und Informationen und wird von Individuen

Implizites und explizites Wissen

zur Lösung von Problemen eingesetzt. Wichtig ist hierbei zwischen implizitem Wissen und explizitem Wissen zu unterscheiden. Ersteres, im Englischen »tacit knowledge« genannt, ist in den Köpfen jedes Mitarbeiters begründet. Dies macht eine Weitervermittlung sehr schwierig, da erst eine für andere verständliche Präsentation gefunden werden muss. Letzteres, im Englischen »explicit knowledge« genannt, liegt meist in einer Kodierung vor. Dies können z.B. Arbeitsanweisungen oder andere Dokumente sein. Es lässt sich sehr gut speichern und kann von Computern verarbeitet werden.

Transfer von Wissen

Wissen vermehrt sich durch Transfer von Wissen. Wie kann dieser Transfer stattfinden? Ein direkter Transfer vom Gehirn eines Mitarbeiters zum anderen bzw. zum Computer und vice versa ist bisher noch nicht möglich.

- Durch Kommunikation zwischen Menschen in informellen Gesprächen oder »training-on-the-job« wird impliziertes Wissen vermittelt. Es liegt jedoch keine Kodifzierung oder Speicherung dieses vermittelten Wissens in der Firma vor.
- Durch Externalisierung wird das Wissen eines Menschen kodifiziert und in eine für andere verständliche Form übertragen. Bücher und Präsentationen sind hierfür gute Beispiele. Dies ist auch der Weg, wie eine Firma das implizite Wissen ihrer Mitarbeiter über den Weggang des Mitarbeiters hinaus in der Firma erhalten kann.
- Durch Kombination von kodifiziertem Wissen lassen sich neue Zusammenhänge erkennen und daraus neues Wissen erschaffen. So lässt sich das Wissen aus mehreren Pitches gegen einen Mitbewerber zusammenfassen um sich in den nächsten Verkaufsverhandlungen optimaler darzustellen (da man um die Strategie des Mitbewerbers aus den vorhergehenden Pitches weiß).
- Durch Internalisierung eignet sich jeder Einzelne explizites Wissen an. Dies kann zum Beispiel durch das Lesen eines Buches oder die Teilnahme an einem Vortrag erfolgen. Wichtig hierbei ist zu bedenken, dass dieses Wissen durch den individuellen Kontext jedes Lernenden und dessen Vorwissen angepasst wird. Da die Produktivität einer Firma immer mehr von dem Wissen ihrer Mitarbeiter abhängt, ist eine Unterstützung dieses Internalisierungsprozesses in der heutigen Zeit existentiell.

2 Anforderungen an ein KM-System

Nachdem auf die verschiedenen Arten von Wissen und Wissenstransfer eingegangen wurde, ist es jetzt an der Zeit, sich mit den daraus resultierenden Anforderungen für ein IT-basiertes Knowlege Management zu beschäftigen. Dieses sollte die beschriebenen Arten des Wissenstransfer unterstützen und dabei so viel Wissen wie möglich für die spätere Verwendung im Unternehmen speichern. In diesem Zusammenhang taucht der Begriff des Wissensobjektes auf. Dies stellt eine Einheit kodifizierten Wissens dar, z.B. ein Dokument, ein Beitrag in einem Diskussionsforum oder ein strukturiertes »knowledge object«.

IT-basiertes Knowledge Management

2.1 Anreizsystem für Mitarbeiter

Der erste und wichtigste Schritt für ein Knowledge-Management-System ist es, einen Anreiz für die Mitarbeiter zu schaffen, ihr Wissen anderen mitzuteilen und die Zeit dafür aufzubringen. Davenport und Prusak[1] nennen drei Beweggründe:

- *Altruismus*: Der Mitarbeiter fühlt sich der Firma verpflichtet und teilt daher gerne sein Wissen mit anderen.
- *Gegenleistung*: Der Mitarbeiter erwartet für die Bereitstellung seines Wissens eine Gegenleistung.
- *Profilierung*: Der Mitarbeiter fühlt sich persönlich bestätigt, wenn sein Wissen von anderen anerkannt und weiterverbreitet wird.

Altruismus kann von einem Knowledge-Management-System nur schwerlich gefördert werden. Dies ist Aufgabe des Management und der Firmenkultur Jedoch kann ein Knowledge-Management-System Mitarbeitern Gegenleistungen anbieten und deren Profilierungsbestrebung unterstützen. Im Folgenden werden verschiedene Abstufungen eines Incentive Systems vorgestellt, welches dies leistet:

- Durch ein ordentlich gepflegtes System mit dem Wissen anderer Mitarbeiter ist es jedem Einzelnen möglich, neue Informationen zu gewinnen und sich somit neues Wissen anzueignen. Die Gegenleistung des Systems besteht in diesem Fall in der Bereitstellung des Zugriffs auf das explizite Wissen anderer Mitarbeiter.
- Durch die Einführung eines Input-Output Ratio werden Mitarbeiter angehalten, auch Wissen in das System einzupflegen. Hierbei liegt der Gedanke zu Grunde, dass Zugriff auf das System nur

---

1. Davenport und Prussak: »Wenn Ihr Unternehmen wüsste, was es alles weiß...«, 1998

gewährt wird, wenn in einem bestimmten Verhältnis (Ratio) auch Wissen dem System zugeführt wird. So besagt z.B. ein Ratio von 1:4, dass der Mitarbeiter für jedes Wissensobjekt, welches er in das System einträgt, Zugriff auf vier Wissensobjekte erhält.
- Eine weitere Stufe bildet ein ausgefeiltes Anreiz-System (im Stil von »Miles and More«) welches Belohnungen für zur Verfügung gestelltes Wissen bietet. Hierbei erhalten die Mitarbeiter Bonuspunkte für jedes zur Verfügung gestellte Wissensobjekt. Diese Punkte können später in konkrete Gegenleistungen (z.B. Handy, Reise, Urlaubstage) umgewandelt werden.
- Um die Qualität aufrechtzuerhalten und zu vermeiden, dass Mitarbeiter Bonuspunkte für irrelevante Wissensobjekte erhalten, kann jedes Wissensobjekt von anderen Benutzern des Systems bewertet werden. Der Bewerter erhält hierbei genauso Punkte wie der Bewertete (sofern sein Objekt besser als der Durchschnitt bewertet wurde, ansonsten werden Punkte abgezogen).
- Um die Profilierungsbestrebung eines jeden Mitarbeiters zu unterstützen kann eine Bestenliste geführt werden, welche über die aktuellen Punktestände und das Ranking als wertvoller Wissenslieferant Auskunft gibt (»In der Bestenliste des Systems stehen Sie mit 450 Punkten an Platz 4«).
- Um Missbrauch vorzubeugen, sollten die Administratoren des Systems die Möglichkeit haben, Punkte wieder zu entziehen genauso wie Personen, welche eine Last für das System darstellen, von der Benutzung komplett auszuschließen.

Die Abbildung 1 zeigt, wie sich ein solches System dem Benutzer präsentieren kann. Neben einer Beschreibung der Funktionsweise des Incentive Systems erhält der Mitarbeiter Information darüber, wie viele Bonuspunkte er bereits gesammelt hat (und wofür er diese bekommen hat).

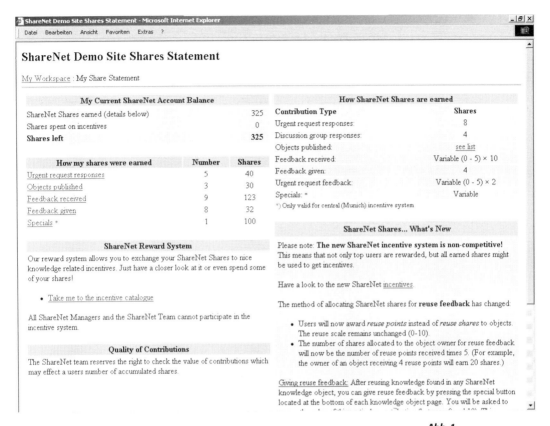

Abb. 1
ShareNet© Shares Statement

2.2 Wissensspeicherung

Ist die Motivation der Mitarbeiter gegeben, so müssen einfache Möglichkeiten zur Eingabe des Wissens in das System vorhanden sein, da ansonsten die Frustration der Mühen die Motivation schnell überwiegt. Hierbei unterscheiden wir zwischen der strukturierten und unstrukturierten Erfassung des Wissens. Strukturiertes Wissen wird meist mittels eines Fragenkataloges im System erfasst. Die Antworten auf diese Fragen können zum einen das Wissen selbst repräsentieren (z.B. bei »knowledge objects«, s.u.) oder Meta-Informationen über ein Wissensdokument enthalten. Die Strukturierung dient in erster Linie der einfachen Wiederfindbarkeit und ermöglicht das so genannte Browsing anhand von Kategorien.

Unstrukturiertes Wissen kann auf verschiedene Weise im System gesammelt werden. Hierbei liegt das Prinzip zu Grunde, dass das Wis-

Unstrukturiertes Wissen

sen schnell, informell und ohne großen Strukturierungsaufwand in das System eingegeben werden kann.

- *Diskussionsforen* erlauben den Mitarbeitern Fragen zu stellen. Mittels der Beantwortung durch andere Mitarbeiter wird im System Wissen gespeichert. Die gestellten Fragen haben hierbei genauso wenig wie die Antworten einem entsprechenden Muster zu folgen. Der Übersichtlichkeit wegen sollte man Fragen jedoch in dem Diskussionsforum stellen, in welchem von der Thematik her eine Antwort am wahrscheinlichsten ist (ein Frage über Hundefutter in einem Diskussionsforum über Novelle Cousine mag zwar für Schmunzeln sorgen, eine Antwort wird jedoch nur zur erwarten sein, wenn einer der Diskussionsteilnehmer zufälligerweise auch Hundebesitzer ist). Außerdem kann es innerhalb eines Diskussionsforums, je nach Anzahl der gestellten Fragen, sinnvoll sein, Beiträge zu kategorisieren (z.B. Schlittenhunde in einem Diskussionsforum über Hunde).

  Damit wichtige Fragen in der Masse nicht untergehen, sollten die Mitarbeiter auch die Möglichkeit haben, ihre Fragen als wichtig zu kennzeichnen und diese in besonderer Form (z.B. am Anfang einer Seite) darzustellen. Die Erfahrung zeigt jedoch, dass alle Mitarbeiter der Meinung sind, die eigenen Fragen wären besonders wichtig. Dem kann man vorbeugen, indem das Stellen einer wichtigen Frage Bonuspunkte (s.o.) kostet. Um den Anreiz für eine schnelle Beantwortung solcher Fragen zu erhöhen, sollten ferner dem Antwortenden Bonuspunkte gewährt werden.

- *Email Alerts* stellen eine Erweiterung der normalen Diskussionsforen dar. Hierbei haben die Mitarbeiter die Möglichkeit, sich über neue Beiträge und Fragen in den Diskussionsforen per E-Mail benachrichtigen zu lassen. Die E-Mails können in verschieden Intervallen (sofort [bei jedem neuen Beitrag], täglich [alle Beiträge eines Tages zusammengefasst] usw.), für jedes Diskussionsforum einzeln und auch nach bestimmten Schlagwörtern in einem Beitrag versendet werden. So kann sich ein Mitarbeiter einmal pro Woche alle Beiträge aus dem Diskussionforum über Hunde zusenden lassen, aber sofort jeden Beitrag aus dem Forum, der sich mit Dänischen Doggen beschäftigt. Durch diese *Email Alerts* werden die Mitarbeiter auf dem Laufenden gehalten ohne täglich das System besuchen zu müssen, werden aber trotzdem wieder in das System zurückgeholt (wenn sie z.B. eine Antwort auf eine Frage haben). *Email Alerts* sorgen so für eine hohe Bequemlichkeit der Informationsbeschaffung und erhöhen gleichzeitig die Bindung an das System. Gerade wenn man viele verschiedene *Email Alerts* hat, ist es sinnvoll, sich eine Übersicht anzeigen lassen zu können, um von dieser Seite aus auch gezielt einige Alerts abzustellen (Abb. 2).

Abb. 2
Email Alerts

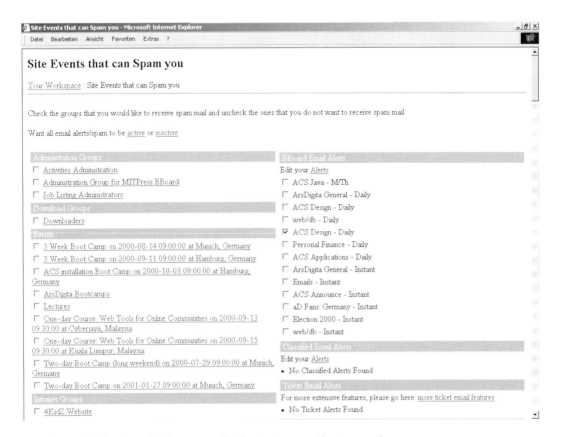

Chat erlaubt die gleichzeitige, direkte Kommunikation mehrerer Mitarbeiter per Tastatur innerhalb des Systems. Wird diese Kommunikation mitprotokolliert, kann auf das darin ausgetauschte Wissen später einmal zurückgegriffen werden. Dies macht natürlich nur Sinn, wenn die Disziplin der Mitarbeiter groß genug ist, diese Chat-Foren nur für den unternehmensrelevanten Wissens- und Erfahrungsaustausch zu nutzen.

Strukturiertes Wissen hingegen lässt sich einfach durch einen Fragenkatalog erstellen. Ein Mitarbeiter muss hierbei ein vorgegebenes Set von strukturierten Fragen beantworten, um sein Wissensobjekt im System ablegen zu können. Als Problem kann sich jedoch die Einheitlichkeit der Kategorisierung erweisen (in welcher Kategorie das Wis-

Strukturiertes Wissen

sensobjekt abzulegen ist wird eventuell von Mitarbeiter zu Mitarbeiter unterschiedlich gesehen).

- *Dokumentenverwaltung* erlaubt es jedem, bereits erstellte Dokumente anderen Mitarbeitern strukturiert zugänglich zu machen. Der Fragenkatalog ist hierbei meist auf Fragen zu Stichwörtern, einer kurzen Beschreibung und der Einordnung in eine oder mehrere zutreffende Kategorien beschränkt. Besonders interessant ist jedoch eine Lösung, die eine automatische Kategorisierung und Stichworterfassung der im System vorhandenen Dokumente erlaubt. Viele Firmen haben sich der Problematik des Dokumentenmanagements angenommen, verkaufen jedoch meistens ihre Lösung alleine schon als Knowledge-Management-System.

- Eine Erweiterung stellt die »*Knowledge Library*« dar. Der Mitarbeiter legt hierbei ein »knowledge object« an, indem er einen, je nach Typ des knowledge object unterschiedlichen, Fragenkatalog beantwortet. Die Beantwortung dieser Fragen kann in beliebiger Reihenfolge und in beliebig vielen Sitzungen erfolgen. Damit wird die Eingabe von Informationen dem Benutzer so leicht wie möglich gemacht. Trotzdem ist das entstehende Wissen schon strukturiert und normalerweise von viel höherer Qualität als bei einem unstrukturierten Input-Prozess. Da sich jedoch in »schnelllebigen« Systemen auch die Art und die Struktur des abgelegten Wissens häufig ändert, muss die »Knowledge Library« die Möglichkeit bieten neue Knowledge-Object-Typen anzulegen oder bestehende zu modifizieren. Die Art der Typen und der damit zusammenhängenden Fragen ist hierbei von Unternehmen und Aufgabenstellung abhängig. Es lassen sich sowohl reale Dinge (Kunden, Produkte) als auch Prozesse (Verkauf eines Autos) und Methoden (Analyse von Kursschwankungen) durch knowledge objects beschreiben. Da jedem knowledge object auch ein oder mehrere Dokumente beigefügt werden können, ist es möglich, die Knowledge Library auch als Dokumentenmanagementsystem zu nutzen.

- Um Zusammenhänge darstellen und Sinnzusammenhänge weitergeben zu können, ist es notwendig, knowledge objects miteinander zu verknüpfen. Hierbei ist wichtig zu beachten, dass selbst wenn der Mitarbeiter nur die Verknüpfung von knowledge object A nach B herstellt, im System auch die Verknüpfung von B nach A hergestellt wird. Folgendes Szenario zeigt den Nutzen einer solchen ordentlichen Verknüpfung auf:

Befindet sich ein Mitarbeiter in der Angebotsphase und weiß um seine Mitbewerber, so kann er nach deren knowledge object (welches den Mitbewerber beschreibt) in der Knowledge Library suchen. Da die Angebotsprozesse auch als eigene knowlegdge objects angelegt und mit den knowledge objects der jeweiligen Mitbewerber verknüpft wurden, kann der Mitarbeiter alle Angebotsprozesse sehen, in denen der Mitbewerber beteiligt war. Hierdurch gewinnt der Mitarbeiter einen Einblick in die Strategien des Mitbewerbers und kann aus den Fehlern oder guten Dingen vergangener Angebotsprozesse lernen. Dieses Wissen kann der Mitarbeiter nutzen, um sein aktuelles Angebot erfolgreicher zu gestalten und somit den Abschluss zu tätigen. Ein solches knowledge object wird in Abbildung 3 gezeigt. Hier sieht man auch gut die Verlinkung von einzelnen knowledge objects miteinander sowie die Möglichkeit, jedes knowledge object mit Kommentaren und Feedback zu versehen. Da es sich bei der Abbildung um ein Demosystem handelt, sollte der Inhalt nicht als repräsentatives Beispiel genommen werden.

Abb. 3
Sales Project knowledge object

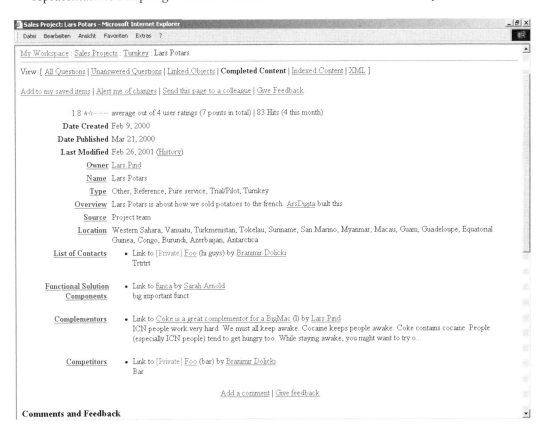

- Eine weitere Variante sind so genannte expert directories. Anstatt Wissen im System zu externalisieren, wird vielmehr Meta-Wissen gespeichert, z.B. Informationen über Wissensquellen. Als Wissensquellen können entweder Dokumente außerhalb des Systems dienen (z.B. Webseiten, lokale Dateien usw.) oder Mitarbeiter im Unternehmen. Die Speicherung im System kann entweder automatisch durch Software (wie z.B. Autonomy, s.u.) erfolgen oder durch die Mitarbeiter selbst. Für Dokumente außerhalb des Systems ist sicherlich der Software-Ansatz der effizientere, für die Yellow Pages (Meta-Wissen über die Fähigkeiten der Mitarbeiter) sollte jedoch mindestens ein zweistufiger Ansatz gewählt werden. Hierbei extrahiert die Software aus den Dokumenten des Mitarbeiters seine Kernkompetenzen und stellt diese Information in das System. In einem weiteren Schritt überprüft der Mitarbeiter diese Information und ergänzt oder korrigiert sie. So gehen Fähigkeiten des Mitarbeiters nicht verloren, welche er nicht in seiner täglichen Arbeit einsetzt.

2.3 Wissenswiedergewinnung und -nutzung

Damit das Knowledge-Management-System auch seine Gegenleistung erbringen kann, ist es erforderlich einfach auf die gespeicherten Informationen zugreifen zu können. Hierfür gibt es verschiedene Ansätze, je nachdem, welche Art von Information gesucht wird und wie weit die Integration in den normalen Arbeitsablauf jedes einzelnen möglich ist.

- *Volltextsuche* über eine intelligente Suchmaschine: Hierbei wird das gesamte gespeicherte Wissen nach bestimmten Wörtern durchsucht. Diese Methode ist besonders hilfreich, wenn der Mitarbeiter sehr genau weiß, wonach er sucht. Es besteht jedoch das klassische Suchmaschinen-Problem, dass zu viele Treffer angezeigt werden und somit in der Masse die vom Mitarbeiter wirklich benötigten Informationen untergehen. Für die Suche in unstrukturierten Wissensquellen ist dies jedoch in der Regel die einzig funktionierende Variante. Außerdem bietet diese Variante sich für das schnelle Auffinden von Experten in den Yellow Pages an.

- *Browsing*: Diese Methode erlaubt es dem Mitarbeiter, das System nach bestimmten Kategorien sortiert zu durchforsten. Diese Methode ist besonders dann hilfreich, wenn der Mitarbeiter ungefähr weiß, wonach er sucht. Als Einstiegspunkt kann hierbei sowohl die Hauptseite der Knowledge Library gewählt werden als auch das Ergebnis einer Volltextsuche. Durch die Verlinkung der einzelnen Objekte ist es dann dem Mitarbeiter möglich, durch das Wissen strukturiert zu browsen.

- *Personalisierte Portals*: Bei diesem auf der Push-Technologie basierenden Ansatz erhält der Mitarbeiter auf der Einstiegsseite in das System für ihn relevante Informationen angezeigt. Dies können Nachrichten, neue knowledge objects oder Diskussionsforumsbeiträge sein. Durch die Fähigkeit auf einem Portal mehrere Systeme übersichtlich darzustellen, eignet sich diese Technologie sehr gut für die Erweiterung des Knowledge-Management-Systems zu einer Business Community.

- *Glossary*: Hierbei kann der Mitarbeiter über ein Programm aus der laufenden Anwendung heraus Abfragen zu bestimmten Schlagwörtern durchführen. Das Programm Babylon (*http://www.babylon.com/*) bietet solch eine Technologie. Hierbei wird das Schlagwort markiert und per Tastenkombination eine Abfrage im zentralen Glossary durchgeführt. Das Ergebnis wird wiederum in einem eigenen Fenster dargestellt.

- Der oben beschriebene Ansatz hat jedoch den Nachteil, dass der Mitarbeiter aktiv seine aktuelle Arbeit unterbrechen muss um das Schlagwort auszuwählen und im Glossary danach zu suchen. Ein anderer Ansatz wird u.a. von Autonomy verfolgt. Hierbei untersucht das Programm den Text der aktuellen Anwendung und extrahiert daraus Schlagwörter und die Thematik. Mit diesen Angaben wird im Knowledge-Management-System nach ähnlichen knowledge objects gesucht (oder erweitert in anderen Suchmaschinen im Internet) und dem Mitarbeiter in einem extra Fenster als Links präsentiert.

2.4 Wissensqualität

Einen sehr hohen Stellenwert in einem Knowledge-Management-System hat auch die Qualitätskontrolle. Die Mitarbeiter müssen Vertrauen in das System und die darin enthaltenen Informationen haben. Durch schlechte oder falsche Informationen wird dieses Vertrauen zerstört, die Mitarbeiter nutzen das System nicht mehr, und die Investition (sowohl Geld als auch Zeit) zahlt sich nicht aus. Auf der anderen Seite darf das System nicht zu rigide sein, um die User nicht zu entmutigen. Daher sind Tools, die eine implizite und explizite Qualitätskontrolle ermöglichen, existenziell:

- Wird ein knowledge object häufig gelesen, ist es gut.
- Je mehr Links auf ein knowledge object verweisen, umso wichtiger ist es.
- Je öfter Mitarbeiter ihren Kollegen ein knowledge object weiterleiten, desto wichtiger ist es.
- Alle Objekte können vom Mitarbeiter mit Feedback und Kommentaren versehen werden. Feedback ist hierbei eher formell und erfordert die Eingabe von strukturierter Information, ein Kommentar hingegen ist eher informell. Dies erlaubt neben der reinen Qualitätskontrolle auch die Erweiterung der Wissensbasis eines knowledge objects, da andere Ansichten oder weitere Aspekte von anderen Mitarbeitern in das object einfließen.
- Durch eine positive Bewertung seiner objects kann der Mitarbeiter »Bonuspunkte« sammeln (sofern ein Incentive System wie oben beschrieben zugrunde liegt), was den Anreiz liefert, nur qualitativ hochwertige objects im System zu speichern.
- Mit einem Verfallsdatum angegebene objects lassen sich automatisch in ein Archiv verschieben und erlauben so, dass anderen Mitarbeitern nur aktuelle Informationen angezeigt werden (wobei immer noch die Möglichkeit bestehen muss auf die Objekte im Archiv zuzugreifen, sofern der Mitarbeiter dies wünscht).
- Administratoren können veraltete objects in ein Archiv verschieben oder solche mit falschen Informationen wieder löschen (wobei das »Bonuspunktekonto« des Mitarbeiters, welcher das Objekt gespeichert hat, negativ belastet wird).
- Mitarbeiter sollten ferner die Möglichkeit haben, durch einfachen Mausklick Administratoren auf solche veralteten oder falschen Informationen hinzuweisen.

3 Erweiterung des Systems zur Business Community

Der Erfolg eines Knowledge-Management-Systems beruht jedoch nicht nur auf seiner zentralen Funktion der Wissenssammlung und Bereitstellung. Baut man um dieses System eine Community auf, kommen die Mitarbeiter nicht nur zur Wissenssuche zurück in das System, sondern verweilen auch aus anderen Gründen im System, was die Akzeptanz steigert. Ein paar Beispiele seien hier genannt:

- Anzeigen von Informationen über andere Mitarbeiter im System. Einfache Funktionen wie ein Kurzportrait mit Foto werden oft genutzt. Dies lässt sich auch gut mit den Yellow Pages verknüpfen,

so dass man z.B. auf der Eingangsseite zum System Experten zu seinen Fachgebieten in anderen Abteilungen der Firma angezeigt bekommt.
- Bookmarks System, welches den Mitarbeitern erlaubt, ihre bevorzugten Objekte (und Webadressen) als Link zu speichern. Ferner sollten andere Mitarbeiter auf diese Information Zugriff erhalten, so dass sie auf diese Weise auf interessante Objekte aufmerksam gemacht werden. Schließlich kann die Anzahl der Bookmarks eines Objektes auch als Qualitätsmerkmal genutzt werden (je mehr, desto besser).
- Diskussionsforen, welche sich nicht mit spezifischem Wissen, welches für das Unternehmen wichtig ist, beschäftigen. Hat man z.B. ein Diskussionsforum über «Global Jokes», so diskutieren die Mitarbeiter auf einer viel persönlicheren Ebene, was die Verbundenheit und damit den Anreiz zu altruistischem Wissensaustausch steigert.
- Newsletter mit den neusten Informationen aus dem System oder zum Unternehmen.
- Schnelles Reagieren auf Anregungen der Mitarbeiter zur Verbesserung des Systems durch kontinuierliches Feedback und die Möglichkeit auch bei statischen Seiten (z.B. Anleitungen) Kommentare zu hinterlassen.

4 Plattformen für Knowledge-Management-Systeme

Auf den vorherigen Seiten sind wir auf die Anforderungen an ein IT-basiertes Knowledge Management eingegangen. Zum Abschluss untersuchen wir nun drei Plattformen im Hinblick auf ihre Fähigkeit den Anforderungen gerecht zu werden. Gleich vorneweg: Keines der Systeme erfüllt alle Anforderungen. Vielmehr stellt eine Mixtur die (leider noch nicht im Betrieb getestete) optimale Lösung dar. Diese Plattformen stehen repräsentativ für eine Menge weiterer Lösungen. Autonomy für seinen über reines Dokumentenmanagement herausgehenden Knowledge-Management-Ansatz aus dem kommerziellen Umfeld, Zope als klassischer Vertreter aus dem Open-Source-Umfeld und das ArsDigita Community System wegen seiner vielfältigen Community-Funktionalität und der Knowledge Library.

4.1 Autonomy

Autonomy steht zum einen für den Firmennamen, zum anderen wird der Begriff hier auch für die zugrunde liegende Plattform verwendet. Autonomy liefert eine automatisiert Infrastruktur zum Erstellen von

Benutzerprofilen sowie Kategorisierung, Verknüpfung, kontext bhängigem Abrufen und Personalisierung von großen Mengen unstrukturierter Information.[2] Es ist eine kommerzielle Applikation, die auf einer proprietären Software basiert. Die Stärke liegt in dem Erkennen von Kontext, Thematik und Schlagwörtern innerhalb eines Textes. Somit wird es dem System ermöglicht, Texte automatisch zu kategorisieren und Verknüpfungen zu anderen Dokumenten herzustellen.

Basierend auf dieser Technologie hat Autonomy mehrere Lösungen entwickelt, welche sich auch für ein Knowledge-Management-System verwenden lassen:

- Active Knowledge™ ermöglicht das oben beschriebene automatische Anbieten von weiteren Wissensquellen bei der Erstellung eines neuen Dokumentes basierend auf der Analyse des Kontextes und der Thematik des Dokumentes.
- Portal-in-a-Box™ ermöglicht die Erschaffung eines Portals für die Mitarbeiter. Hierbei wird der Inhalt aus den verschiedenen Wissensquellen aggregiert und dem Mitarbeiter personalisiert präsentiert.
- Autonomy Update™ erlaubt es dem Mitarbeiter, einen personalisierten Newsletter mit Informationen aus dem Internet und anderen Wissensquellen per E-Mail zugesendet zu bekommen.

Autonomy stellt in dieser Form einen interessanten Ansatz für die Wissensaggregation und -integration in den Arbeitsablauf des Mitarbeiters dar. Es ist auf verschiedenen Plattformen verfügbar (u.a. auch Linux). Durch die hohe Anzahl von APIs (mit dem Schwerpunkt auf C, Java und HTTP) ist eine einfache Integration in bestehende Systeme gewährleistet.

4.2 Zope

Über Zope ist schon viel geschrieben worden (siehe auch den Beitrag von Mark Pratt »Content Management mit Zope« in diesem Band). Und auch im Rahmen des Linux-Tages finden Vorträge zu dem Thema statt, weswegen hier nur eine kurze Beschreibung des Systems stattfindet.

Zope ist ein Plattform für die Erstellung von WebServices. Als solche eignet sie sich auch sehr gut dazu, die Community Features eines Knowledge-Management-Systems anzubieten. Durch die große Entwicklergemeinschaft gibt es mittlerweile einige Applikationen, welche

---

2. http://www.autonomy.com/autonomy/dynamic/autopage428.shtml

die oben beschrieben Anforderungen abbilden (wenn auch nicht die Spezialitäten von Autonomy oder die Knowledge Library mit Incentive System). Sicherlich lässt sich dieses mit entsprechendem Programmieraufwand realisieren, da Zope Open-Source-Software ist und die Entwicklung eigener Applikationen in Python unterstützt. Zope hatte jedoch in der Vergangenheit häufig mit Skalierungsproblemen zu kämpfen, was gerade im Bereich Knowledge Management, wo eine Vielzahl von Daten verarbeitet und präsentiert werden müssen, als K.O.-Kriterium angesehen werden muss.

4.3 ArsDigita Community System

Das ArsDigita Community System ACS ist mit seinen circa 50 Modulen das umfangreichste freie Web-Standard-Software-Paket. Basierend auf einem gemeinsamen Kern lassen sich die verschiedensten Module als Applikationen in das System einbauen. Alle Module profitieren jedoch von der Funktionalität des Kerns (u.a.):

- Ein ausgefeiltes Permissioning-System, das User, User-Gruppen und ineinander verschachtelte User-Gruppen kennt und das Erstellen von sicheren Web-Applikationen mit fein granulierten Zugriffsrechten ermöglicht. Sehr große, hierarchische Web-Anwendungen können so im Web-Browser erstellt und administriert werden.
- Ein Content Repository, welches eine API zur Verfügung stellt, die das Verwalten von Inhalten beliebiger Typen kapselt. Versionsverwaltung, Kategorisierung, Permissioning und Workflow werden hierbei den Applikationen, welche das Repository nutzen, automatisch bereitgestellt.

Die Vielzahl vorhandener Module erlaubt ein einfaches Erstellen eines Knowledge-Management-Systems, wie oben beschrieben. Folgende Module sind bereits für das ACS verfügbar:

- Bboard: Diskussionforen mit Email Alerts
- Chat
- File-Storage: Dokumentenmanagement System mit Versionsverwaltung
- Member-Value: Generisches Incentive System
- Knowledge Library (zur Zeit nicht frei erhältlich, kann jedoch über ArsDigita bezogen werden)
- Intranet: Stellt unter anderem eine Yellow-Pages-Funktionalität bereit
- News: Für die Erstellung von Newsletters

- Bookmarks: Ausgeklügeltes System zur online Verwaltung von Bookmarks (*http://www.sussdorff.org/bookmarks*)
- Portals: Erstellung von Portalen durch Aggregation von Content aus den anderen Modulen

ArsDigita hat auf der Basis der Entwicklungsplattform ACS mehrere solcher Knowledge-Management-Systeme konzipiert und realisiert. In diesen Projekten wurde einiges mehr an Erfahrung gesammelt, als sich kondensiert in diesem Artikeln darstellen lässt. Es hat sich jedoch gezeigt, wie wertvoll die Möglichkeit ist, auf eine bestehende Plattform zugreifen zu können, welche die Grundfunktionalitäten wie Nutzerverwaltung und Diskussionsforen bereitstellt, aber auch flexibel genug ist, viele Erweiterungen zu ermöglichen. Dies erlaubt schnelle Entwicklungszyklen, in denen das Feedback der User Community zur Optimierung des Systems und damit zur Zufriedenheit der User beiträgt. Die Nutzer haben so auch das Gefühl, dass nicht sie sich dem System anpassen, sondern dieses an sie. Dies trägt zu einer höheren aktiven Nutzerzahl und einem Gesamterfolg des Knowledge-Management-Systems bei.

5 Fazit

Knowledge Management ist ein sehr weites Feld, welches jedoch immer stärker in den Fokus der Unternehmen rückt. Die vorgestellten Anforderungen sollten einige Ideen für die Implementierung eines Knowledge-Management-Systems in Ihrer Organisation aufzeigen. Die einzelnen Plattformen werden in ihrem jetzigen Zustand noch nicht allen Anforderungen gerecht. Jedoch ist bereits jetzt schon ein Großteil der Anforderungen mit frei erhältlicher Software realisierbar. Ein ebenso wichtiger Aspekt neben einer hohen Abdeckung der benötigten Funktionalität ist die Flexibilität der gewählten Plattform. Nur durch eine flexible Plattform wie z.B. das ACS kann schnell auf die speziellen und sich ändernden Wünsche der User Community eingegangen werden. Dies fördert in erheblicher Weise die Motivation der Mitarbeiter und trägt so zum Erfolg des Systems bei. Denn was hilft das beste Knowledge-Management-System, wenn es keiner nutzt?

Quellen:

»Stadtgespräche digital«; Dirk Gomez, Martin Schmeil; Linux-Magazin 02/01, S. 45ff

»Knowledge Management«; Malte Sussdorff, Dirk Gomez; IT Manager 04/01, S. 96ff

ERP-Systeme unter Linux

Technische Implementierung und Marktübersicht

Dipl.- Informatiker Jens-Gero Boehm
Geschäftsstellenleiter
Geschäftsstelle Rhein-Ruhr SuSE Linux Solutions AG
jens-gero.boehm@suse.de
www.suse.de

Abstract

Linux hat sich als äußerst stabile Plattform etabliert und besitzt beste Voraussetzungen, sich auch als ERP-Server-Betriebssystem durchzusetzen. Die technische Implementierung von ERP-Systemen bedarf aber einer sorgfältigen Einführungsplanung, die aus technischer Sicht hohe Anforderungen an die IT-Infrastruktur stellt. Der Vortrag stellt dar, welche technischen Kriterien bei der Einführung bzw. Migration von ERP-Systemen berücksichtigt und geplant werden müssen (u.a. Hochverfügbarkeit, Planung der Systemlandschaft, Netzwerkfähigkeit, Datenbank-Grundlagen). Es wird gezeigt, wie Linux diese Anforderungen heute abdeckt und sich somit als ERP-Plattform eignet. Der Vortrag bietet eine Marktübersicht von ERP-Systemen unter Linux, Kriterien für die technische ERP-Implementierung unter Linux sowie ein Fallbeispiel einer SAP-R/3-7-Einführung/Migration auf Linux.

1 Linux als Betriebssystem für ERP-Systeme

Die Neueinführung oder der Austausch betrieblicher Software stellt für mittelständige Unternehmen ein schwieriges Problem dar. Einerseits ist das Softwareangebot kaum zu überblicken, andererseits sind mit der Entscheidung für ein bestimmtes Softwareprodukt hohe Investitions- und Folgekosten verbunden.

Die Einführung eines neuen Systems bietet für viele Unternehmen gleichzeitig eine strategische Chance zur langfristigen Verbesserung von Organisations- und EDV-Strukturen. Gerade in Unternehmen, wo bereits verschiedene Produkte verschiedener Softwarehersteller im Einsatz sind, empfiehlt sich häufig eine Standardisierung der IT-Infrastruktur.

Neben der reinen Softwarefunktionalität müssen auch Kriterien wie eine flexible Hardware und eine stabile Betriebssystemplattform und dessen Integrationsgrad in vorhandene Infrastrukturen berücksichtigt werden – Anforderungen an ein hochentwickeltes Betriebssystem, die für Linux selbstverständlich sind.

Implementierung von ERP-Systemen

Für die Einführung von ERP-Systemen existieren eine Vielzahl von Vorgehensmodellen, die teilweise auch von den ERP-Anbietern selbst entwickelt wurden. Eine Phase der Vorgehensmodelle ist die *Implementierung der ERP-Systeme*. Während dieser Phase werden die folgenden wesentlichen Aufgaben bearbeitet:

- Technisches Feinkonzept erstellen und Systemlandschaft planen; Sizing der Systemlandschaft
- ERP-Systeme aufbauen
- Betriebsführung festlegen und einrichten
- Berechtigungskonzept festlegen

Technisches Feinkonzept und Systemlandschaft

Ziel des Vortrages ist die Darstellung von Teilen des technischen Feinkonzeptes und der Planung der Systemlandschaft unter dem Betriebssystem Linux.

1.1 Linux – das Betriebssystem der Zukunft

Linux gilt als das Betriebssystem der Zukunft. Linux hat sich als äußerst stabile Plattform etabliert und ist zu einer ernst zu nehmenden Alternative unter den Server-Betriebssystemen geworden. Diese Erkenntnis teilen neben einer stetig wachsenden Anzahl von privaten Nutzer vor allem gewerbliche Anwender. Linux ist heute schon die Nr.1 bei Webservern, und laut einer Studie der IDC wird jeder vierte neu eingerichtete Server mit einem Linux-Betriebssystem ausgerüstet. Im Jahr 2000 hatte Linux bei Server-Betriebssystemen einen Marktanteil von 27 Prozent (Quelle: Computerwoche 10/01).

Die große Zahl an Programmierwerkzeugen und effizienten Einzellösungen macht Linux zur wichtigsten und flexibelsten Serverplattform weltweit.

Immer mehr etablierte Firmen und Behörden testen Linux – und entscheiden sich auch dafür. Die Kompetenz in Server- und Internet-Funktionen aller Art macht Linux so bequem wie unersetzlich.

Linux steht heute auf (fast) allen Hardwareplattformen zur Verfügung (Intel, Alpha AXP, Power PC, S/390) und ist somit in vielen Unternehmen als Multiplattformsystem im Einsatz. Die Linux-Systeme stoßen mit den neuesten Entwicklungen (u.a Kernel 2.4) in die Liga der Hochleistungsrechner vor, in der bisher kommerzielle UNIX-Systeme unter sich waren.

1.2 Was »Open Source« für Linux bedeutet

Open Source bezeichnet in der Informationstechnologie die Verfügbarkeit des Quellcodes einer Software. Das heißt auch, dass dieser Quellcode verändert und weiterverwendet werden kann.

Der große Vorteil: Open Source ermöglicht in einer komplexer werdenden Informations- und Wissensgesellschaft die grenzüberschreitende Zusammenarbeit an Kernelementen der Informationstechnologie. Eine Monopolisierung von Schlüsseltechnologien durch Unternehmen – wie zum Beispiel einem Betriebssystem – wird damit ausgeschlossen.

Open Source hat technische Vorteile, die für den produktiven Einsatz von Linux und für die ERP-Softwarehersteller von enormer Bedeutung sind:

Technische Vorteile

- offene Standards
- rasche Entwicklung
- ständige Qualitätsüberwachung
- hohe Sicherheit und Transparenz

Anpassungen und Erweiterungen der Software sind dabei immer möglich. Die – notwendige wie selbstverständliche – »modulare« Struktur der Software macht Modifikationen einfach und kostengünstig. Marktforscher von Forrester Research prophezeien dem Open-Source-Modell eine »goldene« Zukunft«. Gerade im Bereich der IT-Infrastruktur entwickelt sich Open Source damit zum »dominierenden« Entwicklungsparadigma.

Linux hat – als Multitasking- und Multiuser-Betriebssystem – im Open-Source-Modell seinen Ursprung. Die Konsequenz: Linux wurde von Anfang an unter die »General Public Licence« gestellt.

1.3 ERP-Systeme unter Linux

Das größte Wachstumspotenzial im kommerziellen Linux-Markt sehen die Softwerker auch weiterhin bei den Server-Anwendungen. Als Wachstumssegmente gelten ferner ERP-Systeme und Bürokommunikation, auch der SAP-R/3-Bereich. Linux besitzt die besten Voraussetzungen, sich als Standard-E-Commerce-Plattform und als eine stabile Plattform im ERP-Bereich durchzusetzen.

Linux steht für:

- hohe Stabilität und Sicherheit
- hohe Geschwindigkeit
- effizienten Umgang mit Hardwareressourcen
- Überlegenheit im Server-Bereich

Linux liefert damit alle Voraussetzungen, die ein gutes Betriebssysteme für den ERP-Einsatz leisten muss.

Linux-Portierungen Im Bereich ERP-Lösungen hat SAP als erster seine Anwendung SAP R/3 auf Linux portiert. Von den etablierten ERP/PPS/WWS-Softwareanbietern ist seit einiger Zeit immer häufiger Konkretes über Praxiseinsätze ihrer Software auf Linux zu hören. Zu den großen Branchenführern gesellen sich auch kleinere Unternehmen, welche fertige ERP- und PPS-Lösungen auf Linux basierend anbieten. Diese sind oft Java-basierend und daher auch in gemischten Umgebungen ohne weiteres lauffähig und zudem günstig in Anschaffung und Unterhalt. Viele Hersteller von Unternehmenssoftware haben ihre ERP-Lösung zudem E-Business-fähig gemacht.

Branchenführer Von den bekanntesten ERP-Branchenführern haben u.a. SAP (SAP R/3), Brain, Oracle (Oracle Manufactoring) und QAD ihre Software für Linux portiert, andere wie Bäurer oder Infor (Infor:com) bieten plattformunabhängie Lösungen an, die auch auf Linux zum Einsatz kommen.

1.4 Warum setzen ERP-Softwareanbieter auf Linux?

SAP Für den führenden Anbieter von betriebswirtschaftlicher Software SAP erfüllt Linux die hohen Standards, die von SAP für ein Betriebssystem vorausgesetzt werden. Linux bietet: technische Qualität, Stabilität, eine gute Performance, eine gute Ressourcenauslastung und eine hohe Entwicklungsgeschwindigkeit. Zudem bietet Linux im Bereich Plattform-Konsolidierung viele Vorteile und ist durch den stark wachsenden Marktanteil eine attraktive Plattform. Weitere Argumente sind die sehr gute Interoperabilität, eine umfangreiche Dokumentation und ein anwenderfreundlicher Desktop. Zudem sieht SAP im Internet-Zeitalter das Open Source Modell und damit auch Linux als das Entwicklungsmodell der Zukunft. (Quelle: http://www.sap-ag.de/germany/aboutsap/events/reviews/sap_suse_cvfm.asp)

Abas Die Abas Software AG setzt seit einigen Jahren mit ihrer integrierten Standard-Software »abas-EKS« auf Linux. Abas sieht in Linux ein ausgereiftes und hochentwickeltes Betriebssystem mit ausgezeichneter Performance, Verfügbarkeit und Skalierbarkeit. Die Betreuung und Pflege der Linux Anwendungen sind so einfach und unproblematisch, wie man sich das als Anbieter von ERP-Software nur wünschen kann. (Quelle: http://www.abas.de)

Die Brain AG sieht ebenfalls im Linux-Markt eine große Zukunft: Linux kommt eine besondere Bedeutung zu, da es den Schlüssel für zunehmend mehr und mehr Hardwareplattformen darstellt. (Quelle: http://www.brainag.com)

Brain

Auch die Knoll Informationssysteme GmbH hat die ERP-Software »unipps« bereits seit Herbst '99 im Server-Bereich unter Linux aus Gründen der Stabilität im Produktiveinsatz. (Quelle: http://www.unipps.de)

Knoll

1.5 Warum nutzen die Kunden ERP-Systeme unter Linux ?

Die SAP-Kunden haben mit Linux positive Erfahrungen im professionellen Einsatz gemacht. Die Unterstützung für mySAP auf Linux durch SAP, den Hardware- und den Datenbankherstellern ist wie für andere Plattformen gegeben, so dass für den Anwender kein Unterschied besteht. Auf über 400 Installationen von mySAP auf Linux kann SAP mittlerweile verweisen. (Quelle: http://www.sap-ag.de/germany/about-sap/events/reviews/sap_suse_cvfm.asp)

Auch die Kunden der ABAS Software AG sind von Linux überzeugt: »Uns überzeugten die Argumente, dass Linux schnell und störungsfrei läuft und Unix-Vorteile bieten kann«, lautet das Fazit von Walter Malok, kaufmännischer Leiter des Brillenherstellers 3B Design. »Ein großes Einsparpotenzial liegt in dem geringen Pflegeaufwand, den ich mit Linux habe.« (Quelle: http://www.abas.de)

Die Kunden schätzen bei Linux die ausgezeichnete Performance, Verfügbarkeit und Skalierbarkeit. Dass es Linux zum Nulltarif gibt, ist für die Anwender und Softwareanbieter erfreulich, allerdings fällt das Optimierungspotenzial mit Linux im Hinblick auf Wartung, Sicherheitsstandards, Geschwindigkeit und Stabilität stärker ins Gewicht. Zudem wird der geringe Pflegeaufwand genannt, womit sich für die Unternehmen enormes Einsparpotenzial ergibt.

Ein weiterer Kunde der ABAS Software AG ist ebenfalls begeistert von Linux: »Ich glaube, keiner im Haus hat die Umstellung auf das Linux-System mitbekommen, denn für unsere Mitarbeiter traten keinerlei sichtbare Veränderungen auf. Sie konnten ihre Arbeit wie gewohnt – aber mit entscheidend schnelleren Antwortzeiten – fortsetzen. Linux ist eine stabile und zuverlässige Plattform«, schwärmt Dr. Ulrich Engel, Geschäftsführer des Erlangener Strahlen- und Umweltmesstechnik-Unternehmens ESM Eberline Instruments. (Quelle: http://www.abas.de)

Für viele Kunden, die bereits den Umstieg auf Linux vollzogen haben, war die Umstellung vollkommen unproblematisch. Weitere Erfolgsstories (z.B. Knoll Informationssysteme GmbH: Referenz Firma Hainbuch: http://www.unipps.de/web/referenz.htm) sind auf den vielen Homepages der ERP-Softwareanbieter zu finden.

Tabelle 1
ERP-Produkte unter Linux; Quelle: Das ERP-Pflichtenheft, MITP-Verlag, Autor: Bernhard Ritter / Isis Linux Report, Nomina Informationsservice

1.6 Überblick ERP-Systeme unter Linux

Firmen-bezeichnung	Software-bezeichnung	Software-Schwerpunkt										Datenbank			Fertigungsart				
		ERP	PPS	Logistik	BDE	CAP	CAM	FLS	Fertigungsinformation	Materialbedarfsplan.	Instandhaltung	Informix	Oracle	Adabas	Einzelfertiger	Auftragsfertiger	Serienfertiger	Prozessindustrie	Anlagen-/Masch.bau
ABAS	Abas-EKS	♦	♦												♦	♦	♦		♦
Atos	Fors	♦	♦	♦						♦	♦				♦	♦	♦		♦
BOG	DIALOG Total NTX	♦	♦	♦											♦	♦	♦		♦
Codex	ProALPHA-PPS	♦	♦												♦		♦		
Compu-Orga	COMSOFT PRO	♦	♦	♦	♦	♦			♦	♦	♦		♦		♦	♦	♦		♦
CSB	CSB-System	♦	♦	♦	♦					♦					♦		♦	♦	
CSG	AUPOS	♦	♦					♦											
CTOS	TiBiS	♦	♦		♦							♦	♦		♦		♦	♦	♦
Evosoft	Avante	♦	♦	♦	♦	♦	♦	♦	♦	♦	♦				♦	♦	♦		♦
IAS	IAS ERP	♦	♦	♦					♦	♦		♦			♦	♦	♦	♦	♦
INDO	FAMILIY	♦	♦	♦								♦	♦						
IFS	IFS-iV	♦	♦	♦	♦				♦	♦			♦		♦	♦	♦	♦	♦
Info-soft	isplan/PPS	♦	♦	♦	♦	♦	♦			♦		♦	♦		♦	♦			♦
Knoll	Unipps	♦	♦	♦	♦	♦	♦	♦	♦	♦		♦	♦		♦	♦	♦		♦
Lutz	ANTAS-PPS	♦	♦										♦		♦	♦	♦	♦	
ODS	ODS-Fertas	♦	♦		♦				♦	♦					♦	♦	♦		♦
ORACLE	Oracle Manufactoring	♦	♦						♦				♦		♦	♦	♦	♦	♦

Firmen-bezeichnung	Software-bezeichnung	Software-Schwerpunkt										Daten-bank			Fertigungsart				
		ERP	PPS	Logistik	BDE	CAP	CAM	FLS	Fertigungsinformation	Materialbedarfsplan.	Instandhaltung	Informix	Oracle	Adabas	Einzelfertiger	Auftragsfertiger	Serienfertiger	Prozessindustrie	Anlagen-/Masch.bau
ORDAT	FOSS	♦	♦	♦	♦								♦			♦	♦		♦
ORGAPLAN	ORGAPLAN	♦	♦	♦					♦										
Planat	FEPA	♦	♦	♦	♦							♦	♦						
PPS Informat.	CAUSO-PPS	♦	♦												♦	♦	♦		♦
ProALPHA	ProALPHA-PPS	♦	♦						♦	♦							♦		
R+S Reengineering	IBS	♦										♦				♦		♦	

Firmen-bezeichnung	Software-bezeichnung	Software-Schwerpunkt										Daten-bank			Fertigungsart				
		ERP	PPS	Logistik	BDE	CAP	CAM	FLS	Fertigungsinformation	Materialbedarfsplan.	Instandhaltung	Informix	Oracle	IBM DB2	Einzelfertiger	Auftragsfertiger	Serienfertiger	Prozessindustrie	Anlagen-/Masch.bau
QAD	MFG/PRO	♦	♦	♦		♦			♦	♦			♦	♦	♦		♦	♦	♦
SDM	Ventas	♦																	
Team Partner	ProPlan	♦	♦										♦					♦	
Vollberg	AV-PLUS	♦	♦																
Reiger+Boos	PPS Dialog	♦	♦		♦				♦	♦		♦	♦			♦	♦		♦
RWS-ORGA	DIBAC	♦	♦										♦				♦		
Sib	INFRA	♦	♦	♦	♦				♦	♦			♦		♦	♦	♦		♦
Snajdr/OR	VS-Fert	♦	♦								♦				♦	♦	♦	♦	♦
Softmatic	AOF	♦	♦								♦	♦	♦		♦	♦	♦	♦	♦
Sync[TM]Line	Sync[TM]Line	♦	♦	♦								♦	♦						
SRZ	MAST-PPS	♦	♦	♦	♦	♦	♦		♦	♦						♦	♦	♦	♦
Wilken	CS/2	♦	♦	♦	♦				♦	♦	♦	♦	♦		♦	♦	♦	♦	♦

Einen nicht vollständigen Überblick über ERP-Systeme unter Linux gibt die Tabelle 1 oder der ISIS Linux Report der Nomina Informations- und Marketing -Services GmbH. Weitere Zusammenstellungen sind unter http://www.fernuni-hagen.de/AIP/pps_tab.htm zu finden.

Bei den ERP-Softwareanbietern, die ihre ERP-System plattformunabhängig, teilweise auch datenbankunabhängig anbieten, sind folgende Firmen zu nennen:

- Bäuer AG/b2 ® (Firmenbezeichnung/Softwarebezeichnung)
- infor business solutions/infor:com

SAP bietet darüber hinaus dem Mittelstand eigene »SAP.readytowork«-Lösungen. Diese Programme verbinden die Standardsoftware R/3 mit speziellen System- und Branchenlösungen, wobei bereits von SAP und Partner Hard- und Softwareinfrastruktur vorkonzipiert sind.

E-Collaboration und ERP II

Heute ist das Schlagwort der ERP-Branche »E-Collaboration«. Unter diesem neuen Begriff sehen viele Hersteller die Steuerung der Supply-Chain-Management-Prozesse über das Internet oder einfach gesprochen: E-Business für ERP-Anwendungen. Die Gartner Group sieht sogar das traditionelle ERP-Modell für nicht zukunftsfähig (Computerwoche 13/2001) und spricht von ERP II. In einem Punkt sind sich aber alle Hersteller einig: Die elektronischen Abbildungen der Geschäftsprozesse müssen sich auch über das Internet miteinander verbinden lassen. Viele ERP-Anbieter haben ihre ERP-Software bereits E-Business fähig gemacht. Sie unterscheiden sich vor allem in der Lösung zur Vernetzung und Abbildung der Lieferkette.

2 Technische Implementierung und Planung

Fachliche und technische Anforderungsanalyse

Viele Unternehmen stehen vor der Einführung eines neuen oder Ablösung ihres bestehenden ERP-Systems. Der erste Schritt zur Beschaffung eines ERP-Programms ist neben der Erstellung einer fachlichen auch eine IT-technische Anforderungsanalyse, d.h., es müssen systemtechnische Anforderungen und Restriktionen berücksichtigt und Schnittstellen zu Nachbarsystemen genauso wie die Einbettung der zukünftigen ERP-Systeme in das bestehende Organisations- und EDV-Konzeptes des Unternehmens geplant werden.

Die technische Implementierung von ERP-Systemen bedarf einer Vorbereitung, die ebenso sorgfältig geplant werden sollte wie die eigentliche Auswahl der ERP-Software. Ziel ist es dabei, in kurzer Zeit ein produktives ERP-System aufzubauen und in eine bestehende

Systemlandschaft zu integrieren. Dabei sollte die technische Infrastruktur so offen und damit so flexibel wie möglich konzipiert werden.

Planung der Systemlandschaft

Erster Schritt bei der technischen Implementierung ist ein technisches Feinkonzept, oft auch als technische Systemspezifikation deklariert. In diesem Feinkonzept werden alle technischen Anforderungen an die geplante Systemlandschaft dokumentiert. Bei dieser technischen Planung der Systemlandschaft müssen zunächst vier Aspekte berücksichtigt werden:

Technisches Feinkonzept

- die Anzahl der ERP-Systeme,
- die ERP-Schichten-Architektur,
- die Integration in die vorhandene IT-Infrastruktur und damit die Festlegung der Schnittstellen und
- die Ermittlung der technischen Anforderungen.

2.1 Systemlandschaft und Anzahl der Systeme

Geschäftsprozesse und Organisationsstrukturen müssen in den ERP-Systemen immer wieder angepasst werden. Damit ändert sich die Laufzeitumgebung eines ERP-Systems und beeinträchtigt damit auch die Produktion. Entwicklungstätigkeiten können sich zudem negativ auf die Performance auswirken. In einem solchen System ist ein produktiver Betrieb nur eingeschränkt möglich. Deshalb ist es angebracht, die Aufgaben auf verschiedene Systeme zu verteilen und erst nach Sicherstellung der Funktionstüchtigkeit Veränderungen aus den Testsystem in das produktive System zu übernehmen.

Viele Softwarehersteller empfehlen daher eine ERP-Systemlandschaft aus zwei bis drei ERP-Systemen aufzubauen (Entwicklung, Abnahme bzw. Qualitätssicherung, Produktion). SAP beispielsweise empfiehlt grundsätzlich eine Systemlandschaft mit mindestens zwei Systemen zu installieren. Erst eine Drei-Systemlandschaft deckt jedoch die Erfordernisse hinreichend gut ab, wenn Eigenentwicklungen im ERP-System vorgenommen wurden.

Zwei bis drei Systeme

Wird die Systemlandschaft aus mehreren Systemen aufgebaut, muss das ERP-System einen Transportmechanismus zur Verfügung stellen, der die Verwaltung aller Anpassungen und Entwicklungen in den Systemen sowie den Transport zwischen den einzelnen Systemen sicherstellen kann (Beispiel: das Korrektur- und Transportwesen von SAP).

Transportmechanismus

Es gibt in den Unternehmen aber auch die Konstellationen, in denen die Systemlandschaft sinnvollerweise aus mehr als drei Systemen bestehen sollte, beispielsweise beim Einsatz von verschiedenen

Produktivsystemen, um verschiedene Niederlassungen oder Unternehmensbereiche zu separieren. In solchen Infrastrukturen existieren dann mehrere Entwicklungs-, Abnahme- oder Produktionssyteme parallel nebeneinander.

2.2 ERP-Architektur

Die meisten ERP-Systeme bestehen aus mehreren Ebenen: Präsentation, Applikation und Datenbank. Das Fundament der ERP-Software bildet die Datenbank, auf der die Applikationsschicht aufsetzt. Als dritte Schicht fügt sich die Präsentationsebene an. Alle drei Ebenen können auf einem Rechner installiert oder auf mehrere Rechner verteilt werden. Für kleine ERP-Systeme reicht häufig eine zweistufige Konfiguration aus: Applikation und Datenbank laufen einem Rechner, und auf der Präsentationsebene verfügt jeder Anwender über ein Frontend. Größere Systeme benötigen fast immer eine dreistufige Konfiguration: Die Datenbank läuft auf dem leistungsstärksten Rechner, die Applikationsebene kann auf mehrere Rechner verteilt werden.

Datenbankebene

Datenbanksysteme (DBMS), die »Motoren« der ERP-Systeme, stehen heute in großer Vielfalt unter Linux zur Verfügung. Allen voran sind die Branchenführer ORACLE und IBM DB2 UDB zu nennen, die zu den leistungsstärksten Systemen für geschäftskritische Datenbank-Applikationen gehören, und die SAP-eigene SAP DB. Neben Anforderungen an das System in Hinblick auf Skalierbarkeit, Hardwareressourcen und Speichertechniken sind Datensicherung und Wiederherstellung genauso wie die Archivierung der Anwendungsdaten von strategischer Bedeutung. Weitere Anforderungen an das System sind Verfügbarkeit und Durchsatz.

ERP-Systeme werden auf verschiedenen RDBMS angeboten. Oft bietet es sich daher an, auf im Unternehmen bereits bewährte Datenbankprodukte aufzusetzen, um den Service zu vereinfachen und die Schulungskosten für die Mitarbeiter zu reduzieren.

Alle großen Datenbanksysteme

Auf Linux stehen heute alle großen Datenbanksysteme zur Verfügung: Oracle beispielsweise zählt Linux zu seinen strategischen Plattformen, für die neue Versionen, Releases etc. zeitgleich zu anderen Betriebssystemen zur Verfügung stehen. Linux zeichnet sich dabei besonders durch seine Stabilität und der guten Performance als Datenbankserver aus. Mit der Verfügbarkeit von Linux auf nahezu allen Hardwareplattformen bieten sich vielfältige Skalierungsmöglichkeiten.

Applikationsebene

Auf der Applikationsebene läuft die gesamte betriebswirtschaftliche Logik eines ERP-Systems ab. Dabei spielen aus technischer Sicht in dieser Ebene Rechenleistung und damit eine gute Anpassbarkeit des Betriebssystems, die Verfügbarkeit und die Performance eine zentrale Rolle. Eigenschaften also, die Linux als Plattform für den Einsatz als Applikations-Server hervorheben.

Einige Hersteller von ERP-Systemen empfehlen, eine einheitliche Betriebssystemplattform für Datenbank- und Applikations-Server einzusetzen. Viele Hardwarehersteller sehen im Bereich der Applikations-Server unter Linux die beste Einsatzmöglichkeit und prognostizieren, dass Linux herkömmliche UNIX-Highend-Systeme als Applikations-Server ablösen wird. (Quelle: http://www.sap-ag.de /germany/aboutsap/events/reviews)

Präsentationsebene

Schwerpunkte in der »Frontend-Verwaltung« sind die Möglichkeiten, auf welche Art und Weise die ERP-Frontendsoftware installiert werden kann (z.B. automatisierte Installation, Fileserver) und welche Aspekte dabei später eine Rolle für die Betriebskosten spielen. Die Wartung der Frontends muss dialogfrei übers Netz möglich sein. Weitere Anforderungen ist die Einbindung von Office-Applikationen (z.B. über OLE-fähige Applikationen wie StarOffice) und die Verfügbarkeit von Online-Dokumentation als Webdokumente oder auf einem Fileserver. Nicht alle ERP-Softwareanbieter bieten die Präsentationsebene unter Linux an, aber mit der zunehmenden Verbreitung von Linux als Arbeitsplatzrechner sind die entsprechenden Portierungen in naher Zukunft zu erwarten. SAP bietet den SAP Frontend plattformunabhängig als HTML-Version oder als »Java based Environment« für Linux an.

Software für Frotends

2.3 Integration in die vorhandene Infrastruktur

Netzwerk

Die meisten Unternehmen haben ein bestehendes Netzwerk, welches sie vollständig oder teilweise für die ERP-Systeme verwenden können. Die verschiedenen Ebenen der ERP-Systeme kommunizieren fast ausnahmslos über TCP/IP miteinander, so dass TCP/IP eine Voraussetzung für die Integration in die vorhandene Infrastruktur darstellt. Die Frontends können zudem bei den meisten ERP-Anbietern über LAN oder WAN angebunden werden.

TCP/IP

Unabdingbar für die Kommunikation zwischen den verschiedenen Ebenen der ERP-Systeme (Frontend, Applikationsebene, Datenbankebene) ist daher eine gute Interoperabilität der Systeme.

Häufig werden die ERP-Systeme mit anderen Systemen gekoppelt. Im Mittelpunkt stehen dabei Themen wie Datenübernahme von anderen Systemen, Einsatz von Werkzeugen etc.

Viele ERP-Hersteller bieten für Wartungsarbeiten eine Fernverbindung zum Hersteller über ISDN-Router4, X.25, X.31 an, die vom System unterstützt werden muss.

Die umfassende und herausragende Netzwerkfähigkeit ist ein Grundpfeiler von Linux. Linux Systeme unterstützen alle Kommunikationsstandards und Schnittstellen und lassen sich besonders einfach in bestehende IT-Infrastrukturen integrieren, auch dort, wo es sich um heterogene Umgebungen handelt.

Druckinfrastruktur

Die meisten Unternehmen besitzen eine bestehende Druckerlandschaft, die sie für die ERP-Systeme verwenden wollen oder können. Bei der Planung der Systemlandschaft muss daher die bestehende Druckerlandschaft mit den zukünftigen Druckanforderungen abgeglichen werden.

ERP-Systeme formatieren die Daten

Die ERP-System formatieren die Daten für die Ausgabe auf Drukker oder Fax-Geräte im LAN oder WAN, übergeben die formatierten Daten an das Spool-System des Betriebssystems und überwachen die Ausgabe der Daten. Die Drucksysteme der ERP-System unterstützen die gängigsten Druckertypen und verschiedene Zugriffsmethoden vom Spool-System des Betriebssystems zum Drucker, wie beipielsweise bei UNIX und Linux den direkten Aufruf des Druckers durch die Kommandos *lp* oder *lpr*. Neue Drucker müssen also vom ERP-System unterstützt werden.

Aber auch andere Druckmanagementsysteme mit Einbindung in ERP-Systeme (z.B. Unispool mit R/3 Einbindung) sind am Markt für Linux erhältlich.

Datensicherung

Sicherung der Datenbank

Ein wichtiger Bestandteil des Feinkonzeptes ist die richtige Strategie der Datensicherung. Kein Unternehmen kann sich einen Verlust der im ERP-System neu erfassten oder geänderten Daten leisten. Die Datensicherung umfasst vorwiegend die Sicherung der Datenbank. Einige ERP-Anbieter, aber auch Datenbankhersteller bieten hierfür eigene

Sicherungs-Tools an. Beispiele für Datensicherungssoftwareprodukte unter Linux sind Arcserve von CA, Legato-Client, Tivoli TSM oder ADSM.

2.4 Technische Anforderungen ermitteln

Für die technischen Anforderungen müssen zum einen weitere Anforderungen an die ERP-Systeme und die Infrastruktur ermittelt, zum anderen Hardwareplattform, Datenbankmanagementsystem und die dazugehörigen Sizing-Parameter festgelegt werden.

Hochverfügbarkeit

ERP-Systeme sind geschäftskritische Systeme und fordern deshalb, technische Lösungen um die Verfügbarkeit eines ERP-Systems zu steigern. Bereits während der Projektvorbereitung stellt sich die Frage: Wie verfügbar muss das produktive ERP-System sein? Von einem Ausfall kann jede Konponente in einem Systemverbund betroffen sein. Die Verfügbarkeit muss daher für das gesamte System betrachtet werden: u.a. Frontend-Netzwerk, Applikation-Server, Server-Netz, Datenbank, Hardware und Betriebssystem, Datensicherung, auch externe Serviceabkommen.

Hochverfügbarkeitslösungen sind für Linux heute vorhanden. Beispiele dafür sind:

- Failsafe (Open Source Lösung von SGI)
- Watchdog (AppTime)
- RMS (Fujitsu-Siemens)

Die Hochverfügbarkeitslösungen unter Linux sind heute meist nur im Einsatz, wo eine Verfügbarkeit von 99,99% oder höher nicht gefordert sind. Business-Critical-Systeme unter Linux kommen allerdings bereits heute im kommerziellen Umfeld ausgiebig zum Einsatz.

Zur Zeit ist noch keine Hochverfügbarkeitslösung von SAP für den produktiven Einsatz zertifiziert.

Softwareverteilung und Konfigurationsmanagement

Häufig werden die Standard-ERP-Systeme an die Bedürfnisse und Anforderungen in den Unternehmen angepasst oder durch Eigenentwicklungen die ausgelieferte Software verändert. Des Weiteren können die ERP-Infrastrukturen aus einer Vielzahl von Rechnern bestehen. Damit gewinnt die Softwareverteilung und das Konfigurationsmanagement eine zentrale Bedeutung. Linux bietet auch hierfür optimierte

Unterstützung durch Tools

Unterstützung für vollautomatische Installationen (z.B. das SuSE-Tool ALICE (Automatic Linux Installation and Configuration Environment) ermöglicht ein rationelles Konfigurationsmanagement in Unternehmensnetzwerken).

Sicherheit

Gerade ein Netzwerk bietet für Unbefugte viele Stellen, an denen in das System eingedrungen und unberechtigt auf das ERP-System zugegriffen werden kann. Im Rahmen des Feinkonzeptes muss daher auch ein Sicherheitskonzept Bestandteil sein. Insbesondere WAN-Verbindungen müssen durch entsprechende Firewall-Mechanismen geschützt werden.

Hohes Maß an Sicherheit

Linux bietet hierbei ein hohes Maß an Sicherheit. Der in den Kernel integrierte Paketfilter erlaubt eine flexible Anpassung an lokale Gegebenheiten, um den IP-Verkehr zu beschränken. Weitere integrierte Sicherheitsmechanismen sind für Linux selbstverständlich.

Überwachung und Steuerung der Systeme

Einige ERP-Systeme (z.B. SAP: CCMS) liefern Werkzeuge, mit denen das System sowohl überwacht als auch gesteuert werden kann. Häufig werden in großen Unternehmen alle Komponenten der heterogenen Systemlandschaft mit einer speziellen Applikation, beipielsweise CA Unicenter, HP OpenView, IBM Netview oder Tivoli, überwacht, d.h., es muss eine entsprechende Schnittstelle für das ERP-System zur Verfügung stehen.

Software für das System-Management

Das Angebot an Systemmanagement-Software unter Linux ist vielfältig, z.B. Tivoli, CA oder OpenView haben bereits Agenten für Linux portiert, auch wenn noch nicht alle bekannten Systemmanagement-Server-Lösungen für Linux portiert sind. Daher findet man häufig auch Kombinationen mit eigenen UNIX-System-Mangementstationen.

Schnittstellen zu anderen Systemen

Die meisten ERP-Systeme bieten auf vielen Ebenen Schnittstellen zu anderen Systemen (beispielsweise Office-Applikationen, andere ERP-Systeme). Deshalb muss in der Feinkonzeption die Frage lauten: Welche Geschäftsprozesse müssen nach der Einführung des ERP-Systems übergreifend über mehrere Systeme betrieben werden?

3 Praxisbeispiel: SAP R/3 unter Linux

In einem aktuellen Kundenprojekt der SuSE Linux Solutions AG wurde das bestehende SAP-R/3-System von AIX mit Informix Datenbank auf SuSE Linux und Oracle migriert. Ausschlaggebend für die Linux/Oracle-Lösung war das Preis/Leistungs-Verhältnis. Für das Unternehmen wurde auf Basis von SuSE Linux 7.0 und SAP R/3 4.0 B folgende Spezifikation gewählt:

- Systemlandschaft bestehend aus zwei SAP-R/3-Systemen für Entwicklung/Abnahme und Produktion
- Datenbank- und Applikations-Server auf eigenen Cluster-Knoten
- Datenübernahme aus Altsystem (ebenfalls SAP R/3)

	Eingesetzte Software	Eingesetze Hardware
Betriebssystem Datenbank-Server/Applikations-Server	SuSE Linux 7.0 (mit Upgrade auf Kernel 2.2.18)	Cluster mit 2 x IBM Netfinity 8500R, 4 GByte RAM, ServeRaid
Betriebssystem Frontend	Windows 2000	
SAP Release	SAP R/3 4.0 B (Status controled available)	
Datensicherung	sapdba, später Tivoli Storage Manager	HP Ultrium Tapechanger
Datenbanksystem	Oracle 8.1.6	

Die Hochverfügbarkeit wird im ersten Schritt durch eine manuelle Übernahme des Datenbank- oder Applikations-Servers realisiert: Applikations-Server und Datenbank-Server laufen auf getrennten Netfinity-Servern im Cluster; im Fehlerfall erfolgt eine manuelle Übernahme des ausgefallenen Dienstes auf den anderen Server, auf dem dann beide R/3-Schichten laufen. Sobald eine SAP-Zertifizierung für eine Hochverfügbarkeitslösung vorhanden ist, wird auf diese Lösung migriert.

4 Fazit

Im Server-Bereich gilt Linux bereits als etabliertes Betriebssystem. Stabilität, Zuverlässigkeit, gute Performance, Sicherheit und ausgezeichnete Netzwerkfähigkeiten sind die Grundpfeiler von Linux. Die Kostenersparnis bei Anschaffung und vor allem bei der Wartung sind weitere Argumente, die für den Linux-Einsatz sprechen. Damit besitzt Linux alle Voraussetzungen, um im ERP-Einsatz zunehmend Marktanteile zu gewinnen. Zahlreiche ERP-Anbieter und produktive ERP-

Implementierungen unter Linux zeigen, dass ERP unter Linux bereits heute Realität ist.

Linux deckt die Anforderungen an die technische Implementierung von ERP-Systemen vollständig ab und ist durch seine Stabilität für den Einsatz als ERP-Plattform sehr gut geeignet. Linux besitzt damit die besten Chancen, als ERP-Betriebssystem eine führende Rolle zu übernehmen.

Literatur:

[1] Das ERP-Pflichtenheft, MITP-Verlag, Autor: Bernhard Ritter

[2] SAP R/3 Einführung mit ASAP, SAP Press Verlag, Autor: Hartwig Brand

[3] Computerwoche, Ausgabe 13/2001

mySAP.com auf Linux

Dipl.-Phys. Christoph Rohland
Development Manager LinuxLab & Unix Platforms
SAP AG, Walldorf
cr@sap.com
http://www.sap.com/linux/

Abstract

Seit Ende 1999 stellt SAP die gesamte eBusiness-Suite mySAP.com seinen Kunden auch auf Linux zur Verfügung. Damit war SAP einer der ersten Anbieter, der Linux als Plattform für unternehmenskritische Anwendungen ermöglicht hat. Dieser Beitrag geht auf die folgenden Fragen ein: Was bietet die SAP unter Linux an und welche Vorteile ergeben sich für ihre Kunden dadurch? Welche Gründe sprechen aus Kunden- und Anbietersicht für Open-Source-Software, und was ist beim Einsatz von Open-Source-Software zu beachten, damit die Vorteile auch genutzt werden können? Wie hilft die SAP ihren Kunden die Herausforderungen beim Einsatz von SAP auf Linux erfolgreich zu meistern und welche Rolle spielt das SAP Linux-Lab dabei? In welchen Umgebungen wird SAP auf Linux typischerweise eingesetzt?

eBusiness ist globales Business. Unabhängig von Ort, Zeit, Sprache, Währung bieten globale Unternehmen ihren Kunden und Partnern den Anforderungen entsprechende Produkte und Dienstleistungen. eBusiness stellt höchste Anforderungen an betriebswirtschaftliche Software und Infrastruktur – Änderungen müssen schnell, flexibel und wartungsfreundlich gewährleistet werden um nicht die feinen, individuellen Geschäftsvorteile zu gefährden. Mit mySAP.com bietet SAP eine umfassende eBusiness-Lösung für alle Bereiche der New, New Economy – von Unternehmensportalen und Market-Plätzen über Customer Relationship und Supply Chain Management bis hin zu Business-to-Business Procurement und Enterprise Resource Planning.

mySAP.com

Obwohl die individuellen Anforderungen der mySAP.com-Lösungen sich stark unterscheiden, brauchen alle gleichermaßen eine stabile,

mySAP Technology

performante, hochverfügbare Grundlage – mySAP Technology. mySAP Technology liefert eine einheitliche technische Grundlage für alle SAP-Lösungen, mit Entwicklungsumgebung, Software-Logistik, Systemmanagement, Security, Konnektoren, verschiedenen Laufzeitumgebungen und Kommunikationsmanager. Durch eine klare Trennung von betriebswirtschaftlicher Anwendung und Technologie sind Erweiterungen der mySAP Technology ohne Beeinträchtigung der darüberliegenden eBusiness-Lösungen möglich.

Diese Trennung ist ein wichtiger Bestandteil einer flexiblen betriebswirtschaftlichen Software. mySAP Technology kann daher schnell auf neue Technologietrends reagieren und für SAP-Kunden verfügbar gemacht werden z.B. mit mySAP.com auf Linux. SAP hat frühzeitig das Potential von Linux für unternehmenskritische Anwendungen erkannt und in das Repertoire der unterstützten Betriebssysteme aufgenommen.

SAP auf Linux

Im Sommer 1998 hat SAP damit begonnen, Linux als Plattform für mySAP.com zu evaluieren, im Mai des folgenden Jahres begann die Pilotphase. Nur einen Monat später erfolgte das First Customer Shipment des Release 4.0B auf Linux, das mit der generellen Verfügbarkeit im Dezember 1999 abgeschlossen wurde.

mySAP.com-Business-Funktionalität auf Linux

Seit Release 4.0B unterstützt SAP alle Applikations-Server für Linux. Damit sind SAP-Kunden in der Lage, mit wenigen Ausnahmen alle Backend-Systeme der mySAP.com-Komponenten unter Linux zu nutzen. Durch die Architektur des SAP Applikations-Servers ist die gesamte mySAP.com-Business-Funktionalität ohne weitere Änderungen für den Endanwender unter Linux verfügbar.

Seit Mitte 2000 ist der SAP GUI für Java freigegeben und wird unter Linux unterstützt. Dabei handelt es sich um eine plattformunabhängige Neuentwicklung, die die bisherigen Frontends auf MacOS, OS/2 und Unix ablöst.

Referenzplattform für die Entwicklung

Alle künftigen E-Business-Programme werden auch auf Linux verfügbar sein. Die Entschlossenheit der SAP, Linux neben Windows 2000 als Referenzplattform für die Entwicklung zu nutzen, zeigt sich zum Beispiel am First Customer Shipment des neuen SAP-Web-Applikations-Servers, das ausschließlich für Linux und Windows 2000 ausgeliefert wurde.

Als Datenbanken stehen IBM/DB2, Informix, Oracle und SAP DB zur Verfügung. SAP unterstützt insbesondere auch heterogene System-

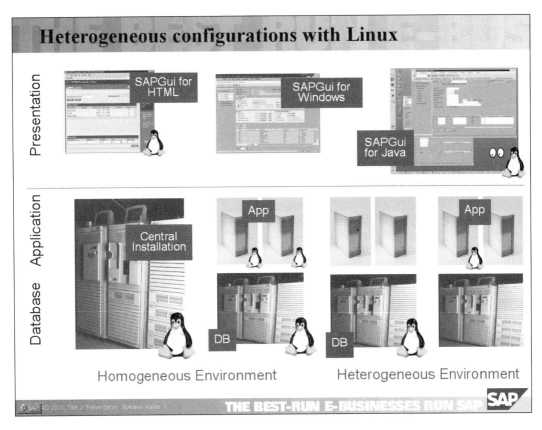

Abb. 1
Linux für SAP-Produkte

landschaften, die beispielsweise aus Unix-Datenbank-Servern und Linux-Applikations-Servern bestehen. Natürlich kann man auch alle Ebenen unter Linux betreiben.

Die Vorteile von Open-Source-Software

Mit der Bereitstellung von SAP-Anwendungen auf Linux hat SAP auf den wachsenden Bedarf von Kunden reagiert, die Linux bereits in anderen Bereichen verwenden. In den vergangenen Jahren hat sich das freie Betriebssystem Linux in vielen Unternehmen immer mehr durchsetzen können.

Die Gründe hierfür sind zum einen die Kostenvorteile, die Linux gegenüber proprietären Systemen bietet, ohne ihnen in puncto Flexibilität nachzustehen. So haben SAP-Kunden mit Linux nun die Möglichkeit, ihr bestehendes Unix-Know-how auf preisgünstigen Standard-Servern zu nutzen.

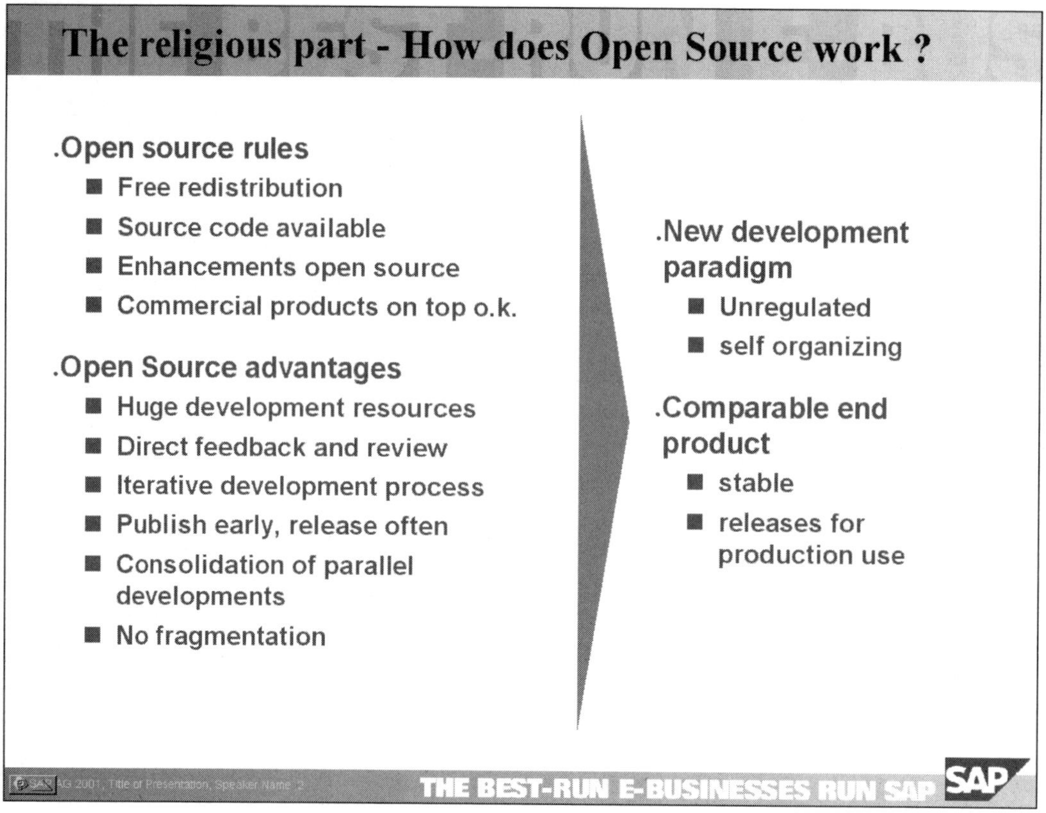

The religious part - How does Open Source work?

.Open source rules
- Free redistribution
- Source code available
- Enhancements open source
- Commercial products on top o.k.

.Open Source advantages
- Huge development resources
- Direct feedback and review
- Iterative development process
- Publish early, release often
- Consolidation of parallel developments
- No fragmentation

.New development paradigm
- Unregulated
- self organizing

.Comparable end product
- stable
- releases for production use

Abb. 2 *Open-Source-Software*

Zum anderen handelt es sich bei Linux um eine Open-Source-Software. Der Quelltext ist frei verfügbar und muss jedem ausgelieferten Open-Source-Programm beigefügt sein. Für Anwender ist das in zweierlei Hinsicht von Vorteil: Linux wird ständig verbessert und weiterentwickelt und – fast noch wichtiger – diese Veränderungen werden von den Open-Source-Entwicklern auch veröffentlicht. Dabei werden in den Standard nur solche Änderungen übernommen, die sich in der Linux-Community durchsetzen. Dieses Qualitätsmanagement gewährleistet, dass sich trotz der Vielzahl bestehender Lösungsansätze letztendlich nur ein einziges definiertes und stabiles Endprodukt herauskristallisiert.

Dieses Entwicklungsmodell hat die folgenden Vorteile:

Modularisierung
Durch die verteilte Entwicklung muss das System sehr modular aufgebaut sein. Nur dadurch können viele Entwickler unabhängig voneinander gleichzeitig an einem System arbeiten.

Flexibilität

Das System kann sehr flexibel an unterschiedliche Anwendungsfälle vom Embedded System bis zum Mainframe angepasst werden. So sind Programme, die auf Linux laufen, i.A. durch eine einfache Neuübersetzung des Quelltextes auf eine andere Hardware-Plattform zu portieren. Dies bietet für Software-Hersteller langfristig die Möglichkeit, mit wenig Aufwand ein breites Spektrum an Hardware mit wenig Aufwand zu unterstützen. Daher haben SAP und IBM auf der diesjährigen CeBIT angekündigt, mySAP.com auch auf Linux für IBM zSeries anzubieten. Der technische Aufwand für dieses Angebot ist für beide Firmen erstaunlich gering. Auch langfristig erhoffen wir uns große Synergieeffekte, da die meisten Probleme hardware-unabhängig sind und daher nur einmal gelöst werden müssen.

Marktorientierung

Im Allgemeinen folgt die Entwicklung sehr schnell den Marktanforderungen. Als Beispiel möchte ich hier die Unterstützung von mehr als 2GB Hauptspeicher nennen: Als die SAP 1999 angekündigt hat, dass sie ihre Software auf Linux anbieten werde, unterstützte der Linux Kernel nur 1GB physikalischen Hauptspeicher auf 32-Bit-Prozessoren wie dem Intel x86. Dies ist für ein SAP-System sehr schnell ein limitierender Faktor. Es gab einige Diskussionen unter den Linux-Entwicklern, ob eine Unterstützung von mehr Hauptspeicher technisch sinnvoll sei. Schließlich hatte Linux diese Beschränkung auf 64-Bit-Prozessoren nicht. Es wurde aber erkannt, dass die Unterstützung auf 32-Bit-Intel-Prozessoren ein viel gefragtes Feature sei, und ca. drei Monate später veröffentlichte die Firma Siemens eine Erweiterung, die es ermöglicht, 4GB zu nutzen. Der aktuelle Kernel 2.4 unterstützt mittlerweile 64 GB Hauptspeicher auf dieser Hardware. Durch diese Erweiterung ist Linux in der Lage, auch in größeren Installation zu skalieren.

Serviceability

Das obige Beispiel verdeutlicht, dass sowohl Weiterentwicklungen als auch Service und Support nicht von einer Firma kommen müssen, die das Monopol auf die Programmquellen besitzt. Es ist für den Kunden vielmehr möglich, aus einer Vielzahl von Anbietern auszuwählen. Die Konkurrenz, die sich daraus ergibt, kommt letztendlich dem Kunden zugute.

Diese Vorteile kommen insbesondere bei weit verbreiteter Software zum Tragen, da der Open-Source-Prozess vom Feedback und der Mitarbeit der Anwender lebt.

SAP DB   Linux als Betriebssystem fällt mit Sicherheit in diesen Bereich. Auch Web-Server wie Apache sind mittlerweile Standard-Infrastrukturbausteine. Mit der rapide wachsenden Leistungsfähigkeit der Computer und Festplatten wird der Einsatz von Datenbanken immer selbstverständlicher. Daher hat SAP im Herbst 2000 entschieden, ihre eigene Datenbank SAP DB, die sie von der Software AG zuvor übernommen hatte, unter der GNU General Public License als Open-Source-Software zur Verfügung zu stellen. Den aktuellen Stand gibt es unter http://www.sapdb.org zum Download

Die Erfahrungen mit der Veröffentlichung sind sehr positiv. Das Interesse an der Datenbank ist durch diese Entscheidung stark gewachsen. Es findet auch ein reger Austausch zwischen den Anwendern und Entwicklern auf der öffentlichen Mailing-Liste statt, der bereits zu einer Reihe von Verbesserungen geführt hat.

SAP bietet diese Datenbank als Basis für mySAP.com an und unterstützt sie in diesem Umfeld genauso wie alle anderen Produkte auch. Die SAP erwartet, dass andere Anbieter im Nicht-SAP-Umfeld Support für diese Datenbank anbieten werden. Durch die Offenlegung der Quellen und das Recht, sie zu ändern, sind diese in der Lage, einen unabhängigen Support für die SAP DB anzubieten. Trotzdem liegt weiterhin die Kernkompetenz zu der Datenbank bei der SAP-Entwicklung. Diese bietet unabhängigen Support-Anbietern kommerziellen Entwicklungs-Support für die Datenbank an, damit sie vom Know-how der SAP-Entwickler profitieren können.

Herausforderung im Open-Source-Umfeld

Nachteile   Den Vorteilen von Open Source stehen natürlich auch Nachteile gegenüber:

- Die hohe Modularisierung und Flexibilität führt manchmal zu einem *komplexeren, inhomogeneren System* als bei proprietären Angeboten. Das offensichtlichste Beispiel ist die Vielzahl von Distributionen: Für Außenstehende ist es meist nicht nachzuvollziehen, warum es nicht das *eine* Linux gibt, sondern verschiedene Distributionen am Markt angeboten werden. Dabei unterscheiden sich die gängigen Distributionen i.A. technisch nur geringfügig, und die Linux-Gemeinde arbeitet im Rahmen der Linux Standard

Base (LSB) aktiv daran, diese verbleibenden Unterschiede zu minimieren. Die Distributionen unterscheiden sich vielmehr in der Art der Vorkonfiguration und in den Services, die zusätzlich angeboten werden: Welche Beratung gibt es, wie lange werden alte Versionen gepflegt, wie oft kommen Updates heraus?

- Es gibt nicht einen *zentralen Hersteller* für Linux. Vielmehr bieten viele verschiedene Firmen Services und Support an, um aus den enormen Möglichkeiten, die Linux bietet, eine komplette Lösung zu erstellen. Erst dieser Support ermöglicht es unseren Kunden, ihre geschäftskritischen Anwendungen auf dieser Plattform problemlos zu betreiben.

- Auch wenn die Software kostenlos verfügbar ist, sind Support und Service notwendig, um einen sicheren Betrieb zu gewährleisten. Dies kann von keiner Firma kostenlos angeboten werden und muss von den Kunden über dedizierte Verträge sichergestellt werden. Die *Kostenstruktur* für Open-Source-Software ist eine andere: Nicht mehr für die einzelne Kopie wird bezahlt, sondern für die Services und den Support zu der Software.

Insbesondere die verschiedenen Distributionen machen es für Software-Hersteller wie SAP nicht leichter, Linux zu unterstützen: Beim Einsatz von SAP-Software geht es nicht darum, dass die Software *irgendwie* läuft. Es muss absolut sichergestellt werden, dass sich das ganze System korrekt und stabil verhält. Daher gibt SAP nur selektierte Distributionen frei, für die der Support sichergestellt werden kann. Im Moment wird technisch die zentrale Library durch SAP zertifiziert. Langfristiges Ziel ist die Zertifizierung auf Basis der LSB. Aber auch dann wird nicht jede LSB-konforme Distribution automatisch unterstützt werden, sondern nur solche, die durch das SAP LinuxLab zertifiziert wurden.

SAP LinuxLab zertifiziert Linux-Distributionen

Des Weiteren können die guten Erfahrungen jedoch nicht darüber hinwegtäuschen, dass die Verwendung von Linux für firmenkritische Anwendungen zwar technisch möglich und oft sinnvoll, aber noch nicht sehr weit verbreitet ist und die entsprechende Infrastruktur noch wachsen muss. Viele Anbieter im Linux-Umfeld sind nicht darauf vorbereitet, den Support für Installationen eines typischen SAP-Kunden zu übernehmen.

Linux gering verbreitet

Das SAP LinuxLab

Mitarbeiter von SAP und Partnerunternehmen

Um für Linux-Anwender eine durchschaubare Situation zu schaffen, hat SAP zusammen mit Hardware- und Linux-Partnern im April 1999 das SAP LinuxLab gegründet. Das LinuxLab ist bei der SAP-Technologie-Entwicklung angesiedelt und setzt sich aus Mitarbeitern der SAP und der Partnerunternehmen Compaq, Dell, Fujitsu-Siemens-Computers, Hewlett-Packard, IBM, SuSE und SGI zusammen.

Tests, Zertifizierung und Information

Die Hauptaufgabe des Teams im SAP LinuxLab ist es, Fragestellungen im Bereich SAP auf Linux gemeinsam anzugehen und optimale Lösungen zu entwickeln. Hierzu zählt auch, neue Linux-Lösungen zu testen und zu zertifizieren oder bestimmte Entwicklungen voranzutreiben, die für den Einsatz von SAP-Software unter Linux wichtig sind. Dabei fungiert das SAP LinuxLab als Kommunikationsplattform und Schnittstelle für die beteiligten Gruppen (SAP-Entwicklung und -Support, Hardware-Partner, Kunden und Linux-Community). Eine Schlüsselfunktion ist dabei, Interessenten und Kunden Informationen darüber bereit zu stellen, welche Lösungen verfügbar sind und wie sich die Linux-Software beziehen lässt.

Koordination

Dabei ersetzt das SAP LinuxLab nicht die Support-Angebote der Partner, sondern ist komplementär dazu: Jeder Kunde sollte einen Support-Vertrag mit einem der Partner für seine Linux-Installation haben und das SAP LinuxLab stellt sicher, dass alle Probleme im Zusammenhang mit der SAP-Software koordiniert bearbeitet werden können. Des Weiteren werden die unterschiedlichen Lösungen der Partner, wie z.B. Updates für den Linux Kernel von SuSE oder Red Hat, im SAP LinuxLab noch einmal getestet.

Einsatzgebiete und Szenarien

Kundengruppen

Kunden, die bereits ein produktives SAP-R/3-System unter Linux laufen haben, kommen überwiegend aus zwei Bereichen: Zum einen handelt es sich um größere Application Service Provider – etwa Siemens Business Services – und Kunden mit verteilten Systemen, die Linux als Applikations-Server und Unix als Datenbank-Server verwenden.

Zum anderen wird Linux in mittelständischen Unternehmen – wie Penguin Computing oder Consumer Electronics – für den Komplettbetrieb erfolgreich genutzt.

Die ersten Kunden haben sich durchwegs sehr zufrieden über ihre Erfahrungen mit mySAP.com auf Linux geäußert. Neben dem erheblichen Einsparungspotenzial überzeugte vor allem die hohe Verfügbarkeit und Ausfallsicherheit von Linux.

Um Linux für größere homogene SAP-Installationen zu nutzen, sind u.a. Hochverfügbarkeitslösungen erforderlich, wie sie von verschiedenen Herstellern angeboten werden. Zum Beispiel sind Reliant Monitoring System von FSC, Livekeeper von Steeleye und Convolvo von MissionCriticalLinux verfügbar. Diverse andere Hersteller haben Lösungen angekündigt wie SGI und SuSE die Open-Source-Lösung Linux FailSafe.

Hochverfügbarkeit

Fazit

SAP hat als einer der ersten Anbieter für unternehmenskritische Anwendungen das Potenzial von Linux erkannt und auf die Kundenwünsche reagiert. Das positive Kunden-Feedback hat diese Entscheidung bestätigt. SAP ist daher einen Schritt weiter gegangen und hat Linux als SAP-Referenzentwicklungsplattform für die Unix-Plattformen gemacht. Zeitgleich unterstrich SAP die Bedeutung von Open-Source-Software und veröffentlichte das eigene Datenbanksystem – die SAP DB – unter der GNU General Public Licence.

Open Source hat sich für allgemeine Infrastruktur-Software wie Betriebssysteme sehr gut bewährt. Hier kann dieses Entwicklungsmodell seine Stärken voll ausspielen: Viele Anwender können dazu beitragen, das System besser zu machen. Außerdem ist durch die offene Struktur eine hervorragende Interoperabilität gewährleistet.

Linux hat im Kundeneinsatz gezeigt, dass es in der Lage ist, auch unternehmenskritische Anwendungen wie mySAP.com erfolgreich zu unterstützen. Der Open-Source-Ansatz gibt Linux ein sehr großes Potenzial, das sich als wirklicher Player im Highend-Bereich noch etablieren muss.

Zukunftsentscheidend sind dabei eine bessere Integration in die Verkaufskanäle und ein runderes Angebot von Produkten und Dienstleistungen, damit der Kunde Lösungen für seine Probleme bekommt und nicht nur einen Werkzeugkasten. Die Anwender müssen dabei erkennen, dass beim Einsatz von Linux für geschäftskritische Anwendungen der Download der richtigen Software-Version nicht alles ist: Ein fundierter Support ist notwendig und kostet Geld. Trotzdem bietet Linux auch hier deutliches Sparpotenzial, da der Kunde immer die Wahl zwischen unterschiedlichen Anbietern haben wird.

SAP und die beteiligten Partner unterstützen diesen Prozess mit dem SAP LinuxLab und sorgen dafür, dass Kunden, die SAP auf Linux einsetzen wollen, erstklassigen Support von allen Partnern erhalten.

Linux in Embedded Systems – Produkte und Marktentwicklung

Dipl.-Inform. Rainer Birkenmaier
Project Engineer
Siemens AG, Corporate Technology, München
rainer.birkenmaier@mchp.siemens.de
www.siemens.de/ct/

Abstract

Nach dem großen Erfolg im Server- und Desktop-Markt schickt sich Linux nun an auch die Embedded-Welt zu erobern. Vor ein bis zwei Jahren war Linux in eingebetteten Geräten noch eine kleine Sensation, auf Messen wurden die wenigen ausgewählten Exponate dieser Gattung noch einzeln bestaunt. Heute hat sich das Bild deutlich gewandelt. Embedded Linux tritt uns beispielsweise auf Messen in fast unüberschaubarer Vielfalt entegegen. Vom PDA bis zum Videorecorder ist alles vertreten. Dieser Artikel soll einen Überblick über die Möglichkeiten geben, die Embedded und Real-Time Linux heute bietet. Dazu werden zunächst die Vor- und Nachteile von Linux als Embedded Betriebssystem diskutiert. Im Weiteren wird aufgezeigt, wie vielfältig Linux schon heute im Embedded-Markt eingesetzt wird. Ein Ausblick auf die zukünftige Entwicklung des Embedded-Marktes um Linux schließt den Artikel ab.

1 Marktanforderung

Die Anforderungen, die eingebettete Systeme an ein Betriebssystem stellen, sind fast so vielfältig wie deren Anzahl. Von einer Aufzugsteuerung über Mobil-Telefone oder Roboter, bis zur elektronischen Motorsteuerung reicht die Bandbreite eingebetteter Systeme. Wo Stärken und Schächen von Linux beim Einsatz als Embedded-Betriebssystem liegen und wie es zu den vielfältigen Anforderungen passt, soll im Folgenden anhand von einigen Punkten aufgezeigt werden, die für fast alle Anwendungen wichtig sind.

1.1 Modularität und Skalierbarkeit

Sehr oft sind die zur Verfügung stehenden Ressourcen von Embedded Systems stark eingeschränkt. Hauptgesichtspunkt bei der Produktdefinition ist häufig die Frage nach RAM- bzw. ROM-Größe, die zum Betrieb nötig ist. Dieser Umstand hat sich zwar in den letzten Jahren etwas entschärft, noch immer ist aber die *Footprint Size* ein wesentlicher Faktor bei der Wahl eines Betriebssystems. Wenn andererseits mehr Funktionalität von einem Betriebssystem gefordert wird, geht dies natürlich immer mit einem höheren Ressourcenverbrauch einher.

Linux: hohe Modularität

Hier kommt der hohe Grad der Modularität von Linux zum Tragen. Schon ein Standard-Linux ist in hohem Maße konfigurierbar bzw. modularisierbar. Dies stellt sicher, dass nur die Funktionen, die tatsächlich benötigt werden, die Ressourcen belasten und das System somit optimal an die eigenen Anforderungen angepasst werden kann.

Dabei ist es natürlich noch nichts Besonderes, dass nur Treiber für tatsächlich vorhandene Hardware eingebunden werden. Linux geht hier deutlich weiter, indem es größere Funktionseinheiten unterteilt. So ist beispielsweise der in Linux enthaltene Firewall nicht ein einzelner Block, sondern besteht u.a. aus mehreren Modulen für *Network Address Translation (NAT)* oder verschiedene Filtermöglichkeiten.

Größenoptimierte Varianten

Reichen die standardmäßigen Konfigurationsmöglichkeiten nicht aus oder verlangen die benötigten Funktionen noch immer zu viele Ressourcen, können auch spezielle Varianten von Linux zum Einsatz kommen, die hinsichtlich Größe optimiert sind. Dies geht bis hin zu µClinux für MMU-lose CPUs, welches sich, je nach Konfiguration, schon mit 200 KB RAM und 1 MB ROM (als Boot-Partition) begnügt. Typischer für kleine Systeme sind aber Werte zwischen 2 und 4 MB RAM.

1.2 Connectivity

Vernetzung von Geräten aller Art

Ein Schlagwort im Bereich der Embedded Systems, das immer mehr Bedeutung gewinnt, ist das der *Connected Devices*. Jedes Gerät soll in Zukunft vernetzt sein, soll kommunizieren können, soll von überall auf der Welt angesprochen werden können. Dadurch wird es möglich Geräte im eigenen Haushalt, wie den Videorecorder oder die Heizung, fern zu steuern. Genauso können durch Fernwartung industrieller Anlagen deutlich Kosten eingespart werden.

Ethernet, X.25, Bluetooth

Linux passt mit seinen Netzwerkfähigkeiten hervorragend in dieses Szenario einer vernetzten Welt. Kein anderes Betiebssystem bietet mehr Möglichkeiten sich mit dieser Welt zu verbinden. Dies bezieht sich auf alle Bereiche der Kommunikation, von der physikalischen

Schicht bis hinauf zur Anwendungsebene. Dazu werden verschiedenste Protokolle und Standards unterstützt, angefangen bei Ethernet über X.25 bis zu Bluetooth.

Da Linux auf den riesigen Fundus der Open-Source-Gemeinde zugreifen kann und sich mittlerweile im komerziellen Umfeld etabliert hat, ist auch auf höheren Netzwerkebenen fast jede Anforderung zu erfüllen. Prominentester Vertreter ist hier sicher der Apache Webserver, aber auch LDAP, Windows Networking oder CORBA stehen zur Verfügung, um nur wenige Stichwörter zu nennen. Gerade die Popularität als Webserver spricht deutlich für die Qualität und Performance der Netzwerkunterstützung von Linux.

Apache, LDAP, Windows Networking, CORBA

1.3 Single API und Plattformen

Heute werden noch eine Vielzahl verschiedener Betriebssysteme in Embedded Devices eingesetzt. Dies erhöht die Kosten für Entwicklung und Pflege, da Entwickler für verschiedene Systeme geschult werden müssen, langfristige Wartungsverträge für eine Unzahl von Plattformen zu betreuen sind oder Arbeiten mehrfach ausgeführt werden müssen. Aus diesem Grund versuchen immer mehr Firmen ihre Systemlandschaften zu konsolidieren. Linux bietet sich hier aufgrund der guten Skalierbarkeit und Modularisierbarkeit als Lösung an. Auch die große Anzahl der unterstützten Prozessorplattformen spricht für Linux als einheitliche Betriebssystemalternative.

Ein einheitliches Betriebssystem

Die Einheitlichkeit geht noch einen Schritt weiter. Da Linux nicht nur als Embedded-Betriebssystem, sondern auch auf Entwicklungssystemen bis hin zu Servern eingesetzt wird, hat ein Entwickler vom Großrechner bis zum eingebetteten Gerät dieselben APIs zur Verfügung. Dadurch bietet sich in Projekten die Möglichkeit mit der Software-Entwicklung auf dem Entwicklungssystem zu beginnen, lange bevor die eigentliche Hardware zur Verfügung steht. Dies kann zu einer deutlichen Verkürzung der Entwicklungszeit führen, was je nach Produkt über dessen Erfolg oder Misserfolg entscheiden kann.

Gleiche APIs

Dieses *Single-API*-Konzept erleichtert auch den Umstieg für Programmierer auf Linux als Embedded-Betriebssystem, da es zunächst keinen Unterschied macht, ob für einen Großrechner oder für einen 5 x 5 cm großen Einplatinenrechner entwickelt wir. Der Entwickler findet sich in der gewohnten Umgebung wieder und ist (fast) ohne Einarbeitungsaufwand produktiv. An dieser Stelle soll aber auch vor den Gefahren gewarnt werden, die es mit sich bringt, wenn Entwickler, die bisher für Desktop- oder Server-Systeme programmiert haben, nun für eingebettete Systeme entwickeln. Die Erfahrung hat gezeigt, dass Embedded-Software, die von unbedarften Desktop-Entwicklern

Erleichterung und Gefahren für Entwickler

geschrieben wurde, oft Performance-Probleme hat, weil die deutlich reduzierten Ressourcen nicht bedacht wurden.

2 Problemzonen

Auch Linux ist noch nicht perfekt für jeden Einsatzbereich getrimmt, und so gibt es einige Dinge, die bedacht werden sollten.

2.1 Whom to blame

Bei den bisher verbreiteten Embedded-Betriebssystemen gibt es einen Hersteller, an den man sich zwar mit der Entscheidung für sein Produkt bindet, den man aber auch in die Pflicht nehmen kann, wenn Probleme auftreten bzw. (vertraglich vereinbarte) Leistungsmerkmale nicht wie erwartet funktionieren. Es gibt also immer einen zentralen Ansprechpartner, der im schlimmsten Fall auch rechtlich belangt werden kann.

Diese eine zentrale Instanz existiert bei Linux nicht, von einer rechtlich belangbaren Partei ganz zu schweigen. Besonders Entscheidungsträger beunruhigt dieser Umstand natürlich zunächst. Dieselbe Situation war schon beim Einzug von Linux im Server- und Desktop-Markt gegeben. Und hier wie dort stellen sich dieselben Lösungen für dieses Problem dar.

Spezialisierte Distributoren

Es gibt etliche Firmen bzw. Distributoren, die sich auf den Embedded-Linux-Markt spezialisiert haben, man findet also kompetente Partner, die einem dieselben Garantien geben, wie sie ein klassischer Betriebssystem-Hersteller bietet. Sollte sich ein Anbieter jedoch einmal nicht als optimaler Partner herausstellen, so ist man bei Linux nicht an einen einzelnen Hersteller gebunden, sondern hat (relativ) leicht die Möglichkeit, mit andern zusammenzuarbeiten. Es kann natürlich ein gewisser Aufwand entstehen, da in der Regel herstellerspezifische Distributionen verwendet werden. Dieser Aufwand ist jedoch vernachlässigbar, insbesonder im Vergleich mit dem Aufwand für die Einführung eines komplett neuen Betriebssystems.

2.2 Die Qual der Wahl

Hat man sich bei einem Projekt für Linux als Embedded-Betriebssystem entschieden, besteht noch immer die Auswahl zwischen verschiedenen Derivaten und Erweiterungen, die zum Einsatz kommen können. Anders als bei Linux auf dem Desktop oder Server gibt es nicht das *eine* Linux, sondern mehrere konkurrierende Varianten. Dies gilt besondes bei den Echtzeiterweiterungen, in geringerem Umfang aber auch für Embedded Linux. Auch die Werkzeuge für die Entwicklungsarbeit sind bei Linux nicht fest vorgegeben. Im Gegensatz dazu existieren bei traditionellen Embedded-Betriebssystemen meist keine Derivate und auch die Entwicklungsumgebung wird oft durch die Wahl des Betriebssystems bestimmt.

Auf den ersten Blick sind die Wahlmöglichkeiten, die Linux bietet, durchaus positiv zu sehen, da für jedes Produkt die optimale Lösung ausgewählt werden kann. Leider bringt dies auch Probleme mit sich. Zum einen muss man, um eine gute Auswahl treffen zu können, die zur Wahl stehenden Optionen genau kennen. Es muss also mehr internes Know-how aufgebaut werden um die optimale Wahl zu treffen, was Zeit und Geld kostet. Zum anderen birgt die Vielfalt von Linux auch die Gefahr auf das falsche Pferd zu setzen. Es könnte passieren, dass ausgerechnet jenes Linux-Derivat, das ausgewählt wurde, nicht mehr weiterentwickelt wird.

Vor- und Nachteile der großen Auswahl

Diese divergierenden Linux-Entwicklungen und unterschiedlichen Tools verunsichern zunächst, tatsächlich sind die Auswirkungen aber weit weniger gravierend, als sie erscheinen mögen. Die Entwicklungswerkzeuge basieren fast immer auf den GNU-Tools, wie dem C-Compiler GCC oder dem Debugger GDB. In vielen Fällen ist nur eine IDE (Integrated Development Environment) über sie gestülpt worden. Die Linux-Kernel-Varianten wiederum unterscheiden sich nicht so stark, wie zu vermuten wäre. Außerdem ist ein Trend zur Konsolidierung der Derivate bzw. zur Standardisierung zu erkennen, so dass in Zukunft keine negativen Folgen aus diesen Umständen zu erwarten sind.

Konsolidierung und Standardisierung

Meist wird man sich bei der Auswahl von Werkzeugen und einer passenden Linux-Variante an einen Distributor wenden und bekommt dann von ihm ein passendes Komplettpaket, das vom Kernel bis zur IDE alles enthält, was für die Entwicklung notwendig ist. Es ist aber auch möglich sich, aufsetzend auf den originären Linux-Quellen, seine eigene Distribution zusammenzustellen. Diese Lösung ist an Flexibilität nicht zu übertreffen und kann damit am besten an die eigenen Anforderungen angepasst werden. Dazu muss aber das entsprechende Know-how beim Systementwickler vorhanden sein oder aufgebaut werden, was nicht unerhebliche Kosten verursachen kann.

Komplettpaket oder eigene Distribution

2.3 Fehlende Features

Eingebettete Syteme stellen oft ganz andere Anforderunge als die Desktop- und Server-Welt, in der Linux bisher zu Hause war. Viele dieser speziellen Anforderungen werden mittlerweile erfüllt, es gibt aber auch Bereiche, die von Linux noch nicht abgedeckt werden. Ein Beispiel hierfür ist das Fehlen eines einheitlichen Power-Down-Konzeptes, das besonders für Batterie betriebene Geräte wichtig ist. Solche Probleme werden heute meist durch eigene Erweiterungen behoben, was dank der Offenheit der Quellen leicht möglich ist. Gleichzeitig kommt einem die enorme Dynamik des Linux-Marktes entgegen. Noch vor einem Jahr wäre die Liste der fehlenden Features deutlich länger gewesen und hätte Dinge wie den Umgang mit Flash-Speicher oder das komprimierende RAM-Filesystem CRAMFS umfasst. Heute besitzt bereits der Standard-Linux-Kern die ensprechende Funktionalität. Es dürfte also nicht mehr lange dauern, bis mit Linux auch die ausgefallensten Wünsche ohne Mehraufwand bedient werden können.

2.4 Alles wird gut

Es gibt also durchaus Bereiche des Embedded-Systems-Marktes, wo Linux auf den ersten Blick noch nicht ganz perfekt passt, die wenigen Defizite lösen sich aber meist schon mit einem zweiten Blick auf. Zusätzlich existiert die enorme Dynamik von Linux, wie sie aus der Server- und Desktop-Welt bekannt ist, auch im Bereich der eingebetteten Systeme. Also ist auch hier damit zu rechnen ist, dass eventuell vorhandene Lücken bald schon geschlossen sind. Daher ist es gut möglich, dass Aussagen aus diesem Artikel schon überholt sind, wenn Sie, der geneigte Leser, ihn vor sich liegen haben.

3 Linux im echten Leben

Linux ist heute in fast alle Bereiche des Embedded-Marktes vorgedrungen. Auch zeitkritische Anwendungen, die harte Echtzeit fordern, sind nicht ausgeschlossen, da für Linux verschiedene Erweiterungen für weiche oder harte Echtzeit verfügbar sind.

Vollständiger Überblick kaum mehr möglich

Einen vollständigen Überblick über Embedded Devices mit Linux zu geben wäre vor ein bis zwei Jahren noch ein Leichtes gewesen, heute ist es jedoch fast unmöglich auch nur alle Linux-Geräte aufzuzählen, die auf einer einzelnen Messe zu sehen sind. Die folgenden Beispiele für Embedded Devices mit Linux sollen daher nur dazu dienen, einen Überblick darüber zu geben, wo Linux heute schon Realität ist.

3.1 Network Appliances

Router, Firewalls, VPNs

Linux ist, aufgrund der bereits beschriebenen hervorragenden Netzwerkunterstützung, für alle Aufgaben in Computernetzwerken bestens geeignet. Typische Vertreter dieser Gerätegattung sind SOHO Router, wie das *eKa SOHO Gateway* von *Kiwi-Classifieds* oder der SOHO

Router *SecureEdge* von *Lineo*. Hierbei handelt es sich um Geräte, die ein kleines Netzwerk ans Internet anbinden können. Je nach Ausstattung kann der *SecureEdge* beispielsweise ein lokales 10- oder 100-MBit-Ethernet-Netzwerk via V.90-Modem bis hin zu xDSL ins Internet bringen. Die gesamte Funktionalität, die dafür nötig ist, wird von Standard-Linux bzw. µClinux (für den SecureEdge mit MMU-loser CPU) zur Verfügung gestellt. Dies beschränkt sich aber nicht auf das reine Routing, Linux ist standardmäßig schon in der Lage eine Firewall zu realisieren oder per Masquerading ein Netzwerk hinter einer einzelnen IP-Adresse zu verstecken. Auch kompliziertere Anwendung wie ein VPN (Virtual Private Network) oder ein kleiner Mailserver, der die Mails für ein einzelnes Büro verarbeitet, ist problemlos möglich.

3.2 Internet Appliances

Neben den Network Appliances sind so genannte Internet Appliances ein für Linux prädestiniertes Anwendungsfeld. Diese Geräteklasse soll den Internet-Zugang vereinfachen und bequemer machen. Es handelt sich dabei um Settop-Boxen, die den Zugang mit einem vorhandenen TV-Gerät erlauben, oder Web Pads, die kabellose Freiheit beim Surfen im Internet versprechen. Settop-Boxen sind dabei meist nicht auf Surfen und E-Mail beschränkt, der Netzwerkzugang ist oft sogar nur als zusätzliche Funktionalität in digitale Videorecorder oder Spielekonsolen integriert.

Set-top-Boxen

Die Hauptanwendung von Web Pads im Home-Bereich ist es, durch den drahtlosen Netzzugang das Internet leichter verfügbar zu machen. Web Pads könnten dadurch ein Buch oder die Zeitung am Frühstückstisch ersetzen. Auf der CeBIT 2001 war deutlich die Bedeutung zu sehen, die Hersteller dieser Produktkategorie beimessen. An allen Ecken und Enden waren diese Geräte vertreten, häufig mit Linux als Betriebssystem. Hier kommen erneut die Netzwerkfähigkeiten von Linux zum Tragen. Außerdem ist es aufgrund der Flexibilität von Linux ein Leichtes auf neue Standards, wie etwa ein neues Audioformat, zu reagieren. Beispiele für Web Pads mit Linux sind das *Free Pad* von *Free Media* oder das *Digital iPAD* von *LG Electronics*. Der Embedded-Linux-Anbieter *Tuxia* hat sich sogar ausdrücklich auf die Unterstützung von Internet Appliances spezialisiert.

Web Pads

3.3 PDAs

Eine Kategorie, in der Linux in letzter Zeit verstärkt von sich reden macht, ist der PDA-Markt. Begonnen hat dieser Trend Anfang 1998, mit der Portierung von Linux auf den PalmPilot. Zwar konnte man

Linux-Versuch PalmPilot

mit dieser Linux-Version noch nicht produktiv arbeiten, es war aber ein Beweis dafür, dass Linux prinzipiell auf einem PDA lauffähig ist. Daneben war der Gedanke, Linux auch mit sich herumtragen zu können, wie er durch diesen Port vor Augen geführt wurde, für viele Fans und Freunde von Linux verlockend, so dass auch die entsprechende Nachfrage für einen Linux-basierten PDA entstand.

Bald erste reguläre Produkte

Mit der Ankündigung von *YOPY*, als erstem PDA mit Linux als Betriebssystem, erregte Samsum Anfang 2000 großes Aufsehen. Andere Firmen folgten ihrem Beispiel, so dass heute eine ganze Reihe von Firmen Linux-PDAs entwickeln. Für Endverbraucher verfügbar ist jedoch bis dato noch keines der Geräte. Zwar werden sie schon verkauft, dies sind normalerweise aber noch Entwickler-Versionen und noch nicht für den Endkunden gedacht. Hier ist aber noch in diesem Jahr mit Besserung zu rechnen, da einige Produkte, wie etwa der *Agenda VR3* (siehe Abbildung 1) von *Agenda Computing*, bald regulär in den Handel kommen sollen.

Abb. 1
Der Agenda VR3 von Agenda Computing

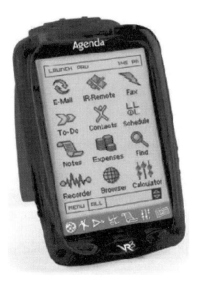

iPaq

Ein heute schon sehr beliebter Linux-PDA ist der *iPaq* von *Compaq*, obwohl er eigentlich ausschließlich mit Windows CE als Betriebssystem ausgeliefert wird. Für diesen Handheld-Computer existieren eine Reihe von Linux-Portierungen, die sich vor allem in den unterschiedlichen Benutzerschnittstellen (Graphical User Interfaces, GUIs) unterscheiden. Neben der von Compaq selbst geförderten Version von *handhelds.org* sind u.a. *PocketLinux* von *Transvirtual Technologies* und das *Qt Palmtop Environment (QPE)* von *Trolltech* verfügbar.

3.4 Home Entertainment

Auch in den Bereich des Home-Entertainment dringt Linux vor. Die populärste Gerätegruppe in diesem Bereich ist heute der MP3-Player. Obwohl am verbreitetsten als portable Variante, gibt es auch solche für Wohnzimmer oder Auto. Ein mit Linux betriebener Vertreter zum Einbau in ein Fahrzeug ist der MP3-Player *RioCAR*, der von *SonicBlue* unter dem Markennamen *Rio* vertrieben wird. Dabei handelt es sich eigentlich um ein Gerät mit einer schon etwas längeren Geschichte. Ursprünglich wurde es von *empeg*, einer englischen Startup-Company entwickelt, die im November 2000 von SonicBlue aufgekauft wurde.

MP3-Player

Große Verkaufsschlager bei den Home-Entertainment-Geräten sind Spielekonsolen. Diese verbindet man allerdings eher mit proprietären Systemen als mit einem Standard-Betriebssystem. Es mag zwar der Eine oder Andere schon gehört haben, dass mittlerweile auch die *Sony Playstation* mit Linux bootet, dies hat aber eher akademischen denn praktischen Wert. *Indrema* beweist jedoch mit ihrem *Indrema Entertainment System (IES)*, dass sich Linux auch hervorragend für Spieleplattformen eignet. Linux ist deshalb für ein solches Gerät interessant, weil es in Sachen Multimedia-Unterstützung Systemen wie Windows in nichts nachsteht, was es gegenüber klassischen Embedded-Betriebssystemen auszeichnet. Auf der anderen Seite geht es aber sehr viel schonender mit den Ressourcen um als große Systeme, die mit derselben Funktionalität aufwarten.

Spielekonsolen

Ein Markt, der gerade erst entsteht, ist der des digitalen Videorecorders. Im Gegensatz zu herkömmlichen Videorecordern speichert er Videos nicht auf einem Magnetband, sondern auf einer Internen Festplatte. Dadurch eröffnen sich neue Einsatzmöglichkeiten. Es ist z.B. möglich, Sendungen zeitversetzt zu betrachten, da ein Video abgespielt werden kann, noch während die Aufzeichnung läuft. Genauso ist

Videorecorder und Video on Demand

Abb. 2

Das Media Terminal von Nokia

Video On Demand ein mögliches Einsatzgebiet. Weitere Ausbauoptionen sind ein Netzzugang, mit dem man im Web surfen kann, und der Einbau eines DVD-Laufwerkes, wodurch das Gerät zu einem DVD-Player wird, der gleichzeitig zum Abspielen von verschiedenen Ton- und Videoformaten wie MP3 nutzbar ist. Linux ist aufgrund seiner Flexibilität sehr gut geeignet auch ein solches Gerät zu steuern. *Nokia* stellt das mit dem *Media Terminal* (siehe Abbildung 2) unter Beweis. Auch der digitale Videorecorder *Activy 300* von *Fujitsu Siemens* kann mit Linux betrieben werden.

Eher schon ein Exot ist das *Kerbango Internetradio* (siehe Abbildung 3) von *Kerbango*, einer Tochter von 3COM. Dieses *Radio* erlaubt den Empfang von Internet-Streaming-Angeboten, ohne dass dazu ein PC benötigt wird. Auch hier ist Linux mit seinen flexiblen Netzwerkfähigkeiten ein ideales Betriebssystem.

Abb. 3
Das Kerbango-Internetradio

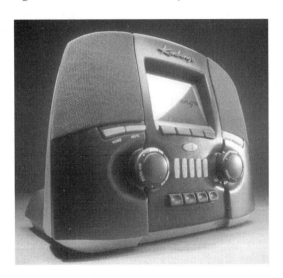

3.5 Linux in der Automatisierungstechnik

Eher selten anzutreffen Der Markt in der Automatisierungstechnik unterscheidet sich deutlich von den bisher erwähnten Sparten. Aufgrund der langen Produktzyklen reagiert er sehr viel langsamer auf Veränderungen. Hinzu kommt, dass er eher konservativ ist und lieber auf vertrautem und bewährtem aufbaut, anstatt mit neuen Technologien zu experimentieren. Auch der Open-Source-Gedanke, der durch den Einsatz von Linux Einzug hält, bringt daher mehr Veränderungen mit sich, als vielleicht gewünscht werden. Nicht zuletzt ist die etablierte Konkurrenz für Linux in diesem Umfeld sehr viel stärker als in anderen Märkten, hierzu tragen auch die bestehenden (Quasi-)Standards bei, die Linux z.T. erst noch lernen muss. All diese Gründe führen dazu, dass, obwohl mit Linux in der Automatisierungstechnik sehr viel experimentiert wird, echte Produkte noch eher selten vertreten sind. Wie die folgenden Beispiele zeigen, ist Linux aber auch hier im Kommen und wird sich, wenn auch vielleicht etwas langsamer als in anderen Bereichen, seinen Platz erkämpfen.

Beispiele

Ein Beipiel für Linux in der Automatisierungstechnik liefert die Firma *eac* mit ihrem *mHPC (modularer Hutschienen-PC)*. Mit diesem Industrie-PC wird beispielsweise die SPS-Welt mit Linux verbunden. Im Gegensatz zu anderen Bereichen, in denen Linux eingesetzt wird, ist im Umfeld der Automatisierungstechnik die Lebensdauer der Anlagen deutlich länger. Dadurch kommt eine neue Anforderung auf Linux zu, es muss sichergestellt sein, dass auch 10 Jahre alte Anlagen noch gewartet werden können. Auch dies ist mit Linux mittlerweile möglich. Als Beispiel soll die *Siemens AG* dienen, die mit ihrer *Industrial Linux*-Distribution als Lösungsanbieter auftritt, der diese speziellen Anforderunge der Automatisierungsindustie erfüllt. *Industrial Linux* wird beispielsweise auf den *SICOMP*-industral-PCs von Siemens eingesetzt.

3.6 Cool Devices

Die Kreativität der Linux-Gemeinde spiegelt sich auch in Produkten aus dem Embedded-Markt wider. Um dies darzustellen und den Überblick abzurunden, werden im Folgenden einige Beispiele beschrieben, die besonders interessant sind.

Linux-Uhr

Die Linux-Uhr von IBM gibt es mittlerweile in einer neuen Version, die noch kleiner als ihr Vorgänger ist. Während das alte Modell inzwischen mit Bluetooth ausgestattet wurde und so drahtlos E-Mails empfangen kann, haben die Entwicker von IBM die neue Uhr mit einem organischen Display versehen, das in der Lage ist die volle VGA-Auflösung von 640 x 480 Bildpunkten auf nur 2 x 1,5 cm unterzubringen und dabei gleichzeitig als Touchscreen zu dienen.

Sehr viel schwergewichtiger präsentiert sich ein anderes Beispiel für den Einsatz von Linux als Embedded-Betriebssystem: der *Dodge Super8 Hemi* (siehe Abbildung 4). Dabei handelt es sich um einen Conceptcar, der von DaimlerChrysler in diesem Jahr auf der North American International Auto Show vorgestellt wurde. In diesem Fahrzeug wird Linux als Infotainment System eingesetzt. So können Fahrer und Mitfahrer Digitales Radio oder MP3s hören, im Web surfen, Spiele spielen oder *Smart Devices* im heimischen Wohnzimmer steuern.

Abb. 4
Der Dodge Super8 Hemi von DaimlerChrysler

Netzwerk-Kamera

Ein weiteres interessantes Gerät ist die autonome *Network Camera Axis 2120* von *Axis Communications*. Sie kann direkt an ein Ethernet-Netzwerk angeschlossen werden und liefert dann bis zu 30 (NTSC) bzw. 25 (PAL) Bilder pro Sekunde. Außerdem ist standardmäßig der Webserver Boa installiert, so dass die Kamera komplett per Web-Interface gesteuert werden kann.

4 Die Zukunft von Echtzeit- und Embedded Linux

Linux wächst stark

Eine der wichtigsten Fragen beim Einsatz von Linux in eingebetteten Systemen ist die nach der Zukunft von Linux in diesem Markt. Bereits Mitte letzten Jahres sagte die *International Data Corporation (IDC)* für Linux in Europa das stärkste Wachstum im Embedded-Bereich voraus und nicht, wie vielleicht zu erwarten gewesen wäre, im Desktop- oder Server-Markt. Auch international ist das Engagement für Embedded Linux beachtlich.

4.1 Organisiert

Embedded Linux Consortium

Das *Embedded Linux Consortium ELC* (http://www.embedded-linux.org/) beispielsweise ist ein Zusammenschluss von über 100 Firmen, die sich zum Ziel gesetzt haben Linux als Embedded-Betriebssystem bekannt zu machen und dessen Verbreitung zu fördern. Linux soll nach ihrem Willen das Betriebssystem der Wahl für Entwickler von eingebetteten Systemen werden. Zu den Mitgliedern des ELC zählen neben praktisch allen Embedded-Linux-Distributoren, wie etwa Lineo, TimeSys oder Montavista auch Firmen wie IBM, Hewellt-Packard, Motorola oder sogar QNX und Alcatel.

Eine ähnliche Organisation ist das *Japan Embedded Linux Consortium Emblix* (http://www.emblix.org/). Auch sie haben sich die Förderung und Weiterentwicklung von Embedded Linux auf die Fahnen geschrieben. Der Kreis der Mitglieder umfasst auch hier bekannte Namen wie Sony, ARM, IBM, Fujitsu, Panasonic, Nokia, Sharp oder Pioneer. Solche Organisationen wirken ganz entscheidend am Erfolg von Embedded Linux mit, indem sie neben der Förderung auch die Standardisierung von Linux für den Embedded-Bereich vorantreiben.

Japan Embedded Linux Consortium Emblix

Neben diesen Konsortien sind es auch einzelne Firmen, die mit ihrem klaren Bekenntnis zu Linux zeigen, welche Bedeutung dieses freie Betriebssystem mittlerweile hat. Allen voran ist hier natürlich IBM zu nennen, die Linux als strategische Plattform sieht und dies auch durch die Investition von 300 Millionen US-Dollar in Linux binnen 3 Jahresfrist untermauert. IBM hat zunächst natürlich seinen Server-Markt im Blickfeld, aber auch der Bereich Embedded profitiert vom Engagement von Big Blue, wie beispielsweise durch die Linux-Armbanduhr bewiesen wird.

IBM

Generell wirken sich viele Aktivitäten um Standard-Linux auch im Embedded-Bereich aus. Die Linux Standard Base (http://www.linux-base.org/) beispielsweise ist ein Gremium, das hauptsächlich Standards für Linux-Distributionen erarbeitet und verbreitet, um es Drittanbietern zu erleichtern, ihre Produkte für unterschiedliche Linux-Distributionen anzubieten. Die dabei entstehenden Standards sind natürlich nicht auf Server beschränkt. Dies gilt auch für den noch immer anhaltenden Hype um Linux ganz allgemein. Das bedeutet u.a., dass der Aufkleber *runs with Linux* allein schon eine schlagkräftige Werbebotschaft ist.

Linux Standard Base

4.2 Ranking

Dass Linux sich bei den Embedded-Betriebssystemen etabliert hat, beweist eine Umfrage (http://www.linuxdevices.com/news/NS2083407450.html) des *Embedded Systems Programming Magazin*. Bei der Frage danach, welche Embedded-Betriebssysteme im letzten Jahr zum Einsatz kamen, landete Linux bereits auf Platz 4 hinter *VxWorks*, *Embedded Windows* und *pSOS*. Dies war aber in dem Jahr, in dem Linux gerade erst begonnen hat, sich im Embedded-Markt auszubreiten, daher ist nur wenig Phantasie nötig, um sich die weitere Entwicklung vorzustellen. Dieser positive Trend bestätigt sich auch in der Untersuchung. Bei der Frage, welche Betriebssysteme für zukünftige Embedded-Projekte in Betracht gezogen werden, liegt Linux schon auf dem zweiten Platz hinter *VxWorks*.

Umfrage des Embedded Systems Programming Magazin

4.3 Visionen

Zum Abschluss sollen ein paar Visionen über die weitere Entwicklung des Marktes der Eingebetteten Systeme vorgestellt werden, anhand derer deutlich wird, wie gut Linux zu diesen zukünftigen Entwicklungen passt.

Weniger proprietäre Betriebssysteme

Im Embedded-Markt werden die Systeme immer komplexer, was sich natürlich auch in den eingesetzten Betriebssystemen widerspiegelt. Dieser Trend wird durch den Preisverfall bei Speicherbausteinen und System-On-Chip-Lösungen noch verstärkt. Proprietäre Betriebssysteme oder gar Geräte, die ganz ohne Betriebssystem auskommen, werden immer seltener, da deren Weiterentwicklung aufgrund der hohen Komplexität nicht mehr rentabel ist. Auch die Pflege von heterogenen Betriebssystemlandschaften wird aufwendig und teuer. Hier bietet sich Linux als einheitliches und mächtiges Betriebssystem an, das flexibel genug ist, um in unterschiedlichsten Anwendungsbereichen eingesetzt zu werden.

Netzwerkanwendungen auf höheren Ebenen

Das Schlagwort *Connected Device* wird in Zukunft nicht mehr nur dafür stehen, dass alle Geräte über ein Netzwerk angesprochen werden können. Es wird sich vielmehr dahin entwickeln, dass Netzwerkanwendungen sich auch auf höheren Ebenen abspielen bzw. komplexere Middleware einsetzen. Technologien, die sich heute auf dem Desktop bewähren, werden daher auch in eingebettete Systeme vordringen. Dies beginnt mit den heute schon überall vorhandenen Embedded Webservern, bald wird aber auch Java oder CORBA in eingebetteten Systemen gang und gäbe sein. Auch hier ist Linux optimal auf die Zukunft vorbereitet, lässt es doch schon heute im Bereich Netzwerke seine Mitbewerber deutlich hinter sich.

Auslagerung der Entwicklung

Aufgrund der wachsenden Komplexität der Systeme werden auch immer größere Teile der Entwicklung an Dienstleister ausgelagert. Im Extremfall entsteht eine Virtual Company, die eine Produktidee von Dienstleister A ausführen lässt, bei Dienstleister B produziert und den Vertrieb über Dienstleister C abwickelt. Linux ist auf diese Entwicklung durch die heute schon zahlreichen auf Linux spezialisierten Dienstleister optimal vorbereitet.

Eines ist auf jeden Fall nicht mehr zu übersehen: Linux kommt! Und zwar mit einem enormem Tempo. Dies sieht man an seiner gewaltigen Wachstumsrate von Anfang 2000, wo es im Embedded-Markt praktisch nicht vorhanden war, bis heute, wo es auf Messen von *Linux-enabled Devices* wimmelt. Auch die Tatsache, dass Linux heute bei fast jedem Projekt zumindest in Betracht gezogen wird, ist ein deutlicher Indikator für die positive Zukunft, die Embedded Linux bevorsteht.

Linux in Embedded Systems

Technische Rahmenbedingungen und Systementwicklung

Dr.-Ing. Christian Hochberger
Universität Rostock, Lehrstuhl Rechnerarchitektur
Christian.Hochberger@informatik.uni-rostock.de
wwwtec.informatik.uni-rostock.de/~hochberg

Abstract

Linux hat sich im Bereich der Desktop- und Server-Systeme als Alternative zu anderen Betriebssystemen etablieren können. Diese Tendenz setzt sich mittlerweile auch im Bereich der Embedded Systems fort. In diesem Beitrag werden zunächst die Motivationen hinterfragt, die zum Einsatz von Linux in Embedded Systems führen. Danach werden Voraussetzungen für diesen Einsatz diskutiert sowie verschiedene Quellen für entsprechende Distributionen vorgestellt. Die folgenden Abschnitte widmen sich dann dem Problem der Echtzeitfähigkeit und speziellen RAM- und ROM-Filesystemen. Ein kurzer Überblick über die Systementwicklung und das Debugging sowie ein Ausblick schließen diesen Beitrag ab.

1 Motivation

Im Bereich der Desktop- und Server-Systeme nimmt die Zahl der ernsthaft genutzten Betriebssysteme ständig ab. Im Gegensatz dazu findet sich im Embedded-Systems-Bereich eine sehr große Vielzahl von Betriebssystemen wieder. Die verschiedenen Systeme zeichnen sich durch Stärken in unterschiedlichen Bereichen aus. So fokussieren manche Systeme den Bereich der Echtzeitfähigkeit, während andere insbesondere die Netzwerkfähigkeit oder die Zuverlässigkeit in den Vordergrund stellen.

Vielzahl von Betriebssystemen

Eine vergleichbare Vielfalt herrscht auch bei den Preismodellen dieser Betriebssysteme. Im Grunde lassen sich hierbei beliebige Skalierungen zwischen zwei Extremen finden:

Vielfalt der Preismodelle

- Hohe Einmalzahlung für Entwicklungslizenzen bzw. Entwicklungsarbeitsplätze; dafür relativ niedrige Lizenzgebühren pro Stück
- Sehr niedrige, wenn nicht sogar kostenlose Entwicklungslizenzen, dafür relativ hohe Lizenzgebühren pro Stück

Grundsätzlich sind diese Lizenzmodelle stark verhandlungsabhängig, daher kann man zu einzelnen Betriebssystemherstellern nur bedingt pauschale Aussagen machen. So spielt es bei den Verhandlungen in der Regel auch eine große Rolle, ob das zukünftige Produkt in dem entsprechenden Marktsegment eine Vorreiterrolle spielt. In diesem Fall sind die Hersteller zu größeren Zugeständnissen bereit.

Kalkulationsbeispiele

Trotzdem sollen an dieser Stelle zur Illustration zwei Beispiele genannt werden. So ergaben sich für die Implementierung eines Videoschnittsystems mit einem geplanten Jahresvolumen von ca. 70.000 Stück Lizenzgebühren von ca. 5 DM pro Stück zuzüglich der Entwicklungslizenzen in Höhe von 120.000 DM für drei Arbeitsplätze. Bei der Realisierung eines ISDN-Routers ergaben sich mit einem anderen Betriebssystem Lizenzgebühren in Höhe von 120 DM pro Stück bei einem Volumen von 1000 Stück. Dafür musste nur eine einmalige Entwicklungslizenz in Höhe von 5.000 DM bezahlt werden.

Kein Lizenzaufwand

Eine der häufig genannten Motivationen für den Einsatz von Linux in eingebetteten Systemen ist nun gerade die freie Verfügbarkeit und der somit vermiedene Lizenzaufwand. Diese Motivation sollte jedoch mit einiger Skepsis hinterfragt werden.

Eigenes Know-how oder externe Berater

Ein wesentlicher Teil der Leistung, die die Hersteller von Betriebssystemen für Embedded Systems bieten, liegt nämlich in der Pflege und Weiterentwicklung ihrer Systeme. Dazu zählen neben der Implementierung neuer Protokolle und Dienste auch Treiber für neue Hardware-Komponenten. Aber auch die Unterstützung bei der Implementierung auf neuen Systemen sollte nicht unterschätzt werden. Im Falle des Einsatzes von Linux ist man in Fragen der Weiterentwicklung und Pflege des Betriebssystems auf sich alleine gestellt und muss in der Regel eigenes Know-how aufbauen. Natürlich kann man für die Implementierung oder Pflege und Wartung auch externe Berater hinzuziehen. Die so entstehenden Kosten können allerdings leicht den Rahmen von herkömmlichen Lizenzverträgen sprengen.

Verfügbarkeit des Quell-Codes

Eine andere Motivation für den Einsatz von Linux, die bei genauerer Betrachtung mehr Bestand hat, ist die Verfügbarkeit aller Quellen des Systems. Hieraus resultieren zwei Vorteile:

1. Eine erheblich genauere Möglichkeit der Fehlerverfolgung und Beseitigung, da man auch die Quellen der Betriebssystem-Interna zur Hand hat.
2. Auch im Bereich der Embedded Systems finden immer wieder Konzentrationsprozesse statt, die hin und wieder auch einmal Opfer unter den Betriebssystemen finden. Hat man sich an ein konkretes System gebunden und seine Entwicklung auf dieses System gestützt, so steht man in einer solchen Situation vor dem Problem, seine Anwendung auf eine neue Plattform portieren zu müssen.

Dass Linux eine gewisse Attraktivität im Embedded-Systems-Bereich hat, lässt sich daran ablesen, dass es gegenwärtig schon eine Reihe von Produkten gibt, die auf Basis von Linux realisiert wurden (siehe auch den Beitrag »Linux im Embedded-Systems-Markt« von Rainer Birkenmaier in diesem Band). Neben sehr exotischen Design-Studien wie z.B. einer Linux-Armbanduhr von IBM oder einem luftgestützten Fernerkundungssystem der NASA gibt es auch aus vielen kommerziellen Bereichen *Success Stories* zu berichten. Im Bereich der klassischen Netzwerkprodukte seien hier z.B. die *SecureEdge VPN Router* von lineo gennant. Bei den *Information Appliances* sei auf den *frontpath ProGear* verwiesen, der exklusiv mit Linux betrieben wird, während Linux für die Ipaq Handhelds von Compaq nur ein mögliches Betriebssystem ist. Mittlerweile machen aber auch große Unternehmen aus der Telekommunikationsbranche erste Gehversuche mit Linux in Telefonanlagen.

Erste Erfolgsgeschichten

2 Voraussetzungen

Wesentliche Voraussetzung für den Einsatz von Linux ist die Verfügbarkeit des GNU-C-Compilers (GCC) für die verwendete Prozessorplattform, da der Quellcode des Betriebssystemkerns an einigen Stellen die besonderen Möglichkeiten dieses Compilers verwendet und somit nur mit hohem Aufwand an andere Compiler angepasst werden kann.

GNU-C-Compiler

Neben dem Compiler wird natürlich auch noch der plattformspezifische Code benötigt, um grundlegende Funktionen des Prozessors bzw. des umgebenden Systems anzusteuern. Im Server- und Desktop-Bereich sind diese Anpassungen für Systeme mit Prozessoren folgender Familien bereits frei verfügbar:

plattformspezifischer Code

- x86-Derivate: Darunter fallen im Wesentlichen Standard-PCs, aber auch Industrie-PCs und Embedded PCs.
- PowerPC-Derivate
- Sparc-Derivate
- Alpha-Derivate
- s390-Prozessoren (IBM)

Darüber hinaus sind auch für folgende Prozessoren Anpassungen verfügbar, die jedoch nur im Embedded-Systems-Bereich eine Rolle spielen:

- MIPS-Varianten (MTI, NEC, PMC-Sierra)
- Pozessoren der SuperH Familie von Hitachi
- Varianten des StrongARM-Prozessors

Memory Management Unit   Diese Prozessoren zeichnen sich dadurch aus, dass sie eine für normale Betriebssysteme mittlerweile unerlässliche *Memory Management Unit* (MMU) enthalten. Im Allgemeinen kann man feststellen, dass auch die Varianten dieser Prozessoren, die für Embedded Systems entworfen wurden, mit Linux betrieben werden können.

Auf Grund der Tatsache, dass Prozessoren mit MMU meist kostspieliger sind als solche ohne eine MMU, werden in Embedded Systems oft solche einfacheren Prozessoren verwendet. An sich ist damit kein sinnvoller Mehrprozessbetrieb im Sinne von Desktop-Systemen möglich, da nicht verhindert werden kann, dass ein fehlerhafter Prozess andere Prozesse des Systems kompromittiert. In Embedded Systems ist die Ausgangssituation jedoch anders, da die hier laufenden Prozesse alle aus der Hand des Herstellers stammen. In vielen Fällen ist also auch der Betrieb von Linux auf Prozessoren ohne MMU von Interesse.

uClinux   Diesem Wunsch wird insbesondere die uClinux-Version gerecht. Hierbei handelt es sich um eine Abwandlung eines Standard-Linux, dessen Kernel so modifiziert wurde, dass eine MMU nicht mehr zwingend vorhanden sein muss. Das Wort uClinux steht als Abkürzung für Microcontroller-Linux, wodurch angedeutet werden soll, dass die Zielprozessoren eher dieser Kategorie zuzuordnen sind als den Universalprozessoren. Als besonders interessante Vertreter dieser Kategorie seien an dieser Stelle folgende Prozessoren genannt:

- Die Coldfire-Familie von Motorola
- Einige Prozessoren der CPU32-Familie von Motorola
- Intel i960-Prozessoren
- Varianten des ARM7-TDMI-Prozessors

Der Einsatz von Linux ohne eine MMU beeinträchtigt aber nicht nur die Sicherheit solcher Systeme, sondern auch die Funktionalität. So ist es in Abhängigkeit vom gewählten Binärformat (COFF oder ELF) bei den meisten dieser Prozessoren nicht möglich, Shared Libraries zu verwenden.

An dieser Stelle soll nicht verschwiegen werden, dass der Einsatz von Linux auch erhöhte Anforderungen an die Speicherausstattung und die Rechenleistung stellt. Dies ist dadurch zu begründen, dass die Software-Komponenten von Linux in erster Linie nicht für einen Ressourcen schonenden Einsatz entwickelt wurden.

3 Distributionen

Mit der zunehmenden Beliebtheit von Linux in Embedded Systems haben sich auch einige der Linux-Distributoren diesem Gebiet zugewandt und spezielle Distributionen für Embedded Systems zusammengestellt. Inzwischen gibt es sogar Distributoren, die ihre Distributionen nur für dieses Gebiet zusammenstellen. Die meisten dieser Unternehmen bieten neben den eigentlichen Distributionen auch Consulting-Dienstleistungen bei der Portierung existierender Anwendungen und bei der Entwicklung entsprechenden plattformspezifischen Codes an.

Distributionen und Consulting

Eine kleine Auswahl der zur Verfügung stehenden Distributionen soll an dieser Stelle kurz vorgestellt werden:

- BlueCat-Linux (*www.bluecat.com*): BlueCat Linux wird von der Firma Lynux Works vertrieben und stellt aktuell eine Version des 2.2.12-Kernels für die meisten Prozessoren mit MMU zur Verfügung. Diese Distribution legt sehr viel Wert auf eine Stabilisierung der Entwicklungsumgebung, um den langen Lebenszyklen eingebetteter Systeme entgegenzukommen.
- HardHat-Linux (*www.mvista.com*): Diese Distribution konzentriert sich auf höherwertige Prozessoren mit MMU, die vornehmlich in High-End Embedded Systems eingesetzt werden.
- lineo (*www.lineo.com*): Neben einer Version für Prozessoren mit MMU stellt lineo auch eine uClinux-Distribution zur Verfügung, die aktuell auf der Kernel-Version 2.0.38 beruht.
- Elinos (*www.elinos.com*): Elinos ist eine Distribution, die von der Sysgo Real-Time Solutions GmbH aufgelegt wurde. Sysgo reagiert damit auf die Forderungen nach lizenzfreier Software im Embedded-Systems-Bereich. Elinos unterstützt zur Zeit nur Prozessoren mit MMU.

Die meisten dieser Distributionen enthalten neben dem eigentlichen Kernel auch noch eine große Auswahl frei verfügbarer Applikationen, die für den Einsatz in Embedded Systems interessant sind. Da viele Hersteller von Prozessoren für Embedded Systems in der Regel auch noch *Evaluation Kits* für diese Prozessoren zur Verfügung stellen, enthalten manche Distributionen auch gleich vollständig angepasste Quellen für diese Evaluation Kits und stellen damit ideale Startpunkte für den Entwurf eigener Systeme dar.

Ohne Standarddistribution

Der Einsatz von Linux ist allerdings auch vollkommen ohne eine Standarddistribution möglich. Stattdessen kann man sich die Quellen eines entsprechenden Linux-Kernels unter *www.kernel.org* besorgen. An gleicher Stelle findet man auch die Quellen des GCC und der Binär-Utilities, die man benötigt, um Code für das jeweilige Zielsystem zu erzeugen. Im ersten Schritt muss man dann zunächst den GCC so konfigurieren, dass er Code für den gewünschten Zielprozessor generiert. Danach kann man dann den Kernel für dieses System konfigurieren und übersetzen. Im letzten Schritt muss man dann noch die entsprechenden Applikationen übersetzen, die man auf dem Zielsystem benötigt.

Auf dem Server *www.kernel.org* finden sich nur die Quellen des Standardkernels. Die Quellen der uClinux-Version findet man dort allerdings nicht, sondern unter *www.uclinux.org*. Für bestimmte Prozessoren gibt es darüber hinaus noch eigene Seiten, wie z.B. für den Coldfire von Motorola. Eine uClinux-Version für diesen Prozessor findet man unter *www.moretonbay.com/coldfire/linux-coldfire.html*.

4 Echtzeitfähigkeit

Der Begriff Echtzeitsystem wird sehr häufig synonym zum Begriff Embedded System verwendet. Obwohl es sich hierbei um einen grundlegenden Fehler handelt, tauchen beide Begriffe sehr häufig zusammen auf.

Deadlines einhalten

Im Kontext dieses Beitrags soll unter Echtzeitfähigkeit verstanden werden, dass das System vorgegebene Deadlines einhält. Unter Deadlines sollen z.B. die Latenzzeiten bei der Reaktion auf ein externes Ereignis oder maximal zulässige Zykluszeiten bei der Verarbeitung externer Signale verstanden werden. Diese Forderung lässt sich allgemeiner so formulieren, dass der Ablauf paralleler Prozesse planbar bzw. vorhersagbar sein muss. Daraus lassen sich wiederum direkt einige Forderungen an die Prozessverwaltung des Betriebssystems ableiten:

- Der höchstpriorisierte Prozess des Systems, der sich um die CPU bemüht, muss immer sofort aktiviert werden. Das bedeutet, dass z.B. das Entsperren eines hochpriorisierten Prozesses innerhalb eines Interrupts zur sofortigen Aktivierung dieses Prozesses führen muss (solange seine Priorität höher ist als die des laufenden Prozesses). Diese Forderung wird jedoch vom Standard-Linux-Kernel nicht erfüllt. Hier kann es dazu kommen, dass der wartende Prozess mit einer gewissen Verzögerung gestartet wird. Dadurch wird jedoch die Planbarkeit der Ausführungszeiten stark beeinträchtigt.

- Interrupt-Sperrzeiten, während derer das System nicht auf externe Interrupt-Anforderungen reagieren kann, müssen so kurz wie möglich gehalten werden, um die Latenz beim Eintreffen externer Ereignisse so gering wie möglich zu halten. Diese Forderungen trifft in erster Näherung die Gerätetreiber des Systems. Leider gibt es hier bisher sehr wenig Unterstützung im Linux-Bereich. Kommerzielle Systeme wie z.B. LynxOS sind in diesem Punkt ausgereifter. Fairerweise muss man jedoch sagen, dass es nur wenige Situationen gibt, in denen dieser Umstand zu einem wirklichen Problem wird.

- Ein relativ kompliziertes Problem im Umfeld von Echtzeitsystemen hat durch die Marsmission Pathfinder einige Berümtheit erlangt. Eine vollständige Darstellung des Problems würde den Rahmen dieses Beitrags sprengen, deswegen sei an dieser Stelle darauf verwiesen, dass es im Zusammenspiel von mindestens drei Prozessen zu Situationen kommen kann, bei denen die Priorität der Prozesse nicht ausreichend beachtet wird, sondern ein Prozess mit niedriger Priorität Vorzug vor einem Prozess mit hoher Priorität erhält (*priority inversion*). Eine klassische Lösung für dieses Problem ist das Verfahren der *priority inheritance*. Dieses Verfahren ließ sich im Betriebssystem des Pathfinder nachträglich (als dieser also schon auf dem Mars war) aktivieren und somit konnte das Problem eines ungewollten häufig auftretenden Rücksetzens des Systems beseitigt werden. Eine detaillierte Darstellung der Pathfinder-Probleme kann unter *www.cs.cmu.edu/afs/cs/user/raj/www/mars.html* nachgelesen werden.

Leider sind die Entwickler einiger Echtzeiterweiterungen für Linux der Meinung, dass priority inheritance nur dann von Nöten sei, wenn man die Prioritäten seines Systems ungeschickt vergeben habe oder das gesamte Prozesskonzept nicht ordentlich entworfen worden ist. Aus Sicht des Autors gibt es allerdings immer wieder

Echtzeiterweiterungen

Situationen, die so komplex sind, dass man mit vertretbarem Aufwand keine passende Priorisierung finden kann.

Wie bereits angedeutet, gibt es für den Linux Kernel einige Echtzeiterweiterungen, die das Systemverhalten in diesem Sinne verbessern sollen. Die wichtigsten sollen hier kurz vorgestellt werden:

- KURT (Kansas University Realtime Extension, *www.ittc.ukans.edu/kurt*): Dieser Patch für Standard Linux Kernel ermöglicht die Spezifikation spezieller Echtzeit-Tasks. KURT lässt sich dabei auch in uClinux integrieren, was mit den anderen RT-Varianten nicht so einfach möglich ist.
- RTLinux (*www.rtlinux.org*): Hierbei handelt es sich um eine eigene Linux-Version, die zur Zeit für die Prozessoren x86, PowerPC und Alpha zur Verfügung steht. Seit kurzem unterstützt diese Version auch *priority inheritance*. Bei diesem Konzept werden Tasks, die in Echtzeit arbeiten sollen, grundsätzlich als Module in den Kernel geladen und kommunizieren mit Nicht-Echtzeit-Tasks über spezielle Devices (vergleichbar zu Pipes).
- RTAI (Realtime Application Interface, *www.aero.polimi.it/projects/rtai*): Diese Erweiterung ist im Augenblick sehr auf PCs und verwandte Architekturen fixiert. Im Wesentlichen wird ein spezieller Interrupt-Dispatcher installiert, der die Aktivierung von Echtzeit-Tasks mit sehr kurzer Latenz erlaubt. Wenn keine Echtzeit-Task laufwillig ist, wird das normale Linux quasi als »Hintergund-Task« ausgeführt.
- Linux/RK (Linux Resource Kernel, *www.cs.cmu.edu/~rajkumar/linux-rk.html*): In diesem Ansatz wird nicht nur das Scheduling von Prozessen betrachtet, sondern viel allgemeiner das zeitgerechte Zur-Verfügung-Stellen verschiedenster Ressourcen, von denen eine z.B. der Prozessor ist. Für einfache Echtzeitanwendungen dürfte dieser Ansatz jedoch zu weit gehen.

Eine etwas umfassendere Sammlung von Links im Umfeld von Echtzeiterweiterungen für Linux kann man unter *www.realtimelinux.org* finden.

5 ROM- und RAM-Filesysteme

Kernel und ausführbare Applikationen werden auf Desktop- und Server-Systemen in der Regel auf Festplatten gespeichert. In vielen Fällen verbietet sich der Einsatz eines rotierenden magnetischen Mediums in Embedded Systems. Hierfür gibt es diverse Gründe:

- Hoher Stromverbrauch
- Zu niedrige Lebensdauer bei Dauerbetrieb
- Zu hohe Geräuschentwicklung

Aus den genannten Gründen setzt man in Embedded Systems sehr oft RAM- bzw. ROM-Filesysteme ein. Die zu speichernden Daten können dabei in drei Kategorien eingeteilt werden:

1. *Laufzeitdaten*: Diese sind nur während des Betriebes zu speichern und müssen nicht über einen Betriebszyklus hinaus gehalten werden (z.B. Dateien mit Laufzeitinformationen über Prozess-IDs). Solche Daten werden typischerweise in RAM-Disks bzw. RAM-Filesystemen gespeichert.
2. *Konfigurationsdaten*: Diese müssen permanent gespeichert werden, sollen aber im Betrieb änderbar sein. Zu diesem Zweck verwendet man Filesysteme, die auf Flash-EPROMS beruhen, da diese sich sehr oft im Betrieb neu programmieren lassen.
3. *Programmdaten für Kernel und Applikationen*: In der Regel werden diese Daten auf ROM oder Flash-EPROM Filesystemen gespeichert.

Linux unterstützt nun den Einsatz verschiedenster Techniken an dieser Stelle. Zwei grundsätzlich verschiedene Vorgehensweisen lassen sich dabei unterscheiden:

- Eine *mehrschichtige Architektur* mit einem Blocktreiber (RAM- oder ROM-Disk) und darauf aufsetzend ein ganz normales Filesystem. Der Blocktreiber selbst kann dann noch in eine Technologie- und eine Abstraktionsschicht aufgeteilt werden.
- Eine *einschichtige Architektur*, in der nur ein spezielles Filesystem verwendet wird. Der Vorteil besteht darin, dass weniger Komponenten im Kernel benötigt und die Daten kompakter gespeichert werden, da keine Disk-Blöcke verwendet werden, bei denen es einen Verschnitt gibt.

In der ersten Kategorie verwendet man den standardmäßig in Linux enthaltenen RAM-Disk-Treiber. Einen entsprechenden ROM-Disk-Treiber gibt es nicht in frei verfügbarer Form, was aber auch nicht besonders wichtig ist, da man in diesem Fall in der Regel eine einschichtige Architektur einsetzt. Für den Einsatz von Flash-ROMs gibt es dann noch das *Memory Technology Device* (MTD), welches zeichen- und blockorientierten Zugriff auf Flash-ROMs erlaubt. Dieser Treiber besteht selbst wieder aus zwei Schichten, von denen die obere Schicht eine allgemeine Schnittstelle zu den Applikationen (Devices oder Filesysteme) bietet. Die untere Schicht wiederum implementiert nur den Zugriff auf eine konkrete Speichertechnologie.

Diese Disk-Treiber kann man nun mit den standardmäßig in Linux vorhandenen Filesystemen verwenden. Darüber hinaus gibt es allerdings noch ein spezielles Filesystem für den Einsatz mit Flash-ROMs, das so genannte Journaling Flash Filesystem (JFFS).

In der zweiten Kategorie gibt es drei interessante Filesysteme:

- Ein *normales ROMFS*, welches Daten kompakt speichert: Zum Generieren einer entspechenden Binärdatei, die dann mit dem Kernel gelinkt werden kann, gibt es ein Tool.
- Ein *normales RAMFS*, welches Daten im Hauptspeicher ablegt: Besonders interessant ist, dass dieses Filesystem dynamisch wachsen und schrumpfen kann, ja nach Bedarf der gespeicherten Daten.
- Ein *komprimierendes RAM–Filesystem* (CRAMFS), bei dem die Daten in komprimierter Form abgespeichert werden: Aus diesem Grund ist ein Schreibzugriff auf das Filesystem nicht implementiert, da hierfür erheblich mehr Verwaltungsaufwand nötig wäre. Dieses Filesystem wird zum Beispiel in den Ipaq-Handhelds von Compaq verwendet (wenn sie mit Linux betrieben werden).

6 Software-Entwicklung

Stark strukturierte Vorgehensweise

Im Gegensatz zu ganz einfachen Software-Umgebungen, wie sie in eingebetteten Systemen recht oft anzufinden sind, ist man beim Einsatz von Linux grundsätzlich zu einer stark strukturierten Vorgehensweise gezwungen. Die Kontrolle der spezifischen Hardware des Systems wird hierbei in der Regel in einen oder mehrere Treiber verlegt, die dann von einem Applikationsprogramm auf höherem Abstraktionsniveau gesteuert werden.

6.1 Treiberentwicklung

Linux unterstützt neben den für Unix-Derivate typischen Zeichen-, Block- und Netzwerktreibern auch Treiber nach dem STREAMS-Konzept. Eine geeignete STREAMS-Implementierung ist verfügbar in Form des LiS-Paketes (Linux Streams, mehr Infos dazu unter *wwwtec.informatik.uni-rostock.de/~hochberg/*). LiS ist allerdings in den meisten Distributionen nicht enthalten, sondern muss separat nachinstalliert werden.

STREAMS

Der Einsatz von STREAMS-Treibern bietet sich insbesondere dann an, wenn man stark schichtenartige Strukturen hat, bei denen Daten durch diese Schichten durchgereicht werden, z.B. Protokoll-Implementierungen.

Eine elegante Möglichkeit, Applikationen den direkten Zugriff auf spezielle Hardware zu ermöglichen, bietet die Speichereinblendung. Dabei kann der Treiber einen Teil des physikalischen Adressraums in den virtuellen Adressraums von Prozessen einblenden, so dass diese Prozesse dann direkt auf die Hardware zugreifen können. Allerdings bietet sich so keine Möglichkeit der Interruptverarbeitung, diese muss weiterhin in einem Gerätetreiber stattfinden.

6.2 Applikationsentwicklung

Die Applikationsentwicklung unterscheidet sich bei Embedded Systems im Grunde nicht von der Entwicklung auf normalen Desktop- oder Server-Systemen. Zu beachten ist hierbei evtl. der schonende Umgang mit Ressourcen wie Speicher und Prozessorleistung.

Einige Distributionen bieten für die Applikationsentwicklung auch IDEs an, die den Entwicklungsprozess vereinfachen können. Darüber hinaus stehen in einigen Distributionen auch einfache grafische Schnittstellen zur Verfügung, die im Zusammenhang mit evtl. vorhandenen Displays genutzt werden können. Alternativ kann man zu diesem Zweck jedoch auch Implementierungen von Embedded QT oder NanoX/MicroWindows einsetzen. Entsprechende Links finden sich auf der WWW-Seite zu diesem Artikel (zu finden unter *wwwtec.informatik.uni-rostock.de/~hochberg/*).

7 Debugging

Beim Debugging von Linux-basierten Embedded Systems muss man unterscheiden, ob man den Kernel bzw. Treiber im Kernel debuggen will oder Applikationen, die als Anwenderprozesse laufen.

Kernel / Treiber debuggen

Im ersteren Fall bieten sich einige Möglichkeiten, die unterschiedlich hohen Aufwand erfordern und dementsprechend unterschiedlich komfortabel sind. Wichtig ist dabei, dass die Prozessoren für Embedded Systems in der Regel eine spezielle Schnittstelle bieten, um von außen in den Prozessor einzugreifen. Über diese Schnittstelle ist es möglich, Breakpoints zu manipulieren, Register zu lesen oder zu schreiben und Speicher zu lesen oder zu schreiben. Zum Betrieb dieser speziellen Schnittstelle gibt es von einer Reihe von Firmen spezielle Prozessor-Probes, die zusammen mit einer entsprechenden Software das komfortable Debuggen – auch von Kernel und Treiber-Code – erlauben. Eine Liste der Anbieter solcher Probes kann über die WWW-Seite *wwwtec.informatik.uni-rostock.de/~hochberg/* eingesehen werden. Der Betrieb dieser Schnittstelle ist auch mit vergleichsweise geringem Hardware-Aufwand über die parallele Schnittstelle eines PC möglich. Zu diesem Zweck muss in den Kernel des entsprechenden PC ein spezielles Modul geladen werden, welches dann über eine Device-Schnittstelle als Target für den GNU Debugger (GDB) dient. Allerdings darf man in diesem Fall keine allzu hohe Verarbeitungsgeschwindigkeit erwarten (insbesondere beim Schreiben und Lesen von Speicher). Eine Anleitung für diese Nutzung ist ebenfalls über die WWW-Seite *wwwtec.informatik.uni-rostock.de/~hochberg/* zu finden. Sowohl die professionellen Probes als auch die einfache Lösung sind dabei in der Lage, den Kernel bzw. Treiber im Source Code zu debuggen.

Ein sehr einfache Alternative zu dieser Vorgehensweise besteht darin, den einfachen Kernel-Debugger mit in Kernel einzubinden. Über eine serielle Schnittstelle besteht dann mit einem externen GDB die Möglichkeit, Breakpoints zu setzen und Register oder Speicher zu manipulieren. Man muss sich allerdings darüber im Klaren sein, dass diese Art des Debuggings immer eine Beeinträchtigung des Systems darstellt.

Applikationen debuggen

Das Debugging von Applikationen gestaltet sich ähnlich wie auf Desktop-Systemen. Da man in der Regel irgendeine Art des Zugangs zum System hat (seriell oder über das Netzwerk), kann man die Applikation ganz normal unter Debugger-Kontrolle laufen lassen und somit recht komfortabel debuggen. Zu bedenken ist allerdings, dass man während des Debuggens einen erheblich höheren Speicherbedarf hat als im endgültigen System.

8 Zusammenfassung und Ausblick

Für den Einsatz von Linux in Embedded Systems gibt es einige Gründe, die über rein finanzielle Fragen hinausgehen. Vor einer dahin gehenden Entscheidung sollte man jedoch gründlich prüfen, ob man in der Lage ist, hinreichend eigene Kompetenz aufzubauen, um diese Vorgehensweise nachhaltig durchstehen zu können.

Gründliche Prüfung vor Linux-Einsatz

Für die meisten typischen Probleme in Embedded Systems gibt es mittlerweile frei verfügbare Lösungen, so dass der Vorteil professioneller Betriebssysteme immer kleiner wird. Allerdings ist der Entwickler in vielen Fällen darauf angewiesen, selbst zu recherchieren, bevor er eine akzeptable Lösung findet.

Mit einer gewissen Skepsis ist das hohe Innovationstempo im Umfeld von Linux zu sehen, da es möglicherweise im Widerspruch zu den langen Lebenszyklen typischer Embedded Systems steht. Hier versprechen professionell gepflegte Distributionen eine höhere Stabilität und Kontinuität.

Hohes Innovationstempo

Gegenwärtig werden schon einige Produkte mit Hilfe von Linux realisiert, insbesondere in den Bereichen Networking und Information Appliances. In Zukunft werden immer mehr Embedded Systems mit Hilfe von Linux realisiert werden, so dass dieses Betriebssystem ein fester Bestandteil der Embedded-Systems-Szene wird.

Die Autoren

Rainer Birkenmaier

war nach dem Studium der Informatik an der Universität Ulm für Stellen der Siemens AG in Deutschland und USA tätig. Heute arbeitet er bei der Corporate Technology von Siemens in München, wo er in der Embedded Systems Group u.a. für den Bereich Embedded- und Real-Time-Linux verantwortlich ist.

Jens-Gero Boehm

ist Leiter der Geschäftsstelle Rhein-Ruhr der SuSE Linux Solutions AG in St. Augustin bei Bonn. Er studierte an der Universität Kaiserslautern Informatik und verfügt über mehrjährige Berufserfahrung im Consulting sowie als Projekt- und Teamleiter mit den Schwerpunkten UNIX, SAP R/3 und System-Management. Unter anderem war er tätig in Projekten bei einer Unternehmensberatung im IBM-Konzern, in diversen Projekten im IBM-Umfeld (u.a. im Bank- und Chemiebereich) sowie als Teamleiter in der UNIX-Systemtechnik-Abteilung einer internationalen deutschen Großbank.

Peter M. Braun

ist als Vorstand der intraDAT AG, einem Anbieter von E-Commerce-Software unter Linux, verantwortlich für den Bereich External Services, der die Abteilungen Marketing & Sales & PR, Professional Services und Consulting umfasst. Zuvor war er tätig für die Beratungsgesellschaft IIC Industrial Investment Council und den Vorstand der Treuhandnachfolgeorganisation BvS in Berlin. Außerdem baute er den Gesamtbereich Sales & Marketing beim Online-Dienstanbieter germany.net (heute Nextgo) in Frankfurt am Main auf. Nach dem Studium der Betriebswirtschaftslehre hatte er die Braun & Partner Unternehmensberatung GbR, Berlin, gegründet, die schwerpunktmäßig klein- und mittelständische IT/Internet-Unternehmen im Business Development und der (Re-)Organisation beriet.

Kai Dupke

ist seit Anfang 2000 bei der probusiness CIS AG, Hannover, für den Geschäftsbereich Linux zuständig. Als Projektberater unterstützt er darüber hinaus Kunden bei der Erstellung von Backup-Konzepten und Hochverfügbarkeitslösungen. Zuvor hat er als freier Systemberater kaufmännische Komplettlösungen in Industrie und Handel implementiert und betreut. Kai Dupke beschäftigt sich seit 1992 mit Linux und hat in den Bereichen ISDN und Portierung auf die Alpha-Plattform mitgewirkt. Er ist Inhaber einer RHCE-Zertifizierung und schreibt seit 1996 Artikel in diesem Bereich für die Zeitschrift iX und das Linux-Magazin. Kai Dupke ist 33 Jahre alt, in Wuppertal geboren und lebt seit 1989 in Hannover.

Howard Fuhs

ist Geschäftsführer der Firma Fuhs Security Consultants in Wiesbaden, die Beratung und Schulung zu Datensicherheitsthemen und Linux anbietet. Er schrieb zahlreiche Artikel in deutscher und englischer Sprache über Computer-Security, Computerviren, Internet-Hoaxes, Datensicherheit und angrenzende Themen. Er ist Autor bzw. Co-Autor mehrerer Fachbücher.

Markus Hasenbein

begann 1989 als Organisationsprogrammierer. Seit 1995 arbeitet er als Systemanalytiker und entwickelt Data-Warehouse-Lösungen für unterschiedliche Rechner- und Betriebssystemplattformen. Im Rahmen dieser Tätigkeit befasst er sich auch mit Linux und seinen verfügbaren Datenbanksystemen sowie dem Zugriff darauf über Desktop und Internet. Neben seiner hauptberuflichen Tätigkeit ist er Autor für Fachzeitschriften und Co-Autor zweier Linux-Bücher (»Linux für Windows-Anwender«, »GNOME«).

Christoph Herrmann

studierte Physik an der Technischen Universität Berlin. Dort hatte er erste Kontakte mit Unixsystemen (NeXTStep, OpenStep, Solaris, FreeBSD, Linux) und entdeckte sein Interesse an Unix und speziell an Open-Source-Unixsystemen. Nach dem Ende des Studium arbeitete er anderthalb Jahre als Lehrer und Systemadministrator am Lette-Verein Berlin. Von dort ging er vor zweieinhalb Jahren zu science+computing nach München. Seit Anfang dieses Jahres arbeitet er in der neu gegründeten Geschäftsstelle Berlin der science+computing ag. Christoph Herrmann ist FreeBSD-Committer und beschäftigt sich auch in seiner Freizeit mit der Entwicklung von Open-Source-Software.

Christian Hochberger

studierte Informatik an der TU Darmstadt und promovierte dort 1998. Er hat langjährige Erfahrung als freiberuflicher Entwickler im Bereich Embedded Systems und im Einsatz verschiedener Echtzeitbetriebssysteme, darunter auch Embedded Linux. Seit 1999 ist er Oberingenieur am Lehrstuhl Rechnerarchitektur der Universität Rostock, wo er sich mit vernetzten Eingebetteten Systemen sowie Java in Eingebetteten Systemen beschäftigt. Außerdem ist er als Berater für den Einsatz von Embedded Linux in Telekommunikationsprodukten (Router, Nebenstellenanlagen) tätig.

Volker Lendecke

ist Mitglied des Samba-Teams und Mitgründer der Göttinger Service Network GmbH. Dort deckt er die Bereiche Linux, Samba sowie Unix-Windows-Connectivity ab und bietet in diesen Bereichen Schulungen und Support an.

Mark Pratt

hat an mehreren in diesem Jahr erscheinenden Zope-Büchern mitgeschrieben und ist Geschäftsführer von beehive, einem in Berlin und Washington, D.C. ansässigen Unternehmen. beehive bietet europaweit Zope-Dienstleistungen an und betreut Kunden in Deutschland, England, Dänemark und Griechenland beim Einsatz des Open-Source-Web-Applikations-Servers. Seit über drei Jahren entwickelt beehive Content-Management-Lösungen.

Eduard Roehrich

Jahrgang 1977, arbeitete zunächst als Programmierer und Systemadministrator und ist seit Anfang 2000 bei der Caldera (Deutschland) GmbH in Erlangen. Dort ist er als OEM Sales Engineer für Europa zuständig.

Christoph Rohland

ist Development Manager des SAP LinuxLab. Er begann 1994 bei SAP im EarlyWatch Team und wechselte 1995 in die Entwicklungsgruppe für Client/Server-Technologie. Dort war er unter anderem verantwortlich für die Netzwerkschicht und den Dispatcher des SAP-Systems. Seit Anfang 1999 koordiniert Christoph Rohland die SAP-Linux-Initiative. Die dafür notwendigen Erfahrungen sammelte Christoph Rohland, als er neben seinem beruflichen Engagement SAP R/3 nach Linux portierte.

Torsten Schlabach

ist leitender Berater bei einem großen, deutschen IT-Dienstleister und arbeitet seit fast zehn Jahren als freier Journalist und Autor im Bereich Informationstechnologie. Zu seinen Interessenschwerpunkten gehört neben den betriebswirtschaftlichen Aspekten der IT vor allem der Einsatz neuer Technologien im Unternehmen. Seine berufliche Laufbahn begann Torsten Schlabach zunächst im PC-Support und später im Bereich Netzwerk-Administration in der Industrie. Danach war er bei einer internationalen Rückversicherung für Technologie und später E-Business verantwortlich.

Björn Schotte

ist Web Application Developer und Consultant. Gemeinsam mit großen Unternehmen (z.B. Lycos Europe) entwickelt er praktische Lösungen für das E-Business. Momentan konzentriert er sich auf Schulungen, um Unternehmen die Skriptsprache PHP näherzubringen. Neben seinem Projekt PHP-Center publiziert er einen monatlichen Newsletter, der sich mit PHP im E-Business beschäftigt.

Jürgen Siepmann

ist Diplom-Physiker und Rechtsanwalt in Freiburg. In seiner Anwaltskanzlei beschäftigt er sich hauptsächlich mit EDV-, Internet- und Wirtschaftsrecht. Seit 1999 ist er Justitiar des Linux Verbandes e.V. (LIVE). Außerdem ist er Autor des Buches »Freie Software – rechtsfreier Raum?«.

Stefan Strobel

ist Mitarbeiter im Bereich Strategic Development der Articon Integralis AG, wo er sich hauptsächlich mit Netzwerksicherheit sowie neuen Produkten und Techniken in diesem Bereich beschäftigt. Er referierte auf zahlreichen Kongressen und Seminaren zu Sicherheits-Themen und ist Autor einschlägiger Fachbücher, die in mehrere Sprachen übersetzt wurden, u.a. »Firewalls. Einführung, Praxis, Produkte«.

Malte Sussdorff

Jahrgang 1973, ist seit 1999 bei ArsDigita, zunächst als Entwickler, dann als Director of Recruiting & Training für Deutschland. Seit Oktober letzten Jahres ist er als Director of Business Development, Developer Relation /EMEA für Partnerschaften in Europa zuständig. Außerdem ist er derzeit freier Dozent an der Universität Hamburg für den Kurs »Entwicklung datenbankbasierter Webapplikationen« und führt Workshops am Hyperwerk der Fachhochschule beider Basel (FHBB) zum Thema »Entwicklung datenbankbasierter Webapplikationen« durch.

Thomas Uhl

studierte an der Universität Heidelberg Medizinische Informatik. Währenddessen veröffentlichte er eines der ersten Linux-Bücher (»Linux – Vom PC zur Workstation«), das in mehrere Sprachen übersetzt wurde. 1994 gründete er die Thinking Objects Software GmbH mit Sitz in Stuttgart, wo er heute als Geschäftsführer tätig ist. Im April 2000 wurden die Linux-Aktivitäten in eine neu gegründete Firma namens »Millenux« ausgegliedert, die sich vor allem mit dem Thema »Linux for S/390« beschäftigt. Seit 1999 ist Thomas Uhl Mitglied des Vorstandes des Linux-Verbandes (LIVE).

Ulrich Weis

studierte Physik, Mathematik und Informatik an der Universität des Saarlandes. Seit 1998 ist er Pädagogischer Mitarbeiter der Volkshochschule Stadtverband Saarbrücken mit Schwerpunkt Betriebssysteme/ Netzwerke und Systemadministration, außerdem ist er Systemadministrator der pädagogischen IT-Infrastruktur des Fachbereichs EDV/ Informatik. Er ist Mitglied im Vorstand der GUUG (German Unix Users Group e.V.) sowie Mitglied der Usenix/SAGE (System Administrators Guild) und des FSUB e.V. (Freie Software und Bildung). Seit 1985 ist Weis als Systemadministrator und EDV-Dozent tätig. Er verfolgt die Linux-Entwicklung seit Linus' erstem Posting und setzt Linux seit 1992 im Unterricht ein. Neben einer Zertifizierung als MCP ist er SCLT (SuSE Certified Linux Trainer).

Thomas Wieland

studierte Mathematik, Physik und Informatik an der Universität Bayreuth und promovierte dort 1996. Danach arbeitete er als Softwareingenieur beim Deutschen Zentrum für Luft- und Raumfahrt (DLR) in Oberpfaffenhofen. Heute ist er bei der Siemens AG in München als Softwarearchitekt für verteilte Anwendungen tätig. Er ist Buchautor (u.a. »C++-Entwicklung mit Linux«) und war bis April 2001 Chefredakteur der Zeitschrift »Linux Enterprise«.